化学教育测量与评价

（第二版）

主　编　周　青　单旭峰　王军翔
副主编　陆国志　梁　谦

科学出版社
北　京

内 容 简 介

化学教育测量与评价是根据化学学科教育的目的和标准，采用教育测量与评价的方法，对化学教育的现象、过程、结果和影响因素进行描述、测量及价值判断的过程。本书针对目前我国化学教育与教师教育发展的需要，结合化学学科教育的特点，以新的教育理论为基础，以实践性与方法性为特色，系统介绍了化学教育测量与评价的基本原理和方法。全书共十一章，分别介绍了化学教育测量的基本原理和方法、课程评价模式、教育统计基础、化学教育测量工具、化学学科国家级标准化考试、化学教育中的专题测量与评价（包括化学课堂教学评价、化学教师评价）等。

本书适合从事化学教学的教师与教研人员、大学相关专业高年级本科生、研究生及教师使用。

图书在版编目(CIP)数据

化学教育测量与评价/周青，单旭峰，王军翔主编．—2版．—北京：科学出版社，2011.7

ISBN 978-7-03-031801-5

Ⅰ.①化…　Ⅱ.①周…②单…③王…　Ⅲ.①中学化学课-教育评估-高等学校-教材②中学化学课-教育测量-高等学校-教材　Ⅳ.①G633.82

中国版本图书馆 CIP 数据核字(2011)第 131860 号

责任编辑：丁　里 / 责任校对：陈玉凤
责任印制：霍　兵 / 封面设计：迷底书装

科 学 出 版 社 出版
北京东黄城根北街 16 号
邮政编码：100717
http://www.sciencep.com

天津文林印务有限公司 印刷
科学出版社发行　各地新华书店经销
*
2006 年 5 月第　一　版　开本：787×1092　1/16
2011 年 7 月第　二　版　印张：19
2023 年11月第十四次印刷　字数：483 000

定价：69.00 元

（如有印装质量问题，我社负责调换）

第二版前言

党的二十大报告指出："坚持以人民为中心发展教育，加快建设高质量教育体系，发展素质教育，促进教育公平。"教育测量与评价作为保障教育公平的重要环节，在判断教育质量和教育导向上具有重要的意义。教育测量与评价作为教育科学的重要组成部分，其理论和方法论体系是随着教育科学的不断发展而变化发展的。教育测量理论从经典的真分数理论和概化理论发展到现代的项目反应理论和认知诊断理论；教育评价理论由经典的目标评价模式向背景—输入—过程—成果模式、目标游离模式等模式发展，呈多元化发展趋势。作为为教育决策与教育质量监督服务的教育测量与评价学科，在融合了教育领域的新思想、新理论和新方法的同时，也面临着新理论的形成和方法创新的挑战。

与教育测量与评价学科一样，化学教育测量与评价的研究成果逐渐增多，其理论和方法也需要不断发展与创新。

本书第一版自2006年5月出版以来，受到了广大教师和学生的好评。为了及时反映教育测量与评价学科与化学教育测量与评价发展的最新成果，编者在第一版的基础上进行了系统的修订。此次修订主要突出了化学教育测量与评价学科发展中新方法的介绍，强化了化学教育测量与评价的基本原理，凸显系统性和方法的操作性，增加化学教育测量与评价的实践性（增加了化学教育中的国家级考试内容，如将"调查问卷的设计"单独列为一章），旨在加强对研究生、本科生及在职教师的实际教育教学及科研能力的指导。在继承传统教育测量与评价经典理论和方法的基础上，突破传统教育测量与评价的局限，体现教育测量与评价学科的新思想、新理论和新方法，以新的教育理念贯穿全书。

全书共十一章，分别介绍了化学教育测量的基本原理和方法、课程评价、教育统计基础、化学教育测量工具、化学学科国家级标准化考试、化学教育中的专题测量与评价（包括化学课堂教学评价、化学教师评价）等。

本书由陕西师范大学与教育部考试中心牵头组织，全国十几所师范院校共同参与编写而成。参加编写修订工作的有：陕西师范大学周青、王军翔、王丽敏、胡佳妮、申妮、刘亚转、刘洋、马雷蕾、段文娟、周雅斐、黄娜、祝潇桐；教育部考试中心单旭峰；西南大学杜杨；吉林师范大学陆国志；广西师范大学梁谦；曲靖师范学院姚林娜；淮南师范学院徐盼盼；漳州师范学院杨妙霞；赣南师范学院张世勇；陕西省教育学院倪俊超；西安文理学院屈颖娟、娄伯瑜；福建师范大学许利闽、陈燕；宁夏大学陈伟；广西河池学院张晖英；青海师范大学赵维元、任红全；山西师范大学史红霞、陈花；宁夏师范学院雷香归。

在编写过程中参阅了国内外同行大量的文献资料，也引用了他们的一些研究成果和数据资料，在此表示深深的谢意。

由于编者水平有限，书中不妥或疏漏之处在所难免，敬请各位同行与读者批评指正。

编　者

2023 年 7 月

第一版前言

新的基础教育课程改革要求考试评价不仅要“关注学生的学业成绩，而且要发现和发展学生多方面的潜能，了解学生发展中的需要，帮助学生认识自我，建立自信”，以及要“改变课程评价过分强调甄别与选拔的功能，发挥评价促进学生发展、教师提高和改进教学实践的功能”。教育测量与评价是当今世界教育科学研究的三大领域之一。它不仅在教育科学体系中占有显赫的地位，而且在教育教学过程中具有重要而广泛的应用价值；在实践中具有强烈的导向作用，常常成为教育改革的突破口。教育测量与评价是研究如何测量学生的学业成绩、学习能力、兴趣爱好、思想品德以及教育上许多措施的绩效等问题的一门学科，它是改进教学、实行科学化教育管理和教育研究的重要工具。

把教育测量、教育评价的一般原理和方法应用于化学教育领域，逐步形成了化学教育测量与化学教育评价。化学教育测量与评价是根据一定的教育目的和标准，通过系统的调查、比较和收集资料，对化学教育活动的过程、结果和有关因素进行描述或者价值判断，并且通过协调取得有关方面对评价对象的共识，为提高化学教育活动的质量、效率等提供依据的过程。这个定义说明了化学教育评价的根据、方法、过程、性质和终结目的。学习和应用化学教育测量与评价，有助于教师深入地了解学生的发展变化，恰当地做出教学决策，改进教学，提高教学质量；有助于化学教育工作者认识、发现化学教与学的规律，使化学教育及其研究、管理工作实现从量性到质性的跨越，从经验到理论的升化。

当代教育的改革和发展已经开始聚焦在变革学校课程与教学的层面上，当前我国正在进行的基础教育课程改革就在相当程度上回应了我国教育所面临的挑战和现实问题。课程与教学的变革和发展需要一线教师的积极参与，教师自身的理论素养和实践能力是决定课程与教学改革成败的关键，教师发展是课程开发的中心，教师的评价素质是教师专业化的重要组成部分。新课程在课程理念、课程目标、课程功能、课程结构、课程内容、课程实施、课程评价及课程管理等方面都发生了重大变革，较原来的课程有了重大创新和突破。它既要求师范院校在现有的教师培养过程中融入新课程理念，使未来的教师能够了解新课程、理解新课程，又要求一线教师更新教育观念，改进原来习以为常的教学方法、教学行为和教学手段，重新确立和认识自己的角色，提高教师专业化水平。

我们编写的《化学教育测量与评价》一书在继承传统教育测量与评价精华的基础上，突破传统教育测量与评价的局限，体现当代基础教育课程改革指导纲要的基本思想，以新的教育理念贯穿全书。本书共十章，分别介绍化学教育测量的基本原理和方法，新的课程评价观、评价方法、评价模式、教育统计基础、化学测量工具的编制与评价、专题评价（包括新课程理念下的化学课堂教学评价、化学教师评价、化学实验评价）。

我们在编写过程中试图使本书成为教与学的有效工具，力求使本书成为启迪思维、开阔视野、深入探究、培养方法的好材料。我们特意在每章中选择了适量的案例，便于读者理解、应用所学理论与方法。

本书由陕西师范大学化学与材料科学学院周青教授提出全书各章节框架及其编写体例要求并统稿、审定，吉林师范大学课程与教学论研究所陆国志副教授编写第一、二、四章和第六章,陕西师范大学杂志社杨辉祥副编审编写第三、五章并参与审定工作,周青教授编写第七～十章。

在编写过程中我们参阅了国内外同行大量的文献,也引用了他们的一些研究成果与数据资料,在这里表示深深的谢意。

本书的出版得到了陕西师范大学教务处教材建设项目的大力支持,我们在此对陕西师范大学教务处的领导、专家和工作人员表示衷心的感谢。

由于编者水平所限,再加上时间仓促,书中不妥或疏漏之处在所难免,敬请读者批评指正。

编　者

2005 年 9 月于西安

目　录

第二版前言

第一版前言

第一章　化学教育测量概述 …… 1

第一节　测量的涵义 …… 1

一、认识 …… 1

二、测量的概念 …… 16

三、认识与测量的关系 …… 17

四、物理学中的测量 …… 19

五、化学中的测量 …… 20

第二节　化学教育中的测量 …… 22

一、心理测量与教育测量 …… 22

二、教育测量的涵义 …… 22

三、教育测量的要素与特点 …… 23

四、化学教育测量的特点 …… 28

练习与思考题 …… 29

参考文献 …… 29

第二章　课程评价 …… 31

第一节　教育评价概述 …… 31

一、评价的基本问题 …… 31

二、评价与测量的基本关系 …… 32

第二节　课程评价的模式 …… 33

一、课程评价的目的和内容 …… 33

二、课程评价的基本模式 …… 38

第三节　课程评价的本质及其标准 …… 41

一、课程评价的本质 …… 41

二、课程评价模式的评价指标 …… 42

三、课程评价的标准 …… 42

第四节　课程评价的原则和类型 …… 43

一、课程评价的原则 …… 43

二、课程评价的类型 …… 44

练习与思考题 …… 62

参考文献 …… 62

第三章　教育统计基础 …… 63

第一节　教育统计概述 …… 63

一、教育统计学的性质和作用 …… 63

二、教育统计学的内容 …… 64
第二节　数据的初步整理 …… 65
一、数据的概念 …… 65
二、数据的种类 …… 65
三、统计图 …… 67
第三节　统计相关概念辨析 …… 71
一、算术平均数 …… 71
二、方差与标准差 …… 71
三、概率 …… 72
四、正态分布 …… 73
五、显著性水平 …… 74
六、随机抽样 …… 74
第四节　平均数差异显著性检验 …… 75
一、平均数差异显著性检验的类型与条件 …… 75
二、平均数差异显著性检验的一般步骤 …… 76
三、单总体平均数差异显著性检验 …… 76
四、双总体平均数差异显著性检验 …… 79
第五节　方差差异显著性检验 …… 86
一、单总体方差的差异检验 …… 86
二、双总体方差的差异显著性检验 …… 86
第六节　相关系数差异显著性检验 …… 88
一、单总体相关系数差异显著性检验 …… 88
二、双总体相关系数差异显著性检验 …… 90
练习与思考题 …… 91
参考文献 …… 92
第四章　化学教学试卷的设计 …… 93
第一节　教育目标的分类 …… 93
一、布卢姆的教育目标分类理论 …… 93
二、化学教育目标分类 …… 94
第二节　命题计划的设计 …… 96
一、命题计划的意义与作用 …… 96
二、设计命题计划所要解决的主要问题 …… 96
三、命题计划的构成与使用 …… 98
第三节　不同类型项目的编制 …… 99
一、项目的类型 …… 99
二、选择题、填空题及简答题的编制技巧 …… 100
第四节　不同学习水平项目的编制 …… 103
一、记忆水平的项目 …… 103
二、理解水平的项目 …… 104
三、简单应用水平的项目 …… 104

四、综合应用水平的项目 …… 104
第五节　项目编排与试题的确定 …… 105
一、编排项目合成试题 …… 105
二、项目权重(分数)的确定 …… 105
三、完成试题双向细目表 …… 106
四、试题“等值复本”编制 …… 107
五、预试和试题的最后确定 …… 108
练习与思考题 …… 108
参考文献 …… 108
第五章　调查问卷的设计 …… 109
第一节　调查问卷的概念与特点 …… 109
一、调查问卷的概念与适用范围 …… 109
二、调查问卷的特点 …… 109
第二节　调查问卷的类型与结构 …… 110
一、调查问卷的类型 …… 110
二、调查问卷的基本结构 …… 112
第三节　问卷设计的原则与步骤 …… 115
一、问卷的设计原则 …… 116
二、问卷设计的基本步骤 …… 118
第四节　问题及答案的设计 …… 120
一、题目设计的一般原则 …… 120
二、问题的类型 …… 121
三、问题与答案设计的注意事项 …… 125
练习与思考题 …… 129
参考文献 …… 129
第六章　化学教育中的国家级考试 …… 130
第一节　标准化考试 …… 130
一、标准化考试的特点 …… 130
二、标准化考试的基本程序 …… 131
第二节　我国普通高等学校招生化学学科考试 …… 132
一、考试目标 …… 133
二、考核内容与范围 …… 134
第三节　英国 A level 考试 …… 143
一、考试目标 …… 143
二、考核内容与范围 …… 144
三、样题 …… 160
第四节　澳大利亚的 VCE …… 161
一、考试目标 …… 162
二、样题 …… 166
练习与思考题 …… 168

参考文献……169
第七章　化学教育中的专题测量……170
第一节　探究能力的测量……170
一、科学探究的要素……170
二、科学探究的评价……172
第二节　实验能力的测量……182
一、化学实验的意义和功能……182
二、化学实验教学与能力培养……184
三、化学实验考核与实践……186
练习与思考题……191
参考文献……191
第八章　化学测量工具的评价……192
第一节　试题质量的初步评价……192
一、测验分数的分布状态……192
二、平均分……193
三、标准差……194
第二节　试题的信度……195
一、相关系数……195
二、信度的概念……197
三、几种常用信度的意义及计算方法……198
第三节　试题的效度……202
一、效度的概念……202
二、几种常用的效度及估计方法……203
第四节　项目质量评价……205
一、项目的难度分析……205
二、项目的区分度分析……208
三、选择题的反应模式分析……213
练习与思考题……229
参考文献……229
第九章　化学教育中国家级考试试卷的评价……230
第一节　我国历年普通高等学校招生考试化学试卷的评价(课标卷)……230
一、初步评价……230
二、试题分析……232
第二节　我国历年普通高等学校招生考试试卷分析(大纲卷)……247
一、初步评价……247
二、试题质量分析……247
三、试题分析……250
练习与思考题……260
参考文献……260
第十章　化学测试结果的分析与评价……261

第一节　学生个体的测验成绩评价…… 261
一、以常模参照评价学生的测验分数 …… 261
二、以目标参照评价学生的测验分数 …… 263
三、评价学生成绩时应注意的问题 …… 265
第二节　学生集体测验分数的评价…… 265
一、根据分数分布估计测验成绩…… 266
二、根据平均分和标准差估计测验成绩 …… 266
三、不同学生集体的测验分数比较 …… 267
练习与思考题…… 268
参考文献…… 268
第十一章　化学课堂教学评价与教师评价…… 269
第一节　课堂教学评价概述…… 269
一、课堂教学的要素分析 …… 269
二、课堂教学评价标准的确立 …… 269
第二节　中学化学课堂教学评价实施…… 272
一、中学化学课堂教学评价指标的确定 …… 272
二、化学课堂教学质量评价量表的编制 …… 273
三、高中化学新课程课堂教学评价指标体系探讨…… 273
第三节　教师评价概述…… 287
一、教师评价的概念 …… 287
二、教师评价的种类 …… 287
三、教师评价的模式 …… 289
四、教师评价的原则 …… 289
五、发展性教师评价 …… 290
练习与思考题…… 292
参考文献…… 292

第一章　化学教育测量概述

教育测量与评价是当今世界教育科学研究的三大领域之一，它不仅在教育科学体系中具有显赫的地位，而且在教育教学过程中具有重要而广泛的应用价值，在实践中具有强烈的导向作用，常成为教育改革的突破口。在日常生活中，“测量”是人们经常使用的词汇，如对事物的许多物理和化学属性（如长度、质量、体积、温度、运动速度、组成成分、物质分子结构、溶液的酸碱度、化合物的熔点、溶液的沸点等）进行测量，对人自身的许多心理和生理特征（如气质、性格、兴趣、态度、知识水平、能力等）进行测量。可以看出，人们通过一定的方式对物质的某种属性进行测量，来对物质进行认识。也可以说，测量是人们认识自然界的一种方式。那么什么是测量，其含义是什么？教育测量与化学教育测量的内涵和属性有哪些？本章将从认识与测量的关系的角度来探讨这些问题。

第一节　测量的涵义

一、认识

（一）关于认识

认识，就其表现而言，可分为三个层次：一是感知层次，它主要有感觉、知觉、直观等形态，是认识由此开始的信息获取阶段。“感知运动的活动是相应的观念与知觉的共同来源。”二是悟解层次，主要有理解、思考、领悟、懂得等形式，就是对感性获取的信息进行消化吸收、处理加工，从而达到对对象的观念性把握。三是创新层次，包括预见、猜测、创意、设想、构思、幻想等诸多形式，是思维的张力所致。它是在信息消化、对象把握基础上的一种思想的扩张、推延和创造，以求获取更大范围的信息、赢得主体更为广阔的生活空间。

给认识下定义，就是对认识本质进行揭示。比较典型的认识的定义有以下几种：①认识就是人们的头脑对客观世界的反映，是主体对客体的能动的反映；②认识是主体对信息的选择；③认识是主体在思维中对客体信息的重新构造；④认识是反映、评价、决策的统一；⑤认识是反映、评价、创造的统一。

（二）认识的要素

1. 认识的主体

“认识主体”是认识论的核心。人类对于认识主体的认识和研究是在一定的历史进程中不断发展和深入的，这体现在哲学史上对于认识主体这一概念的把握和理解中。20 世纪以来，现代科学技术的发展使认识论研究逐步深入到研究认识主体微观机制的新阶段，为认识主体研究提供了一定的自然科学基础。

马克思、恩格斯从人的社会活动、社会关系出发，从而走向了社会主体论。他们认为“人的本质并不是单个人所固有的抽象物。在其现实性上，它是一切社会关系的总和”，所以，他们既批评形而上学把“整个现实世界都淹没在抽象世界之中，即淹没在逻辑范畴的世界之中”，并从而认为主体是想象的主体,也反对旧唯物主义把主体当成消极的被动的生物学意义上的人,进而明确提出:“主体是人。”而人是有形体的,赋有自然力的、有生命的、现实的、感性的、对象性的存在物,因而作为主体,应既具备其存在的自然性,又具备社会性。综上所述,人们对认识主体的理解和研究日益深入,其内涵的演进历史本身就深刻地揭示了认识主体是一个在社会实践基础上与认识客体交互作用的动态网络系统,具有深刻的复杂性。

从现代科技社会功能的逻辑发展来看,“信息社会”还要进一步向“智能社会”过渡。信息社会高技术的发展将导致高智力的竞争,高智力的竞争会进一步导致人工智能和知识工程的发展及智能计算机和智能机器人的制造,从而使信息社会过渡到智能社会,智能技术与生物技术(包括基因工程、蛋白质工程和细胞工程等)相结合将成为智能社会的技术支柱。时代正迈向信息时代并将向智能时代过渡,认识主体的内核也将日益复杂。

(1) 认识主体的表现形式将日益扩大。传统社会的社会分工与协作尚不发达,自然经济占主导地位,认识主体往往以个体的形式表现出来,并以孤立的方式进行活动。而信息社会与智能社会使全球一体,社会分工越来越细,社会协作越来越广泛,狭隘地域性的个人为世界历史的、真正普遍的个人所代替。认识主体很难再以孤立的个体形式存在,而必须以众多个体的合作形式存在。对于许多浩大的工程,个人主体只有通过与他人的合作才能完成,个人主体必将向集团化、社会化方向发展,那时,“别人的感觉和享受也成了我自己的所有物。因此,除了这些直接的器官以外,还以社会这种形式形成社会的器官”。认识主体将成为具有多层次结构的社会系统,因而不再像起初的社会形态那样,把人束缚在狭窄的范围,相反地,它为每个个体创造才能的发挥提供了良好的环境和条件。

(2) 主体的构成方式的合成化。传统社会技术水平低下,主体的力量主要取决于人本身的力量。现代科技革命不仅加速了劳动工具转为认识主体的“无机的身体”的过程,而且使劳动工具本身成为主体的有力帮手。例如,人工智能的出现,从宏观上模拟人脑的部分思维机制和功能,在很大程度上克服了人脑处理信息的速度、记忆功能、可靠性及活动空间的局限,对信息的加工处理能够达到自动化、高速化、精确化,从而放大了人的智力,解放了部分脑力劳动。人工智能的进一步发展甚至会导致复合智能的出现。因为人工智能的发展必将与生物技术相结合,促使人工智能、脑科学、心理学等学科与创立中的思维科学的结合,从而在这个结合部位和交叉地带找到人工智能的新的突破口,由此形成思维系统工程,即运用人脑工作的原理,研制出仿脑型的思维机器乃至辩证思维的机器,使智能机器由自动的系统发展到自为的系统。新技术革命的发展使人类智能与人工智能的协调互补、整体优化成为可能,从而使传统的人机分离的自然主体向人机结合式的复合智能系统中的现代主体转化。

(3) 主体认识活动的中介化。认识主体将呈现出从直接主体向间接主体转化的趋势。在传统的农业和工业社会中,认识活动一般是直接的。认识主体和客体发生直接的相互作用,主、客体间的中介系统只是呈现萌芽状态。人类认识范围很狭窄,能动性、创造性也受到较大限制。而现代社会的发展及计算机、人工智能等的出现,把一系列主体进行认识活动时体力和脑力的劳作交给机器去执行,而不需要自身的自然力量和肉体器官的直接参与,这样不仅大大减轻了人作为主体的大量烦琐的、紧张的、重复的体力和脑力劳动,而且,主体可以更加集中精力去从事创造性的社会实践活动和精神活动。

(4) 主体思维方式的系统化。现代信息化社会使认识对象成为一个动态网络巨系统,纷繁复杂,瞬息万变。因为对客体枯燥的、静止的认识不能反映活生生的生活事实,这就使得认识主体的思维方式不断地系统化。传统的知性形而上学的思维方式主要在于坚持孤立的、片面的思想规定，或者说是坚持着严格的非此即彼的方式，这种思维方式，由于是活动于有限思维规定的某种界限之内，并把这种界限看成固定的东西，而不对它再加以否定，因此不能得到全面正确的认识。信息化社会中的信息无穷无尽、充满矛盾，但人的头脑不再把这些对立面看做僵死的、凝固的东西，而应该看做活生生的、有条件的、活动的、互相转化的东西，从而实现主体思维方式的辩证化、系统化，使思维过程和思维方法避免单面性、平面性和机械性。

(5) 认识主体存在方式的全面化。在资本主义社会现实条件下，劳动者的劳动是一种异化劳动，“劳动者在精神上和肉体上被贬低为机器”，“人变成抽象的活动和胃”，并且“一切肉体的和精神的感觉为这一切的简单的异化即拥有感所代替”。人成为远离他自由自觉的本质的片面的畸形物。而在智能时代，生产过程和管理过程二位一体，并实现智能化。此时，直接主体就会向间接主体转化，而一旦直接形式的劳动不再是财富的巨大源泉，劳动时间就不再是财富的尺度，因此，并不是为了获得剩余劳动而缩减必要劳动时间，而是直接把社会必要劳动缩减到最低限度。因此与此相适应，由于给所有人腾出了时间和创造了手段，个人会在艺术、科学等方面得到发展，主体就有可能摆脱异化，成为具有人的本质的全部丰富性的人、具有深刻感受力的全面的人。

(6) 认识主体的客体化，即认识主体也将成为人类主要的认识对象。新技术革命的发展和社会由信息化向智能化的过渡，会使社会呈现无穷的多样性，人会在直观现实时直观到自身的诸多可能性，从而必然会深化对自己的认识。主体实现由个人主体向社会主体转化，就必须加强对人类自身的了解，才能在转化的过程中实现动态协同、整体优化。人工智能的出现，开始了从外部模拟人脑的思维机制，并且随着生命科学、脑科学、神经生理学等相关学科的发展，已经使人类能够从大脑的内部结构和生理-心理机制来揭示人脑的一部分思维奥秘，人类认识进入研究认识主体的新阶段已是历史的必然。

通过以上分析可以看到，哲学史和现代科学技术的发展表明：认识主体的思维方式和存在方式是处于不断系统化和全面化的进程中的，从个人主体向社会主体、从自然主体向现代主体、从间接主体向直接主体的转化是历史的必然，而在这一转化过程中认识主体的复杂性问题日益突出。

认识论研究经历了一个漫长的发展阶段。20 世纪以来，自然科学在许多领域取得了革命性的突破，有利于在微观领域揭示出认识主体如何形成知识、表述知识，如何进行信息的获取、加工、储存、传递和反馈，同时多维度地揭示出认识过程的各种生理机制、心理因素等的交互作用，使认识主体研究发展到以研究认识主体微观机制的新阶段。在理论层面上，认识主体的复杂化就是认识自身发展的必然结果，并进一步推动了人类认识向新的高度跃进。

2. 认识的客体(认识对象)

从抽象的、本体的意义上说，所谓的认识对象只有一个，那就是客观存在的整个世界；而从现实的、认识的角度说，认识对象则是指已经进入人类认识活动领域和随着人类实践活动的拓展而不断进入人类知识领域的那一部分客观世界。

1) 以自然界为认识对象

从马克思主义哲学的实践论出发，以人类的实践能力为标准进行划分，以自然界为认识对象又可以分为自在自然和人化自然两类认识对象。

(1) 自在自然。由于人类的认识、实践能力在任何特定时期内都是有限的，那些人类尚无法了解，或已经知其存在而暂时无法按照自己的目的进行改造使其符合自己目的的客观物质世界只能是潜在的认识对象,是人的认识对象不断扩展的源泉。当今科技迅猛发展,自然科学的研究范围无论是宏观、宇观或者微观世界,都达到了前人无法想象的地步。以往人们认为的那些无法认识的物质世界,现在却已经清晰地展现在面前;以往人们根本不知道其存在的物质世界,也不断被现今的人类所发现或认识。例如,人类早已知道月球的存在,并且它一直是人们观察分析的对象,但是,直到20世纪60年代人类成功登月以后,月球才成为人的现实的认识对象,成为人化自然的一个部分,这是一个转化过程。因此,尽管人们一时不能获得具体而切实的认识,但必须首先承认,自在自然是人们的认识对象,否则就意味着"自在之物"无法向"为我之物"的转化,倒退到不可知论,使人永远局限于已知的范围,无法向未知领域扩展。

(2) 人化自然。马克思认为,原始状态下的自然界由于与现实的人没有关联,谈不上符合人的目的,只有经过人的改造之后,它才变成"人的存在物"。所以,自然界对人来说并不像动物那样直接存在着,而是按照它被人们改造过的那种程度存在着。"被抽象地孤立地理解的、被固定为与人分离的自然界,对人说来也是无。"因此,"正像人的对象不是直接呈现出来的自然对象一样,直接、客观地存在着的人的感觉,也不是人的感性、人的对象性。自然界,无论是客观的还是主观的,都不是直接地同人的存在物相适应的。"也就是说,客观的自然与主观的自然只有通过人的实践活动联系在一起的时候,才与人本身相关联。通过对工业发展的历史的考察,马克思提出了"人化自然"。也就是说,经过劳动和工业改造过的自然界,并不是单纯的自然存在物,而是人的活动的结果。"在人类历史中即在人类社会的产生过程中形成的自然界是人的现实的自然界;因此,通过工业——尽管以异化的形式——形成的自然界,是真正的、人类学的自然界。"在此,马克思充分肯定了"人化的自然"是人的现实的认识对象。

2) 以人和人类社会本身为认识对象

马克思主义的认识论认为,作为主体的人既是自然存在物,又是社会存在物。人在通过实践手段改造自然的同时,生产出自己的社会关系,也创造出自己的社会存在,而人也只有作为社会存在物,才能在社会关系中改造自然界。因此,人的认识对象不仅有自然界,同时又包括人类社会本身。对于社会的认识,从根本意义上来说,就是对人类社会发展的物质基础、社会关系和处在社会关系中的人的认识,以社会为认识对象和以自然界为认识对象既有关联又有区别。

一方面,科学发展史已经证明,人类社会是自然界长期进化的产物,是从自然界中独立出来的一部分,是自然界进化过程中的飞跃和质变,是物质运动的一种更加高级的形式。也就是说,人类社会是作为整个物质世界的一个特殊的有机组成部分而存在的。

另一方面,人类社会又保持着自己的独立性,有别于自然界本身,这种区别主要在于以下几个方面:第一,人的实践活动是有目的、有意识的活动,而自然界中其他所有的事物本身的发展都是不自觉的、盲目的力量起作用的结果,自然规律以自己铁一般的必然性为自己开辟道路。马克思说:"自然规律是根本不能取消的。在不同的历史条件下能够发生变化的,只是这些规律借以实现的形式。"在这里"不同的历史条件"主要取决于人的实践能力或者说生产力的水平,人类可以认识自然规律、利用自然规律、改变自然规律发挥作用的形式,为自己的目的服务。但是,在人类社会中,任何社会活动都离不开人的参与,都是由自觉的、追求某种目的的、有意识的人来进行的,社会规律正是通过无数的具有不同意志、不同动机、不同目的的人的实践活动的相互作用表现出来的。第二,大多数自然规律是稳定的、持久的甚至是永恒的,而大多数社会规律在发挥作用的时间上、空间上都直接是由人类实践活动的能力和水平决定的,其普遍性和持久性相对自然规律而言,是比较短暂和相对易变的,并且只有在一定的历史条件下才起作用，而一旦条件变化了，旧的社会发展规律就让位于新的社会发展规律。第三，在对两类不同规律的认识和运用上，也有重大的区别。对自然规律的认识，在以往的时代中，主要是依靠人在物质生产活动中获得的关于自然的知识。随着时代的发展，越来越多的认识来源于自然科学的发展，而且，自然规律一旦为人们所认识，人们只要将其发生作用的条件和范围全部重新复制出来，自然规律的作用就会重现。但对社会规律的认识只能在社会的大舞台上和社会实践中。而人认识了社会规律后，只能将其用于指导人的社会行为，这种规律性的认识并不能在实验室中得到验证，历史事件的“重演”也不是在原封不动的条件下进行的，其已经具有了不同的内涵和社会意义，因为人不可能创造出完全雷同的历史条件。

3）以人的精神现象为认识对象

人的精神是否可以成为人的认识对象，这是认识论研究中歧义性很大的一个问题。这里首先应该对“精神”概念本身做出合理的界定，然后才能进行探讨。人的精神的第一层含义，主要是指人作为一个自然存在物，其观念活动有自然的物质基础。自然科学中的生命科学、脑科学、医学等具体学科就是以人的精神活动发生的过程、生理基础等方面为研究对象的，它们对于研究者来说，都是客观的，这种意义上的精神当然是人的认识对象。人的精神的第二层含义，指的是人作为一个社会存在物，其观念活动如何表征、能动方面怎样体现。马克思在批判唯心主义哲学的时候这样说道：“对对象、现实、感性的理解和唯物主义相反，能动的方面却被唯心主义抽象地发展了，当然，唯心主义是不知道现实的、感性的活动本身的。”马克思并不否认应该发展人的精神的能动性，反对的是唯心主义式的抽象的发展，“人应该在实践中证明自己思维的真理性，即自己思维的现实性和力量，自己思维的此岸性”。第二层意义上的精神，其能动方面的发展表现为人的实践能力的提高。思维的真理性也只有在实践中才能得到检验。而作为人的能动性精神活动本身，由于自身的特点，它又派生出了自己的特殊存在形式，一种是书籍、报刊、录音磁带、录像磁带、计算机网络等物质载体，另一种是语言、文字、符号、图画、图表、影像等表现形式，通过这些精神派生形式为他人所感受、研究。精神产品的创作凝结着人类对世界认识的结果，凝结着人类的创造，它以知识的形式参与人的新认识，能使个体、某一群体的智慧融合为整个人类的智慧。

精神产品作为一种对象性的存在，按照它所反映和表达的内容可以分为两大类：一是反映和再现客观对象，这种客观对象是不依赖于人的意志、活动的客观自然；另一类是反映特定的社会状况、社会规律的思想资料，这些思想资料可以再成为他人研究、加工、改造的对象，生产出新的精神产品。

总之，在认识过程中，认识的对象是极其复杂的，既有物质现象，也有精神现象，不能因为物质的本原性而抹杀具体的认识对象的丰富性，认识的直接目的在于人能够在观念中正确把握对象。正如人类目前制造的任何飞行器都不能达到光速，却可以在观念中把握光速本身一样。

认识对象是认识结构中的重要组成部分，没有对象性的存在，也就无法构成认识本身，要认识就要有认识的对象，而要成为认识对象，必须具备以下几个特征：

（1）客观性。认识对象的客观性就是指它存在于认识主体的意识之外而与主体相对立。社会历史及其发展的客观性主要在于：

首先，虽然人们自己创造了自己的历史，但不是随心所欲地创造，人们都是在既定的历史条件下创造历史。马克思说，人“周围的感性世界绝不是某种开天辟地以来就直接存在的、始终如一的东西，而是工业和社会状况的产物，是历史的产物，是世世代代活动的结果，其中每一代都立足于前一代所达到的基础上,继续发展前一代的工业和交往,并随着需要的改变而改变它的社会制度”。这种物质性的历史前提是任何主体都不能随意改变的。

其次,在人们创造历史的过程中结成了一定的生产关系或社会关系,这种社会关系是个人与社会相联系的中介,人们在自己的生活和社会生产中发生的一定的、必然的、不以他们的意志为转移的关系,即与他们的物质生产力的一定发展阶段相适应的生产关系,也同样是一种客观性的存在。人的精神产品的客观性在于,它的生产者是具体的现实的人,而且只有通过物质性的手段才能表现出来,才具有客观性,才可能成为认识的对象。人的任何观念、思想无论多么伟大、正确,没有通过某种方式表现出来的时候,仅仅局限于大脑内部,就等于无,不具有客观性,不能成为认识的对象。从精神生产的过程来看,精神产品的生产者所借助的科学仪器、实验设备、文化用品、出版印刷等设施条件都是物质性的客观存在,也就是说,要生产精神产品,同样受历史的前提制约,也不是随心所欲地任意创造。

总之,无论是自然、社会还是以一定的载体表现出来的人的精神,都是作为认识主体的意识之外的另一极而存在,都具有客观性。外部对象成为认识对象,是由主体的本质力量及活动所及的程度和范围、对主体的意义以及对象的性质等方面来规定的,但这恰恰是以对象的客观存在为前提的。

(2) 规律性。从逻辑上说,认识对象本身必须具有自身发展的规律,人们才可能认识它、在观念中把握它,否则,如果毫无规律可言,一切都是而且仅仅是偶然性的话,整个世界就带有神秘的性质而变得无法捉摸了。自然界的发展有其自身的规律,这已是公认的不争的事实。电磁学、相对论、量子力学、天体演化学、分子生物学等许多自然科学都是以探求特定的自然领域的规律为目的的,否定自然界的规律性,也就是对全部自然科学的否定,是十分荒谬的。而社会历史是否有规律,是哲学家、历史学家一直在探讨的问题,以往大多数人从生物的、精神的、理性的、人性的、政治的、法律的甚至神学的方面去寻找社会发展的决定力量,不可能得出科学的结论。因为他们忽视了历史的现实基础,把人对自然界的关系从历史中排除了,因而造成了自然界和历史之间的对立。社会发展规律主要有以下几方面内容:①社会的基本矛盾运动推动着社会历史有规律地向前发展;②生产方式的变更是一个自然历史过程,社会经济形态的发展是一种自然历史过程,人类社会是一个由低级到高级的向前进化的过程;③一切历史规律都独立于人之外而具有客观必然性,且具有不以人的主观意志为转移的性质。人们认识历史规律,就是要使自己的行动符合历史的要求,如果逆历史的要求而动,就必然为历史所淘汰。

精神产品的生产是否有自身的规律呢?已经以某种载体形式表现出来的精神产品是形形色色、丰富多彩的,似乎完全是个性的展示,毫无规律可言。但是,物质生活的生产方式制约着人的精神生活的过程,精神生活表现出的巨大的能动性,也同样是以一定的生产发展水平为前提。从物质实践出发来解释观念性的东西,“意识的一切形式和产物不是可以通过精神的批判来消灭的,不是可以通过把它们消融在‘自我意识’中或化为‘幽灵’‘怪影’‘怪想’等来消灭的,而只有通过实际地推翻这一切由唯心主义谬论所产生的现实的社会关系,才能把它们消灭”。精神产品既是对社会、自然的一种反映,也是创作者自身个性的反映,是二者的统一。正是通过这种个性的表达,反映出人们对社会、自然的认识层次和水平。精神生产受物质生产的制约,并不是说它消极地尾随在生产发展水平之后,而是一个能动的过程。精神生产不仅涉及认识的对象和进行研究所具备的物质条件、占有相关的思想资料等,也涉及生产者所处的社会地位、本身的素质、情感、意志、个性、心理、生理、受教育的程度、知识的积累与结构、理论思维能力、个人修养等多方面的因素,使得这一过程呈现出更加复杂的形式。

（3）可感性。人的认识对象必须是人的感觉器官、思维器官能够感受得到的，感觉是全部认识的起点。感觉是对对象的生动的直观，是进行理性思考的基础、材料和前提。肉眼看不到的紫外线，只是在人们通过科学仪器观察到以后（经过人的感觉），才成为认识的对象。个人的思想在没有以某种方式表达出来成为可感的形式的时候，就不能成为认识对象。对社会的认识，也只能开始于形形色色的、具体的、现实的人本身，马克思说："全部人类历史的第一个前提无疑是有生命的个人的存在。"客观规律，无论是自然规律还是社会规律，都是通过具体的可感事物表现出来的内在必然性。这样，人类就不可能直接以客观规律为认识对象（但规律是人类认识的直接目的，目的与对象是两个不同的概念），而是经过人的感觉、实践和认识手段以及经过思维抽象等一系列极其复杂的过程来完成的。这种间接的方式，使理论认识既可能是错误地也可能是正确地揭示了人们无法感觉到的事物的本质和规律。

认识对象的功能一般体现在以下几个方面：

一是认识对象是人类进行认识活动必要的前提条件。马克思认为："人不仅通过思维，而且以全部感觉在对象世界中肯定自己。"对象性的存在是人以自己的方式存在的前提条件，离开对象世界，人就无法通过思维、感觉确证自己的存在。在由认识主体、认识中介和认识对象组成的认识结构系统中，没有认识对象，就不可能现实地发生人的认识，甚至无法确证人自身的存在，要认识，就要有认识的对象，这是进行认识不可或缺的前提条件。

二是现实的认识对象标志着人类认识能力的水平。"工业的历史和工业的已经产生的对象性的存在，是一本打开了的关于人的本质力量的书，是感性地摆在我们面前的人的心理学。"人们的认识对象、实践对象标志着人类实践能力、认识能力的水平。而物质性的认识工具则是人类认识能力的外在的直观的尺度，而且工具本身也是人类实践认识活动的结果。从人的认识发展史上看，人的认识首先是完全依靠自己的体力、感觉、思维进行认识活动，然后采用工具部分地代替人的体力活动（运动器官的延伸），又逐步采用工具代替人的感觉（感受器官的延伸），一直到现在使用计算机、智能机部分代替人的脑力劳动（思维器官的延伸）。认识工具经历了从无到有、从低级到高级的发展过程，这也是人类认识能力不断提高，认识范围、广度、深度不断扩大的过程。

人们对自然界的认识与工具发展水平的关系最为直接。20 世纪 60 年代，人类成功登月以后，对月球的认识才具有真正意义上的现实性。从历史上看，人类先后经历了旧石器时代、新石器时代、青铜器时代、铁器时代、蒸汽机时代、电气时代和当今的计算机时代，以生产工具为主要标志的阶段划分，勾画出人类物质生产活动、认识活动的基本轮廓。

人们对社会、对人自身的认识与工具发展水平的关系则显得相对间接。这主要是因为物质生产的发展水平和认识本身的不平衡性。恩格斯说："经济上落后的国家在哲学上仍然能够演奏第一小提琴"，但是，"经济发展对这些领域也具有最终的至上权力，这在我看来是确定无疑的"。这种不平衡性主要在于：生产力发展水平较高、发展较快的国家，其对社会本身的认识不一定更先进；经济上相对落后、生产力发展水平较低的国家，其认识不一定是落后的。例如，"18 世纪法国哲学思想"超过了当时生产力水平更高的英国。但是，经济上落后的国家在一定条件下出现先进的社会认识理论，仍然是以生产力发展的一定高度为前提的。

三是认识对象为主体所吸收和把握，同时也改造主体，增强主体自身的力量。人在对象性的活动中，既认识、改造了对象世界，也认识和改造了人自身。"随着对象性的现实在社会中对人来说到处成为人的本质力量的现实，成为人的现实，因而成为人自己的本质力量的现实，一切对象对他说来也就成为他自身的对象化，成为确证和实现他的个性的对象，成为他的对象，而这就是说,对象成了他自身。”主体通过对对象的实际上、观念上的掌握和对各种文明成果的消化、吸收,使其逐渐转化为主体本质力量的因素,从而进一步生成、改造和发展了主体自身,使主体更加完善。而且,“人本身是他自己的物质生产的基础,也是他进行其他各种生产的基础。因此,所有对人这个生产主体发生影响的情况,都会在或大或小的程度上改变人的各种职能和活动”。认识对象作为一种客观的物质力量,同样必然对主体自身产生重大的影响,人如何在认识、实践活动中认识和创造对象,也就是如何认识自己、创造自我。

四是认识对象作为一种为我关系的另一极,是实现人的目的的手段和途径。其实,人类无论是以客体还是主体自身为认识对象进行研究,实际上并不可能完全离开主体独立地研究客体或完全离开客体独立地研究主体。无论是以客体为认识对象,还是以主体自身为认识对象,主体和客体的关系都实际地包含在其中。这两个方面本来就是认识活动本身所具有的,但是主体与对象的关系并不是直接的同一关系,而是要通过中介来完成的一种为我关系。其中,劳动工具这一中介系统支撑着人的整个认识、实践活动。中介系统对对象的认识、改造,使对象符合主体的需要,这才是认识的目的;人对对象的精神上、实践上的把握,不是人的最终目的,而是实现人自身目的的手段和必经的途径。马克思说:“凡是有某种关系存在的地方,这种关系都是为我而存在的;动物不对什么东西发生‘关系’,而且根本没有‘关系’;对于动物来说,它对他物的关系不是作为关系存在的。”这种关系的本质是一种为我关系,为我关系的根本特点就是对象服从人的主体需要,符合人的主观目的、切身利益和价值尺度。

五是认识对象的丰富性满足人的认识需求的丰富性。不同的现实的人以不同的现实的存在物为对象,人不仅有物质上的需求,也有精神上的需求。认识主体是多样性的,认识对象也同样是多样性的。对于这种双向的多样性,马克思说:“只有音乐才能激起人的音乐感;对于没有音乐感的耳朵说来,最美的音乐也毫无意义”,“眼睛对对象的感觉不同于耳朵,眼睛的对象不同于耳朵的对象”,而且人的社会处境对人的认识也会产生巨大的影响,“忧心忡忡的穷人甚至对最美丽的景色都没有什么感觉;贩卖矿物的商人只看到矿物的商业价值,而看不到矿物的美和特征,他没有矿物学的感觉”。矿物的美和商业价值取决于不同的主体,也取决于矿物自身的特性,认识对象随着主体的不同需要表现出了不同的特征。

3. 认识的中介

列宁在《哲学笔记》中曾就黑格尔关于“相互作用”的思想做出了更为明确的表述,“仅仅‘相互作用’=空洞无物,需要有中介(联系)”。认识过程中的主、客体并非直接相连:一方面,在认识的过程中客体对象从未真正进入过主体的感知系统;另一方面,认识过程也不是主体感官与客体对象的直接接触,在认识的主、客体之间一定存在着某种中介,它连接着认识的主、客体,从而维系了认识过程的连续性。

(1) 以人的活动(实践)作为连接认识主、客体的桥梁、纽带和中介。瑞士著名心理学家、哲学家皮亚杰(J. Piaget)认为:“作为主、客体相互作用之连接点和中介物的动作,沿着内、外两个相反的方向发展、演化,分别联合成为统一的主体动作内部结构及认识结构和客体之间的外部结构,前者称为内化或内部协调,后者称为外化或外部协调,二者合称为双重建构。”皮亚杰提出的动作范畴与马克思主义哲学中的实践范畴有质的区别,但“动作中介”理论和“实践中介”理论却有着极大的相似性,二者都是从人的物质性活动出发来解释主、客体关系,来解释主、客体间的中介。从形式上看,实践的确扮演着主、客体间的中介和纽带,实践行为由主体发出,指向客体对象,不仅作用于客体,也对主体存在产生影响。

(2) 信息中介。信息认识论认为，信息是物质的性质、关系等有序性的表征，它是主、客体联系的中介。信息的发现使认识不再直接面对自在的物质世界，而以信息为自己的直接对象，或者说以信息为中介把握客体。信息成了认识的直接来源。以信息(包括信号、语言、文字)为中介，主体可以选择客体作为认识的对象。信息认识论在坚持认识主、客体关系这一哲学方法论的基础上，在传统的主、客体关系中引入信息中介，创造性地提出了“一个被信息所中介着的主、客体相互作用的模式：主体⇌信息⇌客体”。把“信息中介”引入主、客体关系，不仅拓宽了认识论研究的视野，也使得我们对认识主、客体关系的理解趋于深入。

(三) 认识的过程

1. 认识的过程是反映过程

按照客观事物的本来面目去反映事物，这是数千年来人类认识史上经久不衰的古老理想，它对于唯物主义哲学家有着无穷的魅力。古希腊唯物主义哲学大师德谟克利特(Democritus)的“影像说”是这一理想的最初表述。近代伊始，洛克(J. Locke)的“白板说”直接把认识、观念看做对象在心灵白板上的印记，认为通过经验就能完成这一过程。18 世纪的法国唯物主义者和 19 世纪的唯物主义代表人物费尔巴哈(L. A. Feuerbach)，虽不再幼稚地认为实现认识理想的途径会如此坦荡，却丝毫没有动摇对这一理想的天真信念。最后，这一理想在列宁的《唯物主义和经验批判主义》中得到了经典的表述：认识所追求的“客观真理”，就是在人的表象中具有“不依赖于主体、不依赖于人、不依赖于人类的内容”。主体在实践中主动地作用于客体、变革客体；客体经由各种感官印象而反映到人的头脑中来，形成关于客体的认识；然后这种认识又回到实践中去，得到修正、丰富和发展，于是反映越来越正确。认识过程被看做实践和认识的无穷反复递进。

2. 认识的过程是信息选择、加工和改造的过程

任何生物，特别是高等动物的活动都具有一定的选择性。作为万物之灵的人，其各项活动包括实践活动和认识活动同样具有选择性。但是，人类活动所具有的选择性有其特定的含义，同一般生物的选择性有本质的区别。

人作为认识主体，所具有的选择性是他在特定的认识活动中同特定的认识客体构成反映与被反映关系的一种存在方式或者说是一种基本属性。选择性不是认识主体的唯一属性，也不是最本质的属性。它同社会性、实践性、能动性、对象性等其他基本属性相联系，共同成为认识主体的存在方式，共同成为认识主体在认识活动中追求客体对象、获取真理性的内在力量。

认识主体在认识活动中具有和表现出来的选择性具有多方面的特点。

首先，它只有在认识主体同认识客体互为对象，成为特定认识活动的两极因素，并且在相互作用的动态过程中才能实际存在并表现出来。因为，认识主体只有同认识客体构成实际的认识活动，才存在对认识手段、认识步骤、思维方法、客体的感性材料等进行选择的必要。如果认识的主、客体没有发生互为对象的关系，那么，选择性只能作为认识主体的一种潜在属性。因此，选择性同认识主体的对象性是紧密联系着的。可以说，选择性要以对象性为前提。

其次，它同认识主体在认识活动中发挥出来的能动性紧密联系，并受其制约和影响。因为，人作为主体在“强烈追求自己的对象”的过程中，不是随意地、不加选择地将某一事物作为自己所要追求的对象，而总是经过深思熟虑后选择某一事物作为自己的追求对象；不是随意地、不加选择地运用某种思维方式、方法、步骤作为认识手段，而总是根据认识活动的性质和目的，主体自身的认识能力以及客体对象的性质和发展状态等多种因素来确定思维方式、方法和

认识步骤的。这种确定是在能动性制约下所做出的选择。

认识主体的选择性在能动性的作用下发挥出来,表明人的选择同一般生物的选择性有本质区别。作为主体的人,他的选择性绝不是使人类去消极地适应环境。

再次,它同认识主体的鉴别能力直接联系着,并受其制约。因为,在认识活动中,认识主体只有正确识别客体对象与其他事物现象在性质上的差异以及客体对象内部各个部分、各个方面、各个层次之间的差异,正确识别客体对象感性材料的真伪,正确区别各种思维方式、方法、认识手段等对于实现认识目的所起作用的大小、优劣,才能做出正确的选择。没有正确的区别就没有正确的选择。正确区别是正确选择的前提。例如,"优选法"能够帮助人们根据数学原理,通过尽可能少的实验次数,迅速求得解决生产斗争和科学实验中提出的问题的最佳方案。但是,主体在运用这一科学方法时,只有对实验次数和实验结果进行正确的比较、鉴别,才能"优选"出最佳方案。应该说,认识主体的比较、鉴别的能力越强,他所做出的选择的正确程度越高,两者成正比。

信息认识论认为,"所谓认识的过程,就是客体在和主体发生相互作用的过程中,将客体自身的某些属性、特征的信息输入主体,并在主体中被识辨、加工和改造"。"认识是主体对客体的观念把握"可理解为主体对于来自客体的信息的加工和整合过程。在这一过程中,同时存在着两种互逆的信息流:一种是主体信息向客体方向的运动;一种是客体信息向主体方向的运动。信息认识论将传统意义上认识主、客体间的双向互动进一步明确为主、客体间信息流的双向运动。在这一双向互逆的信息流运动过程中,客体和主体都会在信息的"刺激"作用下发生某种相应的变化。客体在主体信息流的作用下被"人化";主体在客体信息流的作用下也引发了自身的生理结构、认识结构等方面的变化,从而完成了对客体进行观念把握的认识过程。"在这一认识过程中,主体不但对认识对象有所把握,而且同时也必然对自身的某些特性(如认识能力、认识状况等)有所认识。"也就是说,主体认识过程中的认识对象不仅包括主体之外的认识客体,还包括主体自身。认识的过程不仅是观念的把握对象,也是一种对主体和客体都会产生某种改造作用的人类活动。

人类认识过程不仅是通过实践及主体和客体的相互作用来进行的,而且是凭借特定的主体信息参照系来完成的。主体总是依据自身的认识参照系统来把握世界,把世界纳入自身的理解和解释系统中,对来自客体的部分信息进行加工和整合。它以这种认识参照系统去识别、选择、处理输入信息,并形成输出系统,即主体以自己的特有的认识参考系统去分解、过滤、转化来自外界的客体信息,从而形成自身独特的认识结果。在认识过程中,主体就相当于一个特殊的信息转化系统,来自客体对象的一切感性、知性、理性的信息都在其中"变形",形成每个个体特有的认识结果。

主体认识参照系统是各种外部信息的内在凝结,是一个结构化、功能化了的信息参照系统,是一个动态的、开放式的信息分析、加工、整合、再生系统。正是这个蕴涵着主体特有的历史、社会、生理、心理、经验以及知识等多种信息并高度整合的信息参照系统主导着认识的全过程,并最终影响着认识的结果。正如恩格斯所说:"事实上,世界体系的每个思想映像的发生,总是在客观上被历史状况所限制,在主观上被得出该思想映像的人的肉体状况和精神状况所限制。"正是这一特殊的信息参照系统使主体形成了对来自客体对象信息的选择、理解和解释方式,它也决定着主体认识的广度和深度。从认识主体的角度来看,认识的过程就是主体根据自身的信息参照系统对对象信息的再造过程。

3. 认识过程是重构的过程

认识就是主体在思维中对客体信息的重新构造。皮亚杰作为哲学史上重视认识的主体性思想的集大成者，独创了"发生认识论"。他首先改造了康德(I. Kant)的"综合统一"概念，提出了新的"建构"概念。皮亚杰说他的"这种认识论首先是把认识活动看做一种连续不断的建构"。建构必然是双重的：一方面，主体总是运用其内部结构(认识结构)对客体进行建构，此为外部方向的建构，它产生关于客体的知识；另一方面，在运用内部结构建构客体的同时并作为对客体建构的结果，主体又总会对其自身的内部结构进行建构，此为内部方向的建构，它形成新的认识结构。在皮亚杰看来，认识的本质是建构，认识活动的发展过程则是主体内部结构的建构和主体运用内部结构对客体的建构这种双重的不断建构的有机统一。

皮亚杰进一步从微观上探讨了认识活动的双重建构机制。他按照康德把"认识形式"称为"先验图式"的做法，也把主体内部结构称为"图式"，它是主体动态可变的认知结构。但他剔除了康德的先验论观点，认为主体最初的图式是动作协调组织及其内化的产物。以后每遇到新的刺激，主体总是力求用原有图式去同化它，如获得成功，原有图式便得到巩固和加强，图式即认知结构就得到平衡；如同化失败，主体便做出顺应，调整或创造新的图式去适应新的刺激，直至达到图式即认知结构的新的平衡。因而，主体原有图式通过同化或顺应新的刺激而不断达到平衡的过程，也就是皮亚杰所说的主体内部结构的不断建构和主体运用内部结构对客体的不断建构的统一过程。至此，皮亚杰最终揭示了认识活动双重建构过程的内部调节机制：主体认知结构的动态平衡过程。其中，同化和顺应是这一调节机制的中介环节；"同化与顺应之间的不平衡所生的张力"，即认知结构与客体的矛盾，是这一调节机制的动力因素。皮亚杰说："平衡过程具有自我调节作用。"正是以同化和顺应为中介环节的认知结构的动态平衡过程这一调节机制的存在和作用，主体认知结构才得以不断发展，主体对客体的建构能力才得以不断提高。

"重构"(reconstruction)概念源于皮亚杰的"建构"(construction)概念。重构是认识活动的本质和重构是互反双向(双重重构)的思想，直接接续于皮亚杰的建构论，主体的重构活动是以皮亚杰所揭示的建构过程的内部调节机制为内部调节机制。

"重构"概念保留了建构论关于认识活动是主体的不断构造过程的思想，承认主体的重构活动是以客体原型的存在为前提，但认为主体总是根据其既得信息并运用其认知结构在思维中对客体进行重构。而且，主体还能将诸多客体的信息加以横向整合，在思维中重构出现实中并不存在的全新的客体形象。因而，认识绝不是客体的原物映现或复写描摹。重构论不论是对认识活动规范功能的理解，还是对其描述功能的揭示，都内在地包含着认识能动性观点。

重构论认为，客体之所以被主体重构，其根据是主体基于实践活动的多向需要(物质需要、情感需求和美学需要)。外部世界是多层次的，外界事物是多方面的。主体总是通过对其实践活动需要的意识，首先确立一个认识活动的价值目标，然后按照该价值目标从外部世界诸多对象中选择某一对象或某些对象作为客体，对认识活动进行定向。而某一对象一经被主体选择，就成为现实的客体。接着，认识活动就进入内部调节机制的作用过程。当主体获得了关于所需客体的认识，实现了初始时主体定下的该认识活动的价值目标，内部调节机制的作用过程便自行终止。然后，主体又根据其在实践活动中产生的新的需要，重新确立一个认识活动的价值目标，并按照新的价值目标选择新的对象作为客体，从而实现对认识活动的新的定向。因此，以满足需要为目的的价值目标的定向过程，就是对于理解认识如何发生至关重要的认识活动的外部调节机制。其中,选择是这一调节机制的中介环节。主体的需要与外部对象的矛盾是这一调节机制的动力因素。对于认识哪些对象而暂时排除哪些对象,这一机制具有自我调节作用。

从本质上说,认识是主体在思维中对客体信息的重构或重新构造,这种重构带有内、外互反双向的特征,亦即双重重构。主体的双重重构活动具有上述内、外两套调节机制。认识活动的发生、进行和发展的过程,就是这种双重的调节机制不断运行的结果。主体的选择活动是其控制行为;外部调节机制的运行结果,是形成现实的客体。内部调节机制的运行过程,是认识活动的操作过程,主体的认知结构是其操作工具,同化或顺应活动是其操作方式;内部调节机制的运行结果是形成关于客体的知识和新的认知结构。

在对某一对象的具体认识活动中,外部调节机制运行在先,内部调节机制作用于后,外部调节机制带动内部调节机制。作为认识活动内、外调节机制的动力因素,认知结构与客体的矛盾及主体需要与外部对象的矛盾,体现了主、客体矛盾关系的两个方面,但二者的作用不可等价。主体需要与外部对象的矛盾是更为根本性的,它不仅直接推动外部调节机制的运行,而且还通过外部调节机制引发内部调节机制。而认知结构与客体的矛盾只对认识活动的操作过程起作用,即在主体需要与外部对象的矛盾没有得到或没有完全得到解决时,它会推动内部调节机制反复运行。不断使认知结构做出顺应,直至同化客体、实现控制目标,满足主体需要。可见,内部调节机制的动力因素只是由于并参照外部调节机制的作用而发生作用。

从认识活动的发展来看,外部调节机制的运行与内部调节机制的运行是相互交替的。当主体的某一具体需要得到满足,某一具体的控制目标得到实现,对于某一对象的认识活动就宣告结束。上一阶段获得的认识作为内部调节机制运行的结果,又会成为主体萌生新的需求意识的知识基础和确立下一阶段认识活动控制目标的依据。于是,又会出现从内部调节机制的运行到外部调节机制的运行的转化,发生新的认识活动。认识活动不断地从外部调节机制的运行进入内部调节机制的运行,又从内部调节机制的运行转向外部调节机制的运行,构成了认识活动的无限发展过程。因为认识活动的价值目标所依据的主体需要总是在实践中产生的,在这个意义上说,实践是认识的前提和最终动力。

以重构为本质,以双重重构为特征的认识活动的双重调节机制的运行过程,也就是主体在中介工具的帮助下将自身结构加之于客体的过程。中介工具作用于内、外调节机制运行的交接点上,它是主体获取客体的信息以便重构客体的手段。主体的双重重构及其内、外两套调节机制的运行发生于认识过程的一切环节上,感性、知性和理性是主体重构活动的不同阶段。

4. 认识的误差

人类的认识误差永恒存在,有认识就会形成误差。实际上,认识误差广泛存在于整个科学体系内的每一门具体学科中。主观世界对于客观世界的认识误差表现在以下五个方面:

(1) 观测角度和范围误差,即对世界诸多事物的广度、深度和全面性观测不充分。人类已经探测了十分广阔的领域。在宏观方面,天文的观测距离已超过 200 亿光年(1 光年$=9.46\times10^{12}$ km),即 10^{28} cm 附近;在微观方面,量子力学已能探测到 10^{-16} cm 的尺度。尽管这是一个非常巨大的范围(区间长度为 10^{44} cm),但是,在宏观方面,天文学没有达到观测的尽头,在微观方面,量子力学也尚未寻找到最基本的粒子。即使在以地球为中心、$10^{-16}\sim10^{28}$ cm的范围内,还存在着不能穷尽的科学之谜等待人类的探索,还存在着不能穷尽的未知现象等待人类去发现和认识。地外生物、飞碟、黑洞、星系爆炸与生成等,都需要人类不断地探索和认识。即便是人类认识已经涉及的具体现象,也只是局部和阶段性的。例如,对水的观测和认识,包括在太空中、其他星体上或失重状态下的蒸发、凝结、扩散、被吸收、各种物质溶解等的诸多特性和微观特征,人类都未全面涉足和观测,因此人类对水的观测角度和范围是不充分的。

(2) 人类大脑加工的环节误差,即人类认识的过程误差。现代心理学在研究人类的行为时,对人的行为发展过程已经做了详细、具体的研究。一个事物从被人类注意到被定义,需要经过多个中间环节。上一个环节与下一个环节之间都存在一个认识误差。根据实际情况,一个具体完整的认识过程的中间环节有多有少。而且,人类对一个事物的认识需要不断地反复上述过程,并进行反复的修正,因而人类的认识过程是循环和反复的。例如,可以做个实验:找出八九个人进入一个封闭的房间,让第一个人出来做“生气”的动作后,让第二个人描述,第一个人离开后,让第三个人出来根据第二个人的描述做动作,再让第四个人出来描述第三个人的动作……到最后那个人的描述或动作,已经与“生气”相差很远了。因此,人类认识过程的环节误差显而易见。

(3) 个别误差,即因为观测者个人本身的精神状态、认识水平、分析归纳水平、语言表达水平等因素而造成的误差。例如,人们对一些突发的现象,如抢劫、爆炸、车祸、飞碟等的描述往往存在巨大的差异,有的甚至互相矛盾。现代西方哲学的“语言学派”所围绕的核心问题,就是语言能否表达和语言何以表达的问题。但是,“语言学派”缺少对语言表达水平和表达误差的系统认识,因而只能像维特根斯坦那样:“对可以言说者言说,对不可言说者沉默。”

(4) 认识手段误差,即人类因认识手段限制而带来的认识误差。在量子力学领域,1927年海森堡(W. Heisenberg)揭示出“测不准关系”后,玻尔(N. H. D. Bohr)立即对此做出了具有哲学意义的解释,后人称为“互补原理”:“量子假设意味着任何微观现象的观察与观测手段之间有不可忽略的相互作用,因而通常物理意义的独立存在便不能归于现象,又不能归于观察的手段。”在原子客体的行为及其与用来限定现象发生的测量仪器的相互作用之间,任何明确的区分都是不可能的。玻尔主张将“现象”一词专指在特定条件(包括实验装置、过程和其他主、客观条件)下得到的观察。

(5) 特殊误差,即因缺少特定的认识过程而带来的误差。例如,宗教天国世界的建立过程就缺少基本的现实观测认识过程,因而缺少注意过程和感觉过程。注意过程是指客观事物的存在而引发的人的倾向性活动。感觉过程是指因客观事物的存在而引发的人的倾向性活动所获得初级身体信息的过程,如耳膜的震动、视觉图像的形成、皮肤对冷热的感觉等。因此,宗教的第三个认识过程也就不是“知觉”,而是“幻觉”。幻觉是人在吸食毒品或极度幻想状态下形成的一种非正常、非真实的境遇,与做梦相似,它由人的大脑产生,但无法由人的大脑控制。

人类社会对世界的认识是相对的而不是绝对的;人类社会对世界的认识已经获得了相当的积累;随着时间的推移和认识的积累,人类社会对世界的认识将越来越深入和全面;人类社会对世界的认识误差永恒存在,人类社会永远达不到对世界的认识终点。

(四) 认识的方法

一般的认识方法是指符合思维规律的基本思维形式,如概念、判断、推理和思维的基本方法——比较和类比、归纳和演绎、分析与综合、假说与模型、证明和反证、理想实验等。

1. 比较和类比

事物总是同中有异,异中有同,大同小异,小同大异。比较是抓住事物的本质特征,能在表面上差异很大的事物间看出它们在本质上的共同点；在表面上极为相似的事物间看出它们在本质上的差异点。比较法是进行判断、推理的基础，通过比较才能认识和理解事物，在比较中才能进行抽象思维加工，如惯性和惯性定律比较、冲量和动量比较、向心力和离心力比较、纵波和横波比较等。

类比法是以比较为基础，根据两个或两类研究对象间在某方面的相似或相同，推测它们在其他方面也可能相似或相同的逻辑法。把新事物与熟悉的已知事物做比较，当发现它们之间的某些属性相同或相似，再推测它们的另外一些属性也相同或相似的推理又称为类比推理法。

类比法把抽象思维与形象思维融为一体，它不同于"比喻"。比喻是用某些有类似点的事物来比拟所要说的某一事物，它只是一种重要的修辞法。许多科学家把类比法运用于理论的探索和创新上，惠更斯(C. Huygens)根据声音的反射和折射等规律，类比推理光的反射和折射等现象，推断光具有波动性；德布罗意(L. de Broglie)类比光子和粒子的属性，大胆地提出了光具有波粒二象性；磁场的许多关于力的、能的属性正是与电场的有关属性进行类比后得到的；典型的量子现象是类比干涉与衍射的典型波动现象得到的；卡诺(Carnot)通过把热机与瀑布相类比，导出永动机不能制造的结论；爱因斯坦(A. Einstein)类比解释光电效应的思想和理论，建立了解释光化学的基本定律等。

通过比较和类比，可以深刻理解学科的内容和本质；有助于知识的记忆和再生；有助于知识的巩固、深化和发展；有助于知识的迁移和创造性思维能力的培养；有助于概念的深化和掌握。俄国著名心理学家谢切诺夫(Ива́н Миха́йлович Се́ченов)认为"比较是人类最珍贵的智力宝藏"。

2. 归纳和演绎

归纳是从个别的、具体的大量经验事实中，找出客观事物的普遍特征，抽象概括出一般规律的逻辑思维法，是一种"从特殊到一般"的推理方法。

演绎是从一般的规律出发，着重运用数学或逻辑的证明，得到特殊的具体事例所遵循的规律。它是"从一般到特殊"的逻辑推理过程。演绎法只有从正确的前提出发，才能推演出正确的结论。

归纳和演绎是人在认识过程中的两个不同阶段(从特殊到一般，从一般到特殊)所采用的两种不同的推理方法。它们是相互联系、相互补充的逻辑思维形式。演绎常以归纳的结论为前提，归纳的结论又由演绎加以补充和订正，而且还借助其他各种研究方法去揭露事物的本质。

恩格斯说："归纳和演绎，正如分析和综合一样，是必然相互联系着的，不应当牺牲一个而把另一个捧上天上去，应当把每一个都用到该用的地方，而要做到这一点，就只有注意它们的相互联系，它们的相互补充。"培根(F. Bacon)是系统阐述并运用归纳和演绎法的典范，他的热动说正是运用归纳推理的典型事例。开普勒(J. Kepler)在整理了第谷(B. Tycho)观测的大量资料的基础上，归纳出了举世闻名的行星运动第三定律。伽利略(G. Galileo)用演绎推理方法，推翻了亚里士多德(Aristotle)关于落体的速度与其重量成正比的定理，走上实验研究的正轨。

归纳和演绎在科学认识中是进行逻辑证明的有效工具，是建立理论体系的必由之路，是科学预见的重要手段，是发展假说的必要环节，因此归纳和演绎是十分重要的认识方法。

3. 分析与综合

分析是把研究对象的整体分解为各个组成部分分别加以研究，以便深入事物内部的逻辑思维法。综合是把研究对象的各个部分或过程联系起来进行研究，找出其间的有机联系的逻辑思维法。分析着眼于局部，综合着眼于全局。分析与综合都以概念为基础，综合必须在分析的基础上进行，没有分析就没有综合，两者往往交替进行，每门学科的发展正是多次分析与综合的过程。在归纳和演绎、比较和类比中都渗透了分析与综合方法。例如，在分析了电流、电压、电阻以及串联、并联电路的特点后，将各物理量联系起来进行研究，找出它们之间的相互依存关系，才能进行综合，得出欧姆定律。

4. 猜测法

猜测是指当所研究的问题的已知条件很不充足，不可能用推理方法求得答案时，先用想象的方法估计出几种可能，定出大致的探索方向和范围，然后通过实验观察，为解题创造条件，最后采用推理方法找到答案。

美国当代著名心理学家布鲁纳(J. S. Bruner)说："在自然科学和普通生活中，我们常被迫根据不完全的知识去行动，我们不得不去猜想。"德国数学家高斯(C. F. Gauss)又说："没有大胆的猜想，就没有伟大的发现。"开普勒根据大量观察资料，运用猜测结合数学计算的方法建立了开普勒第一、第二定律。英国瑞利(L. Rayleigh)运用猜测法测定大气密度和组成部分，于1904年获得诺贝尔物理学奖。

5. 等效法

等效法是从等同的角度研究现象和过程的方法。运用等效法可将复杂的问题简化，从而可以用简单的规律去研究复杂的问题。例如，将斜抛运动等效为水平方向的匀速运动和竖直上抛运动的合运动后，就可用简单的直线运动的规律去研究较复杂的运动规律。麦克斯韦(J. C. Maxwell)根据变化的电场的作用同传导电流等效，提出了位移电流的概念。爱因斯坦在建立相对论的过程中，运用等效法提出狭义相对论原理和广义相对论原理的等效原理，为建立相对论奠定了重要基础。

6. 假说与模型

假说是人们根据已知的事实材料和科学原理，对尚未被认识的自然现象及其规律所做出的一种假定性的科学说明(可以是猜想)。这种假定性的科学解释若以文字方式表达即为假说，若以图像描绘即为模型。假说具有两个鲜明的特点：科学性和假定性。模型实质上就是一种假设，科学抽象思维结晶的关键环节就是模型。正如恩格斯所说："只要自然科学在思维着，它的发展形式就是假说。"在一定条件下经过修正而纯粹化的假说和模型可以上升为理论，能做出一些新的预言，并在以后的实验中得到验证。经典力学、经典电磁学、现代量子理论、相对论、基本粒子物理学等都是运用了各种相应的物理模型而得以建立和发展的，如关于光的本性的各种假说、关于原子结构的各种假说、研究宇宙过程的各种假说、研究地球结构的各种假说。假设与模型方法广泛应用于自然科学研究，也逐步深入社会科学领域中，自然科学中的模型本身就是一种假说，而社会科学中绝大多数以假说的形式呈现。模型一般分为物质模型、系统模型和思想模型，模型方法具有纯化作用、聚焦作用、图解作用、物化作用等。

7. 证明和反证

这里所说的证明指逻辑证明,并非实验证明。证明指当形成假说而不能证实时,只能设法进行逻辑比较,以达到证明其正确性的逻辑思维法。反证即先假定一命题为真,循序推论,以达到违反真理的结果,从而判断最初假定为真的命题有谬(不真),而与其相反的命题转真的逻辑思维法。

反证法必须确定前提条件,它可以是题目所给的条件;也可以根据所要论证的问题选取某个公认的定律。反证法中所提出的假定必须是在论证过程中要予以否定的结论。推证的过程是由假定出发,推证有严格的依据,最后要使推得的结论与前提违背。正确运用反证法具有严密的逻辑性和强烈的说服力,尤其是有些命题难以正面论述时,反证法更显得有独到之处。例如,伽利略在《两种新科学的对话》一书中,以生动活泼、引人入胜的语言,通过对话形式,运用反证法尖锐地揭示亚里士多德关于自由落体观念中的逻辑矛盾。

8. 运用数学工具

数学是揭开自然界奥秘的最重要的语言。列宁说:“世界上一切事物都可以用微分方程来表示。”毕达格拉斯认为:“宇宙是和谐的,这种和谐是可以用数学的语言表达的。”开普勒用数学语言表达第三定律的书名正是《世界的和谐》。伽利略总结:“大自然这本书是数学的语言写成的,就是说不懂得数学的语言,就不能揭开自然界的奥妙。”

科学达到真正完善的标志就是成功地运用了数学语言。第谷虽然仔细观察 750 个天体,提供了极其丰富的可靠资料,但仍然达不到理论高度,而开普勒正是在第谷大量资料的基础上,通过想象、归纳和成功的数学运算,才真正揭开了行星运动轨迹,建立了开普勒三定律。英国物理学家胡克(R. Hooke)于 1674 年就提出了关于引力的三条假说,但因为缺乏牛顿的数学才能,所以未能得出万有引力公式。又如,法拉第(M. Faraday)在电磁学方面有大量的科研成果,但对许多电磁现象只能做定性的解释,他的电磁理论常有一定的局限性,这一工作最后仍由具有非凡数学才能的麦克斯韦完成。

运用数学语言表达的理论有巨大的预见作用。例如,麦克斯韦在方程组得出后就预言电磁波的存在,并进一步预言光也是一种电磁波,23 年以后其由赫兹实验证实。又如,在狭义相对论导出了质能公式 $E=mc^2$ 之后,揭示了原子内部蕴藏着巨大的能量,它为人类提供了可以通过核的裂变和聚变来获取核能的方法,为原子能的开发利用指明了正确道路。

总之,数学是一种科学的语言,它是世界上对客观规律表述最精练的总结并为全世界所通用。

二、测量的概念

什么是测量(measurement)? 测量是人们认识自然界的一种方式,也是认识的一种方法。广义而言,测量就是根据法则赋予事物数量。即用一定的规则给事物属性指派数字或符号的过程即测量,这是迄今为止公认的测量定义。也可以说,测量是利用合适的工具,确定某个给定对象在某个给定属性上的量的程序或过程。作为测量结果的量通常用数值表示。从字面上看,测量的定义包括三个特征:事物及其属性、指派数字或符号、法则。

（一）事物及其属性

事物是测量的对象或目标。例如，对桌子的高度进行测量，测量的对象是桌子，它的属性是高度，是可以观察到的，可以进行客观测量。又如，在测量溶液时，首先要确定的是要测量的溶液的属性，溶液的温度、密度、酸碱性等都是溶液的属性。

在化学教学中，对学生的学业水平进行测量时，无法直接进行测量，但是可以从间接的角度去测量。例如，可以从学习的目标出发，编制相应的试卷来进行测试，这样就达到测量的要求。又如，要测量学生的实验技能、批判性思维，这些也是无法直接测量的，但是这些可以在人的具体活动和行为中体现出来，所以只能通过测量其外显行为或外在表现特征来推断。

（二）指派数字或符号

指派数字或符号就是用数字或符号来代表某一事物或事物的某一属性的量。例如，张三在本次阅读考试中得了 87 分，李四得了 92 分，我们说李四比张三多考了 5 分。数字本身没有意义，只是一种符号。用它来代表考生的阅读成绩，这时它就变成了量化的数，可以对其进行解释和分析。在一定的条件下，还可以对数据进行运算从而对事物的属性进行推测。在期末考试中，小李是优秀，小王是及格，小张是不及格，优秀、及格、不及格这些只是一种符号，本身没什么意义，但是用它来代表学生的考试成绩就可以对其进行分析和解释。又如，K、F、O、N、C 在化学教学中用于表达不同的物质等。

（三）法则

法则是指测量所依据的规则和方法，是测量的关键。例如，对温度的测量可使用温度计，摄氏温度规定：在标准大气压下，冰水混合物的温度为 0℃，沸水的温度为 100℃。这样就形成了对温度测量的规则。对气体摩尔体积的测量，必须是在标准状况下，即 101kPa、0℃。使用好的法则可以得到比较理想的测量结果，而较差的法则只能导致不准确的测量结果。要寻找和建立较好的测量法则是一件极为困难的事情。有些事物的属性相对简单，建立法则可能容易一些；而有些事物的属性可能较为复杂和多变。这就给我们的测量带来了很大困难。但不管是什么事物的测量，其法则都有一个渐进的过程，即使是对物体长度的测量，也是一个逐步精确的过程。可以这样说，人类的测量史是一个不断建立和完善测量法则的过程。

三、认识与测量的关系

科学认识活动中的定量方法就是测量。卡尔纳普（R. Carnap）在他的著名的《科学哲学导论》第二篇“测量与定量语言”中提出，科学的概念如同日常生活的概念一样，可以方便地划分为三大类：分类的概念、比较的概念和定量的概念。而测量就是定量描述自然界、人类社会和人类自身规律性的一种方式，较之分类和比较，更能清晰而精确地表述某一事物的属性。

“分类的概念”简单地表示将一客体放入一定的类中。所有的植物学和动物学分类学上的概念——不同的种、科、属等——都是分类的概念。例如，如果说某一客体是蓝色的，或者暖的，或者是立方体的，这是关于客体的相对弱的陈述。将客体放入比较狭窄的类中，关于它的信息便增加了。例如，一个客体是一个生物体的陈述，比一个客体是暖热的陈述能告诉我们关于这客体更多一些东西。“它是一个动物”就说了更多一点的东西。“它是一个脊椎动物”就说得更多了。随着类继续走向狭窄——哺乳动物，狗，长卷毛狗等——我们得到不断增加的信息量,分类概念对我们来说是最为熟悉的。小孩学到的最初的一些词——狗、猫、屋、树等都是这一类概念。

在传达信息方面比较有效的是比较概念。它起着在分类概念和定量概念之间的媒介物的作用。常有这样的情况,在定量概念能引入科学领域之前,是引进比较概念,它对于描述、预言和解释来说,与粗糙的分类概念相比,是更为有效的工具。分类的概念如"暖"或"冷",仅仅将客体置于一个类中,而比较的概念,如"比较暖"或"比较冷",借助多于或少于的词,告诉人们一个客体与另一客体有怎样的关系。在科学提出可测量的温度概念之前,就可以说"这个客体比那个客体暖热些"。这类比较概念是极为有用的。心理学越来越多地运用定量概念,但仍然存在很大的心理学领域,在那里只可以用比较的概念。人类学几乎没有定量的概念。它更多地与分类概念打交道并且需要经验标准,运用它来提出有用的比较概念。在这样的领域,提出这样的概念是重要的,它比起分类概念来说强有力得多,即使它仍不能做出定量的测量。

每一个定量的概念都有一对相对应的比较概念,在某一科学领域的发展中它通常作为走向定量的第一步而起作用。

定量和定性之间的区别并不是性质上的区别,而是在概念系统中的区别。此外,在引进定量概念时约定起了非常大的作用。在着手研究测量在发展定量概念中的作用之前,必须提及一个比较简单而又比较基本的定量方法——计数法。如果不首先有计数的能力,将不能测量。

如果自然事实用定量的概念——带数值的概念——来加以描述,则必须有找到这些数值的步骤。这些步骤的最简单者就是上面所提到的计数。计数只提供给人们用整数表述的值,而测量超出整数,它所提供的不仅是能用有理数表示的值(整数与分数),而且是能用无理数表示的值,这使它有可能运用强有力的数学工具,如计算机,结果是,科学方法论在效率上极大增长。

为了给出长度、温度等词语的含义,必须有一套测量过程的规则。这些规则不是别的,不过是告诉人们怎样为一定的物体或过程指定某种数目,以至于可以说,这些数目表示了这物体的某种属性的量值。

下面将从温度计测量温度这一个过程来了解测量。将一个水银温度计置于水中,当水被加热,水银膨胀并在水银管中升起;当水冷却,水银收缩并且下降。人为地约定在标准大气压下,在结冰的水中,水银柱的高度位置是 0,在沸腾的水中,水银柱的高度位置是 100,现在将水银管在 0 和 100 标记之间刻记 100 个等距离间隔,读数即为 0、1、2、…、100。而且还可以按这样的等距离间隔继续在 0 以下刻划,直至达到水银冻结的那一点,也可在 100 之上继续刻划,直至水银沸腾蒸发的那一点。至此,已建立起了一个温度标准(摄氏温度),然后可以用这个水银温度计去测量其他任何水的温度,并可直接从刻度上读出水的温度(摄氏温度),而不必再用分类的概念如"冷"或"热",比较的概念如"较冷"或"较热"来描述水温。至此,通过一定的规则约定来设定精确的温度刻度标志,可以很方便准确地进行温度的数量测量,用这样的数量可以很准确地描述出分类或比较概念不容易描述的物质温度这个属性的性质。通过这个例子,可以加深了解"测量"的意义:定量的测量与定性的分类或比较都是在描述水温这个属性,在性质上没有区别,只是在准确度和量上有区别;尽量使用较简单的定量方法,人为约定了测量过程的规则,给出了"温度"的意思。因此,在上面测量水温时,测量出来的读数就可以说是水的温度。在华氏温度和热力学温度(开尔文温标)中,选择了其他的物质状态为 0 度和 100 度,摄氏温度 0℃在热力学温度中就是 273K。

定量地描述物质的某种属性可以反映出物质的质和量上的性质。

定量概念并不是自然界给出的，它们产生于将数目运用于自然现象的实践中。没有定量方法，近几个世纪以来的科学进步是不可能发生的。

(1) 定量(测量)概念提高了词汇的使用效率。在定量的概念引进之前，为了描述一客体在该数量上的各种可能的状态，必须运用许多不同质的名词或形容词。例如，没有温度的概念，则必须讲"非常热"、"热"、"暖"、"不暖"、"凉"、"冷"、"非常冷"等，所有这些就是曾经讲过的分类概念。

(2) 定量(测量)概念使人们可以表述定量的规律。这些规律无论作为解释现象的方法，还是作为预言新现象的工具，都具有比较强大的威力。而即使用了丰富的定性语言，要表达最简单的规律也是极端困难的。

(3) 定量(测量)规律的最重要的优点，并不在于它的简短，而在于它的应用。一旦有了数量形式的规律，就能引进称之为数学的演绎逻辑的强有力的部分，并以这种方法做出预言。当然，在定性的语言中，演绎逻辑也可以被用于做出预言。可以从前提"这物体将会是很、很、很热"演绎出预言"这物体将会是鲜红的"。但这个程序和作为数学的一部分的强有力的有效的演绎方法相比较，将是很笨拙的。这就是定量方法的最大的优点，它使人们有可能在运用数学函数的形式中表达规律，而运用数学函数可以以最有效和最精确的方式做出预言。

人类认识和改造客观世界是以测量工作为基础的，测量是人们对自然界认识的一个重要的方式。通过测量事物的某个特征属性，人们不断对事物进行认识。利用现代宇宙航天、遥感、遥测技术，可在数万米高空识别地面 $1m^2$ 内的事物；扫描隧道电子显微镜的分辨力达 0.1nm，可以检测空气或液体中有生命状态的样品。这些强有力的测量工具为人类揭开物质世界的新的微观世界提供了大量信息，可以说测量技术的水平在相当程度上影响科学技术发展的速度和深度。历来许多新的发明制造都是与测量技术的发展分不开的。科学技术上的某些突破也是以某一测量方法的突破为基础的。因此，随着科学技术的不断发展，测量技术提高和测量工具日益精确，测量水平也在不断提高，人们对自然界的认识也在不断地加深。

四、物理学中的测量

(一) 物理学研究的对象

物理学研究宇宙间物质存在的各种主要的基本形式，它们的性质、运动和转化以及内部结构，从而认识这些结构的组元及其相互作用运动和转化的基本规律，包括大到宇宙天体、小到静止质量不为零的基本粒子，如太阳、地球、电子、质子、中子等，都是物理学研究的对象。此外，场也是物质存在的形式，因此也是物理学研究的对象，如引力场、电磁场等。

(二) 物理测量

在物理学研究中，依据一定的规则和方法，对物质的某一属性进行测量，得到精确的定量的测量值，这就是物理测量。物理测量的具体方法就是物理实验。物理学研究中形成的基本实验方法和精密测试技术极大地丰富了人类对物质世界的认识。例如，依据事先约定的长度单位，用标准化的长度量具测量人或物体的高度；根据作用力和反作用力相等的原理，用天平测量物体的质量；根据热胀冷缩的原理，用水银温度计测量人的体温；或进一步根据某些科学原理，应用某些科学仪器间接地测量一座山的高度、某个星球的质量或某个原子的质量。

(三) 物理测量的特点

物理测量的对象是物质实态的性质、功能或组织。它们中的大部分是可以被感觉得到的。其测量单位一般仅依据一定的空间或时间就可以确定,所以很多物理量都可以直接测量。此外,物理现象的变化很小,引起变化的因素也较少,所以测量的实现比较容易和比较精确。在物理测量中,有时也采用间接测量的方法。

五、化学中的测量

(一) 化学研究的对象

化学是一门研究物质的性质、组成、结构、变化和应用的科学。就物质的构造情况来说,可分为若干层次。例如,包括地球在内的天体为第一层次,组成天体的单质和化合物为下一层次,组成单质和化学物的原子、分子和离子为再下一层次,组成分子、原子和离子的电子、质子、中子以及其余基本粒子(如光子等)还可构成一个层次。随着化学科学的不断发展,化学研究的对象也不断扩展。21 世纪的化学是研究泛分子的科学。泛分子主要分为 10 个层次:①原子层次;②分子片层次;③结构单元层次;④分子层次;⑤超分子层次;⑥高分子层次;⑦生物分子层次;⑧纳米分子和纳米聚集体层次;⑨原子和分子的宏观集体层次;⑩复杂分子体系及其组装体的层次。

(二) 化学测量

实验是化学科学的认识途径与手段。只有通过化学科学实验,才能达到对物质的本质及其变化规律的正确认识。化学实验可以说就是化学科学中的测量。

波义耳(R. Boyle)被誉为化学定性分析测量的奠基者。他是第一个发明指示剂的化学家,他把各种天然植物的汁液配成溶液、做成试纸——石蕊试纸,并根据其颜色的变化来检验酸和碱;他还发现了铜盐和银盐、盐酸和硫酸的化学检验方法,并在 1685 年发表的"矿泉水的实验研究史的简单回顾"一文中描述了一套鉴定物质的方法。

拉瓦锡(A. L. Lavoisier)"是明确提出把量作为衡量尺度,对化学现象进行实验证明的第一个化学家",他把化学实验推进到定量研究的水平。拉瓦锡善于发挥天平的作用,重视对物质及其变化进行定量研究,他的定量实验研究极大地丰富和发展了化学实验方法论。对物质及其变化,不仅要用定性分析测量方法,而且还必须运用定量分析测量方法,只有二者的有机结合,才能正确认识物质及其变化在质和量两个方面的性质和规律。拉瓦锡的化学实验方法论思想,对化学实验从定性向定量发展,产生了积极和深远的影响。

现代化学测量利用现代科学仪器,通过科学分析方法对物质的成分、结构等进行分析和测试,并获取有效信息,在测量效率和精确度上比以往大大提高了。

化学研究中的基本测量方法有以下几种。

1. 系统定性分析法

系统定性分析法是为了检验矿物质中的微量甚至痕量元素,克服传统的湿法定性检验法和吹管检验法的局限性而被创立的。1821 年,德国化学家浦法夫(C. H. Pfaff)在其《分析化学教程》一书中提出了"初步试验"和"分组"的思想。1829 年,德国化学家罗斯(H. Rose)在他编著的《分析化学教程》中,首次明确地提出和制订了系统定性分析法。1811 年,德国化学家富里西尼乌斯(C. R. Fresenius)在他出版的教科书《定性分析导论》中对罗斯的系统定性分析法提出了修订方案，他提出的分组法与目前通用的定性分析教科书中所采用的方法基本相同。

2. 重量分析法

重量分析法在19世纪得到了很大的完善和发展，主要表现在操作技术和分离、测定方法方面。罗斯在其编著的《分析化学实验综论》一书中提出了很多有效的新的分离方法，尤其是应用了缓冲溶液和络合掩蔽剂，这在分析化学发展中是一项重要的进步。贝采里乌斯(J. J. Berzelius)曾测定了两千多种化合物的化学量，使用了很多新的测定方法、试剂和仪器设备，对定量分析法的完善和发展做出了重大贡献。富里西尼乌斯在其编著的《定量分析教程》中，不仅介绍了灵敏度已达0.1mg的天平，还介绍了各种元素的重量测定方法；解决了一系列复杂的分离问题。他们所运用的分离和测定方法以及操作技术至今大多数仍被采用。

3. 滴定分析法

滴定分析法是在18世纪中叶从法国诞生和发展起来的。最初的含义只是对化工原料和产品的纯度进行简易、快速测定的一种方法。1729年，法国化学家日夫鲁瓦(C. J. Geoffroy)第一次利用滴定分析的原理，以碳酸钾为基准物，测定了乙酸的相对浓度；1750年，法国化学家文耐尔(G. F. Venel)在滴定实验中运用了指示剂；1767年，英国化学家路易斯(W. Lewis)在滴定实验中不仅采用了指示剂，而且还提供了分析的绝对结果，但他测量滴定溶液消耗量的方法采用的则是称量法；法国化学家德克劳西(F. A. H. Descroizilles)较早地在酸碱滴定中采用体积量度，他发明的“碱量计”可以说是最原始的滴定管。随着人工合成指示剂的出现，到了19世纪30～50年代，滴定分析法的发展达到极盛时期，其应用范围显著扩大，准确度大为提高，接近了重量分析法所能达到的程度；除酸碱中和滴定法外，人们还发明和发展了沉淀滴定法、氧化-还原滴定法、络合滴定法等一些具体的滴定方法。到了19世纪50年代，又出现了带有玻璃磨口塞和用剪式夹控制流速的滴定管，使这种方法更趋完善。

4. 光谱分析法

光谱分析法是利用光谱线来分析某种元素存在与否的一种方法，是由德国化学家本生(R. W. Bunsen)和基尔霍夫(G. R. Krichhoff)共同创立的。1855年，本生为克服当时煤气灯的缺点，发明了著名的“本生灯”。金属及其盐在“本生灯”火焰中能产生特殊的带有颜色的火焰，据此可以鉴别这些金属。为了使产生的光谱具有更好的观察效果，他们两人合作研制成了分光镜，并用这种新的实验仪器发现了铯、铷等元素。随后人们又用这种方法发现了铂、铟、镓、钪、锗等。

随着科学技术整体的迅猛发展，化学测量方法日新月异。从定性到定量，从传统的化学分析法到现在的光谱、色谱、质谱甚至芯片分析，测试的量级从常量(百分之几)发展到微量(10^{-6}级)、痕量(10^{-9}级)、超痕量(10^{-12}级)，测试的速度从几小时发展到几分钟、几秒钟甚至更快。在一些新的领域，如在线分析、生化分析、表面分析、纳米材料分析的新技术更是层出不穷。目前化学测量在贸易、工业产品质量、环境、食品安全、医疗保健等方面提供的重要数据的比例为所有测量的50%以上，化学测量已成为保证这些重要数据准确可靠的基础。

第二节 化学教育中的测量

一、心理测量与教育测量

心理测量就是根据一定的法则用数字对人的行为加以确定，即依据一定的心理学理论，使用一定的操作程序，给人的行为和心理属性确定出一种数量化的价值。现代心理测量和测验作为心理科学的一个重要分支，是从19世纪的欧洲发展成熟起来的，其直接动因源于人们对心理特征的个别差异进行评定的需要。心理特征的个别差异是客观存在的，人们在日常生活中创造了丰富的语汇来描述这种差异。但是，对科学的心理研究来说，定性的描述是远远不够的，必须寻找到有效的方法对之加以定量的刻画，于是心理测验这一工具性的实用技术在各种关于心理实质的理论指导下应运而生。当然，定量描述心理差异的方法并不限于心理测量，但是，心理科学发展至今，心理测量仍然是一种应用范围较广、实际效果较好且操作性较强的测量方法，它与对变量加以严格控制的实验方法一起构成心理学实证研究的两大范式，并且近来有相互融合的趋势。

教育测量学是一门发展较早、应用较多、内容较丰富的教育科学分支，其产生和发展与对学生学力和学业成就的检测活动的发展有着紧密的联系，其历史源远流长。早在西周时期，我国就初步建立了学校教育制度，开始了教育测评。公元606年，我国开始实行科举制。国外学者也认为，中国古代的科举考试是教育测评的最初萌芽。但是由于种种原因，20世纪以来，我国的教育测量和评价的研究一直未能发展起来；而在西方，其中主要是在美国，自19世纪下半叶以来，教育测量和评价得到了迅速的发展。19世纪上半叶以前，学校考试一般都缺乏标准和应有的客观性，其基本方法是对学生逐个口试。随着学生人数的增多，这种考试很难继续实施了。1845年，美国波士顿文法学校首先引入了书面考试，但这时学生成绩评定的客观标准问题仍然未能得到解决。1864年，英国教师费舍尔(Fisher)收集了许多学生的成绩样本，编制了第一本《量表集》，作为度量学生成绩的标准。1897年，美国的莱斯(Rice)博士发表了他对20个学校的16 000名学生所做的拼字测验结果。1905年，第一个智力测验量表——法国的《比纳-西蒙量表》发表。1916年，美国斯坦福大学心理学教授特曼(Terman)发表了对比纳-西蒙量表进行修订后的更完善的智力测验量表——《斯坦福量表》，首次引入了智商的概念，使智力测量有了比较科学的计算方法，标志着心理测验已达到了比较成熟的阶段。1904年，美国心理学家桑代克(Thorndike)发表了《心理和社会测量学导论》，介绍了心理统计方法和编制测验的基本原理。1909年，桑代克又编写了用于书法、拼字、作文、图画测验的标准测量工具，使教育测量开始走上了科学化的道路。因此，桑代克被称为教育测量学的鼻祖。1918年以后，教育测量的使用范围逐渐从小学发展到中等以上学校，许多大学也开始设立了教育测量学课程。至20世纪20年代末，教育测量已发展到全盛期，教育测量在学力检测与教育成就的定量化、客观化、标准化方面取得了很大的成绩。

二、教育测量的涵义

人们不仅能对事物的许多物理、化学属性(如长度、质量、距离、体积、温度、硬度、组成成分和运动速度等)做出越来越准确的测量，也能够对人自身的许多生理和心理特性(如身高、体重、血压、血型、心跳、肺活量)以及人的知识水平、能力、气质、性格、兴趣、态度等精神特性进行测量，这些精神特性方面的测量不仅表现在学校教育领域，而且涉及社会许多部门。

关于“教育”的定义多种多样，可谓仁者见仁、智者见智。一般说来，人们是从两个不同的角度给“教育”下定义的，一个是社会的角度，另一个是个体的角度。从社会的角度来定义“教育”，可以把“教育”定义区分为不同的层次：①广义的，凡是增进人们的知识和技能，影响人们思想品德的活动都是教育；②狭义的，主要指学校教育，即教育者根据一定的社会或阶级的要求，有目的、有计划、有组织地对受教育者身心施加影响，把他们培养成为一定社会或阶级所需要的人的活动；③更狭义的，有时指思想教育活动。这种定义方式强调社会因素对个体发展的影响，把“教育”看成是整个社会系统的一个小的子系统，承担着一定的社会功能。教育测量主要是针对狭义的教育，即学校教育影响下学生各方面的发展，侧重从量的规定性上予以确定和描述的过程。学校教育实践活动的客观需要促进了教育测量科学研究和学科发展。

教育测量是为了了解学生的发展，尤其是为评定学习成绩而进行的测量活动。这是教育测量活动最原始的动机，也是教育测量学科发展最早的立足点。在学校教育背景下，通过课程、教师和学生的相互作用进行教学，无论是教育者，还是受教育者，都需要了解学生学到些什么，掌握程度如何，学习者有哪些变化，学生的成绩和进步用什么方式加以考核记载，所有这些基本的、原始的教育工作要借助于教育测量活动加以实现。

教育测量关注学校的教学效果，而教学效果是教和学双方共同作用的结果。因此，教育测量的结果在用于评定学生学习效果的同时，还被用于了解教师的课堂教学效果。一句话，教育测量反馈的是关于课堂教和学两方面的信息。

教育测量关注学生的发展，而学生的发展是多方面的，除了要掌握学科的知识和技能外，还要发展道德、情感、态度、价值观、兴趣、思维能力、实践能力、创造能力等方面。教育测量涉及德育、智育、体育、美育以及个性、心理素质等许多方面。然而，由于许多身心特性存在着复杂性和模糊性，教育测量比物理测量有更多的困难，教育测量的结果也不像物理测量的结果那么容易理解。

三、教育测量的要素与特点

（一）测量的要素

测量实际上是一种比较过程，是通过将被测物体与参照物进行比较，从而对被测物体赋值，以说明物体的某种属性的过程。测量包含以下三个要素。

1．单位

单位是用于计算的标准，不同测量所用的单位是不同的。例如，测量物体的质量可用吨、千克、克、毫克等为单位，测量物体的长度可用千米、米、分米、厘米、毫米等为单位，测量学业成绩可用分数的“分”作单位。单位是测量的基本要求，没有单位就无法测量。

理想的单位必须具备两个条件：一是要有确定的意义，即对同一单位，所有人的理解意义要相同，不能出现不同的解释。例如，所有人对长度单位“米”的解释是统一的，是没有歧义的。二是要有相等的价值，即相邻两个单位点之间的差别总是相等的。例如，10m 与 20m 之差等于 40m 与 50m 之差。

现用的计量单位是在 1960 年第 10 届国际计量大会上正式通过的，并统一命名为“国际单位制”，其符号是 SI，是法文“Le Systeme Internationle' Unites”的缩写。国际单位制中有 7 个基本单位，它们是长度单位“米”(m)、时间单位“秒”(s)、电流单位“安培”(A)、温度单位“开尔文”(K)、质量单位“千克”(kg)、物质的量单位“摩尔”(mol)、发光强度单位“坎德拉”(cd)，而平面角的单位弧度(rad)和立方体角的单位球面度(sr)是国际单位制中的辅助单位。7个计量基本单位的导出单位及暂时与国际单位制并用的单位构成了现代社会科学技术和人们日常生活中使用的一切计量单位。

物理测量的单位是比较明确的。但教育测量的单位一般来说是相对的:首先,它的意义比较模糊。例如,就原始分数而言,每一个"1分"在人们心目中的含义是不同的。其次,相同单位不等值,如数学的"1分"不一定等于语文的"1分"(因为很难保证两科的难度完全相等),即使同一次考试的"1分"也不一定完全等值,如选择题的"1分"就不等于填空题的"1分"。

2. 参照点

测量是确定事物的特定特征的数量,在测量工作中,必须有一个量的起点。参照点就是计算的起点,参照点不统一,量数所代表的意义就不同,测量的结果就无法进行比较。要使两个测量结果能够相互比较,必须使这两个测量结果建立在同一个参照点上。参照点一般有两种:绝对零点和相对零点。绝对零点里面,"0"表示"没有"的意思,如"0m"就表示没有长度,长度测量和质量测量就是建立在以绝对零点为参照点的基础上的测量;相对零点里面,"0"不一定表示没有,如温度的"0℃"就不是表示没有温度,而是表示零上与零下的交界点,对地势高度的测量,就是以海平面为测量的起点,人们假定海平面的高度为零,然后去确定陆地高出海平面多少。相对零点是人为确定的。教育测量的参照点一般是相对的,"0分"并不表示对这门学科"一无所知"(可能知道的没有考),而另一方面,得分即使不是"0分",也可能表示就是真正意义上的"一无所知"(至少可以猜测得分!)。相对参照点只能进行加减运算,不能进行乘除运算,它们的两个值之间没有倍数关系。例如,在智力测量中,甲的智商为100,乙的智商为50,不能说甲的智商是乙的智商的2倍,而只能说甲的智商比乙的智商高50。

3. 量具

事物的测量必须依据某些科学原理和法则,发展出合适的测量工具或制定出科学的测量方案,如尺子是长度的测量工具,天平是质量的测量工具。教育测量中所使用的量具也称为量表,多以文字试题的形式出现,也有以图形、符号、操作要求的形式出现。由于制订量表的单位和参照点不同,量表的种类也不同。不同量表的精确度是不一样的。

综上所述,测量的单位、参照点和量具是测量的三个基本要素或基本条件。测量结果是否准确可信,依赖于科学规范的测量程序、有效的测量工具、意义明确的测量单位和测量的参照点。

(二) 教育测量的特点

物质与精神是哲学范畴中的两个基本概念,质与量的矛盾统一是所有事物的基本特性之一。总的来看,教育测量属于精神特性的测量。这种测量活动的实现当然也要满足一般测量的三个基本条件,即前面所说的测量的单位、工具和参照点。但与物理量的测量相比,教育测量具有以下鲜明的特点。

1. 间接性和推断性

物理量的测量大多是直接性的测量。例如,桌面的长和宽可直接用尺子测量,溶液的温度可以用温度计来测量。虽然教育测量无一例外地关注到人类自身,但测量内容主要是关于人的各种非物质属性，如人的知识水平、聪明才智、气质性格、心理素质、创造能力等。而今天的科学技术还无法支持教育测量科学发展到能用某种量具直接进入人脑或人体内去测量人的这些属性。目前，只能通过人的外显行为或通过人对来自外界的一些刺激所做出的反应，对人的知识技能、智力水平、思维品质、创造能力、心理素质、情感态度、思想道德等做出间接性的、推断性的测量。例如，对学生知识技能的测量，可用试卷来测量，对智力、批判性思维技能的测量就用相应的量表来测量，这些是用间接方法来测量的。在教育测量中，经常用间接测量来进行推断。

2. 测量对象的模糊性和测量误差的不可避免性

测量的误差一般有系统误差和随机误差。通过发展精良的测量工具，按照科学的测量法则和规范的测量程序，完全有可能把物理量的测量误差控制在规定的误差范围内。例如，要测量桌子的长度，完全可以使测量的结果具有令人满意的精确度。但是教育测量则不然。所测的精神特性，如知识水平、智力水平、社会适应能力、创造能力、创新精神、人际关系技能等，一方面它们不像桌子的长度或人的质量等物理特性那样明确，另一方面它们又一直受人的心理活动影响，同时它们的测量只能是对外显行为与反应的取样分析加以推断，这就使教育测量的对象具有模糊性和不确定性。教育测量的误差除了随机误差、系统误差之外，还存在抽样误差。尽管科学规范的教育测量过程能最大限度地减少这些误差，但无法消灭这种误差，而且与物理量的测量相比，教育测量的误差相对较大。因此，教育测量的结果只是学校各种教学决策的依据之一。凭借学生之间成绩的微小差异，判定或排列学生的能力高低或名次，其证据是不充分的。

（三）教育测量的基本步骤及要求

1. 明确所要测量的属性

在进行任何测量之前，首先必须解决为什么测量和测量什么的问题，即明确测量的目的和内容。

测量内容是由测量目的决定的。为了达到测量目的，要明确哪些属性对测量是适合和必要的。要测量的应是那些与测量目的密切相关的属性，避免测量那些与测量目的无关的属性。这样，不仅可以节省人力、物力、财力，还有利于测量结果的正确性。当与测量目的有关的属性不止一个时，要把有关属性全部包括在测量内容之中，并予以适当权衡。

在教育测量中，当测量目的确定之后，需要测量的属性却不能像物理测量那样容易确定。物质的某些属性，如体积、质量、浓度等，一般已经被确立、公认或公理化了；而教育测量的对象是学生的某种心理属性，对这类属性的认识，通常不像对物理属性那样有一致的看法。例如，在进行智力测验时，首先要回答：什么是智力？哪些行为可以看做智力水平较高的行为？对这些问题，至今尚未统一认识。因而教育测量的第一步，是要在测量者的认识基础上，根据测量目的的需要，对所要测量的属性下一个比较清楚、精确和能为人们所接受的定义。

根据教学目标的要求，认知领域教学测量的目标是学生掌握知识的程度和能力发展水平两个方面，这主要通过测量学生“能否在不同的学习水平上运用知识解决问题”这一属性来实现。对这一属性的认识将随着教育心理学、教学测量实践的深入而逐步发展。

2. 确定显示属性的方法

在明确了所要测量的属性之后,测量的第二个步骤就是寻求一套能够分离出所要测量的属性,并使之显示出来的方法。例如,为了测量桌子的长度,可以把直尺(测量工具)与桌子较长的那一边(测量对象)进行比较(实施测量),从而显示出桌子的长度(属性之一)。这是一套最简单的测量操作方法。由于各种物理测量工具及其操作方法所得结果是一致的,可以经过再次操作被验证,因而已被普遍接受。

教育测量的操作方法要取决于人们所接受的待测属性的定义。实际上,在对属性定义时,往往已经考虑到能够引入或展示属性的方法,并从可以实施操作的角度构成属性定义,即操作定义。当定义比较含糊或不能引入显示定义的操作方法时,对该属性的测量就可能有五花八门的标准,所得到的结论自然难以一致。设计出和属性定义一致的、能够比较清楚和精确地显示被测属性的科学的测量操作方法,是教育测量研究的主要课题。

在化学教学测量中,为了考查学生是否能够在不同水平上运用知识解决问题,可以采取的一种测量方法是:通过精心设计的测试题,给学生提供一个问题情境,这一情境既涉及知识的具体内容,又涉及运用知识的难度水平。学生在此情境中进行一系列的思维操作,最后给出操作结果,并显示出其外在行为,给出问题的答案。若答案正确,则可以认为学生掌握了该知识并达到了相应的学习水平。学生在试卷上给出的一系列答案即可作为教学测量的结果。

3. 属性数量化

在确定了显示属性的操作方法之后,测量的第三个步骤就是把操作结果用数量表示出来。就桌子的长度来说,我们测量之后要得出的结果是多少米等,这一结果就是桌子长度的数量化。米是代表长度的基本单位,也是物理测量的标准物之一。对学生心理属性的测量也要有类似的标准物,称为量表。量表是指确定了测量单位和参照点并具有取值系统的测量工具。例如,有刻度的尺子是测量物体长度的量表或量尺。在教育测量中,按照标准化程序命制的试卷就是教育测量的一种量表。根据量表的参照点和单位不同,从低级到高级、从模糊到精确将量表分为以下四类:

(1) 命名量表也称类别量表。这是测量中最为简单而粗糙的量表,只能依照某种法则给事物和属性指派名称或类别,即属于同一类的事物用同一个数字表示,属于另一类的事物用另一个数字表示。用来描述各类事物的数字仅仅是事物的名称,它只具有相同或不同的特性,没有数量大小的含义。用这类数字表示的量表称为名称量表。

例如,将学生按性别进行分类,男生用 1 表示,女生用 2 表示。如果既按性别分类,又按对物理学科喜欢和不喜欢标准进行分类,喜欢用 1 表示,不喜欢用 0 表示。于是男生喜欢者可表示为 11;男生不喜欢者可表示为 10;女生喜欢者可表示为 21;女生不喜欢者可表示为 20。在这里,用来描述事物的数字仅仅是代表事物的符号。它只能区分事物的类别,没有数量的大小、多少、位次和倍数关系。也就是说,它只具有数的同一性和区分性,而不具有等级性、等距性和等比性。因此,不能将之进行加、减、乘、除四则运算。对名称测量结果的数据所进行的统计处理不是用来描述事物的数字本身,而是归入每一类中个体的数目(频数)。它只适用于次数的统计,如次数、众数、百分比、离散相关等。

(2) 顺序量表也称等级量表。这种量表比命名量表稍精确些,它不仅将事物和属性分类,而且还在此基础上根据统一标准将之分为若干等级或进行顺序排列。例如,借助一份试卷,可以对学生做出合格与不合格的顺序分类，也可做出优、良、中、差四个等级的顺序分类。近几年来，小学成绩判定使用的"四等级评分制"以及新中国成立初期中小学成绩判定使用的"五分制"等都是一种顺序量表。这种量表所得的数据或符号具备了序列性，但仍没有等距性和可加性，因此不能对之进行加、减、乘、除运算。例如，将学生对动能定理的应用能力分成甲、乙、丙三个等级。甲等用3表示，乙等用2表示，丙等用1表示。于是对学生动能定理的应用能力的评定构成了3＞2＞1的位次关系。但是这些数字只能确定事物相等或不等的关系。在不等的情况下，只能确定大于或小于的关系，如3＞2、2＞1，则对于3＞1的关系，却不能确定甲等的3比丙等的1大多少个相等的单位，因为3和2与2和1之间的差距是不相等的。因此对于量表上的这些数字不能进行加、减、乘、除的运算。它所适用的统计有中位数、百分数、等级相关系数、肯德尔和谐系数等。

(3) 等距量表也称区间量表，比顺序量表更高一个水平。它在给事物和属性指派数字和符号时，要求各数字或等级之间的差距是相同的，具有相等的单位。这种量表所得的数字既具备了区分性和序列性，又同时具备了等距性和可加性。可加、减或乘、除同一个常数于每一个观测值，而并不破坏这些数值的关系，因此在一个等距量表上所得的测值可以转换到另一个与该组资料计算的参照点和单位不同的等距量表上去。但是由于这种量表的单位是人定零点，因此不能将其数据直接乘除后以倍数来解释。例如，用摄氏温度计测量的温度，9℃与6℃之差等于6℃与3℃之差。但是，这并不意味着9℃是3℃的3倍。这是因为摄氏温度表是以冰点作为人定参照点。摄氏零度并不意味着没有温度，而摄氏温度表上的绝对零点在零下273℃，即－273℃。时间量表上的参照点也是人定的。钟表上的零点并不意味着没有时间。这类量表上的数值只能做加、减运算，不能做乘、除运算。这种量表最广泛地应用于统计方法，如计算均数、变差、相关系数等统计量以及应用 t 检验、F 检验等。

(4) 比率量表，这是测量的最高水平，也是一种理想的量表。它有相等的单位和绝对零点，因此所得结果不仅可以比较差距，而且还可以计算比例，以倍数来解释数据。很多物理测量都属于这一类量表，如测量人的身高和体重、物体的高度等。例如，甲生身高143 cm，乙生身高130 cm，可以说甲生比乙生高13 cm，也可以说甲生身高是乙生的1.1倍。但是教育和心理测量由于难以确定绝对零点，因此很难达到这一量表的水平。除上述各类量表适用的统计之外，比率量表还适用于几何平均数和变异系数统计运算。

4. 对测量工具的质量要求

1) 可靠性

测量工具的可靠性表现在：当使用测量工具进行测量时，不论是多次重复测量，还是由多人进行测量，结果都是一致的，表明测量过程的一贯性、一致性、再现性和稳定性。物理测量工具的可靠性是明显的。例如，一把没有伸缩性的尺子，多次测量同一张桌子的长度，结果都可以是相同的。但是在教学测量中，由于测量尺度的不确定性，影响测量过程的因素也比较复杂，类似的没有伸缩性的尺子却不易找到。实际上，任何对个人的行为样本进行的测量必然或多或少地包含着某些测量误差。因而，没有一种教育测量工具是绝对可靠的。

反映测量工具可靠性的指标称为信度。当然，不具备必要信度的测量工具是没有使用价值的。

2) 有效性

一个测量工具要能够真正测出所欲测量的某种属性，才是有效的。例如，要测量桌子的长度只能用尺子;但是再精确的尺子也量不出物质的质量。这就是说,尺子对测量长度是有效的,而对测量物质的质量却是无效的。教学测量工具同样存在有效与否的问题。例如,化学测验中就不能有过多、过难的数学计算,否则,测验结果说明的不是学生的化学学业成就,而是数学成就。

反映测量工具有效性的指标称为效度。在教学测量中,越是能够抓住测量目标并紧扣测量属性,测量工具的效度就会越高,有效性就越好。

四、化学教育测量的特点

化学教育研究的对象主要有:化学课程、化学学习的原理和方法、思想教育和科学方法教育、智能培养、科学素养的培养、学业评价、化学教师、化学教学研究等。化学教育测量是将教育测量的一般原理和法则运用于化学教育过程中而自成体系的一门学科。它是教育测量的分支,是化学教育工作者的有力工具。

化学教育测量是一门应用性、实用性较强的学科,它是通过一定的方法和途径对化学教育目标、化学教育过程、化学教育结果以及影响化学教育的各种因素进行的一种测量活动,是有效实现化学教育目标和促进师生共同发展的不可或缺的手段。它在实践中不断地受到检验,而同时又不断地通过实践得到充实、发展和提高。

化学教育测量主要是针对狭义的教育即学校教育,即为了了解学生的化学学业发展和科学素养的培养,了解化学课堂的教学效果,了解化学教师的专业发展,了解学校的化学教育教学资源情况而进行的教育测量活动,它主要是针对化学课堂师生间的教与学的活动而进行的。化学教育测量有以下特点。

1. 对学生记忆化学知识水平的测量

化学是一门以实验为基础的学科。很多化学知识都是前人通过无数次的实验,在大量实验事实的基础上综合概括而成的科学结论。尽管现代化学已经发生了重大变革,化学理论也有了很大的发展,但是化学学科还不能像数学、物理等学科那样有比较强的概括性,化学学习仍然离不开对大量化学事实的记忆。特别是在中学教育阶段,很多重要的化学事实及定律、学说等很难让学生从根本上理解,对这一类知识的学习,必须依靠准确、牢固的记忆;学生能够接受的化学理论也必须以充分记忆的化学事实为基础。因此,化学学习对学生记忆化学知识的水平有着特殊的较高要求。

根据化学学科的这一特征,化学教育测量需要精心选择那些有代表性的测量目标,以便能够全面地测量学生记忆化学知识的范围及其牢固程度。

2. 对学生理解和运用化学知识水平的测量

化学是研究物质的组成、结构、性质以及变化规律的一门学科,其研究对象已经深入到物质的微观层次,往往是人的肉眼不能直接观察、其他感官不能直接把握的。为了让学生能够适应现代化学从基本上是从描述性的过渡到推理性的,从主要是宏观的过渡到微观的变革,在化学教学中,必须要求学生能够突破一定的思维障碍,学会根据宏观实验现象或化学事实把握其微观化学本质,真正理解化学知识;同时,学会经过由宏观到微观的抽象概括过程,来运用化学知识解决化学问题。

根据化学学科的这一特征,要求化学教学测量必须注意测量的深度。要为学生提供展开抽象思维活动的问题情境，测评他们在由宏观到微观的思维层次上理解和运用化学知识的水平，而不能将测评范围局限于化学知识的再认识或回忆的水平上。同时，也要考虑到学生思维发展的阶段性，不要超出他们的思维发展水平，以免挫伤他们的学习积极性。

3. 对学生化学实验操作技能水平的测量

化学是一门实验科学，培养学生的实验操作技能是化学教育不可缺少的重要目标。因而，对学生化学实验操作技能水平的测评必然是化学教育测量和评价的基本特征之一。实验操作技能属动作技能领域，其测评方法有着不同于认知领域的特殊要求。长期以来，忽视实验操作技能测评或是用纸笔测验代替实验技能操作考评，在一定程度上导致中学化学教学中产生违背基本规律、忽视实验教学、教学质量下降的恶果。所以，化学教育测量必须从化学教育的基本规律出发，认真探研测量学生实验操作技能水平的切实可行的有效方法。

4. 对学生化学学习兴趣与态度的测量

通过化学教育培养学生的化学学习兴趣与态度，是化学教育目标的重要组成部分。学生的化学学习兴趣与态度是直接指向化学学科本身的，对这种具体指向及其程度的测量显然带有一定的学科特点。

5. 对化学教师实验教学水平的测量

以实验为基础既是化学的学科特征，也是化学教学的基本特征。这一特征反映在化学教育测评上就是：在测量化学教师的教学质量和水平时，要以教师的实验教学水平为重要内容，采用各种切实可行的测评手段，考查教师能否通过实验教学让学生亲身体验探索科学规律的活动，能否结合实验事实和实验过程让学生认识化学概念和理论的形成过程并理解和掌握它们，能否结合典型的化学史实让学生了解化学科学的发展进程，能否让学生通过实验并运用已学到的知识去解决问题，使他们在科学态度、科学方法以及分析和解决问题的能力方面得到培养、训练。

练习与思考题

1. 简述认识与测量的关系。
2. 请举例说明与解释测量的三要素。
3. 物理和化学中的测量与教育测量有什么异同？
4. 简述教育测量的涵义、原则与特点。
5. 简述化学教育测量的对象及特点。

参考文献

曹宇，谭勇. 2004. 认识误差与可知性问题. 西南民族大学学报(人文社科版)，25(9)：299-302.
陈奋策. 1999. 物理方法论原理. 现代物理知识，11(1)：33.
戴海琦，张峰，陈雪枫. 2002. 心理与教育测量. 广州：暨南大学出版社.
范杰. 1992. 化学教育学. 杭州：浙江教育出版社.
胡中峰，李方. 1999. 教育测量与评价. 广州：广东高等教育出版社.
华南理工大学实验物理教研组. 2004. 大学物理实验(上册). 广州：华南理工大学出版社.
黄光扬. 2002. 教育测量与评价. 上海：华东师范大学出版社.
黄廷基. 1995. 简述物理科学方法论基础. 昆明师范高等专科学校学报(自然科学版)，10(1)：32-38.

卡尔纳普 R. 2007. 科学哲学导论. 张华夏,李平译. 北京:中国人民大学出版社.
李虎群. 2005. 试论"认识主体"复杂性. 自然辩证法研究,(9):52-55.
李娟. 2007. 认识发生的一般模式及其个性化特质. 内蒙古大学学报(人文社会科学版),39(6):67-71.
刘秀萍. 2006. 认识对象论. 教学与研究,(10):89-94.
刘知新. 1996. 化学教育测量与评价. 南宁:广西教育出版社.
曲明哲. 1987. 认识的本质研究综述. 哲学动态,5:1.
全国十二所重点师范大学. 2002. 教育学基础. 北京:教育科学出版社.
唐力. 1989. 化学教育测量. 南宁:广西师范大学出版社.
汪信砚. 1987. 认识的主体性与非经典认识论论纲. 哲学研究,(1):12-20.
王后雄. 2009. 新理念化学教学论. 北京:北京大学出版社.
王孝玲. 2004. 教育测量(修订本). 上海:华东师范大学出版社.
王亚伟. 2004. 大学物理学(上册). 合肥:中国科学技术大学出版社.
王振武. 1986. 认识定义新探. 哲学研究,(4):54.
武汉大学,等. 1994. 无机化学(上册). 3 版. 北京:高等教育出版社.
徐光宪. 2001. 21 世纪化学的内涵、四大难题和突破口. 科学通报,46(24):2086.
尹保华. 1994. 认识主体的选择性与认识的真理性. 江汉大学学报,(4):27-28.
袁诗弟. 2005. 对认识的再认识:定义与诠释. 湖南师范大学社会科学学报,34(4):16-20.
郑长龙. 1999. 化学科学实验的兴起和化学实验方法论的建立. 长春师范学院学报,18(2):48-51.
中国大百科全书(化学卷)编委会. 1991. 中国大百科全书(化学卷). 北京:中国大百科全书出版社.

第二章 课程评价

评价(evaluation)与测量(measurement)是两个不同的概念。测量是采取某种方法和途径了解客观事物的特点和规律,其目的只是对客体自身有所认识;而评价则是做出价值判断,其目的是判断客体的性质、特点、功能等能否满足人的需要。

第一节 教育评价概述

一、评价的基本问题

(一)评价的含义

在人们的日常生活和文化活动中,经常用到"评价"这个词语。从评价某人的烹调手艺,到评价某人的为人处世;从评价某学生的科技作品,到评价某作家的文学新作;从评价某高校的办学指导思想是否明确以及学校定位是否合理,到评价一所高校的整体办学水平等。可以说,无处不在使用着"评价"这个词语,即每个人自觉不自觉地参与评价活动或处于被评价的位置上,学校教育工作者尤其如此。

什么是评价?广义地讲,评价泛指衡量、判断人物或事物的价值。评价活动的过程是对人物或事物的价值进行分析、衡量和判断的过程。在评价过程中,无论是事实判断还是价值判断,都需要以事实为依据,通过收集多方面的资料证据,对人类社会活动的效果、物质产品和精神产品的质量及价值等做出判断。

(二)教育评价的概念

当把"评价"一词特定地用于学校教育领域或课堂教学情境时,在一些情况下,"评价"就是"教育评价"一词的简称。在另外一些情况下,它是指教育目标类中最高层次的认知能力水平——评价。下面是国内外一些学者对"评价"在教育教学活动情境下的若干典型的解释。

(1) 格林兰(Greenland)认为,评价是为了确定学生达到教学目标、程度,收集、分析和解释信息的(课堂)系统过程;评价包括对学生的定量描述(测量)和定性描述(非测量)两方面。根据格林兰的观点,评价总是包括对测量结果需求程度的价值判断。例如,玛丽学习数学取得了长足的进步。一个完整评价计划将包括测量和非测量两种方法,用公式加以形象地表达,即评价=测量(定量描述)+非测量(定性描述)+价值判断。

(2) 斯塔费尔比姆(Stufflebeam)等认为:"评价是一种划定、获得和提供叙述性和判断性信息的过程。"这些信息涉及研究对象的目标、设计、实际影响的价值及优、缺点,以便指导如何决策、满足教学效能核定的需要,并增强对研究对象的了解。斯塔费尔比姆还说:"评价最重要的意图不是为了证明,而是为了改进。"

(3) 美国教育评价标准委员会曾对"评价"给出一个简明的定义:"评价是对某些现象的价值如优、缺点的系统调查,为教育决策提供依据的过程。"

(4) 泰勒(Tyler)指出:"评价过程在本质上是确定课程和教学大纲在实际上实现教育目

标的程度的过程。”

(5) 德雷斯(Dressed)认为:“所谓评价,就是决定某种活动、目的及程序的价值过程。”

(6) 日本的桥本重治认为:“评价是与教育的目标和价值有明确关系的概念,是按照教育目标和价值观对学生的学习成果及教育计划的效果等进行测量的过程。因此,‘评价’概念的重点在于以教育目标为标准的价值判断。”

(7) 布卢姆(Bloom)在其《教育评价》一书中对“评价”这个概念做了两种不同的解释。

第一种解释在本质上是针对“教育评价”来说的,他说:“据我看来,评价乃是系统搜集证据用以确定学习者实际上是否发生了某些变化,确定学生个体变化的数量或程度。”第二种解释实际上是针对教育目标分类来说的,他把教育目标分成认知、情感和动作技能三大领域,又把认知领域的教育目标分成知识、领会、应用、分析、综合、评价这六个能力层次或学习水平。对此,布卢姆指出:“评价是为了某个目的而进行的,对各种想法、作品、解答、方法、资料等的价值做出判断的活动。评价涉及应用准则和规格来估量各种具体事物的准确性、有效性、经济性和令人满意的程度。判断可以是定量,也可以是定性的;准则可以由学生决定,也可以向他们规定。”

纵观上述对“评价”一词的描述,除了布卢姆的第二种解释外,包括布卢姆的第一种解释在内的其余各种定义,我们认为都可以看成是对“教育评价”概念所做出的不同描述。事实上,由于教育评价活动的内容丰富、情况复杂,因此,要对“教育评价”概念提出一个没有争议的定义是一件很困难的事。但从上述对“评价”概念的各种描述中不难发现,教育评价包含以下几个共同的要点。

第一,强调以教育目标为标准的价值判断过程。

第二,强调用多种方法(测量和非测量)系统收集资料与信息。

第三,教育评价的内容既可以是教育计划,也可以是课程;既可以是学生的学习结果,也可以是某种教育现象、教学活动、教育目的或教育程序。

第四,强调为学生发展和教育决策服务。

总之,可以这样来描述“教育评价”概念,教育评价(educational evaluation)是指按照一定的价值标准和教育目标,利用测量和非测量的种种方法系统地收集资料信息,对学生的发展变化及影响学生发展变化的各种要素进行价值分析和价值判断,并为教育决策提供依据的过程。不妨把这个定义看成是广义的教育评价。在实际工作中,可以从不同的角度出发,选用不同的定义。

二、评价与测量的基本关系

测量与评价既有联系又有区别。从句法意义上讲,测量是按照一定的法则和程序,对事物或现象在量上的规定性加以确定和描述的过程。教育测量则是针对教育效果或者针对学生各方面的发展予以测量和描述的过程,旨在获得有一定说服力的数量事实,是一种以量化为主要特征的事实判断。而教育评价是根据一定的标准,对教育事物或现象的价值进行系统的调查,在获取足够多的资料事实(定性资料与定量资料)的基础上,做出价值分析和价值判断。因此,教育评价最根本的特征是做出价值判断。而教育测量过程的完结,在给出数量事实的描述与判断之后,不一定都要做出价值判断。从这个意义上说,教育测量可以为教育评价提供价值判断的基本数量事实,教育测量是教育评价的基础;而教育评价往往是教育测量过程的延续,是对测量结果的解释与应用,并朝着价值判断与释放教育功能的方向拓展。

因此，教育测量与教育评价既有区别又有联系。但在一些情况下，两者之间是一致的，许多教育测量本身就含有价值判断。国内、外一些教育测量方面的教科书，有的用《教育测量与评价》作书名，有的仍用《教育测量》，还有的用《教育评价》作书名，正说明了这一点。

第二节　课程评价的模式

一、课程评价的目的和内容

（一）课程的概念

课程是一个不断演变发展的概念，也是一个见仁见智的概念。东西方由于不同的教育文化背景，在对课程本质、课程结构、课程功能、课程形态等的认识方面存在一定的差异，当然，也有许多共通之处。下面运用跨文化的视野对中外学者的课程观做一比较。

1. 课程的定义

概括国、内外课程概念的不同界说，可从广义与狭义两方面理解课程的概念。

广义：课程是指学生在学校获得的全部经验。其中包括有目的、有计划的学科设置、教学活动、教学进程、课外活动以及学校环境和氛围的影响。

狭义：课程是指各级各类学校为了实现培养目标而开设的学科及其目的、内容、范围、活动、进程等的总和，它主要体现在教学计划、教学大纲和教科书中。

2. 课程的内涵

课程理念、课程目标、课程内容、课程结构、课程媒体、课程实施、课程评价、课程管理等是组成课程这个复杂的有机整体的要素。

（二）课程评价的定义

1. 定义一

广义：既包括对课程（课程设计、课程方案、课程计划）的评价，也包括对课程实施中教与学两方面的评价。

狭义：只包括对课程（课程设计、课程方案、课程计划）的评价。

2. 定义二

定义二是依据课程编制过程搜集并提供信息，以判断课程的有效性、适用性和独创性，并为课程改进做出决策的过程。摘自李雁冰、钟启泉（2002）（尝试性定义）。

就当前情况看，提到评价，人们大多把它与判断、价值联系起来。这样从表面字义上说，课程评价就是以一定的方法、途径对课程的计划、活动和结果等有关问题的价值或特点做出判断的过程。

由于人们对课程的理解不同，因此从不同的角度对课程下了不同的定义，从而导致课程评价的定义也是多种多样的。本书从两个角度介绍课程评价的定义。

（1）从课程评价对课程编制的功能看：课程评价是依据课程编制过程搜集并提供信息，以判断课程的有效性、适用性和独创性，并为课程改进做出决策的过程。

(2) 从社会学的角度看:课程评价是指收集并提供论据以判定课程实施的可能性、效用性和教育价值的过程。主要包括三个方面内容:①课程编制;②学生学业成绩的评价;③课程决策与管理成效的评价。通常以第二个方面为主。

(三) 课程评价发展史

理论家从不同的角度对课程评价进行界定并构建自己的评价模式。李子建、黄显华(1994)罗列了五种比较有代表性的界定:

(1) 将教育或课程评价等同于教育测量和测验。

(2) 将课程评价视为学生成就、表现和某种特定目标间的符合程度。

(3) 将评价视为搜集与提供资料,让决策人员从事有效决策的过程。

(4) 将评价视为专业人员的判断,对优点和价值的评估。

(5) 将评价视为一种政治活动,不仅检视课程的效率和管理课题,也理解评价所涉及的道德和美学涵义,并探讨谁会从中得益。

1. 第一代评价时期

第一代评价时期为测验(test)和测量(measure)时期。盛于19世纪下半叶和20世纪初的30年间,代表人物有桑代克(Thorndike)、哈根(Hagen)和美国教育测验的权威人物伍德(Wood)等。测量或测验一直是评价的一个重要组成部分。

第一个时期是1900年以前的"变革时期"。19世纪的工业革命以及由它引起的经济、技术的变化,改变着社会的整体结构,这是一个社会大变动的时期,是谨慎的改革时期。无论是在英国还是在美国,均要求改革教育方案、社会方案和结构。这一时期有关课程评价方面的代表人物是美国的赖斯。赖斯的突出贡献是他关于教育家们应当成为实验者,并从实验分析来考虑问题的主张,以及他在研究学生成绩时所使用的比较研究设计。另外,19世纪后期,美国北部大学和中等学校中心协会的设立为鉴定或同行判断的评价方法打下基础,使得以后的鉴定运动取得了惊人的发展并深受重视和信任,成为对教育机构的适应性进行评判的主要手段。

第二个时期是从1900年到1930年,称为"效率和测验时期"。20世纪早期,科学管理的观念在工业和教育管理理论中成为一种强大的力量。这个运动强调系统化、标准化,最重要的是强调效率。在这个时期,成立了专门从事实地研究的大学研究所,旨在对当地进行调查。因此,那个时期的评价主要是针对地方性的问题提出的。对效率和测验的研究在极大程度上是由地方学区发起并限于该学区的。

基本特点是:认为评价就是测量,评价者的工作就是测量技术员的工作——选择测量工具、组织测量、提供测量数据。

但是,把评价等同于测量、测验的理论倾向与实际做法也存在着明显的缺陷。测试只是一种常模参照测验,运用分数、平均分等简单的做法,考查学生的知识,把学生分成各种成绩等。

2. 第二代评价时期

第二代评价时期为泰勒时期或描述时期(1930～1945年)。1933～1941年,美国著名教育家泰勒及其同事开展了一场规模浩大的"八年研究",这是大萧条最严重的时期,学校也因缺乏资金以及缺乏乐观精神而停滞不前,教育改革势在必行,于是泰勒就参与了著名的"八年研究"

进步教育运动。他把课程看做一组从多方面设计的学校经验，这些经验的设计和执行是为了帮助学生达到特定的行为结果。泰勒将评价概括为对预定结果与实际结果进行比较，其注意力是集中在学习的结果而不是在有组织的和教学的输入上，这种做法既能做到花费小，又能使覆盖面的范围更广泛。泰勒对课程评价做出了新的界定，即将教育或课程评价界定为学生学业表现与某种特定目标间的符合程度。评价也就是确定学习结果与教育目的之间的达成度。因此，他对整个教育，特别是对以后 25 年的测验和评价产生了巨大的影响。

评价应该是一个过程，而不仅仅是一两个测验。评价过程中不仅要报告学生的成绩，更要描述教育结果与教育目标的一致程度，从而发现问题，改进课程教材和教育教学方案方法。

泰勒对于课程评价的重新界定和评价模式的提出，标志着课程评价成为了一个独立的研究领域。因此，他又被称为教育评价之父。

泰勒评价则是一种目标参照测验，要求预先设定目标，根据目标评定学生的表现。

评价方法多样化，包括笔试、观察访问、面谈、问卷调查、收集学生实际作品等。

以综合性的目标为参照点，评价的对象不仅是评价学生学了多少知识，而且评价学生的智能、体能和品德。

评价的功能在于了解学生对于学习目标的达成度，从而改进学生的学习或者修正学习目标和内容。

局限性：虽然也强调对于目标、内容及其教学的改进，但是模式的本质在于把学习的结果与目标相比，只重结果，不重过程。

基本特点是：认为评价过程是将教育结果与预定教育目标相对照的过程，是根据预定教育目标对教育结果进行客观描述的过程；评价的关键是确定清晰的、可操作的行为目标；评价不等于“考试”和“测验”，尽管“考试”和“测验”可成为评价的一部分。第二代评价与第一代评价相比，使评价走上了科学化的历程。

3. 第三代评价时期

第三代评价时期（20 世纪 50～60 年代）主要有克龙巴赫（Cronbach）和斯塔费尔比姆等的主张。这一时期的美国已摆脱萧条，人们对前途极为乐观，教育也得到巨大发展。在普及和测验方面，最重要的就是标准化测验的发展。另外，在评价中采用泰勒的方法需要明晰地描述目标。克龙巴赫 1963 年的《通过评价改进教程》中，把评价广义地定义为“为做出关于教育方案的决策，收集和使用信息”。所谓“方案”，“可以是关于遍布于全国的教材方案，也可以是关于某一单个学校的教学活动的方案，或者是关于某一单个学生的教育经历的方案”。“决策”包括教程的改进、关于个体的决策（学生的需求、长处和缺陷等）以及行政的调控（对学校和教师等的调控）。克龙巴赫把评价的功能界定为决策，具有深刻的用意。

斯塔费尔比姆继承了克龙巴赫的观点，明确指出：“评价最重要的意图不是为了证明而是为了改进。”

他对课程评价的定义有以下三个要点：①从评价的性质来看，评价是一种事实叙述和价值判断的过程；②从评价范围来看，涉及研究对象的目标、设计、实施和影响等；③从评价的功能来看，旨在决策和改进。

斯塔费尔比姆还进一步设计了方案评价模式，即 CIPP 模式，包括背景（context）评价、输入（input）评价、过程（process）评价和成果（product）评价。

该模式的另一个版本是 CSE 评价模式。CSE 即美国洛杉矶加利福尼亚大学评价研究中心(Center for Study of Evaluation)的简称,它把上述的四个步骤简化命名为需要评定、方案计划、形成性评价和总结性评价。

4. 第四代评价时期:判断时期

从1958年到1972年为发展时期。1957年苏联发射的第一颗人造地球卫星震惊了整个美国,为了发展教育,赶超苏联,美国教育评价委员会在考察了评价的发展进程后,断定"教育评价重病缠身",要求发展新的评价理论和方法以促进教育向前发展。大约在同一时期,许多新的评价理论开始出现。新理论认为必须评价目标,研究投入,考察实施过程,测量预期的结果,他们也强调必须判断评价对象的优点和价值,然而,这一阶段的许多重要评价都得出了消极的结论。

侧重于评价的本质属性,认为评价的本质为价值判断,并要求由专业人员作为评价者,这一理论的代表人物是艾斯纳(Eisner)。

艾斯纳的评价模式——"教育鉴赏及教育批评取向","教育鉴赏是指欣赏细致教育现象及其重要质素的能力,教育批评则指展示鉴赏结果的方法(通常以批判论文形式表达)"。教育批评包括三个阶段:描述课堂事件、诠释教育事件和对所描述、诠释的现象做出优、缺点的价值判断。

艾斯纳强调评价的判断属性,可以说抓住了评价的本质。艾斯纳认为:"凡是内容、活动、目标、顺序或呈现方式、反应方式,都必须考虑各种抉择,评价各种计划的用途……评价就是要对某些计划方案的优劣进行价值评估。评价的主要问题在于挑选时的集中点、复杂性和综合性。"

斯克瑞文(Scriven)也认为评价是一种方法上的活动,它根据一组加权(weighted)的目标标准,收集和综合有关的现象资料,以形成比较的或价值的判断,并说明资料收集方式、加权数和目标选择的合理程度。

斯太克(R. E. Stake)则把评价看做既有描述又有判断的活动。他们还提出了反映各自价值取向的评价模式。

第四代评价的基本特点是:把评价视为价值判断的过程,评价不只是根据预定目标对结果进行描述,预定目标本身也需要进行价值判断;既然目标并非评价的固定不变的铁的标准,那么评价就应当走出预定目标的限制,过程本身的价值也应当是评价的有机构成。这样看来,第四代评价是对第三代评价的重要超越,它走出了第三代评价"价值中立性"的误区,确认了价值判断是评价的本质,确认了评价的过程性。许多新的评价理念如"形成性评价"、"目标游离评价"、"内在评价"等在这一阶段产生。

不过,艾斯纳仅仅要求由专家担当评价者,这是否走到了事物的另一个极端呢?斯太克也赞同价值判断的观点,不过他建议评价者应该以从社区中适当的外来集体或个人那里搜集来的相关资料为指导。沃尔夫(R. Wolf)则怀疑某个评价者能否公正地判断各方面的观点,故主张使用一种"仲裁模式"(judicial model)。总之,评价具备事实描述和价值判断的双重属性,评价者也应该多元化,绝不仅仅局限于专家。

5. 第五代评价时期:建构时期

从1973年到现在称为专业化时期。大约从1973年起,评价的领域开始明确,评价成为一门独特的专业。在美国建立了评价研究和发展中心,出版了专业杂志,如《评价研究》、《评价评论》等。

第五代评价的中心思想认为评价在本质上是一种通过“协商”而形成的“心理建构”，因此，评价应坚持“价值多元性”的信念，反对“管理主义倾向”。

第五代评价采用了斯太克“回应性的聚焦方式”(responsive model of focusing)的思想，作为评价的出发点。斯太克认为：

(1) 传统的评价模式是“预定式的评价”(preordinate evaluation)，即先陈述目标，再依目标来搜集资料，并对目标与结果之间的差距或一致程度做出报告。这种评价的缺陷是，其对课程方案本身的合理程度、变化、学生在目标之外的感受及各方面人士对目标、课程实施等方面的不同观点都难以反映，而且教育的价值有时还是扩散的、潜在的，有时又是内在的，这些也都难以用事先确定的目标一一查对。

(2) 评价的意义在于服务。为了使评价有利于服务对象，评价者就应该首先关注服务对象关注的问题、兴趣和焦点。因此，他提出一个以“回应”服务对象为起点的评价模式，即评价界所称的“回应模式”(responsive model，也可译作“应答模式”、“感应模式”)。

第五代评价为了打破以往评价中“管理主义的倾向”，也采取了这种“回应模式”：把评价所涉及的方方面面的人士的各种要求作为评价的出发点，以“协商”的方式形成共同的心理建构。在具体方法上，第五代评价更强调在自然环境中，用质性研究方法，使各方人士通过各种形式的对话达成共识。在此特别要指出的是，第五代评价突出过去作为被评价者的学生在评价过程中的参与者身份，从而使得评价中出现了被评价者的声音。评价者在协商过程中没有特权，不应有任何控制他人的态度，而应该是一个中介人，一个条件提供者、创造者。协商达成的共识首先是有关各方的共识，评价者只是其中的一个方面。

第五代评价的基本特点是：把评价视为评价者和被评价者“协商”进行的共同心理建构过程；评价是受“多元主义”价值观支配的；评价是一种民主协商、主体参与的过程，而非评价者对被评价者的控制过程，学生(被评价者)也是评价的参与者、评价的主体；评价的基本方法是质性研究方法。

当然，正如它的倡导者所说，“第五代评价也只是一种建构”，它本身并不完全排斥其他的评价模式，而应该视具体的评价任务，与其他的评价模式相互补充。事实上，第五代评价是对当前评价领域发展趋势的一种概括和总结，在它的旗帜下，可以涵盖许多新产生的评价模式和方法，如艾斯纳的“教育鉴赏与教育批评”(educational connoisseurship and educational criticism)模式，产生于教育实践中的“档案袋评定”(portfolio assessment)和“苏格拉底式研讨法”(Socratic seminars)等，都与第五代评价有着相同的理念和追求。目前这种评价思想正为越来越多的人所接受，且在评价实践中得到广泛应用。

根据以上对五个较有代表性的课程评价定义的分析，可以得出以下结论：

(1) 课程评价的方法多种多样，教育测验或测量只是评价的重要方法之一，更不等同于评价。

(2) 从功能看，有形成性评价和总结性评价之分。泰勒评价观主要强调了评价的总结性功能，克龙巴赫、斯塔费尔比姆等则侧重于形成性功能。

(3) 与功能相对应，课程评价的范围可以是局限于学习结果的评价，也可以对课程实施的全过程进行评价。

(4) 课程评价具备事实描述和价值判断两种属性，其中前者是评价的基础，后者是评价的本质，两者不可偏废。

(5) 既然课程是各种社会影响力交互作用的产物，因此能够对课程做社会学的分析。

(四) 课程评价的目的

1. 广义目的

(1) 检视新课程对于特定的学校、特定的学生是否适用。
(2) 对正在实施的课程进行改进。
(3) 在几种可供选择的课程方案中选择一种最优的。

2. 功能目的

(1) 判断课程的有效性、适用性和独创性,即判断课程是否符合学校的教育目标,是否有利于学生在认识、情感和技能等的全面发展,是否适应使用课程方案的学校、教师和学生的实际情况和需要,是否比其他同类课程方案更好、更有特色,从而为选择、推广和使用课程教材提供依据。
(2) 为改进教材做出决策,也就是通过评价,发现课程中存在的缺陷以及造成这种缺陷的原因,进而对课程方案做出相应的改进。

3. 社会目的

课程评价的主要目的是确定课程设计的效果,阐明和周围环境的关系,并以有利于教育决策者的形式提供信息,以便估计采取这种方案的可能结果,即课程评价的目的总是要与决策联系起来,以改进课程和教学方案,促进课程发展。

(五) 课程评价的内容

1. 课程的价值取向

课程的价值取向包括课程如何定位,是学生本位,社会本位,还是学科本位,抑或是其中某些因素的组合。

2. 科学性

科学性包括课程材料的科学性、课程实施的科学性、课程评价的科学性。

3. 课程的教育功能

课程的教育功能包括培养学生关注学科前沿的意识、创新意识和思维的发展、对课程的兴趣和信心。

4. 目标达成程度

目标达成程度包括学科基础知识的掌握,技能的形成,创新能力、实践能力的发展。

二、课程评价的基本模式

(一) 课程评价模式的基本概念

作为一种理论研究方法,模式意指一种小的模型或体系,它蕴含着一定的思想取向和结构,并表现为一定的操作规则、方法和步骤。

课程评价模式是评价人员或研究工作者依据某种教育理念、课程思想或特定的评价目的,选取一种或几种评价途径所建立起的相对完整的评价体系,它对评价的事实作了基本的说明。

(二)课程评价的模式举例

1. 目标模式——泰勒模式(在美国盛行30年)

创立人为泰勒——“现代课程理论之父”和“现代教育评价之父”。其基本原则是:先确定教育目标,然后再给这些目标下一个“可操作的”或是行为的定义。各种测量手段就是在这一原则上制定的。人们一直认为,测定课程有效性的一条标准就是要看教育目标究竟实现到什么程度,而确定这种标准的过程就是课程评价过程。

20世纪60年代的程序教学和布卢姆的教育目标分类学为该模式奠定了科学基础。但在实践中,该模式主要用于自然科学和数理学科的评价,一旦涉及人的情意层面等复杂的情感、意志领域,那么目标行为模式就显出很大的局限性,特别是像艺术这样的学科,很难用明确的行为目标来度量。因此,该模式适用范围有限,并且越来越受到强烈的批评和抨击。

2. CIPP模式(背景—输入—过程—输出模式)

创立人为斯塔费尔比姆及其同事(20世纪60～70年代初)。

他们认为课程评价不应局限于确定目标的达成度,而应成为为决策者提供信息的过程。在整个评价过程中,居于中心的是决策者,他的任务是要改进现行课程。

该模式第一个摆脱了传统行为目标评价模式的局限,更好地反映了社会对评价提出的新要求,也比较系统地反映了评价对象的全貌。但其实施的可能性有待进一步证实。

CIPP模式的主要观点如下:

第一步,背景评价,考察现存的目的与重点是否与使用者的需要相一致,目的本身得到了评价。

第二步,输入评价,看方案是否可行,包括能否达成目标、成本如何、资源配置情况等。

第三步,过程评价,检查方案的实施,提供反馈信息。

第四步,成果评价。

3. CES评价模式

CES评价模式与CIPP模式最为接近。

CES模式的主要内容是:

(1) 需要评定就是评定人们需要教育完成什么任务,它的核心问题是确定教育的目标。

(2) 方案评定的核心是对各种备选方案在达到目标方面成功的可能性做出评价,它包括对教学内、外与教育目标一致性方面的分析以及设备、资金和人员配置方面情况的研究。

(3) 形成性评价重点在于发现教育过程的成功和不足之处,在于修正教学活动中某些偏离预期目标的地方,从而保证教育目标的实现。

(4) 总结性评价是在一个步骤之后对教育本质的全面调查和判断。

4. 感应式模式

感应式模式是由斯太克利用、古巴和林肯进一步发展起来的课程评价模式。感应式模式就是以所有与方案有利害关系或切身利益的人所关心的问题为中心的一种评价。这些问题包括：是否应该削减方案预算？是否应实行责任制？教学目标是否达到？新教学计划比旧教学计划是否更优越？……总之，它应该提供对于方案的担心、怀疑、赞成或反对的一切信息。

感应式模式的产生，一方面是社会对评价的进一步需要，另一方面也是评价这门学科自身发展的必然趋势。综合看来，该模式是迄今为止所有评价模式中最全面、最有效的。

感应式模式的主要特点是重视评价对当事人的服务意识；重视实际的活动过程；反映多种价值观对课程计划的对照。

5. 教育鉴赏与教育批评模式

创始人为艾斯纳。

教育鉴赏是指欣赏细致教育现象及其重要质素的能力。

教育批评是指展示鉴赏结果的方法(通常以批判论文形式表达)。教育批评包括三个阶段：描述课堂事件、诠释教育事件和对所描述、诠释的现象做出优、缺点的价值判断。

基本理念如下：

(1) 主张用艺术鉴赏的态度、方法和品质来看待教育评定问题而首创的一种教育评价模式，强调评定要向生活世界回归。

(2) 强调多元价值取向，允许学生选择一种表现形式以展示自己所学。

(3) 强调评定应揭示学生是如何解决问题的。

(4) 强调对教育动态结果的把握等。

6. 表象模式

表象模式(countenance model)由斯太克根据泰勒的目标模式发展而来，也是最早反映多元论观点的模式之一。作为一个多元论者，斯太克认为，时刻注意那些与评价有利害关系的人的需要是至关重要的。因此，他竭力主张在最初评价时，就应发现当事人和参与者实际上想要从教学大纲的评价中得到些什么。在设计评价方案之前应当要发现这些问题。为此，他确定了收集课程评价资料的三个领域：①前提条件，包括师生特征、课程内容、教材、社会背景等；②相互作用，即教学过程，包括交往流程、时间分配、时间序列、社会气氛等；③结果，包括学生成绩、态度、动作技能对教师和学校的影响。

比起行为模式的学者们，斯太克的重心在于描述和判断。在他看来，各种各样的人，不仅是教师和学生，而且还包括外界专家、新闻工作者、心理学家等，都可以参与评价过程。

7. “质”的评价模式

确切地讲，这是相对于科学的、量化的评价模式而言的，它不再依赖于实验心理学或心理测量，而依据社会学、文化人类学和历史等学科，采用解释学的方法，注重叙述和解释，而不是测量和预测；重视教育的实际问题，而非行政上的考虑。质的评价模式的主要目的在于探讨一种革新方案，而不在于操作、控制或去除情景的因素。

质的评价模式主要分为以下三个步骤：①观察，凭借参观、访问了解偶发事件、争执问题、共同趋势等，以了解整体情境的状况；②进一步探究，选择其中的一种现象、事件或意见作为进一步探讨的课题，使问题更为集中，沟通更为整合，使观察和探讨更为直接、更有系统；③解释，旨在寻求蕴含于新方案中的解释的脉络来探讨个人的发现。

质的评价模式具有以下特征:①以自然情境为直接的资料来源,研究者就是主要的研究工具;②质的研究是叙述性的;③不仅注重结果,更注重过程;④以归纳的方式分析资料;⑤研究的焦点是"意义",即人们得到了什么经验,如何解释这些经验,人们如何以正确的方法解释这些意义。

总之,该模式更加关注对师生之间的各种相互作用过程进行定性研究,而不大关心对课程目标的实际情况进行定量分析。它更加关心"学习环境的多样性和复杂性",即"课程文化"。该模式提倡使用"领悟"、"阐释"、"描绘"这样的一些词汇来说明课程评价,而不是阐明它的因果关系。这种描述不是与事先定好的标准相联系,而是与参与者如何评定课程经验的教育价值相联系。

8. 司法式评价

司法式评价(judicial evaluation)在20世纪70年代初形成,其目的在于对一项复杂的方案显现两种相反的观点,以使决策能建立在更为可靠的基础之上。该模式包括四个步骤:问题提出、问题的选择、论点的准备、问题讨论会。在这一过程中,调查小组要在调查阶段尽可能广泛地确定问题的范围,进行广泛的分析,找出最突出的问题。问题讨论采取听证形式,要有证人的证明和对他的反诘问以及陪审团的审议。司法式评价在价值判断方面具有一定的广度和深度。

9. 对手式评价

对手式评价(adversary evaluation)通过相互对立的评价者出示更有说服力的证据、相互诘问、努力获胜的过程的展示来评论。对手式评价的评价主体包括非教育专家的参与,因此在评价过程中所展示的观念都使评价中的价值判断增加了大众因素。该模式更加法规化,目的在于促进公众对方案的广泛了解,它更强调争辩的过程,并评出"胜负",但对怎样选择和确定问题不提出指导。

第三节 课程评价的本质及其标准

一、课程评价的本质

克龙巴赫认为评价是收集和利用信息以便做出关于某一教育方案的决策。斯塔费尔比姆认为评价是为做判断而描述、获得和提供有用信息的过程。评价活动包含描述、提供客观信息和进行价值判断两部分,其最终目的是决策和采取相应的行动。为了更深入地认识评价的本质,还需要从哲学的角度阐述评价的概念。

在任何一种评价中,都必然涉及两个最基本的概念——价值主体和价值客体,课程评价也不例外。评价是判断某一事物能否满足人的需要的特殊的认识活动。某一事物和人构成了价值关系,人是这个价值关系中的主体,用来满足人的需要的事物是价值客体。课程评价是对课程能否满足学生和社会发展的需要以及满足需要的程度做出判断的教育活动。课程是用来满足学生发展和社会发展的需要的,是价值客体,价值主体则是学生和社会。

在评价活动中,进行评价的个人或组织称为评价主体,而价值客体与价值主体形成的价值关系则称为评价客体。课程评价的评价主体是多元的,它既可以是教师、学生,也可以是课程编制者、课程审议者或评价专家。特别需要注意的是,评价主体与价值主体并不总是一致的。对于需要评价的某个特定的价值关系而言,价值主体是既定的、不变的,但评价主体却是可以变化的,这个评价者可以是价值主体自己,也可以是其他个人或团体。进行课程评价的评价主体可以是使用课程的学生,这时评价主体就是价值主体;但更多情况下,评价者是教师、课程的编制者或评价专家,这时的评价主体与价值主体就是不一致的。评价客体与价值客体这两个概念也是不同的。评价客体是评价的对象,这个对象是指一种价值关系,而非某个具体事物;价值客体则是指某个特定事物,是指能够满足人的需要因而与人形成了价值关系的那个事物。

课程评价的主体具有三种职责:一是呈现一切与评价客体有关的客观的资料、信息;二是将收集到的信息呈现给课程专家;三是评价者自己对课程进行价值判断。例如,一种意见认为评价者只需提供做价值判断所依据的客观资料,无需自己做价值判断。其原因在于,评价者做价值判断会遇到三个困难:一是受评者会有防卫心理,评价者可能不易取得真实的资料;二是评价者对课程的价值做判断往往囿于此时此地,难免失于武断,而同一课程对不同地区和学校的价值是不同的;三是评价者自己很难全面综合地考虑来自诸多方面的信息和观点,为此,沃尔夫倡导仲裁模式。斯克瑞文和艾斯纳则认为评价者的主要职责是根据个人的背景、知识和经验进行课程价值判断,因为他们是极少数懂得运用评价资料和评价标准实施选择的人。并且,他们并不认为课程与学校、学生之间存在交互作用,对某些学校和学生适用的课程对其他学校和学生也同样适用。斯塔克(Stark)认为评价者可以做价值判断,但并不一定是做最终的价值判断,他可以从各种渠道收集数据,包括可以客观地收集有关的“主观”判断,如学科专家、教师、学生的意见,教师、学生等对课程的主观价值判断意见。

二、课程评价模式的评价指标

方法上的经验性是指评价者所使用的观察、搜集以及描述、解释评价数据和材料的方法在性质上是否可信、适用。

价值上的可估性是指评价得到的各种数据和资料在价值上是可以确定的。

用途上的目的性是指评价在使用上能解决什么问题、具备何种功能。

三、课程评价的标准

目前很多研究认为评价标准经过分解、细化后得到的就是评价指标,这种看法很难与评价的基本概念协调,在建立评价指标体系时也容易导致价值主体与价值客体的混淆。因此,有必要界定和区分评价标准与评价指标两个概念。评价的标准来自价值主体,是以价值主体的需要为基础和根据的;而评价的指标来自价值客体,是以价值客体的固有属性和特征为根据的,是对价值客体属性的表征。课程评价就是将表征课程特征的各个指标与评价标准相比较,从而对课程做出整体的价值判断。当然,这并不是说评价指标的确立与主体需要毫无关系。因为任何一个价值客体都是具有无限多样属性的混沌体,如果不从一个特定的角度去审视这一客体,也就无法现实地把握这个客体的属性特征。对于课程评价来说,这个特定的角度就是价值主体对于课程的某种需要(如学习知识的需要、发展能力的需要等)。也就是说,在课程的难以计数的属性特征中,只关心和研究那些能够满足学生和社会的特定需要(价值主体的需要也是无限多样的)的属性。在实质上,可以说,评价指标是价值主体的需要“外化”和“投射”于价值客体而形成的。

建立课程评价标准的实质是分析、明确课程的价值主体对于课程的需要,应考虑以下几个问题:

(1) 学生与社会都是价值主体,课程评价如何综合考虑学生与社会的需要。学生的需要与社会的需要是一种对立统一的关系,它们之间虽然会有些矛盾,但在根本上应该是一致的。课程评价的标准要同时体现学生发展的需要和社会发展的需要。

(2) 课程评价的标准如何既体现学生群体的共同需要又体现每个学生的不同需要。由于课程的价值主体是学生群体,每个学生对于课程都会有自己的需要,价值主体的需要具有多样性、特殊性;但是在这多样性、特殊性中又必然包含着普遍性,也就是说,学生群体对于课程必然有某些共同的需要。课程应该满足学生那些具有普遍性、共同性的需要,同时也应尽量满足不同学生的、体现其个性的不同需要,也就是课程要有弹性。课程评价标准应该满足对课程具有弹性和学生个性发展需要的要求。

(3) 当评价主体与价值主体不一致时,作为评价标准的主体需要只能通过评价主体的意识起作用,即只有那些为评价主体意识到的、理解到的主体需要才能成为评价标准的基础。因此评价者对价值主体的认识、理解是评价成功与否的关键因素。

(4) 当评价主体与价值主体一致时,也并非万事大吉。主体的需要严格地说有两种含义:一种是真实的"需要"(need),是主体客观存在的状况;另一种是"愿望"(desire),是主体认为需要满足的自身需要。

主体的愿望和主体的真实需要是有差距的,主体的愿望有可能是主体真实的需要,也有可能是主体所愿望的并非主体真正需要的。以"愿望"为基础的价值标准可称为主观的价值标准,以"需要"为基础的价值标准可称为客观的价值标准,主体的主观价值标准应该反映并符合主体的客观价值标准。当评价主体就是价值主体时,评价者必须清醒地认识到自身的需要,尽量使"愿望"与"需要"一致,使主观价值标准与客观价值标准一致。

第四节 课程评价的原则和类型

一、课程评价的原则

(一) 整体性原则

课程是一个诸多要素的集合体,要求构建一个多层面的评价系统,不仅有对学生的评价,也有对校长、教师的评价以及对学校和社会教育资源的评价。

(二) 过程性原则

评价关注整个课程方案及其过程,包括课程设计、课程材料编制、课程实施、课程结果,尤其关注课程实施中学生情感和态度的发展。

(三) 多元化原则

(1) 评价主体的多元化。构建以课程专家、学科专家、教育行政部门负责人、教师、学生组成的"共同体"。

(2) 评价内容的多元化。从课程的价值取向、科学性、教育功能、目标达成程度等方面进行评价。

(3) 评价形式的多元化。对设定的不同目标采用与之相应的方式和手段,增加评价的内、外部效度,可信度。

(四) 综合性原则

收集的评价资料具有系统性,对资料进行实事求是的综合整理和分析,增加评价结果的可靠性。

二、课程评价的类型

(一) 形成性评价与总结性评价

美国课程评价专家斯克瑞文于 1967 年提出两种评价类型。

(1) 形成性评价是在课程开发或课程实施尚处于发展过程中进行的,主要目的在于搜集课程开发或实施过程中各个局部优、缺点的资料,作为进一步修订和完善的依据。其特征是:过程性、探索性和灵活性。形成性评价是对学生在日常学习过程中的表现、取得的成绩以及反映出的情感态度、学习策略等方面的发展状况做出的评价。

形成性评价注重计划的各个组成部分,而且强调重复的过程;不是为了比较,而是为了寻求如何识别有意义的变量;所使用的测量工具是灵活多样的,可以是标准化的,也可以是非标准化的。

(2) 总结性评价是在课程开发或课程实施完成之后施行的,其主要目的在于搜集资料,对课程计划的成效做出整体的判断,作为推广采用课程计划或不同课程计划之间比较的依据。

(二) 目标本位评价与目标游离评价

目标本位评价是以课程或教学计划预定目标为依据而进行的评价。通常要判断的是目标实现的程度。最典型的代表是泰勒的评价模式。

目标游离评价是斯克瑞文提出的。该评价要求脱离预定目标,以课程计划或活动的全部实际结果为评价对象,尽可能全面客观地展示这些结果。

(三) 效果评价与内在评价

效果评价与内在评价由斯克瑞文提出。

效果评价是对课程或教学计划实际效用的评价,注重课程实施前、后学生或教师所产生的变化,至于课程运作的具体状况、变化发生的原因等,则被置于度外(关注结果)。

内在评价是对课程计划本身的评价,不涉及课程计划可能有的效果(关注过程)。

(四) 内部人员评价与外部人员评价

内部人员评价是指评价由课程设计者或使用者自己实施。

优点:评价者了解设计方案的内在精神和技术处理技巧,评价的结果也可进一步用于课程方案的修订与完善。

缺点:评价者有可能限于自己的设计思想,不了解其他人对课程设计的需要,致使评价缺乏应有的客观性。

外部人员评价是指由课程设计者或使用者以外的其他人(包括没有参与设计的评价专家)来实施。

特点:虽对计划的内部思想不了解,但却又更为广阔的评价思路,可能取得客观和令人信服的结论。

(五)量化评价与质性评价

量化课程评价就是力图把复杂的教育现象和课程现象简化为数量,进而从数量的分析与比较推断某一评价对象的成效。量化评价范式的认识论基于科学实证主义,它认为,只有定量化研究、量化的数据才是科学的,才能得出客观可信的结论。课程评价从产生之日起,就与整个教育对科学化的追求联系在一起。以量化形式表征事物的性质被认为是科学化的特征之一,因此,量化评价范式一直占据评价领域的主导地位。量化评价范式如果使用恰当,确实能凸显教育现象和教育问题,提供具有说服力的证据。

质性课程评价的两种典范:档案袋评定和苏格拉底式评定。

1. 档案袋评定

从语义分析来看,档案袋,其英文单词为 portfolio,有“代表作的选辑”的意思。最初使用这种形式的是画家及后来的摄影家,他们把自己有代表性的作品汇集起来,向预期的委托人展示。它所选择或提交的东西,是由出示档案袋的人自己创作的。把这种做法应用到教育上,档案袋评定也是汇集学生作品的样本,但它们的目的是为了展示学生的学习和进步状况。

2. 苏格拉底式评定

苏格拉底式评定方法是把学生在“班级参与”(class participation)和“课堂讨论”(class discussion)中的表现作为学生学业成绩评定的一个部分。但对于班级参与和课堂讨论形式和实质,它都有一些特别的要求,其中最根本的,就是要让学生学会更有成效地思考并为自己的见解提出证据。

(六)发展性课程评价

新一轮基础教育课程改革明确提出,要建立促进学生、教师和课程不断发展的课程评价体系,即发展性课程评价体系。发展性课程评价的提出体现了当前课程评价最新的发展趋势与先进的评价思想。对其基本特点进行深入的研究,将有助于转变课程评价的基本理念,同时也有助于顺利地实施发展性课程评价。

发展性课程评价的基本特点如下。

1. 评价内容多元化

评价内容多元化就是要改变评价过多地倚重学科知识,特别是课本知识,侧重于评价共性和一般趋势的现状。发展性课程评价强调:要注重对个人发展独特性的评定,注重对解决实际问题的能力、创新能力、实践能力或动手能力、良好的心理素质与科学精神、积极的学习情绪等方面综合素质的评定。

对学生的评价,不但要关注学生对知识与技能的理解和掌握,更要关注学生情感与态度的形成和发展;不但要关注学生学习的结果,更要关注学生在学习过程中的变化和发展。

对教师的评价,不但要有效能标准,更要有职责标准和素质标准。发展性教师评价强调促进教师自觉主动地发展,重视发展教师的积极性,鼓励教师的创新活动,鼓励教师选择适合于自己和学生的教学方式,进行创造性教学。

对课堂教学的评价,不但要关注教学任务的完成情况,更要关注课堂教学效率和整个教学过程;不但要关注教学目标的实现与否,更要关注通过课堂教学是否培养了学生的创新精神和实践能力等方面的素质,是否发挥了学生的主体性。

2. 评价主体互动化

传统的评价方式几乎是单一的教师对学生的评价,因而缺乏学生对学生、学生对教师、学生自我、教师自我的评价。现代心理学认为,主体参与性是促进学生学习的原始性机制。只有让学生成为课堂教学活动的主体才能使学生在教学活动中分享应有的权力,承担相应的义务。评价更是调动学生主体性的有效机制,通过评价可以激发学生的主体参与性,使学生体验成功的喜悦,分享合作的成果。因此,评价主体互动化,就是强调评价过程中主体间的双向选择、沟通和协商,强调自我评价与他人评价并存,改变单一评价主体的现状,加强自评、互评,使评价成为学校、教育行政部门、教师、学生、家长共同参与的交互活动。

3. 评价功能全面化

传统评价的弊端在于没有正确认识课程评价的作用,仅仅将评价本身当做目的和终结。因此,要重视和强化课程评价的诊断、导向、激励、反馈、管理等功能,树立新的课程评价观,使评价能够促进课程的不断发展,促进教师教学水平、学生学习水平的不断提高。

(1) 诊断功能。诊断是指对教育活动的成效优劣进行甄别,其对象包括学生、教师以及教学活动。发展性课程评价的诊断功能可以为其诊断对象采取有效的补救措施提供咨询服务。

(2) 导向功能。导向功能是指评价本身所具有的引导被评价者实现目标的功效和能力。发展性课程评价重视评价的导向作用,有助于建构出促进教师、学生、学校发展的课程发展模式与框架。

(3) 激励功能。发展性课程评价为被评价者提供了展现自我的平台和机会。同时,通过积极的评价方式和反馈方式,激励和调动起被评价者的积极性,使被评价者积极努力地朝着目标迈进。

(4) 反馈功能。发展性课程评价强调评价者和被评价者双方的相互尊重与平等。对于评价结果,不只停留在评价者一方,更重要的是以科学、恰当的方式反馈给被评价者,使其最大限度地接受,从而体现出评价效益的最大化。

(5) 管理功能。发展性课程评价的管理功能体现在,作为一种建立在一系列严密操作程序基础上的价值判断,在客观上能起到对教师、学生、教学进行鉴定的作用,从而为课程管理者提供相关的管理依据。

4. 评价方法多样化

单独就评价方法而言,其类型具有多样化。有终结性评价,也有诊断性评价、形成性评价;有定量评价,也有定性评价;有自我评价,也有他人评价;有单项评价,也有综合评价;有静态评价,也有动态评价;有传统评价,也有现代评价;有相对评价,也有绝对评价;有宏观评价,也有微观评价;另外,还有学生表现性评价和实验评价等。随着课程评价的日益普及、深入,人们会对这些评价方法有更加全面、深入的认识。为了提高课程评价的科学性,人们会自觉地、积极主动地把这些方法融入具体的课程评价体系之中。

发展性课程评价强调要实现终结性评价向形成性评价的转移，要在形成性评价的基础上实施终结性评价；强调要注重“质性”评价，改变以往只重视量化的倾向，要将定量评价与定性评价结合起来；强调建立完善的自主评价体系，强调他评与自评的有机结合。

5. 评价过程动态化

教学过程是一个不断发展、不断变化、不断完善的动态过程，因此，对教学的评价过程也应随之呈现动态性。要将课程评价贯穿于日常的教育教学行为之中，更多地关注课程的发展进程、教学方法的改革历程、教师素质的提高以及学生成长发展的过程。将这些评价对象的某一方面或某些方面的真实情况准确地呈现出来，据此找出现状与目标的偏离程度，找出存在的问题和症结，并及时提供反馈信息，使评价成为课程改革的重要依据。要落实评价过程动态化，还应将终结性评价与诊断性评价、形成性评价有机地结合起来，这样，才有利于克服评价过程封闭、静态、缺乏灵活性的缺陷，从而使评价过程日常化、通俗化。

6. 评价手段科学化

标准化测验是教学评价的重要手段，但绝不是唯一的重要手段。人们已经认识到，在现实生活中是没有现成的标准答案等待我们选择的。例如，教师的教学工作、学生的各项素质状况等并不能通过简单的考试或测验获得评价，而必须探讨更加科学化和行之有效的评价手段。

兴起于英国、美国等的“另类评量”不失为一种值得借鉴的评价手段。另类评量是指运用各种不同的手段和技术，获取被评价者所表现出来的全部信息，它强调信息背景的广泛性。主要内容如下。

没有固定答案的构答反应题。这类问题的答案开放，答题策略也开放。

短文：考查被评价者分析、综合以及批判思考能力。

写作：全面评价被评价者的写作水平，考查被评价者的基本写作技能。

口头演说：了解被评价者的语言能力以及思维的敏捷性。

展示：考查被评价者的技能技巧。

实验：考查被评价者的探究能力。

作品选：要求被评价者对自己的代表作进行自评。

7. 评价结果个性化

传统的课程评价过分强调终结性评价结论，忽视各个时期个体的进步状况，因此不能起到促进教师、学生发展及教学水平提高的作用；忽视科学化地进行结果反馈，因此对促进发展作用有限。

课程评价的改革必然带来课程评价呈现方式的改革。由于评价的主体、客体以及评价的内容不同，评价结果的呈现方式及反馈方式必然趋于个性化、多样化。例如，对教师评价结果的描述，宜采用激励性的语言，以发挥评价的激励作用，充分调动教师的教学积极性。对于学生学习成绩的反馈方式，可以采取“小学生素质发展报告书”、“学生成长日记”等呈现方式，以发挥评价的反馈功能，保护学生的自尊。

案例 2-1 研究性学习的档案袋评价

随着新课程改革的不断推行与实施,研究性学习已成为开发学生潜能、培养学生创新精神与实践能力、施展个性特长的有效学习方式。但如何建立一种行之有效的评价体制,对学生在研究性学习中的发展程度、学习过程与方法、情感、态度、价值观、创新能力进行真实、客观的评价,则是当前课程改革的最迫切问题之一。新课程评价在评价价值趋向上提倡目标取向、过程取向、主体取向相结合;在功能上强调从侧重甄别转向侧重发展,要重视学生在评价中的个性化方式,倡导让学生在评价中学会合作;在评价问题的设计上必须体现真实性、情景性;评价不仅要重视解决问题的结论,又要重视得出结论的过程;质性评价模式是贯彻上述新课程评价理念的有效尝试,而档案袋评价是质性评价模式的典型代表。以下针对研究性学习的档案袋评价进行了探索。

一、档案袋评价的界定

档案袋评价(portfolio assessment)又称文件夹评价,兴起于20世纪80年代的美国,是为了取代传统的标准化考试的评价,以体现学生真实水平与发展的评价方法,被称为一种真正的评价。

档案袋,从语义上分析,它的英文是"portfolio",有"代表作的选辑"的意思。最初使用这种形式的是画家及后来的摄影家,他们把自己有代表性的作品汇集起来,向预期的委托人展示。他们所选择或提交的作品是由出示档案袋的人自己创作的。把这种方法运用到教育上则被称为档案袋评价,其方法也是汇集学生作品的样本以展示学生的学习和进步状况。

通常,档案袋内容的选择或提交是由学生和教师共同决定的。档案袋制作的进程也显示出一项任务从起始阶段到完成阶段的整个过程。例如,从事写作教学任务的教师要求学生提交第一份提纲、早期的草稿、修改过的或再次修改的草稿以及最终的作品。对于档案袋中究竟选择哪些内容,并没有硬性的要求与标准,只要能够体现学生的个性与发展历程,反映学生在某一活动的全部努力、进步,学业成就的材料均可以纳入档案袋。

二、档案袋评价的意义与作用

档案袋评价作为变革评价观念的一个重要操作方式,已广泛应用于我国正在进行的基础教育课程改革中,它是建立在对传统的测验评价方式批判的基础上的一种新的评价方式。传统的测验评价方式之所以受到批判,其主要原因是它只注重学习结果的所谓"客观性"和"量化",而不注重学习过程,不能对学生的学习进行真正意义上的评价。在这种理念下,课程与教学要求教师按图索骥地把预先选定的知识传授给学生,其效果如何主要由客观考试来测定。测验不太考虑学生掌握知识的过程,忽略学生思维过程及个性的发展,只重视掌握知识的结果,追求的是试题的客观性及成绩的量化。这种评价方式脱离知识应用的具体情境,使学生的主体性、创造性泯灭在考试之中,忽略了教育中最重要的因素"人"。

档案袋作为评价工具是以建构主义理论为基础的,它能够全面、真实地反映学习者学到的知识和能做到的事情,对于教师和学生的发展都有重要的促进作用。对教师来讲,档案袋评价将课程、教学与评价整合起来,贯穿到日常课堂生活中去。而且,通过对档案袋进行评价,教师能够发现不同学生的需要,及时发现课程设置及教学安排方面的某些不足,适时进行调整。对学生而言,档案袋评价是用文件(document)说明,而不是像传统的成绩报告单那样,只是用数据报告学习者在某一时期内的变化和发展结果,它更多揭示的是学生学习的进步过程和幅度,它为学生提供了一个学习机会，使学生能够了解自己，判断自己的进步。在传统的评价中，测验或考试对学生而言是很神秘的，从标准的制定、试题的选择，直到分数的评判，学生完全被隔离在外，而档案袋评价主要考查的是学生运用所学知识的表现，学生成为选择档案袋内容的一个决策者，甚至主要决策者，从而就拥有了判断自己学习质量、进步及自我反思的机会。

三、研究性学习档案袋评价的实施

研究性学习关注的重点是学生主动探究的学习过程及通过过程来激发学生创新精神和实践能力。因此，传统注重量化性的终结性评价，已不适合研究性学习评价。而档案袋是一种体现过程，关注学生努力程度和发展进程与结果的质性评价，它强调形成性评价，关注学生的成长性与表现性行为，且具有整合性与多样性的特点。因此，将档案袋评价用于研究性学习的评价能够起到评价对研究性学习的促进、导向、交流、监控与发展作用。教师通过对学生收集的学生某个专题的相关材料，如开题、结题报告，每次活动记录表、调查表、言谈表、实验记录、各种原始数据、学习体会与总结等的分析，加上个别交谈和直接参加一些同学的活动，就能对学生、小组学习情况和取得的成绩做出准确评价。同时，档案袋能够有效地激励学生主动学习，并对自己的学习进行反思和自我评价。研究性学习的档案袋评价实施分为以下几个步骤。

（一）准备阶段

1. 确定档案袋的类型

对于不同的课程，应根据其特点及目标选择合适的档案袋评价类型，充分发挥档案袋评价的优势，促进学生个性发展。国内、外对于档案袋评价类型说法不一，对其内涵界定的看法也不尽相同，在使用时易造成误解，因此要使档案袋评定的方法推广，必须对档案袋类型有所选择，加以研究和应用。我国部分学者倾向于将档案袋分为成果型档案袋、过程型档案袋和综合型档案袋，在此基础上适当考虑其结构形态。

在研究性学习中，不仅要重视过程，也要重视结果（学生研究课题的价值及成果、态度、情感、价值观的发展和收获等），因此，建议采用综合型档案袋。

2. 评价人员及原则

评价人员包括个人、小组成员、教师、学校领导、家长等。评价原则应遵循全程性与阶段性相结合，形成性与终结性相结合，学习者自评与指导教师评价相结合，学习者自评与互评相结合，指导与激励相结合，定性与定量相结合，评价力求简洁，可操作，真正起到引导学生健康发展的作用。

3. 确定评价指标

各项指标具体内容如表 2－1 所示。

表 2－1　评价指标、内容和等级

评价指标	评价内容	评价等级		
		优	良	继续努力
课题评价	能根据实际情况独立选题			
	选题新颖、科学、可行性强、有研究价值、实用性强			

续表

评价指标	评价内容	评价等级		
		优	良	继续努力
参与的态度	积极参与选择课题的讨论及社会调查、调研、访谈			
	对课题表现出浓厚稳定的兴趣、积极准备实验			
	责任心强、能认真圆满完成每一项任务			
	能主动提出问题并积极寻求解决问题的办法			
	主动为课题的实施出谋划策,营造有利条件			
	遇到困难时能通过各种渠道克服困难			
合作精神	主动与其他人协作,乐于助人			
	服从组内任务分配			
	遇到意见分歧时,能主动协调各方面达成共识			
	能提出自己观点的同时善于听取别人的建议			
	社交能力强,通过各个方面收集信息资料			
研究过程	研究理论基础坚实,论证资料收集充分			
	实施计划全面、周详、可操作性强			
	实施方案先进、实验手段多样化、可靠性强			
	研究过程井然有序、研究目标明确			
	实验操作熟练、技能水平高、成功率高			
	实验记录详细、真实、数据处理恰当			
	对出现的意外情况能冷静思考分析、反思、总结经验教训			
	能针对性地提出实质性的问题,提出个人独到的见解			
	能创造性地解决问题,迁移创新能力强			
	资料分析深刻,引用正确、恰当、规范			
	研究过程中进步很快、兴趣浓厚			
	有多种体验,能调控自己的情绪与行为			
研究成果	研究课题实现原计划目标,有研究结果			
	或其他研究论文书写规范、逻辑性强、作品精美			
	论文观点正确、论据充分有力、文字表达能力强			
	论文价值高、实用性强			
	答辩思路清晰、逻辑性强、反应敏捷、思维流畅			
	对研究问题认识深刻、到位			
	个人知识增加、能力增强、解决问题水平提高			
	认为研究性学习是一种有效的学习方式			
学生自我评价	评语:			
小组成员评价	评语:			
指导教师评价	评语:			
学校综合评价	评语:			

4. 建立档案袋

档案袋内容包括以下几部分。

(1) 开题前的准备资料：课题名称、来源、研究现状、本课题研究预期的结果、解决什么问题、课题研究的可行性分析、研究人员情况、分工情况、课题研究的初步计划、研究时间的分配、研究方法的选择等。

(2) 中期研究的资料：研究课题的有关资料(作者、期刊、出版社、研究的方法、措施及理论依据)；调研报告(调查目的、调查内容、调查方法、调查步骤、调查人员、调查地方与时间调查过程、调查结果)；研究前小组人员对于课题实施前的讨论记录(讨论内容、讨论人员、讨论方式、讨论经过、讨论结果)；研究时间的划分，研究的地点、方法、具体计划，实验所需仪器、药品，装置操作原理，实验数据记录及分析处理的方法、结果，对实验结果的讨论分析，在设计方案时有无意见分歧，遇到什么困难如何解决，个人在解决问题过程中表现如何，是否提出自己独到的见解，是否创造有利条件促进问题解决，在实施过程中有无意外情况发生，是否经过讨论、咨询专家，合作努力，达成共识，经过研究自己有何体会，受到什么启示等。

(3) 结题时的研究成果资料：个人对研究成果的看法、小组讨论情况、作品的修改、论据的选择、论文撰写情况、录像带的制作、课件的制作、图片的选集、答辩的情况等。

(4) 对本课题的评价资料：学生的自我评价、小组成员的评价、指导教师的评价及学校的综合评价。

(二) 实施评价的方法

实施评价就是将学生在研究性学习中关于课题的选择、参与的态度、合作精神、研究过程、研究成果等方面的表现进行价值判断。

具体实施如下：

(1) 利用研究性学习评价指标，个人、小组成员、指导教师根据学生档案袋中的资料给每一具体评价内容做出评价(在评价等级中认为优，就在相应位置打勾)，其中，80～90 分的为优，60 分以下的为继续努力，其余的为良，并给出评价语。

(2) 指导教师根据档案袋中的内容及学生自己与小组成员最后评价，分析综合给出评价语并做出等级评价。

(3) 学校根据以上评价等级的赋值及各部分权重做出最后评价结果，并写出评价语。

学生最后成绩＝自评等级赋值×0.2＋小组评价等级赋值×0.3＋教师评价等级赋值×0.5

等级	优	良	继续努力
赋值/分	90	80	60

例如，某学生自评等级为良，小组成员评价等级为优，指导教师评价等级为优，则最后成绩＝80×0.2＋90×0.3＋90×0.5＝88 分。

四、档案袋的管理

对于档案袋的管理还存在许多问题。学校、教师及小组对学生的研究性学习评价完后档案袋由谁来管理,是让学生自己管理,带回家自己进行反思,与他人共同分享,还是学校统一将学生的档案袋制成光盘,与学生档案一起移交给新的学校及教师,作为了解此学生的有效资料,这方面还有待于进一步探讨。

案例 2-2　苏格拉底式问题研讨评定案例设计

——在高一化学教学中的一次尝试

现阶段我国教育的根本目的是人的发展,就使得我国原有的那种以甄别、选拔为目的的评价体系难以与之相适应。于是,在这种情况下,以关注让学生学会更多的学习策略、给学生提供表现自己所知所能的各种机会为内容的发展性评价体系就脱颖而出,它通过评定使学生形成自我认知、自我教育和自我进步的能力。

在发展性课程评价体系中有两种以学生为中心而设计的评定方法——档案袋法和苏格拉底式研讨评定法,已在美国的课堂中成功地使用了很长时间,且已取得了较大的成就。本案例即是在借鉴美国有关苏格拉底式研讨评定的成功经验的基础上设计的。

一、苏格拉底式问题研讨评定

(一) 苏格拉底问题研讨评定的定义

苏格拉底问题研讨评定就是把学生在“班级参与”(class participation)和“课堂讨论”(class discussion)中的表现作为学生学业成绩评定的一个部分。班级参与和课堂讨论形式和实质就是要让学生学会更有成效地思考并为自己的见解提出证据。

(二) 苏格拉底式研讨评定的功能

苏格拉底式研讨评定是由芝加哥哲学研究所所长阿德勒(M. Adler)提出的。他认为苏格拉底式问题研讨应是课堂或学校中重复发生的实践行为。在研讨的过程中可以指向很多教育结果,它可以将学生在各种情景中的成就与进步,有价值地反馈给学生和教师,使评价过程更清晰,结果目标和要求更明确;并且提供了一扇走进学生思想和学习领地的窗口,为相关的每个人改善了教或学的环境,并进而创建一种实现不同目标的一贯方法。因此,它是一种有效的表现评定途径,被认为是一种恰当的评价工具。

在使用苏格拉底式研讨评定时最重要的是起始问题的创设(这是由教师完成的)。起始问题的创设之所以重要,是因为它能为学生的探讨搭建起不可或缺的平台。这就要求我们所设计的起始问题应是有吸引力、能引起兴奋的,它应该不但能让学生真正显示出他们的所知,而且应在学习之间引起连续的“知识互动”(knowledge reaction)。

(三) 我所设计的苏格拉底式问题研讨评定的评价模式

1. 建立苏格拉底式问题研讨评定模式的理论依据

人本主义的代表之一罗杰斯(C. R. Rogers)认为,人类生来就有学习的潜能。而促进学习的最有效的方式之一就是要让学生直接面临“真实的问题”,并在解决问题的过程中去参与和体验学习,这种参与性和体验性学习就是科学探究。

在探究的过程中,可以使学生在“简单层次上”成为科学家,虽然这样做的结果是学生可能学不到许多科学的“事实”,但他们会形成一种科学是永无止境的探究精神,并认识到在任何真正科学里都没有封闭性的结论。这就为培养学生敢于质疑、勇于创新的精神提供了思路，也为具有化学特点的实验探究的教学模式提供了坚实的理论依据，同时也使苏格拉底式问题研讨评定成为可能。

2. 苏格拉底式问题研讨评定模式

起始问题→引发学生的思考→组内讨论→产生猜想→组内设计实验方案→实验操作，验证猜想→分析解释所观察到的现象→质疑→再设计→再实验→再解释→组间讨论→得出结论。

3. 苏格拉底式问题研讨法的具体步骤

第一，明确教育结果。苏格拉底式研讨法注重的是评价如何才能实现教育结果。这些结果可以是批判性思维、阅读理解技能、听说技能、多样的写作技能等。

第二，选定研讨采用的文本。为了能使研讨深入细致，所选文本通常是较长作品中摘录或节选的一小部分，也许选自一本小说或一部电影，也许是乐谱的一部分或一幅画的局部、实验的某一步骤、数学定理的一行。只要能最佳地促进学生学习，教师可以对文本进行自由选择。

第三，教师提出一个起始问题。这一步被认为是非常重要的，它会直接影响研讨的质量。一个好的起始问题会在问题研讨过程中引发对话。格雷(Gray)关于起始问题的建议如下：它们确实起因于引领者的好奇心；它们没有单一或“最合适”的答案；它们可以产生对话，从而引起对文本中思想观念更深广的理解；它们可由文本的参考资料做出最好的回答。

第四，选择记录研讨过程的方式或设计简明的记录表。记录应当完全客观地反映研讨过程，它是进行评定的客观依据。通过一系列研讨记录的分析、对比，就可以对学生在各种教育结果上的成绩做出判断。

第五，以多种方式完成评价。

二、高中化学中苏格拉底式问题研讨评定设计方案一则

(1) 本次方案欲评定的教育结果为：①有效听说；②群体环境中的合作；③分析性地观察实验；④有效提问和小组讨论。

(2) 选材。本次方案所选内容为人民教育出版社 2001 年出版的《全日制高级普通中学(试验修正本·必修)化学第一册》中第五章第二节二氧化硫，准备在学习二氧化硫的氧化性与还原性时使用苏格拉底式问题研讨评定法对学生进行上述四个方面的评定。

(3) 我所设计的起始问题是“刚才我们通过实验探究法证实了作为酸性氧化物的二氧化硫的确能与碱液反应的性质，它的这一性质有何现实意义呢？在本节课末请大家就此发表自己的见解”。

现在请大家思考：二氧化硫除了上述性质外，是否还有其他性质呢？如果有，你打算从哪个角度考虑它？又打算用什么方法来验证你的猜想？下面就请大家再次按组设计出方案，然后按照方案进行操作。

(4) 评价方式。在此过程中我准备尝试使用表 2－2 和表 2－3 来完成对学生的相关评定。

说明:①为使学生能很快地适应这种评价方式,应在此之前逐渐将实验探究法、讨论法应用于课堂教学之中,使学生习惯于激烈的讨论,从而培养学生进行苏格拉底式问题研讨评定所需的讨论技能;②在研讨的过程中,教师应是一位教练、向导、以学生为中心的讨论导航员,而非旁观者或讨论的主体。

(i) 应答方式。

问题研讨的一个目标是通过提问题和听解答去理解别人的观点和思想。这意味着问题研讨参加者需练习如何表示同意和不同意。讲话时使用下面列出的应答方式。

记住,在问题研讨中采用谈论和应答的方式,并以镇静与合作的态度参与讨论。

① 我同意__________的分析,但我想加上另外的原因以说明为什么我认为__________的分析是正确的。

给出另外的原因____________________

② 我不同意__________的分析,因为____________________

③ 我不甚确定为何__________说的__________,你能以另外一种方式重说一遍以便让我明白吗?

④ 我明白你的意思,__________但我想加上几句(或不同意,或说出)另外一面:__________

⑤ 我想这是你想说的意思,对吗?____________________

(ii) 促进者评价如表 2-2 所示。

表 2-2　促进者评价表

日期__________姓名__________小组__________

阅读材料或项目____________________

是　　否　　无答案

① 在解决问题时你能准确无误地运用化学术语进行表述吗?

② 你在解决问题时,运用的是刚学习的新知识吗?

③ 你在解决问题时,是否想到了其他的相关知识?也就是说是否使用了迁移能力?

④ 在设计化学实验方案时,你提出具有建设性的建议了吗?

⑤ 你参与实验操作了吗?你认为你的基本操作是否有误?

⑥ 你毫无批判地接受参与者对观察到的实验现象所做的解释吗?

⑦ 对于所观察到的实验现象,你能用已有的理论知识对其进行合理的解释和分析吗?

⑧ 在小组合作的过程中,你认真听取参与者的陈述了吗?

⑨ 你允许不同意见的争论吗?

(iii) 实验评价如表 2-3 所示。

表 2-3　实验评价表

		科学性	可行性	安全性	简约性
实验方案	优	强	好	高	好
	良	较强	较好	高	良好
	一般	较强	可行	一般	差
	差	差	不可行	差	差

续表

		仪器的选用	装置的安装方法	操作方法	
实验操作	优	合理	完全正确	正确	
	良	合理	正确	略有不当	
	一般	合理	正确	略有不当	
	差	有不合理之处	不正确	不正确	
实验效果	优	非常明显			
	良	较明显			
	一般	明显			
	差	不明显			
实验观察记录	优	准确无误	详细有序	周密完整	书写工整,易于辨认
	良	准确	详细但较混乱	周密完整	书写略显潦草,能辨认
	一般	比较准确	不够详细	不周密但完整	书写潦草,能辨认
	差	不完整	粗略	不周密不完整	书写十分潦草,难以辨认

① 按照你们的设计方案做实验,是否得出了你想要的结论?

② 如果没有得出你们想要的结论,那么是你们的思维方式不佳,还是实验操作有误?

③ 是否考虑过该物质所具有的这些性质(物理、化学)的现实意义? 你认为它们可以用来解决哪些现实问题? 在解决问题的过程中分别使用了该物质的哪些性质?

④ 在解决现实问题时,你认为还能用其他物质代替它吗? 这样做有哪些优缺点?

案例 2-3

单元诊断性评价

一、诊断性评价

(一) 诊断性评价的定义

诊断性评价就是通过一定方式发现学生在学习中存在的问题,分析这些问题产生的原因,从而为改进和调整教学策略提供依据。

(二) 诊断性评价的意义

诊断性评价的目的在于了解学生,以利于制定针对性强的有效的教学方案,即因材施教。布卢姆强调指出:如果所有的学习者都必须具有必要的认知和情感方面的先决条件,而且教学的质量也符合学生的背景和特性,那么所有学生或大多数学生都应该掌握这门新的功课。学生之所以在学习某门功课时存在差异,与学生在成绩、动机和态度等方面存在不同的经历有很大的关系,为此,在教学之前,必须把这些不同的经历诊断出来。当然进行诊断的目的,并不是给学生贴标签,而是为教师设计一种可以排除学习障碍的教学方案,从而使教学适合学生的特性和背景。这是由于诊断性评价能够识别不同学生认知和情感方面的先决条件的程度和水平,从而把他们置于最有益的教学序列中去,这种分置有助于那些程度较高的学生感到轻松愉快,有新东西可学,不感到厌烦和没兴趣,也能够帮助那些缺乏先决条件的学生消化教学内容。

通过课前诊断性评价,使教师充分了解学生的初始状态,更好地制定教学策略,使教学真正做到有“的”放“矢”。运用诊断性评价有利于师生的沟通,使“教”与“学”矛盾达到统一和密切配合,充分发挥教师“主导”和学生“主体”两个作用,诊断性评价一定要体现一个“真”字。要让学生消除顾虑,敢露真情,敢说真话;教师应把所得材料去伪存真、加以分析和整理,针对学生反映的思想问题要以诚相见,真心相待,循循诱导,使学生走出误区,克服障碍,树立信心,愉快学习,为达标而努力。

二、诊断性测验

诊断性测验是教学中做诊断性评价的工具,是专为诊断学生在学习上的困难而编制的一种测验,目的是了解分析评价学生当前的基础知识和基本技能掌握情况,以把握教学起点和难点,实施新的教学目标。可见,诊断性测验是一种非常符合我国当前大力推行的素质教育要求的教育评价工具。

诊断性测验有多种类型,根据诊断目的、诊断过程和标准将诊断性测验分为五种类型。下面以“硫的氢化物和氧化物”单元为例,来阐述诊断性评价在化学教学中的应用。

(一) 预测性诊断测验

这是教师在新单元教学开始之前进行的测验,它的目的有两个:一是了解学生是否具有进行新的单元教学所必需的基本知识和技能,以便确定符合实际的教学起点,安排教学计划,选择合适的教学方法;二是了解学生之间的差异情况,以便分层教学、因材施教。

这种测验的内容主要是与新授课有关的过去所学的基本知识和基本技能、相关学科的知识及学习能力等。测试学习能力可选用信息迁移题。

例 2-3-1　两份硫粉各 a g,分别与 H_2、O_2 在一定条件下完全化合,将生成的气体混合,有关叙述正确的是(　　)。

A. 析出 $2a$ g 硫　　B. 析出 $3a/64$mol 硫

C. 剩余 $0.5a$ mol 气体　　D. 剩余 $a/64$mol 气体

(二) 形成性诊断测验

这种测验是在教学过程中进行的。形成性诊断测验可以帮助教师了解哪些教学目标已经达到,哪些教学目标尚未达到,存在哪些方面的差距,从而对教学工作进行调整。对于学生来说,可以利用形成性诊断测验进行自我反馈,找到差距,从而进行自我调整,逐步接近和达到教学目标。

形成性诊断测验强调测验内容与教学目标相对应;为了了解实际情况,即使很容易的题目也应配备。

例 2-3-2　关于硫化氢气体在空气完全燃烧的产物,叙述正确的是(　　)。

①具有臭鸡蛋气味的气体;②是淡黄色的固体;③它能使溴水褪色;④它的水溶液具有酸性;⑤它具有氧化性和还原性。

A. 只有②　　B. 只有③　　C. ①和④　　D. ④和⑤

例 2-3-3　酸雨主要是燃烧含硫燃料时释放出的 SO_2 造成的,每隔一定时间测定酸雨的 pH,随时间的推移测得的 pH(　　)。

A. 逐渐变大　　B. 逐渐变小至某一定值

C. 不变　　D. 无法判断是否变化

(三) 适应性诊断测验

这种测验可以帮助教师了解"教材内容-学生现状"及"教法-学法"之间的适应程度,进而促进教与学之间的高效协调发展。教师可以利用通过适应性诊断测验结果分析教法的选择是否优化,教法是否被学生接受,从而改进教师的教学方法。这种测验具有承前启后、总结过去、着眼未来的作用。

这种测验侧重于与教法、学法有关的特定内容,试题应有代表性和综合性,题目的难度和区分度要适中。

例 2-3-4 为了除去 CO_2 气体中混有的少量杂质 SO_2 气体,应选用的试剂是(　　)。

A. Na_2CO_3 溶液　B. $NaHCO_3$ 溶液　C. NaOH 溶液　D. $NaHSO_3$ 溶液

例 2-3-5 将 SO_2 通入 $BaCl_2$ 溶液至饱和,未见沉淀,继续通入另一种 X 气体仍无沉淀,则 X 可能是(　　)。

A. CO_2　B. NH_3　C. NO_2　D. H_2S

(四) 质量性诊断测验

例 2-3-6 常温常压下,向 50mL 密闭容器中通入 a mol H_2S 和 b mol SO_2,充分反应后容器中硫原子与氧原子物质的量之比为 $(a+b)/2b$,则 a 与 b 的关系符合(　　)。

A. $a \geqslant 2b$　B. $a/2 \leqslant b$　C. $2a < b$　D. 任意比

例 2-3-7 在常温常压下,将 aL H_2S 和 b L SO_2 混合,反应后气体体积是反应前气体体积的 1/4,则 a 和 b 的比值关系正确的是(　　)。

A. 1∶1　B. 1∶2　C. 1∶3　D. 2∶1

例 2-3-8 常温下向 20L 真空容器中通入 a mol H_2S 和 b mol SO_2(其中 a 和 b 都是正整数,且 $a \leqslant 5, b \leqslant 5$)完全反应后,容器内气体可能达到的最大密度约是(　　)。

A. 24.5g/L　B. 14.4g/L　C. 8.5g/L　D. 5.1g/L

上述不同方式反映出学生在掌握知识的"质"上有高有低,知识就其获取方式及"质"上的差异可划分为课本知识、有效知识、延伸知识、信息型知识、方法类知识、综合类知识等几种不同层次。

质量性诊断测验用于测量学生掌握知识的质量,评估其学习的质量。知识的质量可以从知识的迁移力、再生力、结合力、创造力等方面进行测试。

最常见的一种命题方式是同一问题呈水平或递进式设置了多个子问题,用于探究掌握知识的层次和水平。

(五) 障碍性诊断测验

这类测验是通过一类显著性特定问题测试学生知识障碍、思维障碍和心理障碍,障碍性测验应该以课程标准为依据,以教材为前提,同时注意试题的多样化,用多种方式诊断学生的各类障碍。

从心理学的观点出发,为了使学生保持良好的心理状态,反映出自己的真实水平,在试题的编排上应体现先易后难的精神,切忌当头一棒,把学生弄得六神无主,心情烦躁,这样就会失去测验的信度和效度。

障碍性诊断测验的种类很多,如负迁移障碍测验、审题能力障碍测验、计算型选择题计算速度障碍测验、教学难点知识障碍测验、学习方法障碍测验、解题思维障碍测验、简答题思维障碍测验等。

例 2-3-9 SO_2通入紫色石蕊试液中能观察到什么现象？将所得溶液加热将发生什么变化？

例 2-3-10 写出H_2S燃烧反应的化学方程式。1.0 L H_2S气体和a L空气混合后点燃，若反应前后气体的温度和压强都相同(30℃、101.3Pa)，试讨论当a的取值不同时，燃烧后气体的总体积V(用含a的表达式表示，假定空气中氮气和氧气的体积比为4∶1，其他成分忽略不计)。

教师在对诊断结果做出翔实统计分析后，需要对诊断结果进行讨论，准确探明学生存在的各种学习障碍，并用于改进教学，提出调控举措，实现预期的教学目标。

案例 2-4　学生表现性评价案例

一、概念

表现性评价又称表现性测验评价。表现性测验(performance test)是指客观测验以外的一类以行动、表演、展示、操作、写作、制作档案资料等更真实的表现来展示学生的口头表达力、文字表达力、思维思考力、随机应变力、想象力、创造力实践能力及学习成果与过程的测验。

二、国内、外发展现状

近十多年来，英、美等一些国家和地区因对传统标准化考试(指选择题型的考试)有许多怨言而寻求更好的课业考评方法，以便更直接、更富实质性地去考查学生的层次思维能力，以及传统的笔纸测验通常难以考查的那些技能技巧。新的课业考评方法尊重了教育目标的广泛性与整体性，对于我国中小学教育改革及课业考评改革具有重要的借鉴意义。表现性测验在学生课业考评过程中起到了不可忽视的作用。

三、题型与方式

(一) 口头测验

口头测验是通过口试或答辩的方法，对学生的有关知识与能力特点的发展做出评价性的方法之一。

(1) 优点：

① 可以反映训练学生的口头表达能力、思维的逻辑性、语言思维及概括能力；

② 能在一定的程度上反映出学生的思维过程以及对知识的理解与应用能力；

③ 能适应于考查学生的非认知品质。

口头测验通常应用于测量那些用纸笔测验难以考查的知识、技能及情感。适用的领域有：

① 使用特定语言回答问题的能力；

② 综合有关信息、提出问题的能力；

③ 阐述观点并为自己观点做解释与辩论的能力；

④ 口头表达时逻辑思维与概括能力；

⑤ 知识的广度与深度；

⑥ 态度、气质与情感方面的特殊情况。

(2) 口头测验可用于正规的场合，也可用于日常教学过程；既可用于学位上的论文答辩，也可用于常规的招生面试，更常用于课堂中的考核提问。常用方法如下：

① 高声朗读；

② 教师提问；

③ 在一些题目中随机抽选加以回答；

④ 按预先设置的问题进行专题发言；

⑤ 小组的随意发言；

⑥ 师生一起会谈；

⑦ 根据图片特别设置的情景讲故事；

⑧ 角色扮演，如课文剧等。

(二) 论辩与辩论

论辩能力不仅是从事某些特殊职业所需要的一种重要技能，而且被认为是当代青少年所应当重视的才能之一。通过辩论不仅可以评估和考查上述口试及答辩所考查的能力，而且还能反映学生的随机应变能力、论证思维和逻辑性、思维敏锐性、言语深刻性、回答问题的针对性以及个人知识面等能力品质。

(三) 短文题考试

短文题考试即论述题、回答题、概述题等题型考试。它一般要求学生用一两段文字对某个问题(或某个现象、某种观点等)进行描述、分析、解释总结评价或论证等，它可以有效地评价学生对某个问题或某门学科的理解程度。

(四) 写作能力

写作能力被认为是一种高级的学习成果，向来受到人们的重视。写作测验主要用于评价学生的写作技能，如语言文字的表达能力、想象创造力、描述事实与整理资料的能力以及根据写作要求能清晰表达自己思想观点的能力。可分一般作文题与科学论文题两类。

(五) 过程反应题

过程反应题要求学生不仅要给出问题的答案(这种答案可能不是唯一的)，而且要把如何得出结论有条不紊地加以叙述，它有利于记录和评价学生的思维过程和方法，对于描述学生的特点以及诊断学生的学习困难起着重要的作用。过程反应题的类型较多，常见的有证明题、作图、数量关系分析及计算题等。

(六) 实验技能教学考试评价

实验技能教学考试评价是综合教学过程要求学生操作实验设备材料直接去感知事物的一种综合性的校内考试评价。

在我国基础教育阶段，从总的方面讲，实验教学及技能培养是一个薄弱的环节。

(1) 不同的学校其仪器设备的配置情况不同,造成许多学校的实验课开出率不高。

(2) 有些教师在思想上重视不够,习惯于一本书、一支粉笔的教学方法,许多人习惯于“黑板上讲实验,课本上看实验,考试前背实验,试卷上做实验”的局面。

(3) 考试指挥棒的作用。

要进一步提高实验技能教学考试评价的工作,需要遵循以下原则:

(1) 实践性为主的原则。

(2) 教学与发展的原则。

(3) 全面性与客观性的原则。

(4) 基础目标性的原则。

表现性测验的类型丰富多彩,且因不同的学科而有所区别。除了上述几种外,常用的还有作品、公开演示以及档案袋评价等。

四、表现性测验评价是评价学生的有效途径

例 2-4-1 实验技能教学考试评价中要评价学生操作分析天平的技能(表 2-4)。

表 2-4 技能:分析天平操作技能验核评价表(在“是”或“否”下打勾)

序号	内容	是	否
1	学生是否在细称前粗称?		
2	学生是否使用分析天平前填写使用记录本?		
3	学生是否在细称前进行调零?		
4	学生是否正确放置试样和砝码?		
5	学生是否在取样前将天平关掉?		
6	学生是否将天平开关旋钮全部打开?		
7	学生是否用镊子夹取砝码?		
8	学生是否在倾样或取样时将样丢掉或散落在外面?		
9	学生是否在使用分析天平前填写使用记录本?		
10	学生是否正确读数?		
11	学生是否打破玻璃器皿?		
12	学生是否在称量完后将天平归零,再重新调零?		
13	学生是否让主管人员检查天平状况完好后准备离开?		
14	学生是否将天平罩子盖好,砝码盒盖好并放回原位?		

评价表的目的是提高教育评价的科学性与效率。

例 2-4-2 化学实验操作考核(表 2-5)。

表 2-5　实验方案评价表

试题	实验操作	正误	所用时间/min
1	(1) 量取浓硫酸		
	(2) 稀释(注酸入水)、搅动		
	(3) 转移稀酸入容量瓶(酸液冷却,玻璃棒引流)		
	(4) 洗涤烧杯,转移酸液(控制用水量)		
	(5) 定容(滴管滴加、读取、倒转、摇匀)		
2	(1) 称取氯化钠样品		
	(2) 量取蒸馏水,配制氯化钠溶液(读取,用玻璃棒搅动)		
	(3) 滴加氯化钡溶液		
	(4) 滴加氢氧化钠溶液		
	(5) 过滤(过滤器制作、过滤操作)		
	(6) 滤液转移并加热驱氨(用试纸检验)		

(1) 用 98%的浓硫酸(密度为 1.84g/cm^3)配 50mL 0.01mol/L 的硫酸溶液(提示:所需浓硫酸为 2.5mL)。

(2) 实验室需要配一些氯化钠溶液,但氯化钠晶体中混入了少量的硫酸钠和碳酸氢铵。请按下列实验步骤配制氯化钠溶液:

① 用托盘天平称取含杂质的氯化钠晶体 1.8g;

② 用 20mL 左右的蒸馏水溶解氯化钠制成溶液;

③ 向溶液中滴加过量的氯化钡溶液;

④ 向溶液中滴加过量的氢氧化钠溶液;

⑤ 过滤,弃去滤渣,取滤液;

⑥ 将滤液倾入大试管中,加热至无氨气放出(用石蕊试纸检验)。

五、局限性

(一) 测验评分信度较低

如果测验成绩涉及学生重大抉择问题(如教育分流等),则表现性测验的成绩确实存在评分信度方面的担忧。

(二) 成绩的同比性差

(三) 测验评估时,在时间上不经济

(四) 由于不同学生所测内容不同引起测验公平的担忧

六、发展瞻望

表现性测验虽然存在以上几项局限性,但是,在义务教育阶段,甚至在高等教育阶段,如果测验成绩不涉及学生的排队,也不妨碍学生的发展时,那么,用表现性测验以使学生充分地、公开地、多方位地表现自己,其好处恐怕远比取得的精确可靠分数更重要。在义务教育阶段以及

淡化考试分数的今天,在日常教学中多采用表现性测验,这是有利于促进素质教育走上正轨的。不过表现性测验不能完全替代客观测验,最好是选择让它们共存并进,才能相得益彰。

练习与思考题

1. 简述测量与评价的关系。
2. 课程评价的含义是什么?
3. 试述课程评价的现状与展望。
4. 浅谈对化学新课程评价的认识。
5. 发展性课程理念下的化学课程评价的取向如何?

参考文献

毕华林 . 1994. 化学课程评价的理论和模式 . 化学教育,(8):18-21.
冯生尧 . 1996. 课程评价定义的批判分析 . 教育研究,(9):54-56.
华重 . 1995. 课程评价的理论和实践 . 中国计量学院学报,(10):32-39.
李雁冰,钟启泉 . 2002. 课程评价论 . 上海:上海教育出版社 .
李子建,黄显华 . 1994. 课程:范式、取向和设计 . 香港:香港中文大学出版社 .
杨晓萍,柴赛飞 . 2004. 质性评定方法对我国基础教育课程评价的启示 . 课程·教材·教法,(4):87-90.
曾继耘 . 2004. 对基础教育考试改革方向的思考 . 课程·教材·教法,(2):88-93.
张华 . 2000. 课程与教学论 . 上海:上海教育出版社 .

第三章　教育统计基础

第一节　教育统计概述

一、教育统计学的性质和作用

教育统计学是把数理统计学的一般原理和方法应用于教育研究的一门应用学科，是教育科学研究的科学工具。

数理统计学是通过大量表示随机现象数量特征的数据的搜集、整理、分析和推断，从而发现随机现象的统计规律。因为教育领域存在着大量的随机现象，如对同一年级学生的某门学科的考试，考试分数可能是多种多样，而且这些数量信息多以分散而凌乱的形式呈现在人们面前，不能被人们直接利用，所以，作为从定量方面研究教育现象的教育统计学，必须将数理统计的原理和方法作为其基本内容。由此可见，教育统计学在教育科学定量研究中有重要的作用。

（一）探明教育现象的性质

在教育工作中，要从数量中探明教育现象的性质，就必须对数量进行统计整理，计算出平均数、标准差等统计量，并用这些统计量说明教育现象的性质。

（二）探索教育现象间的关系

各种教育现象之间都有相互联系、相互制约的关系，如学生的数学成绩与物理成绩之间，人的身高与体重之间等。教育统计学中的相关分析能够帮助我们从各种教育现象的数量方面去探索两种或几种现象间存在着什么关系以及关系的密切程度。

（三）由局部推断总体

在教育调查和实验中，我们不可能把所研究的教育现象中的每一个体都加以研究。只能从总体中抽取一部分个体组成样本，作为研究对象。通过对样本特征的考察分析，去推断和预测样本所来自的总体的特征情况，这就需要根据抽样理论来抽取样本。同时也存在怎样由局部估计和推断全局，估计和推测的把握性有多大的问题，这就需要教育统计学中的统计估计和分析的方法，由此得出正确的结论。

（四）比较两种教育现象的差异

在各种教育现象之间往往存在差异，如两个平均数之间的差异、两个百分比之间的差异、两个相关系数之间的差异等。这些数量上的差异是否有意义、有价值，不能只靠直观辨别，必须通过统计分析中的 Z 检验、t 检验等统计检验才能查明。

（五）分析和辨明影响教育现象变化的因素

一种教育现象的变化常受多种因素的影响，这些因素中，哪一个或哪几个因素真正在起作用，是无法由观察直接辨认的。想要从诸多因素中找出作用较大的因素，就必须用教育统计学中的方差分析、F 检验、因素分析等方法来进行统计分析。例如,学生的学业成绩的好坏与教师、教材、教法、学法、家庭环境和社会环境等因素有关。

二、教育统计学的内容

从统计方法的功能来看,教育统计学的内容可以分成描述统计、推断统计和实验设计三部分。

(一) 描述统计

描述统计主要研究如何整理教育科学实验、调查、测验得到的大量数据,描述数据的全貌,从而表达事物或现象某一方面的特征与相互关系。其具体内容有:数据如何分组归类,如何使用统计表和统计图来描述一组数据的分布情况,如何通过计算数据的集中量数、差异量数等特征数,简缩数据,进一步描述一组数据的特征和全貌。描述统计的方法既适用于只表示局部情况(样本)的一组数据,也适用于全面调查、实验或测验中所获得的表示整体情形(总体)的数据,它可以使大量零散的、杂乱无章的数字资料简缩、概括,更好地显示事物的某些特征,有助于研究和说明问题的实质。

描述统计又分为集中趋势分析、离中趋势分析和相关分析三大部分。

集中趋势分析主要靠平均数、中数、众数等统计指标来表示数据的集中趋势,如被试的平均成绩多少?是正偏分布还是负偏分布?

离中趋势分析主要靠全距、四分差、平均差、方差、标准差等统计指标来研究数据的离中趋势。例如,想知道两个教学班的语文成绩中,哪个班级内的成绩分布更分散,就可以用两个班级的四分差或百分点来比较。

相关分析探讨数据之间是否具有统计学上的关联性。这种关系既包括两个数据之间的单一相关关系——如年龄与个人领域空间之间的关系,也包括多个数据之间的多重相关关系——如年龄、抑郁症发生率、个人领域空间之间的关系。

(二) 推断统计

推断统计是在描述统计的基础上发展起来的,主要研究如何通过局部数据所提供的信息,推断总体的有关特征。推断统计的具体内容有:总体参数的估计方法、假设检验的各种方法、技术资料假设检验方法、各种非参数的统计方法等。这些内容将在本书中逐一介绍。

(三) 实验设计

实验设计是研究者为了揭示实验中的自变量与因变量的关系,在实验前所做的一种研究程序或方案。其内容包括:如何抽取实验样本,抽取多大的样本才能达到预期的精确度;提出什么假设,应该操纵哪些自变量(因素)去引起因变量的变化;控制哪些无关变量以减少实验误差;如何安排实验步骤;如何观测实验过程;采取何种统计方法处理和分析实验结果等。

以上三部分内容中,描述统计是推断统计的基础,推断统计必须依靠描述统计所计算出的特征数,运用科学的理论和方法得出正确的分析结果;描述统计知识对数据进行一般的分析归纳,若不进一步应用推断统计对事物的进一步分析,将会使统计结果失去意义,达不到统计分析的目的和要求。在研究过程中,只有良好的实验设计才能使观测到的数据具有意义,进一步的统计分析处理才能说明问题。作为一个好的实验设计,必须具有符合要求的统计方法,否则,再好的设计没有适当的统计方法处理,也将不能得到科学的分析结果。

第二节　数据的初步整理

一、数据的概念

数据是指带有单位的数，它是通过对具体事物进行计数或者测量所得到的描述事物特征的数量依据，如某学校教师总数为 80 人；校园占地面积为 $3000m^2$；某学生身高为 150cm，体重为 42kg，语文成绩为 82 分等。换句话说，数据是从数量关系的角度反映事物的存在状态。

由于客观事物始终处于运动、变化和发展中，对其某一特性进行观察或测量所得到的数据总是变化的，这种标定统计事项某一项特性的量称为变量，如一个班级学生身高与体重、考试成绩、学校每年支出的教育经费、每年的学生数等，都是代表不同类别的统计事项的变量。与变量相对应的恒定不变的量称为常量。

数据是人们在认识客观世界的过程中形成的概念，它具有变异性、离散性和规律性三方面特点。

数据的变异性是指对客观事物观察或测量所得到的一组数据，其数值大小总是在一定的范围内不断变化，表现出不同程度上的差异，倘若观测的结果都是某一固定的常数，观测的本身也就失去了意义。观测的目的在于了解具体事物的实际存在状态，而世界上两种绝对相同的事物是根本不存在的。例如，考试中，出现答案完全相同的试卷的可能性很小，严格地掌握评分标准也会出现许多不同的分数，即使采用等值的试卷多次测量一个人，成绩也不会完全相同。可见数据变异性特点的实质是客观事物互异性的反映，而产生这种变异的原因是多方面的。

数据的离散性指的是数据通常以一个个分散的、有一定间隔的数字形式出现。事实上，无论是连续变量还是非连续性变量，由于事物在属性上表现的数量差异性以及观测结果取值精确度等因素的影响，观测所得数据总是或大或小地表现出离散性。

数据的规律性是指在一定的范围内，其数值呈现出差异的同时又存在着一定的规律性，即数据的分布具有规律性。例如，我国的人口数，1760 年为 2 亿，1900 年为 4 亿，1954 年为 6 亿，1970 年为 8 亿，1982 年为 10 亿等。这组 2 亿、4 亿、5 亿、8 亿、10 亿人口数据的分布就具有等差变化的特点，表明我国人口增长的绝对速度越来越快。再如概率论中的掷硬币试验，每一次出现“正面”或“反面”都是随机的，但随着投掷次数的增加，正反面出现的频率却越来越接近 0.5。正是由于数据在变化中具有这种规律性，才为人们探索事物的规律提供了可能。

二、数据的种类

依据不同的分类标准，可将数据分成不同的类型。

(一)从数据的来源划分

从数据的来源划分，可把数据分成计数数据、测量评估数据和人工编码数据。

计数数据是以计算个数或次数获得的，多表现为整数，如班级人数、学校专任教师人数、实验研究中被试人数、一分钟内呼吸次数和脉搏跳动次数等观测数据。

测量评估数据是借助测量工具或评估方法对事物的某种属性指派给数字后所获得的数据，如对学生的身高、体重、语文科成绩、数学科成绩的测量结果。又如，对学生在田径运动项目上的水平测量，对于教师的教学水平进行量化评估所得的分数以及心理测验时学生的测验分数等。

人工编码数据是以人们按一定规则给不同类别的事物指派适当的数字号码后所形成的数据。例如,男生用“1”表示,女生用“0”表示;学生个体可用相应的座位序号或学号编码加以表示;态度测验中对特定问题所持的态度,可用数“5,3,1”分别表示“同意或不同意”的程度。事实上,人工编码数据在一定程度上具有主观随意性,但为了使用与操作上的便利,人们总是寻找更简便、更有价值的编码数据系统。

(二) 从数据所反映的变量的性质划分

从数据所反映的变量的性质来分,可分为名称变量、顺序变量、等距变量和比率变量。

名称变量只说明某一事物与其他事物在名称、类别或属性上的不同,并不说明事物与事物之间差异的大小、顺序的先后以及质的优劣。例如,人的性别分成男与女;人对衣服颜色的倾向选择有红色、黄色、蓝色、白色、黑色等;人的气质可分为多血质型、胆汁质型、黏液质型和抑郁质型;而人的血型则可分为 A 型、B 型、O 型等。在资料管理与科学研究中,常需要采用一定的规则对名称变量的观察结果进行人为的赋值与编码,从而得到名称变量数据。例如,前述的性别数据,用数字符号“1”表示男性,用数字符号“0”表示女性(当然也可以用其他数字符号表示);以及用六位数字组成全国各地的邮政编码等,皆是名称变量数据。这些数据仅是类别符号而已,没有在量方面的实质性意义,一般不能对这类数据进行加、减、乘、除运算,但通常可对每一类别计算次数或个数等。

顺序变量是指可以就事物的某一属性的多少或大小按次序将各事物加以排列的变量,具有等级性和次序性的特点。例如,对学生的阅读能力可划分为好、中、差三个等级;态度等级可划分为“赞成、倾向赞成、中立、倾向反对、反对”这五个等级;对体育运动会中各个项目上的表现可以用名次“第一名、第二名、第三名、……”来表示;学校常采用“五级记分”制来评定学生的学习成绩等,皆是顺序变量的具体表现。不难看出,顺序变量的观测结果有些是直接用有序的类别来区分事物属性的差异。在实际应用和研究中,常用有序的整数或自然数来表示顺序变量的各种观测结果,从而得到顺序变量数据。例如,可用“5,4,3,2,1”来表示对某个问题持赞成还是反对态度之间的五个不同等级;可用“3,2,1”等数字序列来表示阅读能力的“好、中、差”三个等级。值得指出的是,顺序变量数据之间虽有次序与等级关系,但这种数据之间不具有相等的单位,也不具有绝对的数量大小和零点。因此,只能进行顺序递推运算。

等距变量除能表明量的相对大小外,还具有相等的单位。例如,星期一为 20℃,星期二为 22℃,星期三为 24℃,则可以知道星期三气温高于星期二,星期二气温又高于星期一;而且还可以实质地说明相邻两天气温之差是相等的。等距变量观测得到的是一种相对数量的大小,单位是相等的,但零点却是相对的,若在华氏温度计或其他类型的温度计测试下,这里的 0℃ 就不再是零。在教育测量和体育测量中,人们有时用标准分数来反映人的能力相对高低和人的身材相对高矮,这种情形下所得到的测量结果也是一种等距变量数据。由于这类数据的零点是相对的,因此,对这类数据一般不能用乘、除法运算来反映两个数据(两个个体的某种能力属性)之间的倍比关系。

比率变量除了具有量的大小、相等单位外,还有绝对零点。例如,对学生身高、体重的测量数据等,均可以看成是比率变量数据。比率变量数据可以进行加、减、乘、除运算,允许人们用乘、除法处理数据,以便对不同个体的测量结果进行比较,做出比率性(倍比关系)描述。例如,一位学生在 20 岁时身高 160cm,而他 2 岁时身高是 80cm,可以说,他 2 岁时的身高是 20 岁时的一半。

（三）从数据分布的形式划分

从数据分布的形式划分，可分为离散变量和连续变量。

离散变量是指在量尺上其取值有限且彼此不连续的数据，它的特点是：代表数轴上可能取到的有限个点值；以整数形式出现，小数或分数没有实际含义，如微机数，可能是 8 台、9 台、10 台，但不可能是 8.5 台、9.5 台，在 8 与 10 之间唯一存在一个整数 9，而不能有其他的数。连续变量是指在一定范围内连续变化、取值无限多的变量。它的特点是：代表数轴上的一段距离；具有实数的稠密性。例如，某人的身高是 160cm，在数轴上它表示从 159.5cm 到 160.5cm 的一段距离，159.5 到 160.5 之间存在无限多个可能取值。

连续变量的几何意义表示为数轴上的一段距离，即连续变量的取值实际是指一个确定区间内无限多个连续变化的数。一般规定：一个连续变量的取值是指大于或等于该数值的实下限而小于该数值的实上限的那些连续变化的数值。例如，某连续变量取值 28 是指大于或等于 27.5 而小于 28.5 的所有数值，28 是连续变量取值的表述形式，27.5 称为 28 的实下限（简称下限），28.5 称为 28 的实上限（简称上限）。

三、统计图

（一）统计图的功用

统计图是整理数据的一种方法，即依据数字资料，应用点、线、面、体、色彩等的描绘制成整齐而又规律，简明而又知其数量的图形。统计图在数据整理中占有很重要的地位。一图知万言，一张简单的图形就可以把一大堆数据中的有用信息概括地表现出来。图形比数字更为具体，能把事实或现象的全貌形象化地呈现出来，给人以清晰、深刻的印象，因而便于理解和记忆。

（二）统计图的类型

统计图可按形状、数字性质、图的用途等分为多种类别。

按其图形表现形式，可将统计图分为三类：①几何图；②象形图；③统计地图。

下面重点介绍几何图。

几何图是利用几何的形和线来表示统计资料的图形，如曲线图、条形图、平面图、直方图等。曲线图是以曲线的升降来表示现象的变动，主要用于表明现象发展的动态及彼此之间的依存关系，总体单位的分配和计划执行情况等。其他几种几何图是以图形的长短、大小来表现图示现象的数量关系，主要用于表明同类统计事项指标的对比和总体内部的结构。

（三）几种常见统计图的绘制方法

1. 条形图

条形图是以相同宽度的条形的长短或高度来比较图示指标数值大小的图形。它是统计中最常用的图形，来表现同类指标的对比关系。从图示现象的种类分，主要有单式条形图、复合条形图和分段条形图等。

单式条形图是条形图中最简单的一种。它是用若干平行而等宽的矩形条来表明图示指标的对比关系。现以表 3－1 的资料说明单式条形图的绘制方法。

表 3-1　1990～1995 年某中学图书馆藏书统计表

年份	1990	1991	1992	1993	1994	1995
册数	2124	2922	2326	2633	3073	4888

条形图的画法:首先画一直角坐标,如果画纵式条形图,以坐标纵轴为尺度线,以坐标横轴为基线(图 3-1);如果画横式条形图,则以坐标横轴为尺度线,以坐标纵轴为基线(图 3-2)。各条形置于基线之上。尺度线是决定条形线的比例长度。然后,将基线上的项目均匀分布,绘制等宽条形的高度或长度。标明尺度单位及基线项目名称,填写标题文字说明。

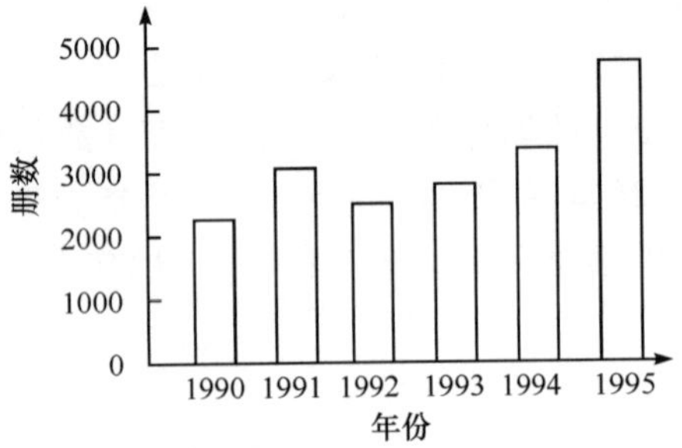

图 3-1　1990～1995 年某中学图书馆藏书统计图

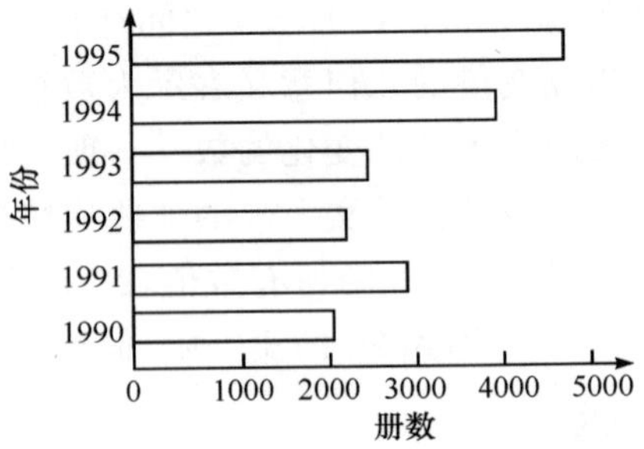

图 3-2　1990～1995 年某中学图书馆藏书统计图

复合条形图和分段条形图是把两套以上条形画在一起,这种图形适合多个统计事项间的比较。复合条形图中,每套条形要用不同的条饰或颜色区分,要协调鲜明,并在图内适当位置标出图例,如表 3-2 和图 3-3 所示。

表 3-2　某中学初中各年级男、女生人数统计表

	初一	初二	初三
男生	128	118	150
女生	114	130	100
合计	242	248	250

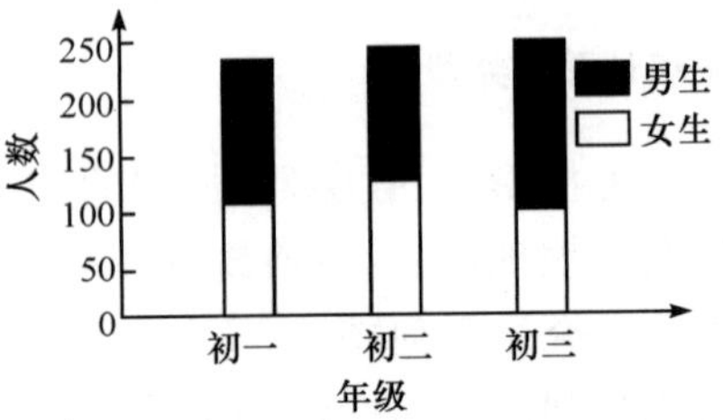

图 3-3　某中学初中各年级男、女生人数统计图

应注意的是:条形的宽度必须相等,条形之间的间隔也要相等。尺度线的刻度从零开始,指标太大的可在尺度线和条形上采用破段法。

2. 圆形图

圆形图是用圆形内扇形面积的大小来说明总体结构的图形。整个圆形面积代表所统计事项的总体,把圆的面积分成若干扇形,每一扇形面积的大小表示被研究总体的各个组成部分。圆形图的画法:首先画一个圆形;然后用圆心角的度数 360°分别乘以组成部分所占总体的比例,得出各组成部分所占圆心角的度数;最后按各部分所占圆心角的度数,在圆内画出各部分的扇形。各扇形可用不同图饰或颜色区分。下面以 1999 年调查的中国上网用户上网时间为例(表 3-3),绘制圆形图(图 3-4)。

表 3-3 我国上网用户每周上网时间统计表

上网时间	所占百分比
1h 以内	3.00
1～5h	27.00
6～10h	29.00
11～20h	21.00
21h 以上	20.00
合计	100.00

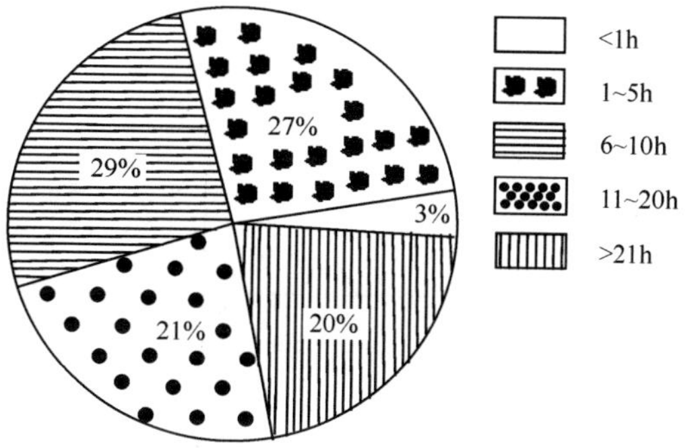

图 3-4 我国上网用户每周上网时间统计图

3. 曲线图

曲线图是用曲线的升降来表现统计资料的数值变动的图形，可分为动态曲线图、依存关系曲线图和次数分布曲线图等。

1）动态曲线图

动态曲线图是表现统计事项随着时间的变化，其总体指标数值发展变化趋势的图形。

动态曲线图的画法：首先画一个直角坐标系，用横轴表示时间，纵轴表示数量指标水平，数量指标的比例要合适；然后在坐标系内按各不同时间和其对应的指标数值画出坐标点；最后将相邻坐标点用折线连接，便可画出动态曲线图。图 3-5 是根据表 3-4 资料绘制的动态曲线图。

表 3-4 某公司 1～12 月打印稿统计表

月份	1	2	3	4	5	6	7	8	9	10	11	12
文稿数/份	12	5	35	56	20	70	15	42	12	58	85	90

2）依存关系曲线图

依存关系曲线图是描述统计事项之间相互依存关系的图形。以横轴表示一种统计事项的数量，纵轴表示另一种统计事项的数量，在坐标内描出相应坐标点，并连接各点形成依存关系曲线图。图 3-6 是根据表 3-5 资料绘制的依存关系曲线图。

表 3-5 某学校教育事业费与购置设备数目统计表

年份	教育事业费/万元	设备数/件
1990	7.2	38
1991	8.0	39
1992	8.3	40
1993	11.6	59
1994	16.4	63
1995	19.1	67
1996	22.3	70
1997	23.8	71
1998	27.8	80
1999	32.7	90

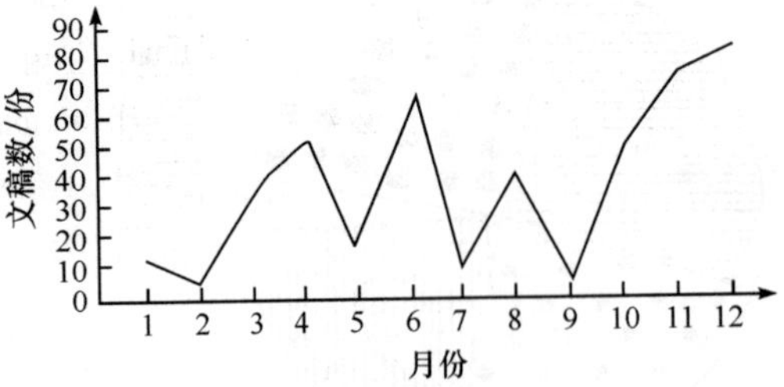

图 3－5　某公司 1～12 月打印文稿数量动态曲线图

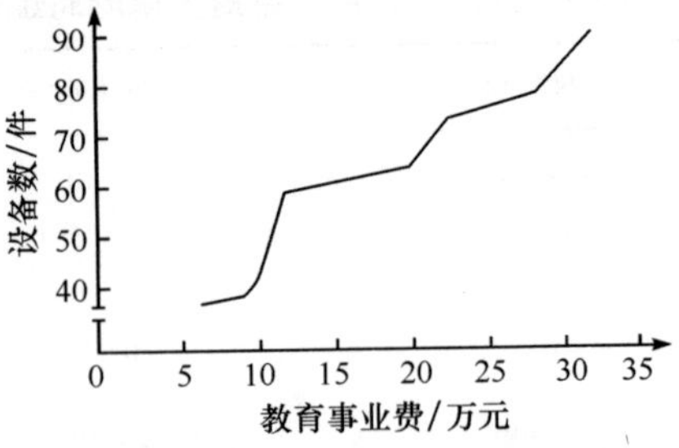

图 3－6　设备数与教育事业费依存关系曲线图

3）次数分布曲线图

次数分布曲线图是利用曲线描述总体各单位按某一标志分组后，各组次数分布情况的图形。主要有次数分布多边图、次数分布直方图、累积次数分布图等。

(1) 次数分布多边图。

图 3－7 是根据 90 名学生语文成绩绘制成的次数分布多边图。绘制次数分布多边图的步骤是：首先画一直角坐标，在横轴画出若干等距的点，表示分数；纵轴标出若干等距的点表示次数。横轴、纵轴的数据都由坐标零点开始，次数自下而上、分数自左向右标出。然后在坐标内画出各组的组中值与该组对应次数的坐标点，并在最低组以下和最高组以上分别增加一个假设的零次组，取其中值描出坐标点。最后依次连接相邻各点，制成次数分布多边图。

(2) 次数分布直方图。

图 3－8 是根据 90 名学生语文成绩绘制的次数分布直方图。

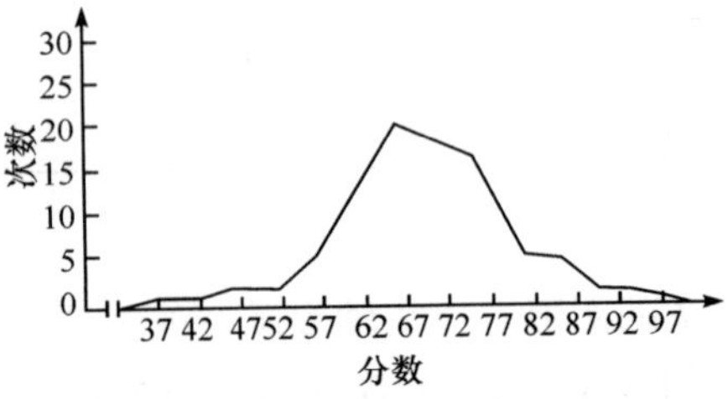

图 3－7　90 名学生语文成绩次数分布多边图

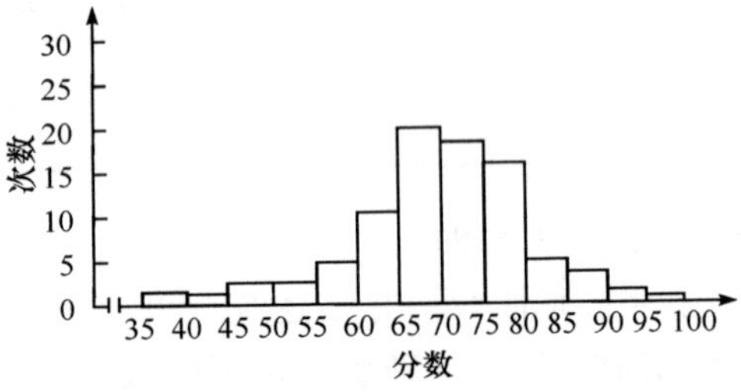

图 3－8　90 名学生语文成绩次数分布直方图

绘制次数分布直方图的步骤与绘制次数分布多边图的基本相同，只是横轴的标数应为组距的宽度，纵轴的标数是各组对应的人数。以组距为宽、人数为高画相连等距条形，各条形高度表现出各组次数的分布状态。

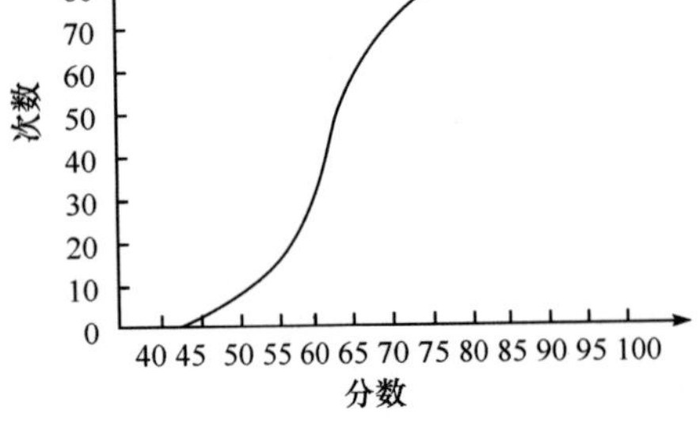

图 3－9　90 名学生语文成绩累积次数分布图

(3) 累积次数分布图。

累积次数分布图是根据累积次数绘制的。图 3－9 是根据 90 名学生语文成绩绘制的累积次数分布图。

累积次数分布图的绘制步骤是：第一步，把各组次数进行累加，较常用的是由下向上累加；第二步，画一直角坐标，横轴以等距的标记表示分数段，纵轴以等距的标记表示各累加次数，如果以百分比画累积曲线，还应画出百分比线；第三步，画出各组上限分数与该组累积次数对应的坐标点；第四步，依次连接相邻各点，制成累积次数分布曲线。

第三节　统计相关概念辨析

一、算术平均数

算术平均数简称数，它是平均数的一种，应用最广泛，为大家所熟悉。平均数表示了一组已知性质相同的数据的集中趋势，用它来说明有共性样本在总体内被平均标志的一般水平。通过计算平均数，人们可以比较不同组数据之间的差异。

对未分组的数据资料：

$$M=\frac{\sum_{i=1}^{N}X}{N} \tag{3-1}$$

对简单次数分布资料：

$$M=\frac{\sum_{i=1}^{N}(fX)}{N} \tag{3-2}$$

对于分组资料，式(3－2)中的 X 用组中点(值)X'代替进行计算，则为 X'对应组的次数。

若数据较大且围绕某一个数上下波动，如求一个班级中学生的平均身高(cm)，此时可用以下公式：

$$M=\frac{\sum_{i=1}^{N}(X-a)}{N}+a \qquad (a\text{ 为常数})$$

(1) 注意点：算术平均数样本中数据极端影响甚大，使用均数时要注意。

(2) 加权算术平均数为“权”，加权算术平均数常用符号 M_W 表示：

$$M_W=\frac{WX}{\sum_{i=1}^{N}W}$$

式中，W 称为“权”，相当于 $M=\frac{\sum_{i=1}^{N}(fX)}{N}$，$W$ 反映了一数列中各项数目的不同比重。“权”越大，其相应数值所起的作用越大；反之，作用就越小。M_W 在实质上是算术平均数的另一种形式。

二、方差与标准差

一组数据中每个数据与该组平均数之差的平方之和再除以数据的个数称为方差，用 σ_X^2 表示，其计算公式为

$$\sigma_X^2=\frac{\sum_{i=1}^{N}(X_i-\overline{X})^2}{N} \tag{3-3}$$

标准差是方差的平方根：

$$\sigma_X = \sqrt{\frac{\sum_{i=1}^{N}(X_i-\overline{X})^2}{N}} \tag{3-4}$$

例 3-1　某市中学初中三年级 5 名同学参加全市初中化学竞赛,成绩分别为:92.0 分、86.0 分、77.0 分、59.0 分、96.0 分,计算此中学初中化学竞赛的平均分、方差、标准差。

解析　$\overline{X}=82.0$,$\sigma_X^2=173.2$,$\sigma_X=13.3$。

三、概率

(一) 概率的意义

一个实验可以在相同的条件下反复进行,而且每次实验的结果可以不同,则这种实验称为随机实验,这种随机事件在多次重复中呈现出一定的规律性,概率论就是研究这种规律。

用投币实验来解释:考察正面向上这一事件,实验结果如表 3-6 所示。

表 3-6　抛掷硬币试验中正面向上的频率

实验者	投掷次数(n)	正面向上次数(m)	正面向上频率$\left(\frac{m}{n}\right)$
Boffon	4042	2048	0.5069
Pearson	12 000	6019	0.5016
Pearson	24 000	12 012	0.5005

这种刻画和描述事件的发生规律就要用概率来表示。

(二) 概率的基本性质

(1) 任意随机事件 A 的概率取值范围都在 0 与 1 之间,即 $0\leqslant P(\mathrm{A})\leqslant 1$。

(2) 必然事件(一定条件下必然发生的事件记作 Ω)的概率为 1,即 $P(\Omega)=1$。

(3) 不可能事件(一定条件下必然不发生的事件记作$\varnothing$)的概率为 0,即 $P(\varnothing)=0$。

(三) 概率的加法定理

加法定理:两个互不相容事件 A、B 之和的概率等于两个事件概率之和。用公式表示为

$$P(\mathrm{A}+\mathrm{B})=P(\mathrm{A})+P(\mathrm{B}) \tag{3-5}$$

互不相容事件是指在一次实验中,若 A 发生,则 B 一定不发生。

推论:有限个互不相容事件之和的概率等于这些事件概率之和。

$$P(\mathrm{A}_1+\mathrm{A}_2+\cdots+\mathrm{A}_n)=P(\mathrm{A}_1)+P(\mathrm{A}_2)+\cdots+P(\mathrm{A}_n) \tag{3-6}$$

(四) 概率的乘法定理

两个独立事件同时都发生的概率等于这两个事件概率的乘积。用公式表示为

$$P(\mathrm{AB})=P(\mathrm{A})P(\mathrm{B}) \tag{3-7}$$

独立事件是指一个事件的出现对另一个事件的出现不发生影响。

推论:有限个独立事件同时都发生的概率等于这些事件概率之积。

$$P(\mathrm{A}_1\mathrm{A}_2\cdots\mathrm{A}_n)=P(\mathrm{A}_1)P(\mathrm{A}_2)\cdots P(\mathrm{A}_n) \tag{3-8}$$

（五）概率分布的类型

概率分布是用随机变量取所有可能值及其对应的概率来对随机变量的变化规律进行描述，这种随机变量取值的概率分布情况称为随机变量的概率分布。

1. 按随机变量是否连续分类

（1）离散分布。随机变量只取孤立的数值。
（2）连续分布。随机变量是连续分布的。

2. 按分布函数的来源分类

（1）经验分布。根据观察或实验所获得的数据编制的次数分布。
（2）理论分布。一是指随机变量的次数函数，二是指某种数学模型计算出的总体的次数分布。

3. 按概率分布所描述的特征分类

（1）基本随机变量分布。描述总体的基本变量的分布有二项分布和正态分布。
（2）抽样分布。样本统计量的理论分布，样本统计量有平均数、方差、标准差等。

四、正态分布

连续型随机变量有许多种概率分布形式，其中最重要的一种分布形式为正态分布，正态分布也称为常态分布。正态分布之所以重要，不仅因为大量的随机现象都近似于正态分布，如现实世界中存在着大量近似正态分布的现象（如人的身高、体重、智力等），而且在推论统计中，它具有非常重要的理论意义，图 3－10 中的平滑曲线为正态分布曲线。

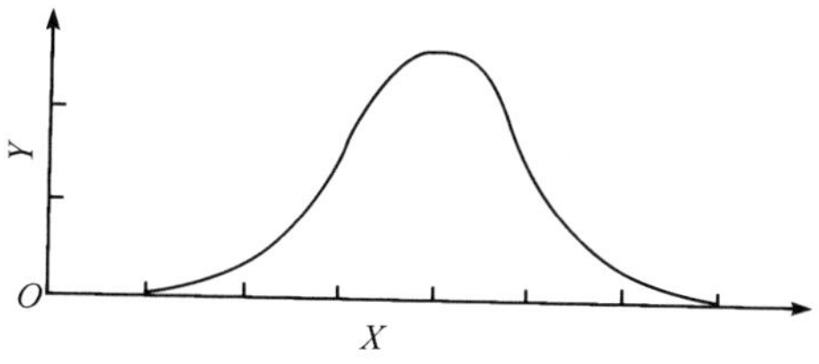

图 3－10　正态分布曲线

正态曲线有哪些特征呢？首先，正态曲线是对称曲线，对称曲线是 $X=\mu$，沿 $X=\mu$ 将曲线折叠，左右两边完全重合，当 $X=\mu$ 时，Y 有最大值。因此，这条曲线从中央最高点逐渐向两侧降低，但曲线永远不与 X 轴相交，即曲线以 X 轴为其渐近线。并且，正态曲线可以有不同的形态和位置，如果几个正态分布有相同的标准差、不同的均值，曲线在 X 轴上所处的位置不同，形状相同，如图 3－11 所示。如果几个正态分布有相同的均值、不同的标准差，曲线在 X 轴上的位置相同，曲线的形状不同，当标准差较大时，曲线平缓，当标准差较小时，曲线陡峭，如图 3－12 所示。均值为零，标准差为 1 的正态分布称为标准正态分布。

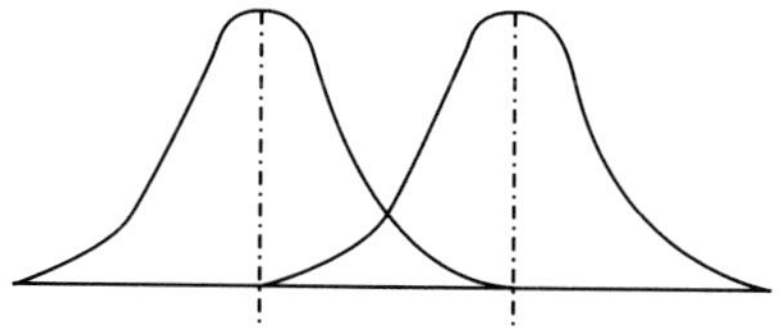
图 3－11　曲线的均值不同，标准差相同

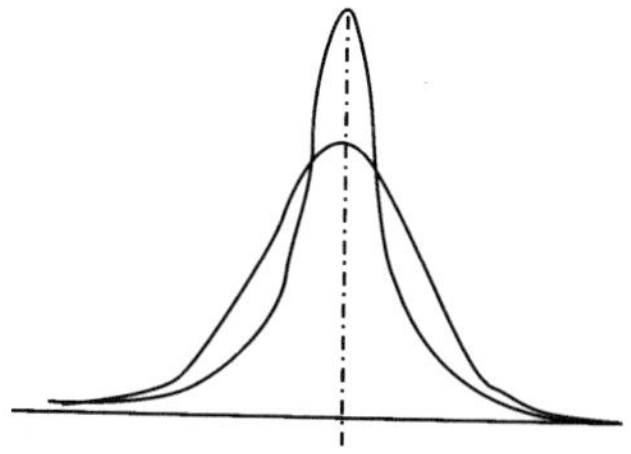
图 3－12　曲线的均值相同，标准差不同

标准正态分布在概率计算中具有特殊的意义,因为统计学家已将标准正态分布曲线下各部分的面积计算好列成表,供计算概率时使用。如能将一般服从正态分布的随机变量化为服从标准正态分布的随机变量,计算概率时只需查阅该表,不必进行复杂的计算,即可求得变量取某一区间值的概率。

五、显著性水平

假设检验中的显著性水平具有以下含义:

(1) 它是在假设检验的零假设与总体参数的实际状况相一致,即零假设为真的条件下,假设检验这种断言总体参数取值的方法否定零假设、产生关于总体参数的结论以及犯错误的概率。

(2) 它也是在零假设与实际状况不一致,即零假设为假的情况中,假设检验否定零假设、产生结论以及产生正确的最小概率。

(3) 在通常不知道零假设的真伪,需考虑到各种情况时,它就是假设检验否定零假设和产生结论的最小概率,以及犯错误的最大概率。

(4) 当把假设检验看成是测量总体参数的方法时,它就是产生错误测量结果的最大概率,标识了这种测量方法的效度:显著性水平越低,效度越高。

(5) 它不是指假设检验犯错误的概率,不是指假设检验否定零假设、产生结论的概率,也不是指假设检验所产生的结论是错误结论,即否定零假设时错误否定的概率。在假设检验的视野中,不存在这些概率;必须区分零假设与实际状况的各种关系,在各种条件下谈论概率,或者在此基础上谈论在所有条件下概率的最大值和最小值;而且概率都是由样本的随机性导致的。

(6) 它是针对假设检验这种方法而言的,是对这种推论方法本身性质的描述,不是针对假设检验所产生的结论。对于假设检验的结论的信心是来自对于假设检验的方法的信心。

六、随机抽样

研究课题明确划定了的范围,即全部应被研究的对象称为总体(population)。如果对总体中所有个体(individual)逐一进行调查测试就称为普查。如果从总体中抽出一部分个体进行测试,并根据测试结果推断总体的一般特征,就称为抽样调查。被抽出的个体所组成的集体(子集)则称为样本(sample)。抽取样本的过程称为抽样(sampling)。

抽样必须遵循随机的科学原理,保证被研究的总体中的所有个体都有同样被抽取的机会。这是因为判断样本好坏的唯一标准是样本对总体是否有良好的代表性,也就是说抽取的样本应是一个具体而微小的总体。遵循随机化原则抽取样本不仅可以保证样本对总体具有良好的代表性,而且是对观测数据进行统计分析的前提条件。非随机抽取的样本则没有利用概率知识进行统计处理、分析的基础。这种按照随机化原则进行抽样称为随机抽样(random sampling)。随机抽样有以下几种不同的形式。

(一) 简单随机抽样

简单随机抽样是从调查总体中完全随着偶然机会抽取调查个体的一种方法。这种方法的优点是能确保总体中所有个体都有同等被抽取的机会。

（二）机械抽样

把总体中的所有个体按一定顺序编号，然后依固定的间隔取样（间隔的大小视所需样本容量与总体中个体数目的比率而定），这种抽样方法称为机械抽样。例如，为了了解某校大学一年级学生英语学习情况，拟从 1500 个大一学生中抽取 1/10 作为样本。先将这 1500 个学生的英语测验分数由低到高排列，并从 1 至 1500 编号，然后按 1、11、21、…的号码顺序和间隔抽取分数，并组成一个样本。相对于简单随机抽样，机械抽样能够保证抽到的个体在总体中的分布比较均匀。

（三）分层抽样

按与研究内容有关的因素或指标先将总体划分成几部分（几个层），然后从各部分（各层）中进行简单随机抽样或机械随机抽样，这种抽样方法称为分层抽样。将总体分层的基本原则是，各层内部的差异要小，层与层之间的差异要大，否则就会失去分层的意义。

（四）整群抽样

从总体中抽出来的研究对象，不是以个体为单位，而是以整群为单位的抽样方法称为整群抽样。例如，要了解某市某年物理学科高考的成绩，可以以学校为单位进行抽样。为了增强样本对总体的代表性，弥补整群抽样的不均匀性，可以与分层抽样相结合。先按一定的标准把全市所有中学分成几部分，如可以把所有的中学按市级重点中学、区级重点中学、普通中学分成三类，然后根据样本容量与总体中个体的比率，从三类学校中抽取若干学校，组成整群样本。

第四节　平均数差异显著性检验

一、平均数差异显著性检验的类型与条件

平均数差异显著性检验在假设检验中是最重要也是最复杂的一种，在不同条件下有不同的类型，将使用不同的检验方法。有时在同一类型中，条件不同，其检验统计量也有所不同。依总体来分，平均数差异显著性检验有以下两种类型：

（1）单总体平均数差异显著性检验。这一类型主要是检验一个样本平均数与总体平均数是否有差异的问题，也称平均数的显著性检验，如果检验结果差异不显著，说明样本平均数与总体平均数的差异是抽样误差造成的，样本来自该总体；如果检验结果差异显著，则说明样本平均数的差异与总体平均数的差异不完全是抽样误差造成的，样本很可能来自另一个总体。

（2）双总体平均数差异显著性检验。这一类型主要检验两个样本的平均数是否有实质性差异的问题，也称为平均数差异的显著性检验。它是根据两样本平均数之间的差异来推断它们各自所代表的总体之间的差异情况。经检验，如果检验结果差异不显著，则说明两样本平均数所代表的总体平均数没有明显的差异；反之，则说明两样本平均数所代表的总体平均数有显著性差异。

除以上两种基本类型外，在平均数差异显著性检验中，根据抽样分布的形态，也可以分为两类检验：Z 检验（u 检验）和 t 检验。其中，Z 检验（u 检验）是指抽样分布呈正态分布或渐近正态分布时进行的检验。t 检验是指抽样分布服从 t 分布时进行的检验。由于情况不同，抽样

分布的形态各异,因此无论是单总体还是双总体的平均数差异显著性检验都可以分别采用 Z 检验和 t 检验两种方法。

在平均数差异显著性检验时,需要具备一些前提条件才能进行检验,否则必须对数据加以转换或处理才能检验,或者采用其他方法检验。这些前提条件主要有:

(1) 被检验的样本应是随机样本。即所要检验的样本统计量应是从依据随机性原则抽取出的样本中计算出来的。值得注意的是,学校中的某一班级也可作为特殊的随机样本来看待,即利用整群抽样方法抽中的。

(2) 总体分布为正态。这也是进行平均数差异显著性检验的一个基本条件。从抽样分布的讨论中可知,当总体不服从正态分布时,其样本平均数的抽样分布既不服从正态分布,也不服从 t 分布,因此原则上是无法用 Z 检验和 t 检验对它们进行检验的。这时可以采用非参数方法进行检验。但是如果样本容量足够大,当 n 大于 30(有人认为应大于 50)时,根据中心极限定理,该样本平均数的抽样分布可以被近似地看做正态分布,仍可采用 Z 检验。

二、平均数差异显著性检验的一般步骤

在平均数差异显著性检验时,一般应遵循以下四个步骤:

(1) 建立假设(包括虚无假设 H_0 和备择假设 H_1)。

在建立假设时,根据给定条件确定为何种检验(双侧检验或单侧检验),然后建立相应的假设。

双侧检验的假设为

$H_0:\mu=\mu_0$ 或 $H_0:\mu_1=\mu_2$

$H_1:\mu\neq\mu_0$ 或 $H_1:\mu_1\neq\mu_2$

单侧检验的假设为

$H_0:\mu\leqslant\mu_0$ 或 $\mu\geqslant\mu_0$

或者 $H_0:\mu_1=\mu_2$

或者 $H_1:\mu>\mu_0$ 或 $\mu<\mu_0$

或者 $H_1:\mu_1>\mu_2$ 或 $\mu_1<\mu_2$

(2) 根据给定条件确定样本分布为何种抽样分布,确定相应的检验方法,并计算出统计量的值。

(3) 确定显著性水平 α,查相应分布表中的理论值确定为临界值,从而确定出 H_0 的拒绝和接受区间。

(4) 做出判断,把临界值与计算所得的统计量的值相比较,若统计量值落在 H_0 的拒绝区间内,则拒绝 H_0,接受 H_1;若统计量落在 H_0 接受区间内,则接受 H_0,拒绝 H_1。

三、单总体平均数差异显著性检验

单总体平均数差异显著性检验依据总体分布、总体参数情况和样本容量的不同,需要采取不同的检验方法。具体有以下三种情况。

(一) 总体分布未知,总体方差已知

由抽样分布的讨论可知,当总体分布为正态,总体方差已知时,无论样本容量的大小,其样本平均数的分布均为正态分布,因此可用 Z 检验方法进行检验。

在检验中，计算统计量值的公式为

$$Z=\frac{\overline{X}-\mu_0}{\sigma/\sqrt{n}} \tag{3-9}$$

式中，$\overline{X}$ 为样本平均数；μ_0 为总体平均数；$\sigma/\sqrt{n}$ 为样本平均数的标准误差。

例 3－2 某地区统考数学，假设该统考数学成绩服从正态分布，已知其总平均分为 50 分，标准差为 12 分。从该地区随机选择一个班作为样本，该班有学生 50 人，经计算该班平均成绩为 53 分，则该班成绩与总平均成绩的差异是否显著？

解析 （1）建立假设。由于本题是需要了解样本平均数与总平均数的差异是否显著，没有提及高于或低于总平均数的问题，故用双侧检验。

$$H_0:\mu=\mu_0$$
$$H_1:\mu\neq\mu_0$$

（2）计算统计量值。由题意知，该题总体分布为正态，总体方差已知，故用 Z 检验。已知 $\overline{X}=53$，$\mu_0=50$，$\sigma=12$，$n=50$，由式（3－9）得

$$Z=\frac{\overline{X}-\mu_0}{\sigma/\sqrt{n}}=\frac{53-50}{12/\sqrt{50}}=1.76$$

（3）查正态分布表：当 $\alpha=0.05$ 时，$Z_{\alpha/2}=1.96$（双侧）。

（4）判断结果：因为 $1.76<1.96$，所以 $P>0.05$。差异不显著，接受 H_0，拒绝 H_1。

故该班数学成绩与平均成绩的差异不显著。

例 3－3 对某专业课在全国同类高校内进行统一测试，已知全体考生成绩服从正态分布，其总平均分为 64 分，总标准差为 8.6 分，从某高校随机抽取 20 份试卷，经计算得到这 20 份试卷的平均成绩为 70 分，则该校学生的平均成绩是否显著地优于全体学生的平均水平？

解析 （1）建立假设。

$$H_0:\mu\leqslant\mu_0$$
$$H_1:\mu>\mu_0$$

（2）计算统计量值。由题意知，该题总体分布为正态，总体方差已知，故用 Z 检验。已知 $\overline{X}=70$，$\mu_0=64$，$\sigma=8.6$，$n=20$，由式（3－9）得

$$Z=\frac{\overline{X}-\mu_0}{\sigma/\sqrt{n}}=\frac{70-64}{8.6/\sqrt{20}}=3.125$$

（3）查正态分布表（单侧）：当 $\alpha=0.01$ 时，$Z_{0.01}=2.33$。

（4）判断结果：因为 $3.125>2.33$，所以 $P<0.01$。差异极显著，拒绝 H_0，接受 H_1。

故该校学生的平均成绩极显著地优于全体学生的平均水平。

（二）总体分布为正态，总体方差未知

由对抽样分布的讨论可知，当总体分布服从正态分布，总体方差未知时，样本平均数的抽样分布服从自由度为 $n-1$ 的 t 分布，此时可用 t 检验方法进行检验。

在检验中，计算统计量值的公式为

$$t=\frac{\overline{X}-\mu_0}{s/\sqrt{n-1}} \tag{3-10}$$

例 3－4 已知 4 岁正常男童平均体重为 15.6kg，从某幼儿园中随机抽取 20 名 4 岁男童，经测量计算出这 20 名男童平均体重为 16kg，标准差为 1.76kg，则该幼儿园 4 岁男童的体重与

4 岁正常男童平均体重有无显著性差异?

解析　(1) 建立假设。　$H_0: \mu = \mu_0$

$H_1: \mu \neq \mu_0$

(2) 计算统计量值。由题意知,该题总体为体重测量,服从正态分布,但总体方差未知,故用 t 检验。已知 $\overline{X}=16$, $\mu_0=15.6$, $s=1.76$, $n=20$,由式(3-10)得

$$t=\frac{\overline{X}-\mu_0}{s/\sqrt{n-1}}=\frac{16-15.6}{1.76/\sqrt{20-1}}=1$$

(3) 查 t 值表(双侧):当 $\alpha=0.05$, $df=20-1=19$ 时, $s_{n-1}=2.093$(双侧)。

(4) 判断结果:因为 $1<2.093$,所以 $P>0.05$,差异不显著。

故该幼儿园 4 岁男童平均体重与 4 岁正常男童平均体重无显著性差异。

例 3-5　某实验组随机选择了 40 名儿童做提高儿童智力水平实验,实验结束后,对参加实验的儿童进行韦氏儿童智力测验,结果得到这 40 名儿童的智商平均值为 105,标准差为 12。已知韦氏儿童智力测验的平均值为 100,则该实验是否成功?

解析　(1) 建立假设。　$H_0: \mu \leqslant \mu_0$

$H_1: \mu > \mu_0$

实验是否成功是看实验样本均值是否高于一般水平,故用单侧检验。

(2) 计算统计量值。由题意知,总体智力分布情况服从正态分布,但总体方差未知,故用 t 检验。已知 $\overline{X}=105$, $\mu_0=100$, $s=12$, $n=40$,由式(3-10)得

$$t=\frac{\overline{X}-\mu_0}{s/\sqrt{n-1}}=\frac{105-100}{12/\sqrt{40-1}}=2.6$$

(3) 查 t 值表(单侧):当 $\alpha=0.01$, $df=40-1=39$ 时, $t_{0.01}=2.423$(单侧)。

(4) 判断结果:因为 $2.6>2.423$,所以 $P<0.01$,差异极显著。

故实验后的儿童智力水平明显高于同龄儿童一般水平,实验取得了成功。

(三) 总体为非正态分布

如前所述,t 进行平均数差异显著性检验的前提条件之一就是总体应服从正态分布,若总体为非正态分布,因其样本平均数的抽样分布既不服从正态分布,也不服从 t 分布,因而原则上无法检验。但是根据中心极限定理知道,从平均数 μ_0、标准差 σ_0 的总体(无论正态与否)中随机抽样,样本平均数 $\overline{X}$ 的分布将随着样本容量的增大而趋于正态分布。因此对于大样本(一般认为 $n\approx30$),即使其总体为非正态分布,在平均数差异显著性检验中,也可近似地采用 Z 检验方法进行检验。

在总体为非正态分布时,在计算统计量值时也有以下两种情况:

(1) 当总体方差已知时,统计量 Z'(因是近似 Z 检验,故用 Z')可直接用公式 $Z=\dfrac{\overline{X}-\mu_0}{\sigma/\sqrt{n}}$ 求出。

(2) 当总体方差未知时,上式中可用 σ_0 的无偏估计量 s_{n-1} 代替,公式为

$$Z'=\frac{\overline{X}-\mu_0}{s\sqrt{n/(n-1)}/\sqrt{n}} \tag{3-11}$$

注意:这种采用近似 Z 检验的方法只能适用 $n\geqslant30$ 时的情况,当 $n<30$ 时不适用这种方

法，也不能用 t 检验方法，只能采用非参数检验方法进行检验。

例 3-6　某县进行物理竞赛，结果分数的分布不是正态，总平均成绩为 55 分。其中，某重点学校参加竞赛 60 人，其平均成绩为 62 分，标准差为 14 分。该校平均成绩是否明显优于全县一般水平？

解析　(1) 建立假设。

$$H_0: \mu \leqslant \mu_0$$
$$H_1: \mu > \mu_0$$

由题意知，该题要求了解样本平均数是否优于总体平均数，故用单侧检验。

(2) 计算统计量值。由题意知，该总体不呈正态分布，但 $n=60>30$，因此可用近似 Z 检验方法进行检验。已知 $\overline{X}=62$，$\mu_0=55$，$s=14$，$n=60$，由式(3-11)得

$$Z' = \frac{\overline{X}-\mu_0}{s\sqrt{n/(n-1)}/\sqrt{n}} = \frac{62-55}{14\times\sqrt{60/(60-1)}/\sqrt{60}} = 3.85$$

(3) 查表(单侧)：当 $\alpha=0.01$ 时，$t_{0.01}=2.33$。

(4) 判断结果：因为 $3.85>2.33$，所以 $P<0.01$，差异极显著。

故该校物理竞赛的平均成绩明显优于全县一般水平。

四、双总体平均数差异显著性检验

如前所述，双总体平均数差异显著性检验是根据两样本平均数的差异来推断它们各自所代表的总体之间的差异情况。其具体的检验方法和步骤与单总体平均数差异显著性检验相同，都是在建立假设的基础上，依据不同的条件判断所形成的抽样分布，确定相应的检验方法，计算出相应的检验统计量，并依此进行结果判断。其中，计算检验统计量是检验过程中的重点问题。

从单总体平均数差异显著性检验中，可知在计算检验统计量时需涉及三个因素。如公式 $t=\dfrac{\overline{X}-\mu_0}{\mathrm{SE}_{\overline{X}}}$，其中，$\overline{X}$ 为样本平均数，μ_0 为总体平均数，$\mathrm{SE}_{\overline{X}}$ 为样本平均数抽样分布的标准差，即标准误差。双总体平均数差异显著性检验计算检验统计量的原理与单总体平均数差异显著性检验类似，只是把原来的单样本平均数 $\overline{X}$ 换成了两样本平均数之差 $D_{\overline{X}}$，把原来的总平均数换成了样本平均数之差的均数 $\mu_{D_{\overline{X}}}$，把原来的标准误差 $\mathrm{SE}_{\overline{X}}$ 换为两平均数之差的标准误差 $\mathrm{SE}_{D_{\overline{X}}}$。在这三个因素中，最重要的是标准误差。在双总体平均数差异显著性检验中，无论抽样分布为何种形态，都必须了解两平均数之差的抽样分布的标准差，即计算出两平均数之差的标准误差。

设 $\overline{X_1}$ 和 $\overline{X_2}$ 分别为从两个总体中抽取出来的两个随机样本的平均数，$D_{\overline{X}}$ 为两样本平均数之差，μ_1 和 μ_2 分别为两个总体平均数，σ_1^2 和 σ_2^2 为总体的方差，r 为两个样本的相关系数，N 为所抽取的样本个数。

由于平均数之差 $D_{\overline{X}}=\overline{X_1}-\overline{X_2}$，多个样本平均数之差就可表示为 $D_{i\overline{X}}=\overline{X_{1i}}-\overline{X_{2i}}$，则两平均数之差的标准误差为

$$\mathrm{SE}_{D_{\overline{X}}} = \frac{S_{D_{\overline{X}}}}{\sqrt{n}} = \sqrt{\frac{\sigma_1^2+\sigma_2^2-2r\sigma_1\sigma_2}{n}} \tag{3-12}$$

上述公式只是双总体平均数差异显著性检验的标准误差的一般形式，在具体运用中，可以依据不同的条件，采用不同的变式。

双总体平均数差异显著性检验虽然与单总体平均数差异显著性检验相类似,但它需要考虑的条件要复杂得多,它不仅像单总体检验那样考虑总体分布、样本容量和方差已知与否等情况,还要考虑好样本的独立与相关以及方差齐性与否等条件,在不同的条件下,检验手段和所用公式不尽相同,其具体检验过程可以分为以下几种情况。

(一) 两总体分布为正态,两总体方差都已知

由抽样分布的讨论知道,从两个正态总体中抽出的两个样本,当两总体方差已知时,两样本平均数之差也服从正态分布,故可用 Z 检验方法进行检验。但由于涉及两个样本,两个样本的关系对计算标准误差和统计量有很大的影响,因此应分别讨论。

1. 两样本相互独立

当两样本相互独立时,取 $r=0$,则式(3－12)就可以写为

$$\mathrm{SE}_{D_{\overline{X}}}=\sqrt{\frac{\sigma_1^2+\sigma_2^2}{n}} \tag{3-13}$$

若两样本容量不等,式(3－12)还可以写为

$$\mathrm{SE}_{D_{\overline{X}}}=\sqrt{\frac{\sigma_1^2}{n_1^2}+\frac{\sigma_2^2}{n_2^2}} \tag{3-14}$$

则检验统计量公式为

$$Z=\frac{D_{\overline{X}}-\mu_{D_{\overline{X}}}}{\mathrm{SE}_{D_{\overline{X}}}} \tag{3-15}$$

例 3－7　从某科高考成绩中从甲省抽取 80 名考生,计算得其平均成绩为 84 分,从乙省抽取 100 名考生计算其平均成绩为 80 分,已知甲、乙两省该科高考成绩均呈正态分布,甲省标准差为 12.4 分,乙省标准差为 11.2 分。甲、乙两省该科高考成绩是否有显著性差异?

解析　(1) 建立假设。　$H_0:\mu_1=\mu_2$

$H_1:\mu_1\neq\mu_2$

(2) 计算统计量值。由题意知,该题两总体均为正态分布,两总体方差已知,两样本是从甲、乙两省分别独立抽取,故为独立样本,故用 Z 检验方法进行检验。已知 $\sigma_1=12.4$, $\sigma_2=11.2$, $n_1=80$, $\overline{X_1}=84$, $n_2=100$, $\overline{X_2}=80$,由式(3－14)得

$$\mathrm{SE}_{D_{\overline{X}}}=\sqrt{\frac{\sigma_1^2}{n_1^2}+\frac{\sigma_2^2}{n_2^2}}=1.78$$

$$Z=\frac{D_{\overline{X}}-\mu_{D_{\overline{X}}}}{\mathrm{SE}_{D_{\overline{X}}}}=\frac{(\overline{X_1}-\overline{X_2})-(\mu_1-\mu_2)}{\mathrm{SE}_{D_{\overline{X}}}}$$

由于 $H_0:\mu_1=\mu_2$,故

$$Z=\frac{\overline{X_1}-\overline{X_2}}{\mathrm{SE}_{D_{\overline{X}}}}=2.25$$

(3) 查正态分布表:当 $\alpha=0.05$ 时, $Z_{0.05/2}=1.96$;当 $\alpha=0.01$ 时, $Z_{0.01/2}=2.58$。

(4) 判断结果:因为 $1.96<2.25<2.58$,所以 $0.05>P>0.01$,差异显著。

故甲、乙两省该科高考成绩差异显著。

例 3－8　从某市城区随机抽取 30 名 5 岁男童,测其平均体重为 20.15kg,从该市郊区随

机抽取 25 名 5 岁男童，测其平均体重为 18.25kg。已知该市城区 5 岁男童体重的标准差为 1.85kg，郊区 5 岁男童体重的标准差为 1.78kg。能否根据这次抽样推断出该市城郊区 5 岁男童平均体重的差异是否显著？

解析　由题意知，该题需用双侧检验。

(1) 建立假设。

$$H_0: \mu_1 = \mu_2$$

$$H_1: \mu_1 \neq \mu_2$$

(2) 计算统计量值。由题意知，两总体服从正态分布，两总体方差已知，两样本均数之差的抽样分布也服从正态分布，故用 Z 检验。已知 $\sigma_1 = 1.85$，$\sigma_2 = 1.78$，$n_1 = 30$，$\overline{X_1} = 20.15$，$n_2 = 25$，$\overline{X_2} = 18.25$，由式(3-14)得

$$\mathrm{SE}_{D_{\overline{X}}} = \sqrt{\frac{\sigma_1^2}{n_1^2} + \frac{\sigma_2^2}{n_2^2}} = 0.49$$

$$Z = \frac{D_{\overline{X}} - \mu_{D_{\overline{X}}}}{\mathrm{SE}_{D_{\overline{X}}}} = \frac{(\overline{X_1} - \overline{X_2}) - (\mu_1 - \mu_2)}{\mathrm{SE}_{D_{\overline{X}}}}$$

由于 $H_0: \mu_1 = \mu_2$，故

$$Z = \frac{\overline{X_1} - \overline{X_2}}{\mathrm{SE}_{D_{\overline{X}}}} = 3.87$$

(3) 查正态分布表：当 $\alpha = 0.01$ 时，$Z_{0.01} = 2.58$。

(4) 判断结果：因为 $3.87 > 2.58$，所以 $P < 0.01$，差异极显著。

故根据这次抽样，可以推断出该市郊区 5 岁男童平均体重有极显著的差异。

2. 两样本相关

当两样本相关时，可以直接引用公式来计算两样本之差的标准误差，但应注意的是，此时的相关是指两样本之间必须存在一一对应的关系。

$$\mathrm{SE}_{D_{\overline{X}}} = \frac{S_{D_{\overline{X}}}}{\sqrt{n}} = \sqrt{\frac{\sigma_1^2 + \sigma_2^2 - 2r\sigma_1\sigma_2}{n}} \tag{3-16}$$

例 3-9　某实验组选择 20 名儿童做智力发展实验，在实验前和实验后对实验儿童都进行一次韦氏儿童智力测验，在实验前得到平均智商为 102，实验后所得平均智商为 107，已知韦氏儿童智力测验标准差为 15，两次测验相关系数为 0.7。该实验是否取得了成功？

解析　由题意知，该题需要了解一平均数是否高于另一平均数，故用单侧检验。

(1) 建立假设。

$$H_0: \mu_1 = \mu_2$$

$$H_1: \mu_1 < \mu_2$$

(2) 计算统计量值。由题意知，总体为正态分布，总体方差已知，两平均数之差的显著性检验可用 Z 检验。已知 $\sigma_1 = \sigma_2 = 15$，$n_1 = n_2 = 20$，$\overline{X_1} = 102$，$\overline{X_2} = 107$，$r = 0.7$，由于 $H_0: \mu_1 = \mu_2$，故

$$Z = \frac{\overline{X_1} - \overline{X_2}}{\mathrm{SE}_{D_{\overline{X}}}} = -1.92$$

(3) 查正态分布表：当 $\alpha = 0.05$ 时，$Z_{0.05} = 1.645$；当 $\alpha = 0.01$ 时，$Z_{0.01} = 2.33$。

(4) 判断结果：因为 $1.645 < |-1.92| < 2.33$，所以 $0.05 > P > 0.01$，差异显著。

由此，该实验取得了较显著的效果。

例 3-10　某地两年内进行了两次物理竞赛,已知两次竞赛成绩均服从正态分布,两次竞赛的标准差分别为 12 分和 14 分,某校有 10 名学生先后两次都参加了竞赛,根据他们的竞赛成绩计算出他们的平均成绩分别为 72 分和 70 分,这 10 名学生竞赛成绩的相关系数为 0.76。则该地两次竞赛成绩有无显著性差异?

解析　由题意知,该题应用双侧检验。

(1) 建立假设。

$$H_0: \mu_1 = \mu_2$$
$$H_1: \mu_1 \neq \mu_2$$

(2) 计算统计量值。由题意知,两总体服从正态分布,两总体方差已知,故用 Z 检验。已知 $\sigma_1 = 12$, $\sigma_2 = 14$, $n_1 = n_2 = 10$, $\overline{X_1} = 72$, $\overline{X_2} = 70$, $r = 0.76$,由式(3-16)得

$$\mathrm{SE}_{D_{\overline{X}}} = \frac{S_{D_{\overline{X}}}}{\sqrt{n}} = \sqrt{\frac{\sigma_1^2 + \sigma_2^2 - 2r\sigma_1\sigma_2}{n}} = 2.91$$

由于 $H_0: \mu_1 = \mu_2$,故

$$Z = \frac{\overline{X_1} - \overline{X_2}}{\mathrm{SE}_{D_{\overline{X}}}} = 0.69$$

(3) 查正态分布表(双侧):当 $\alpha = 0.05$ 时, $Z_{0.05/2} = 1.96$。

(4) 判断结果:因为 $0.69 < 1.96$,所以 $P > 0.05$,差异不显著。

故该地两次物理竞赛平均成绩差异不显著。

(二) 两总体都是正态分布,两总体方差都未知

根据抽样分布的讨论,当两总体为正态分布,两总体方差均未知,从两总体所抽出的两样本平均数的差数服从 $\mathrm{df} = n - 1$ 的 t 分布,可用 t 检验方法进行检验,但在这种情况下,不同的样本情况和不同的方差情况对计算标准误差和检验统计量值有很大的影响,下面分别进行讨论。

1. 两样本容量不等

如上所述,在讨论相关样本时,是特指样本变量一一对应或匹配的样本,即相关样本的前提之一就是样本容量相等。因此这里只讨论独立样本。

由于两样本不等,标准误差为

$$\mathrm{SE}_{D_{\overline{X}}} = \sqrt{\frac{\sigma_1^2}{n_1^2} + \frac{\sigma_2^2}{n_2^2}} \tag{3-17}$$

在式(3-17)中, σ_1^2 和 σ_2^2 都未知,此时可用方差的无偏估计量替代形成公式:

$$\mathrm{SE}_{D_{\overline{X}}} = \sqrt{\frac{s_{n_1-1}^2}{n_1^2} + \frac{s_{n_2-1}^2}{n_2^2}} \tag{3-18}$$

但是在抽样分布中,以该公式计算出的样本统计量不再服从 t 分布,此时若假设两总体方差相等($\sigma_1^2 = \sigma_2^2 = \sigma_0^2$),则可以把公式写为

$$\mathrm{SE}_{D_{\overline{X}}} = \sqrt{\sigma_0^2\left(\frac{1}{n_1} + \frac{1}{n_2}\right)} \tag{3-19}$$

把 $s_{n_1-1}^2$ 和 $s_{n_2-1}^2$ 加权平均合并为联合方差 S_P^2,因此

$$\mathrm{SE}_{D_{\overline{X}}} = \sqrt{\frac{n_1 s_1^2 + n_2 s_2^2}{n_1 + n_2 - 2} \cdot \frac{n_1 + n_2}{n_1 n_2}} \tag{3-20}$$

由此，当总体方差齐性时，可对来自于两独立正态总体的两个容量不等的样本进行均数差异的显著性检验。其检验公式为

$$t = \frac{D_{\overline{X}} - \mu_{D_{\overline{X}}}}{SE_{D_{\overline{X}}}} \tag{3-21}$$

例 3-11　某校进行一次速度测验，共选择 40 人参加，其中男生 22 人，女生 18 人，经计算，男生测验的平均分为 72 分，标准差为 8 分，女生测验的平均分为 70 分，标准差为 7.6 分。已知该速度测验结果服从正态分布，则男、女生速度测验的平均结果有无显著差异？

解析　该题总体方差未知，且样本容量不等，两总体方差是否相等也未给出，此时首先应对两总体方差是否相等进行检验。

假设该题两总体方差相等。

(1) 建立假设。

$$H_0: \mu_1 = \mu_2$$
$$H_1: \mu_1 \neq \mu_2$$

(2) 计算检验统计量。由题意，进行 t 检验。已知 $\sigma_1 = 12$，$\sigma_2 = 14$，$n_1 = 22$，$n_2 = 18$，$\overline{X_1} = 72$，$\overline{X_2} = 70$，$s_1 = 8$，$s_2 = 7.6$，由式(3-20)得

$$SE_{D_{\overline{X}}} = \sqrt{\frac{n_1 s_1^2 + n_2 s_2^2}{n_1 + n_2 - 2} \cdot \frac{n_1 + n_2}{n_1 n_2}} = 2.55$$

由于 $H_0: \mu_1 = \mu_2$，故

$$t = \frac{\overline{X_1} - \overline{X_2}}{SE_{D_{\overline{X}}}} = 0.78$$

(3) 查 t 值表(双侧)：当 $\alpha = 0.05$ 时，$df = n_1 + n_2 - 2 = 38$ 时，$t_{0.05/2} = 2.021$。

(4) 判断结果：因为 $0.78 < 2.021$，所以 $P > 0.05$。差异不显著。

故在该速度测验中男、女生的平均成绩无显著差异。

2. 两样本容量相等

当两总体服从正态分布，两总体方差未知，两样本容量相等时，无需事先考虑两总体方差是否相等。两样本平均数之差的标准误差写为

$$SE_{D_{\overline{X}}} = \sqrt{\frac{s_{n_1-1}^2 + s_{n_2-1}^2 - 2r s_{n_1-1} s_{n_2-1}}{n}} \tag{3-22}$$

式中，s_{n_1-1} 和 s_{n_2-1} 分别为两样本的标准差；n_1，n_2 为两样本容量，且 $n = n_1 = n_2$；r 为两样本之间的相关系数。由该标准误差计算出的样本统计量服从自由度为 $n-1$ 的 t 分布。

当两样本容量相等时，根据两样本之间的关系，又可分为独立样本和相关样本两种情况。

(1) 独立样本。当样本相互独立时，即 $r=0$ 时，公式可以写为

$$SE_{D_{\overline{X}}} = \sqrt{\frac{s_{n_1-1}^2 + s_{n_2-1}^2}{n}} = \sqrt{\frac{s_1^2 + s_2^2}{n-1}} \tag{3-23}$$

(2) 相关样本。当样本具有相关关系，且变量呈一一对应的关系时，可用 t 检验，检验统计量可用式(3-22)和式(3-23)求出。

例 3-12　某市进行一次物理统考，已知统考成绩服从正态分布，从该市 A 校和 B 校各抽取 20 名学生，经计算两校的物理统考平均成绩分别为 82 分和 77 分，标准差各是 7.2 分和 7.5

分。A、B两校在该次物理统考中的平均成绩差异是否显著?

解析　(1) 建立假设。

$$H_0:\mu_1=\mu_2$$

$$H_1:\mu_1\neq\mu_2$$

(2) 计算统计量值。由于总体为正态总体,方差未知,且样本为容量相等的独立样本,可用 t 检验。已知 $n=n_1=n_2=20$, $\overline{X_1}=82$, $\overline{X_2}=77$, $s_1=7.2$, $s_2=7.5$,由式(3-23)得

$$\mathrm{SE}_{D_{\overline{X}}}=\sqrt{\frac{s_1^2+s_2^2}{n-1}}=2.38$$

由于 $H_0:\mu_1=\mu_2$,故

$$t=\frac{\overline{X_1}-\overline{X_2}}{\mathrm{SE}_{D_{\overline{X}}}}=2.10$$

(3) 查 t 值表(双侧):当 $\alpha=0.05$, $df=20-1=19$ 时, $t_{0.05/2}=2.093$;当 $\alpha=0.01$, $df=20-1=19$ 时, $t_{0.01/2}=2.861$。

(4) 判断结果:因为 $2.093<2.10<2.861$,所以 $0.05>P>0.01$,差异显著。

故该市A、B两校在该次物理统考中的平均成绩差异显著。

(三) 总体为非正态分布

当两总体中有任一总体为非正态分布时,两样本平均数之差的分布既不服从正态分布,也不服从 t 分布,因此在原则上是无法检验的。但是,正如单总体平均数差异显著性检验一样,双总体平均数差异显著性检验同样可以根据中心极限定理推论出,两样本平均数之差的分布在样本容量大于30(或50)的情况下近似地服从正态分布,因此也可以近似地进行 Z 检验。同时根据两样本的关系也可以分为两种情况分别讨论。

1. 独立样本

根据总体方差已知与未知情况,可以有两种计算检验统计量的方法。

当总体方差已知时,可得该检验统计量 Z' 为

$$Z'=\frac{D_{\overline{X}}-\mu_{D_{\overline{X}}}}{\sqrt{\frac{\sigma_1^2}{n_1^2}+\frac{\sigma_2^2}{n_2^2}}} \tag{3-24}$$

当总体方差未知时,可得该检验统计量 Z' 为

$$Z'=\frac{D_{\overline{X}}-\mu_{D_{\overline{X}}}}{\sqrt{\frac{s_1^2}{n_1-1}+\frac{s_2^2}{n_2-1}}} \tag{3-25}$$

例3-13　某地进行一次外语测验,已知测试结果为非正态,从甲、乙两校各抽取50名学生。经计算,甲校学生平均成绩为92分,标准差为11.5分,乙校学生平均成绩为89分,标准差为12分。甲、乙两校在这次外语测试中有无显著差异?

解析　由题意,该题用双侧检验。

(1) 建立假设。

$$H_0:\mu_1=\mu_2$$

$$H_1:\mu_1\neq\mu_2$$

(2) 计算统计量值。由于总体为非正态分布,但两样本容量均大于30,可近似使用 Z 检验。已知 $n_1=50$, $n_2=50$, $\overline{X_1}=92$, $\overline{X_2}=89$, $s_1=11.5$, $s_2=12$,由于 $H_0:\mu_1=\mu_2$,故

$$Z' = \frac{D_{\overline{X}} - \mu_{D_{\overline{X}}}}{\sqrt{\frac{s_1^2}{n_1 - 1} + \frac{s_2^2}{n_2 - 1}}} = 1.27$$

由于 $H_0: \mu_1 = \mu_2$，故

$$t = \frac{\overline{X_1} - \overline{X_2}}{SE_{D_{\overline{X}}}} = 2.10$$

(3) 查 Z 值表(双侧)：当 $\alpha = 0.05$ 时，$Z_{0.05/2} = 1.96$。

(4) 判断结果：因为 $1.27 < 1.96$，所以 $P > 0.05$，差异不显著。

故甲、乙两校在这次外语测试中没有显著差异。

2. 相关样本

根据总体方差已知与未知情况，也有两种计算检验统计量的方法。

当总体方差已知时，可得

$$Z' = \frac{\overline{X_1} - \overline{X_2}}{\sqrt{\frac{\sigma_1^2 + \sigma_2^2 - 2r\sigma_1\sigma_2}{n}}} \tag{3-26}$$

当总体方差未知时，可得

$$Z' = \frac{\overline{X_1} - \overline{X_2}}{\sqrt{\frac{s_1^2 + s_2^2 - 2rs_1s_2}{n - 1}}} \tag{3-27}$$

例 3-14 某校进行一次语文教学方法改革实验，实验前精心匹配为两个组，一为实验组，一为对照组，两组均为 45 人，经过一个学期的实验，学期结束进行了语文测试，经计算，实验组平均分为 80 分，标准差为 9.6 分，对照组平均分为 74 分，标准差为 10 分，两组成绩的相关系数为 0.64。该教学方法改革实验是否取得了成功？

解析 依题意，应进行单侧检验。

(1) 建立假设。

$$H_0: \mu_1 = \mu_2$$
$$H_1: \mu_1 \neq \mu_2$$

(2) 计算统计量值。由于该总体分布未知，但两样本容量均大于 30，可近似使用 Z 检验。已知 $n_1 = 45$，$n_2 = 45$，$\overline{X_1} = 80$，$\overline{X_2} = 74$，$s_1 = 9.6$，$s_2 = 10$，由于 $H_0: \mu_1 = \mu_2$，故

$$Z' = \frac{\overline{X_1} - \overline{X_2}}{\sqrt{\frac{s_1^2 + s_2^2 - 2rs_1s_2}{n - 1}}} = 4.78$$

由于 $H_0: \mu_1 = \mu_2$，故

$$t = \frac{\overline{X_1} - \overline{X_2}}{SE_{D_{\overline{X}}}} = 1.26$$

(3) 查 Z 值表(单侧)：当 $\alpha = 0.01$ 时，$Z_{0.01} = 2.33$。

(4) 判断结果：因为 $4.78 > 2.33$，所以 $P < 0.01$，差异极显著。

故从实验组与对照组平均成绩的差异看，该教学方法改革实验取得了很大成功。

第五节　方差差异显著性检验

方差差异显著性检验的步骤与平均数差异显著性检验类似，也遵循以下四个步骤：①建立假设；②计算检验统计量；③根据不同的抽样分布查相应的理论分布值；④判断结果。只是在方差的差异显著性检验中，形成的分布较平均数差异显著性检验要复杂，在不同的条件下，形成的分布不同，可以根据所形成的不同分布形式进行相应的检验。

一、单总体方差的差异检验

单总体方差的差异检验也称为样本方差与总体方差的差异显著性检验。由对抽样分布的讨论知，从正态分布的总体中随机抽取容量为 n 的样本，其样本方差与总体方差比值的分布为 χ^2 分布，这是 χ^2 分布的一个重要特征，在检验样本方差与总体方差的差异情况时，可用公式 $\chi^2=\frac{ns^2}{\sigma^2}$ 计算出统计量 χ^2 值，然后根据确定的显著性水平 α 和自由度 df$=n-1$ 分别从 χ^2 值表中查理论 χ^2 值 $\chi^2_{\alpha/2}$ 和 $\chi^2_{1-\alpha/2}$，若 $\chi^2>\chi^2_{\alpha/2}$ 或 $\chi^2<\chi^2_{1-\alpha/2}$ 时，则 $P<\alpha$，样本方差与总体方差异显著；若 $\chi^2_{\alpha/2}>\chi^2>\chi^2_{1-\alpha/2}$，则 $P>\alpha$，样本方差与总体方差差异不显著。其具体情况见图 3-13。若 χ^2 值落在图 3-13 阴影区内，则表明小概率事件发生，即样本方差与总体方差差异显著，若落在两阴影区中间，则差异不显著。

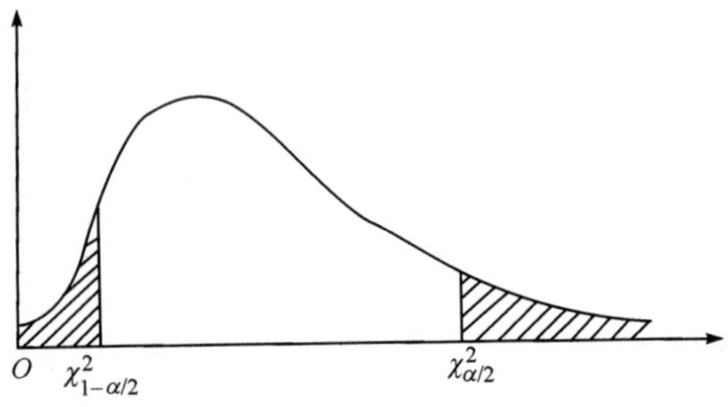

图 3-13　χ^2 分布示意图

例 3-15　已知某省化学高考成绩服从正态分布，标准差为 15 分，从某校抽取 35 名学生，测其化学高考成绩标准差为 13 分。该校化学高考成绩的方差与全省成绩的方差有无显著性差异？

解析　(1) 建立假设。

$$H_0: s^2=\sigma^2$$
$$H_1: s^2\neq\sigma^2$$

(2) 计算统计量值。由题意知，总体服从正态分布，样本方差与全省方差之比服从 χ^2 分布，应采用 χ^2 检验。已知 $n=35, s=13, \sigma=15$，由公式得

$$\chi^2=\frac{ns^2}{\sigma^2}=26.29$$

(3) 查 χ^2 值表(双侧)：当 $\alpha=0.05$，df$=35-1=34$ 时，有

$$\chi^2_{0.05/2}=53\qquad \chi^2_{1-0.05/2}=20.6$$

(4) 判断结果：因为 $20.6<26.29<53$，即 $\chi^2_{\alpha/2}>\chi^2>\chi^2_{1-\alpha/2}$，所以 $P>0.05$，差异不显著。故该校化学高考成绩的方差与全省总体方差无显著性差异。

二、双总体方差的差异显著性检验

两样本方差的差异显著性检验的目的是想了解样本抽自的两个总体的方差的一致情况，或两个总体方差是否相等，因此也称为方差的齐性检验。根据两样本之间的关系，它又分为两种情况。

(一) 独立样本

设有两个总体 X 和 Y，$X \sim N(\mu_1, \sigma_1^2)$，$Y \sim N(\mu_1, \sigma_2^2)$，且 X 和 Y 相互独立。从 X 和 Y 两总体中抽取样本容量分别为 n_1 和 n_2 的两个样本，计算其方差分别为 s_1^2 和 s_2^2，假设 $\sigma_1^2 = \sigma_2^2$，当两样本的总体方差未知，则可用总体方差的无偏估计量 $s_{n_1-1}^2$ 和 $s_{n_2-1}^2$ 代替 σ_1^2 和 σ_2^2。

由抽样分布的讨论知道，从两个正态总体中随机抽取两个独立样本，并以两样本的方差作为总体方差的估计量，这两个估计量的比值记为 F，即

$$F = \frac{s_{n_1-1}^2}{s_{n_2-1}^2} = \frac{\frac{n_1}{n_1-1}s_1^2}{\frac{n_2}{n_2-1}s_2^2} \tag{3-28}$$

F 统计量的抽样分布服从第一自由度为 n_1-1，第二自由度为 n_2-1 的 F 分布。因此在方差的差异显著性检验时，应采用 F 检验。

检验时，先假设 $H_0: \sigma_1^2 = \sigma_2^2$，计算出 F 统计量后，根据显著性，然后根据确定的显著性水平 α 和自由度 $\mathrm{df}_1 = n_1 - 1$，$\mathrm{df}_2 = n_2 - 1$，查出 $F_{\alpha/2}$ 和 $F_{1-\alpha/2}$ 的理论 F 值，若 $F > F_{\alpha/2}$ 或 $F < F_{1-\alpha/2}$ 时，则 $P<\alpha$，样本方差与总体方差差异显著；若 $F_{\alpha/2} > F > F_{1-\alpha/2}$，则 $P>\alpha$，说明两方差差异显著，拒绝 H_0，如图 3-14 所示。

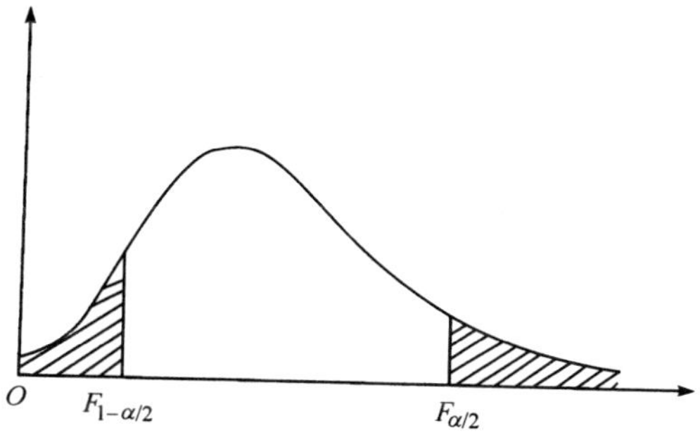

图 3-14　F 分布示意图

若 F 值落在图 3-14 阴影区内，则表明小概率事件发生，即样本方差与总体方差差异显著，若落在两阴影区中间，则差异不显著。

根据对 F 分布的研究可知，F 分布呈正偏态分布，不是左右对称，因而 $F_{\alpha/2}$ 和 $F_{1-\alpha/2}$ 不是数值相等、符号相反的两个数值，但它们也有一重要特点，即 $F_{\alpha/2}$ 和 $F_{1-\alpha/2}$ 互为倒数，因而在查表求得的 $F_{\alpha/2}$ 的值后，$F_{1-\alpha/2}$ 的值就可通过求倒数得出。

为了方便查 F 分布表而不用计算倒数，人们在方差的差异显著性检验时，根据 s_1^2 和 s_2^2 的大小，构造出以下统计量：

$$F = \frac{s_{\text{大}}^2}{s_{\text{小}}^2} \tag{3-29}$$

即两方差中的大者为分子，小者为分母，这样依据公式计算出的 F 值总是大于或等于 1。因而它的否定域总在右侧。注意在查 F 分布表时，df_1 是分子的自由度，df_2 是分母的自由度。

例 3-16　某区幼儿园对幼儿进行健康检查。从中随机抽取 20 名 4 岁幼儿，其中男生 12 名，女生 8 名，经计算得男生体重标准差为 1.75kg，女生体重的标准差为 1.73kg。该区 4 岁男、女幼儿体重的方差差异是否显著？

解析　(1) 建立假设。

$$H_0: \sigma_1^2 = \sigma_2^2$$
$$H_1: \sigma_1^2 \neq \sigma_2^2$$

(2) 计算统计量值。由题意知，该题需采用 F 检验。已知 $n_1=12$，$n_2=8$，$s_1=1.75$，$s_2=1.73$，则

$$s_{n_1-1}^2 = \frac{n_1}{n_1-1}s_1^2 = 3.34 \qquad s_{n_2-1}^2 = \frac{n_2}{n_2-1}s_2^2 = 3.42$$

由 $s_{n_1-1}^2 < s_{n_2-1}^2$ 可得

$$F = \frac{s_{n_2-1}^2}{s_{n_1-1}^2} = 1.02$$

(3) 查 F 值表(双侧):当 $\alpha=0.05$,$df_1=n_1-1=11$,$df_2=n_2-1=7$ 时,$F_{0.05(7,10)}=3.95$,$F_{0.05(7,12)}=3.61$。

由内插法求得

$$F_{0.05(7,11)}=3.78$$

(4) 判断结果:因为 $1.02<3.78$,所以 $P>0.05$,差异不显著。

故该区 4 岁男、女幼儿体重的方差差异不显著。

(二) 相关样本

当两个样本相关时,两样本方差的比值就不再服从 F 分布,不能用 F 检验对方差的差异情况进行检验。但统计量:

$$t = \frac{s_1^2 - s_2^2}{\sqrt{\dfrac{4s_1^2 s_2^2(1-r^2)}{n-2}}} \tag{3-30}$$

服从自由度为 $n-2$ 的 t 分布。因此可以对相关样本方差进行 t 检验。

例 3-17 在某次教学方法改革实验结束后,实验班与对照班(各班均为 40 人)的成绩的标准差分别为 8.4 分和 12.6 分,两班的相关系数为 0.65。两班成绩的方差的差异是否显著?

解析 (1) 建立假设。

$$H_0: \sigma_1^2 = \sigma_2^2$$

$$H_1: \sigma_1^2 \neq \sigma_2^2$$

(2) 计算统计量值。由于样本相关,故用 t 检验。已知 $n=n_1=n_2=40$,$s_1=8.4$,$s_2=12.6$,$r=0.65$,由式(3-30)可得

$$t = \frac{s_1^2 - s_2^2}{\sqrt{\dfrac{4s_1^2 s_2^2(1-r^2)}{n-2}}} = -3.38$$

(3) 查 t 值表(双侧):当 $\alpha=0.01$,$df=n-2=38$ 时,$t_{0.01/2(38)}=2.704$(近似)。

(4) 判断结果:因为 $|-3.38|>2.704$,所以 $P<0.01$,差异极显著。

故两班成绩的方差差异极显著。

第六节 相关系数差异显著性检验

相关系数可由多种方法计算而来,这里主要讨论积差相关系数。在检验时,又分为两种情况,即单总体相关系数差异显著性检验和双总体相关系数差异显著性检验。

一、单总体相关系数差异显著性检验

单总体相关系数差异显著性检验即样本相关系数与总体相关系数的差异检验。由相关系数的抽样分布的讨论可知,样本相关系数的抽样分布非常复杂,总的来说,分为 $\rho=0$ 和 $\rho\neq0$ 两种情况。

(一) 当 $\rho=0$ 时

如前所述，当 $\rho=0$ 时，样本相关系数的抽样分布服从自由度为 $n-2$ 的 t 分布。此时的标准误差为

$$\mathrm{SE}_r=\frac{\sqrt{1-r^2}}{\sqrt{n-2}} \tag{3-31}$$

统计量 t 为

$$t=\frac{r-\rho}{\mathrm{SE}_r} \tag{3-32}$$

在检验时，其检验过程与平均数差异显著性检验相同。

例 3-18　某校对各门学科进行统考，统考后从该校抽取 20 名学生，计算他们的语文成绩与化学成绩的相关系数为 0.34。语文成绩与化学成绩是否真实存在相关？

解析　(1) 建立假设。

$$H_0: \rho=0$$
$$H_1: \rho\neq 0$$

(2) 计算统计量值。已知 $n=20, r=0.34$，由式(3-31)得

$$\mathrm{SE}_r=\frac{\sqrt{1-r^2}}{\sqrt{n-2}}=\frac{\sqrt{1-0.34^2}}{\sqrt{20-2}}=0.22$$

由假设 $H_0: \rho=0$ 和式(3-32)得

$$t=\frac{r-0}{\mathrm{SE}_r}=\frac{0.34}{0.22}=1.55$$

(3) 查 t 值表(双侧)：当 $\alpha=0.05, \mathrm{df}=n-2=18$ 时，$t_{0.05/2}=2.101$。

(4) 判断结果：因为 $1.55<2.101$，所以 $P>0.05$，差异不显著。

故不能就此推断语文成绩与化学成绩真实地存在相关。

根据式(3-32)可以看出，r 统计量可以由样本相关系数和样本容量唯一地确定，据此统计学家制成了相关系数显著性表，该表说明了在不同自由度和显著性水平下，相关系数达到显著程度的最低值。在实际运用中，可以用直接查表的方法来确定样本相关系数 r 是否显著。

同理，斯皮尔曼等级相关系数和肯德尔和谐系数 W 也可用查表的形式直接确定它们的显著情况。

(二) 当 $\rho\neq 0$ 时

由对相关系数的抽样分布的讨论知，当 $\rho\neq 0$ 时，样本相关系数呈不同程度的偏态分布，只有样本容量足够大，即当 $P>0.05$ 时，样本相关系数的抽样分布才渐近正态分布。这一条件在实际运用中难以达到，所以很不实用。为了解决这一困难，用费舍 Z 函数的方法把相关系数转换为 Z_r 值，而 Z_r 值的分布是呈正态分布的，其分布的标准误差公式为

$$\mathrm{SE}_Z=\frac{1}{\sqrt{n-3}} \tag{3-33}$$

这样就可利用 Z 检验方法对样本相关系数与总体相关系数进行检验，其中统计量为

$$Z=\frac{Z_r-Z_\rho}{\mathrm{SE}_Z} \tag{3-34}$$

例 3－19 有人估计,3～6 岁儿童身高与体重的相关系数为 0.80,从某幼儿园随机抽取 3～6 岁儿童 40 名,经测量,计算出他们的身高与体重的相关系数为 0.68。该幼儿园的测查结果能否推翻上述对身高体重关系的估计?

解析 (1) 建立假设。 $H_0:\rho = 0.80$

$H_1:\rho \neq 0.80$

(2) 计算检验统计量。由题意知,样本量为 40,远远低于样本相关系数分布呈正态的条件,只有使用 Z 检验法进行检验。已知 $n = 40, r = 0.68$,由假设知 $H_0:\rho = 0.80$,查 r-Z_r 转换表得

当 $r = 0.68$ 时,$Z_r = 0.829$;

当 $\rho = 0.80$ 时,$Z_\rho = 1.099$。

由式(3－33)和式(3－34)可得

$$SE_Z = \frac{1}{\sqrt{n-3}} = \frac{1}{\sqrt{40-3}} = 0.16$$

$$Z = \frac{Z_r - Z_\rho}{SE_Z} = \frac{0.829 - 1.099}{0.16} = -1.69$$

(3) 查 Z 值表(双侧):当 $\alpha = 0.05$ 时,$Z_{0.05/2} = 1.96$。

(4) 判断结果:因为 $|-1.69| < 1.96$,所以 $P > 0.05$,差异不显著。

故样本相关系数与总体相关系数差异不显著,在该幼儿园的测查结果不能推翻上述对儿童身高体重关系的估计。

二、双总体相关系数差异显著性检验

根据两样本相关系数的来源又可分为两种情况。

(一) 两样本相关系数分别由两组相互独立的被试得到

当 r_1 和 r_2 分别由两组相互独立的被试得到时,对 r_1 和 r_2 进行的差异显著性检验与 $\rho \neq 0$ 时相关系数的差异显著性检验相类似。根据费舍 Z 函数进行转换,由于 Z_r 的分布近似正态,同样 $Z_{r_1} - Z_{r_2}$ 的分布也是正态,其分布的标准误差为

$$SE_{DZ} = \sqrt{\frac{1}{n_1 - 3} + \frac{1}{n_2 - 3}} \tag{3-35}$$

在进行 Z 检验时,统计量 Z 为

$$Z = \frac{(Z_{r_1} - Z_{r_2}) - (Z_{\rho_1} - Z_{\rho_2})}{SE_{DZ}} \tag{3-36}$$

式中,Z_{r_1}、Z_{r_2} 分别为两样本相关系数;Z_{ρ_1}、Z_{ρ_2} 分别为两总体相关系数。

例 3－20 从某市重点中学中抽取学生 30 名,从一般中学中抽取 35 名学生,分别计算得到他们的数学成绩与语文推理测验分数的相关系数为 0.72 和 0.51。能否认为重点中学学生在数学成绩与语文推理能力之间比一般中学学生有更高的相关?

解析 (1) 建立假设。 $H_0:\rho_1 = \rho_2$

$H_1:\rho_1 > \rho_2$

(2) 计算统计量。已知 $n_1 = 30, n_2 = 35, r_1 = 0.72, r_2 = 0.51$,查 r-Z_r 转换表得

当 $r_1 = 0.72$ 时,$Z_{r_1} = 0.908$;

当 $r_2=0.51$ 时，$Z_{r_2}=0.563$。

由假设 $H_0:\rho_1=\rho_2$ 得 $Z_{\rho_1}=Z_{\rho_2}$ 。由式(3-35)得

$$\mathrm{SE}_{DZ}=\sqrt{\frac{1}{n_1-3}+\frac{1}{n_2-3}}=\sqrt{\frac{1}{30-3}+\frac{1}{35-3}}=0.26$$

$$Z=\frac{(Z_{r_1}-Z_{r_2})-(Z_{\rho_1}-Z_{\rho_2})}{\mathrm{SE}_{DZ}}=\frac{0.908-0.563}{0.26}=1.33$$

(3) 查 Z 值表(单侧)：当 $\alpha=0.05$ 时，$Z_{0.05}=1.645$ 。

(4) 判断结果：因为 $1.33<1.645$ ，所以 $P>0.05$ ，差异不显著。

故重点中学学生与一般中学学生在数学成绩与语文推理测验分数的相关性差异不显著。

(二) 两样本相关系数由同一组被试求得

这种情况中的两样本相关系数又可由两种方式求得：一种是由四列变量求得；另一种是由三列变量求得。在相关系数差异显著性检验中，对由四列变量求出的两样本相关系数进行检验极难解释，且意义不大，这里只讨论由三列变量求得的相关系数的检验。

设 r_{12}、r_{13}、r_{23} 是由三列变量计算出的相关系数，对 r_{12} 和 r_{13} 进行差异显著性检验时，若样本相关系数的抽样分布服从自由度为 $n-3$ 的 t 分布，其统计量 t 为

$$t=\frac{(r_{12}-r_{13})\sqrt{(n-3)(1-r_{23})}}{\sqrt{2(1-r_{12}^2-r_{13}^2-r_{23}^2+2r_{12}r_{13}r_{23})}} \tag{3-37}$$

并据此进行 t 检验。

例 3-21　某市统考结束后，随机抽取 80 名学生，分别计算出他们的数学成绩与物理成绩的相关系数为 0.75，数学成绩与化学成绩的相关系数为 0.54，物理成绩与化学成绩的相关系数为 0.6。数学与物理的相关和数学与化学的相关的差异是否显著？

解析　(1) 建立假设。

$$H_0:\rho_{12}=\rho_{13}$$
$$H_1:\rho_{12}\neq\rho_{13}$$

(2) 计算统计量值。已知 $r_{12}=0.75$，$r_{13}=0.54$，$r_{23}=0.6$，$n=80$ ，由式(3-37)得

$$\begin{aligned}t&=\frac{(r_{12}-r_{13})\sqrt{(n-3)(1-r_{23})}}{\sqrt{2(1-r_{12}^2-r_{13}^2-r_{23}^2+2r_{12}r_{13}r_{23})}}\\&=\frac{(0.75-0.54)\times\sqrt{(80-3)\times(1-0.6)}}{\sqrt{2\times(1-0.75^2-0.54^2-0.6^2+2\times0.75\times0.54\times0.6)}}\\&=1.59\end{aligned}$$

(3) 查 t 值表(双侧)：当 $\alpha=0.05$，$df=80-3=77$ 时，$t_{0.05/2}=1.99$ (近似)。

(4) 判断结果：因为 $1.59<1.99$ ，所以 $P>0.05$ ，差异不显著。

故数学与物理的相关与数学与化学的相关的差异不显著。

练习与思考题

1. 什么是教育统计？教育统计在教育科研中有哪些作用？
2. 学习教育统计学有什么重要意义？

3. 怎样理解总体、样本与个体?

4. 制作累积次数分布直方图需要哪些步骤?

参考文献

扈涛. 2000. 教育统计学. 开封:河南大学出版社.

李广洲. 1998. 化学教育统计与测量导论. 南京:南京师范大学出版社.

王景英. 2001. 教育统计学. 北京:高等教育出版社.

王晓柳. 2001. 教育统计学. 苏州:苏州大学出版社.

杨晓明. 2004. SPSS在教育统计中的应用. 北京:高等教育出版社.

袁运开. 1990. 教育统计、测量与评价. 北京:中国科学技术出版社.

张志英. 2002. 教育统计学. 北京:中国财政经济出版社.

第四章　化学教学试卷的设计

第一节　教育目标的分类

一、布卢姆的教育目标分类理论

美国教育心理学家布卢姆及其同事自1948年开始致力于教育目标的分类研究，经过长期探讨，于1956年公布了认知领域的目标分类体系。布卢姆以外显行为作为教育目标分类的基点，以行为复杂程度作为分类依据，把认知领域的学习水平由低到高分为六类：知识、领会、应用、分析、综合、评价。其能力因素的参与逐步递增和深化，后一类包含着前面各类的能力因素，六层之间具有连续性，每一高层次的目标都是所有低层次的行为和目标的延伸和发展。同时这种分类方式还具有超越性的特点，即它不受教学内容的影响，不同学科、不同年级均可使用。

在总体分类基础上，布卢姆又把六个层次做了进一步的细分，对每一类及其亚类都给出了简明的定义。

布卢姆在其编著的《教育目标分类学》中指出："我们设计的这种分类学是一种对学生行为的分类，而这些行为代表了教学过程所要达到的结果。"结合学习结果的行为表现，对他的学习水平的分类标准做以下理解。

(1) 知识：主要指对学过的知识的再认(如确认、配对、指出名称、选择等)和再现(如默写、背诵、描述)。

(2) 领会：指能抓住事物的实质。主要表现是：能对知识做出解释，即用自己的话说明含义；能对抽象的概念、方法、规律举出实例；能做到对表达形式的正确转换，如在文字叙述、表达式、图示、操作之间的翻译或互换；进行变式判别，即在条件、结论非标准情况下做出正确辨别；能把尚未表达出来的内容表述完整，进行直接推断；进行改写和缩写。

(3) 应用：指对所学知识在新情境下的运用。这种情境是由一定的背景材料构成问题，而且没有说明问题解决的模式，学生无法单纯通过记忆模仿完成，当然这些背景材料是由学生的已有知识(包括教科书中学到的和在日常生活中所了解的)提供的。这样，在一定的问题情境中，能正确地使用知识，进行操作和运算，解决问题；能对错误之处进行修改；能把各种知识联系起来，用于处理问题。

(4) 分析：指能将某种知识进行分解，找出组成的要素，并了解各部分之间的关系及构造方式和组成法则。因此，这一层次要求学生正确进行剖析、分割、图解并列出纲目，分清要点；能把握各部分之间的内在联系；能在剖析的基础上做出正确的推断。

(5) 综合：指将原有的知识中的各个组成部分和新知识的重新组合，构成一种原先不太清楚的模式或结构，把它改组成一个新的、更清晰的整体，因此，这种组合是包含了明显的创造性的行为，当然这种创造是在特定的问题、资料范围内进行的，是在一定理论框架和方法论框架范围内进行的综合。这一层次要求学生能按自己的想法对知识找出联系、重新构造、进行创造性的整理；对条件不完整的问题能创设条件，构成完整的问题；设计解决实际问题的方案、计划或操作程序；能通过对现象或事实的研究，进行分类或组织，发现内在规律，同时，能从抽象的符号、命题或诸如此类的东西入手，做出合理的推论。

(6) 评价:指为了某种目的,对观念、作品、答案、方法和资料等的价值做出判断。它涉及对知识、领会、运用、分析和综合等所有其他行为的某种组合,同时又涉及包括价值在内的准则。评价的依据有两种:一种是内在标准,主要检验精确性,如判断前后一致性、逻辑上的精确性,以及判断有无内在毛病。但是,仅仅依据内在标准判断某一事物还很不够,还很难确定其真实价值。另一种是依据外部标准或准则进行评价,主要包括一定的目的和目标,一般的技术、规则,或者是利用同类事物或作品中的某一种作为参照标准进行比较,做出估价和评断,从而评价为实现某种目的所采用的手段方法的有效性、经济性和实用性。

总的来说,布卢姆的工作是开创性的,他的教育目标分类学是历史上第一部系统的教育目标分类学,对教育目标分类理论的建立和发展具有十分重要的意义。

二、化学教育目标分类

许多化学教育工作者曾经对中学化学教育目标的学习水平分类提出过以下见解:

(1) 泛读、识记、理解、应用、综合。

(2) 识记、理解、应用、分析综合、探究。

(3) 初中:了解、理解、掌握。

(4) 高中:识记、理解、应用、分析、综合、评价。

(5) 识记、简单应用、综合应用、创造应用。

(6) 识记、理解、简单应用、综合应用。

(7) 知道、领会或学会、应用和掌握、综合运用、创新。

(8) 识记、理解、简单应用、综合应用、创见。

(9) 对"理解、掌握、熟练掌握"做出行为界定。

上述各种分类方法实际上并无本质的差别,都可以看做与布卢姆的认知领域教育目标分类学理论一脉相承。

在对化学教育目标进行学习水平分类时,必须处理好概括化和具体化的矛盾。分类层次太少,会使目标过于概括、粗略、笼统,也就失去了目标分类的意义;但分类层次太多,又会使目标分得太细、琐碎,给目标的制订及其测量带来较大的困难,也会脱离当前教学的一般水平和条件。

根据对各种教育目标分类学理论的理解和对我国中学化学教学实际的认识,提出中学化学教育目标的学习水平分类,如表 4－1 所示。

表 4－1　中学化学教育目标的学习水平分类说明

1. 知道　阅读教材或其他资料,对知识形成大致印象
(1) 查找　找出知识在教材或资料中的位置
(2) 概述　说出学习材料的大意
2. 记忆　记住学习材料的基本内容,注重知识"是什么"
(1) 辨别　辨别事实材料、概念、化学用语、实验现象及有关数据的正误
(2) 回忆　记住概念的完整定义,准确描述化学事实,正确书写化学用语
3. 理解　记住学习材料的要点,明确所学知识和其他知识的联系,了解知识的来龙去脉,不仅知其然,并且知其所以然
(1) 转换　当知识"改头换面"后,能抓住其实质;或把握同一类知识的不同方面及其内在的一致性
(2) 解释　说明事物的原因,回答"为什么"
4. 简单应用　掌握知识的应用范围和适用条件,能够举一反三,学会运用某一种知识解决一些简单的化学问题
(1) 直接应用　模仿知识的应用方法。在判明问题情境适合于知识的应用条件后,直接代入有关规则解决问题

续表

（2）间接应用　问题情境并不直接适合于知识的应用条件，而需要经过简单的分析、推理，对原有的知识、情境进行适当转换，然后解决问题
5. 综合应用　掌握知识之间的区别和内在联系，使知识系统化。在此基础上，综合运用多种知识，解决一些较为复杂的化学问题
（1）归纳　根据问题的要求，对所学知识进行分析、比较、归纳，使之系统化
（2）推理　根据自己的观点，综合所学知识得出新的认识，然后以新认识为依据解决问题

通过教学研究实践我们体会到，目前各种学习水平之间的界限尚未达到泾渭分明的程度，相邻的两个学习水平之间有一定程度的交叉、覆盖，或者说，界限比较模糊。要使这些界限更为清晰，还有待于深入研究。对学习水平的亚层次的探索，则是这类研究的一个方向。将五种层次的学习水平又进一步细分为十个亚层次，是对化学教育目标具体化的一种尝试。学习水平的更细致、具体的划分，是与学习心理过程的深入研究交织在一起的。学习行为被描述得越具体，学习水平的划分就可能越细致。随着学习心理研究的深入，学习水平层次还可以进一步细分，如图 4－1 所示。

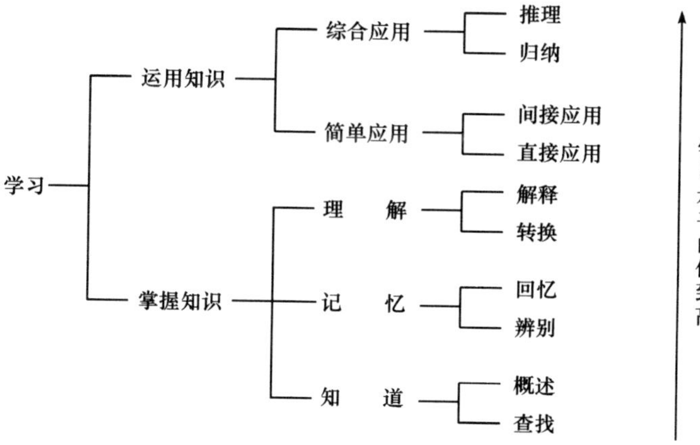

图 4－1　学习的层次与学习水平分类的关系

化学教育目标的学习水平分类与布卢姆认知领域教育目标分类之间，各个水平层次的对应比较如表 4－2 所示。

表 4－2　化学教育目标分类与布卢姆教育目标分类的对应比较

化学教育目标分类	布卢姆教育目标分类	
知道	知识	学习水平由低到高（↓）
记忆		
理解	理解	
简单应用	应用	
	分析	
综合应用	综合	
	评价	

第二节　命题计划的设计

一、命题计划的意义与作用

对命题者而言,命题计划可看做一份工程蓝图,是编制试题时的指导和依据。如果命题计划制订得准确、合理,则只要命题者严格按照命题计划编制试题,就可以保证试题的质量。

在化学教学实际中常可以看到这样的现象:命题者在编制试题前有着不同程度的心中无数,命题过程中难免有一定程度的主观随意性;有的命题者在试题使用之后还不能较清楚地回答试题的测试目的和编制依据等命题的基本问题。这就很难保证试题质量。我们知道,"任何测验都只能是与课堂上所涉及的内容有关的学生行为的样本"。实际上,我们不可能测验在课堂教学中涉及的全部内容,而只能根据测验的具体目的去选择那些最重要、最有代表性的教学内容来进行测试。试题是由"项目"需要学生逐个回答的各种类型的问题构成的。

命题的主要过程实际上是选择或编制合适的项目并将它们合理组合的过程。要保证试题有良好的效度,关键是要能够保证选择或编制出的项目所涉及的测试内容确实很重要,真正能够代表那些欲测量的教学内容。这就必须在选编试题之前,精心设计命题计划。

一份好的命题计划有以下两个最基本的作用:

(1) 保证试题是所要测量的教学内容的代表性样本,且能够反映出各个部分内容之间的相对重要性,以便试题取样适当,提高测量的效度。

(2) 规划代表不同的知识内容和学习水平的各类测试项目的比例分配,在保证试题效度的同时,保证试题的难度合理。

二、设计命题计划所要解决的主要问题

(一) 测验的主要目的

化学教学中常用的测验,按其测验目的可以分为预测测验、诊断性测验、形成性测验和总结性测验四类。预测测验(或预备测验、安置测验)是为了对学生进行合理的分班、分组、安排教学内容和进度,在讲授新知识之前,先对学生应具有的有关学习基础进行测验;诊断性测验是为了发现学生在学习中存在的问题,以便对症下药,改进教学;形成性测验的目的在于了解学生在教学过程中知识、能力、思想品德等方面的形成情况,及时掌握反馈信息,以便辅导学生学习,弥补教学中的不足,改进教学工作;总结性测验是在某一门学科或某一学习阶段结束后,为了对学生的学习成果进行总结、鉴定所进行的测验,通常是在学期或学年末进行。测验的目的不同,选编项目的侧重点也应相异。

(二) 确定试题的题量

试题的题量或测试内容的多少与给定的测试时间有关。测试时间一般是在命题之前根据测验目的确定的。形成性的单元测验可用 15min 左右,总结性的学期或学年考试多为 90～120min。测试时间要和测验目的一致,同时又要考虑到教学效率,时间过长,会占用过多的教学时间而影响教学任务的完成;时间过短,势必会限制试题的题量而影响测试目的的达到。

在测试时间确定之后,试题题量的确定依据是:学生回答试题所需要的平均时间和给定的测试时间一致。这里的平均时间是指:测试者所希望的一定比例的学生完成试题所需要的时

间。我们认为，对形成性测验，要让 90%以上的学生完成试题。

为了避免损失过多的教学反馈信息和影响学生的学习积极性，对总结性测验，应使 80%以上的学生完成试题，这样尽管对部分学生而言，题量过大，但对总体学生而言，可以使试题有足够的题量，保证试题对测试内容有必要的覆盖面，同时提高考试的效率。

在估计学生的答题时间时，需要考虑以下三个基本因素。

1. 学生的实际水平

学习水平较高的学生，知识掌握得好，解题能力强，因而答题速度快，需要的答题时间就短；反之，学习水平较低的学生需要的答题时间则较长。

2. 试题本身的难度

这里的难度是指答题的思考难度。难度较高的项目所占的比重越大，所需要的答题时间就越长，如回答属于"应用"水平的项目所需要的时间显然要比"记忆"水平的项目更长。但项目的难度要受到学生练习效应的影响，如学生通过练习已经了解了项目的解法或记住了项目的答案，就可能把命题者按"应用"水平设计的项目难度降低到"记忆"水平的项目难度了。因此，在估计项目难度时，要注意练习效应的影响，如尽量增大试题的样本数或尽可能多地采用新样本。

3. 阅读试题和书写答案所需时间

这是指除解题思考所用时间以外，用于阅读试题和书写答案所需要的时间。如果项目以较长的文字叙述或以图表等形式表述时，就需要较长的阅读时间，需要数学计算的项目要比仅涉及单纯文字的项目答题时间要长一些，回答论文式项目显然要比回答选择题需要的时间更长。

（三）确定各类项目的比例

试题是由项目构成的，项目质量决定着试题的质量。就一个具体的测试项目而言，它实质上是命题者给学生提供的一种运用化学知识解决化学问题的特殊情境。因而，它既涉及一定的化学知识内容，又包含着运用知识解决问题的水平。

对形成性测验而言，要以单元教学目标为依据，先要保证每个教学目标都有一个测验项目与之相对应，在此前提下，再考虑那些在教学过程中发现的、需要通过测验进一步了解和确认的问题，如估计学生在某些教学目标上的到达程度可能不够理想，或估计学生在学习过程中可能会出现的错误等，以便在试题中有意识地增加有关项目的比例。

对总结性测验而言，由于测试的范围更广泛一些，因此确定各类项目的比例显得更为复杂一些。代表不同知识内容的项目比例，可依据该知识内容所需要的教学时间在测试范围内所有知识内容所需要的总的教学时间中的比例来确定。也就是说，达到某个教学目标所用的教学时间越多，代表该目标的测试项目所占的比例也应越大。由于教学目标是分单元、按章节制订的，因此可以把某章节相对应的教学时数与测试涉及所有章节教学的总时数之比，作为代表该章节教学目标的项目应占的比例。以教学内容所需教学时间的比例作为确定代表该教学内容的测试项目在试题中应占的比例的依据，比较客观、合理，可以有效地保证测试内容取样的代表性。

测试项目的难度与项目涉及的知识的学习水平有关。一般而言，学习水平越高，运用知识解决问题的难度也越大。因而可以根据项目代表知识的学习水平来估计项目的难度。在形成性的单元测验中，各种学习水平的项目比例已经由项目代表的教学目标确定，不需要另行设计，对总结性测验而言，涉及的教学内容较多，需要对测试目标进行抽样，这就需要考虑不同难度水平的项目比例问题了。由于总结性测验要求具备对学生的学业成就进行鉴定并区别优劣的功能，因而在项目分配上，既要涉及一般水平的学习能力，还要有一定比例的、涉及较高学习水平的项目。我们建议，如果教学目标按照“知道、记忆、理解、简单应用、综合应用”五种学习水平分类，其中“知道”水平的教学目标一般不作为测量目标，代表其他四种学习水平的项目可按表 4 - 3 分配比例。

表 4 - 3　总结性测验不同学习水平（难度）项目比例分配参考数值

学习水平	难度（通过率）/%	比例分配/%
记忆	＞85	15
理解	50～85	35
简单应用	15～50	35
综合应用	＜15	15

注：1）难度比例按能够基本正确地回答该类项目的学生数占参加测试的学生总数的百分比计算。

2）比例分配按该类项目的总分值占试题满分值的百分比计算。

这里，我们已经将项目所对应的学习水平作为估计其难度的依据了。尽管这种估计可能不是十分准确，但要比仅仅凭主观经验估计更好一些。可以通过测试后的统计分析，对原来的估计不断进行调整，以至于逐步达到在下一次测试时对项目难度估计到比较准确的程度。

三、命题计划的构成与使用

在明确代表不同知识和不同学习水平的各类项目的比例之后，就可以构成命题计划，并将其以命题蓝图的形式表达出来。表 4 - 4 就是这种蓝图的示例。

表 4 - 4　高一化学第一学期期末考试命题蓝图（示例）

水平 比例/% 章次	记忆	理解	简单应用	综合应用	合计
第一章	5	10	10	5	30
第二章	3	12	15	5	35
第三章	8	12	10	5	35
合计	16	34	35	15	100

表 4 - 4 中的每个数字代表其所在章（横向对应）和应有的学习水平（纵向对应）的某一类项目的比例（按项目的分值计算）。从表 4 - 4 中可以看出：第一章的知识内容在试题中出现的比例是 30%（第 1 行、第 5 列所对应的数值）；“记忆”水平的项目在试题中的比例是 16%（第 4 行、第 1 列所对应的数值）；而第一章知识内容中涉及“记忆”水平的项目比例是 5%（第 1 行、第 1 列所对应的数值）。

有了命题蓝图，就可以有目的、有计划地选择或编制项目。在选择或编制项目时，先确定项目所代表的知识内容，再估计项目的学习水平或难度，然后与命题蓝图逐项对应。这样，项目取样能够有较好的代表性，从而可以保证试题的效度。

设计命题蓝图的技术要点如下：

命题原则 1　明确测验的目的，使试题的内容和形式符合测验的目的和要求，能够测出所要测量的知识和能力。

命题原则 2　试题内容的取样要有代表性，即要对测量目标有充分的覆盖面，且各个部分内容的比例要适当。

第三节　不同类型项目的编制

一、项目的类型

项目类型又称为题型。不同类型的项目有不同的性质特点，在测验中的作用也不一样。因此，命题者必须对不同类型项目的性质特点及其基本的编制要求有比较明确的认识。

化学教学测验中常见的几种题型分类如图 4－2 所示。

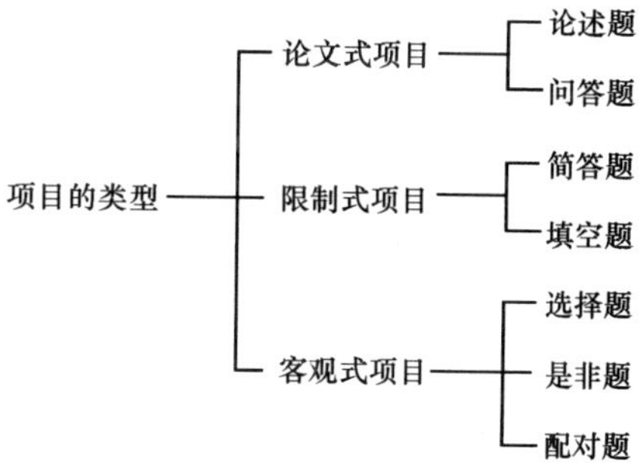

图 4－2　化学教学测验中常见的几种题型分类

这种分类的标准是给出答案的形式。论文式项目的答案完全是由答题者给出的，命题者几乎不做限制，因而答案是最不确定的，几乎没有标准答案，而只能有答案要点，评分时受评分者主观因素的影响较大，所以又被称为主观性项目；客观式项目的答案范围完全由命题者确定，答题者只能在给定的范围内选择答案，因而正确答案是确定的，不同的评分者可以得到完全相同的评分结果，评分比较客观；限制式项目答案的确定性介于论文式项目和客观式项目之间，其答案的确定程度取决于项目的具体编制方法，如填空题，其答案可以是一个单词和符号，也可以是好几个单词或句子。但限制式项目的答案不能像论文式项目那样，基本上由答题者个人所确定，而要在一定程度上受命题者或项目本身的制约。

不同类型的项目有不同的性质特点。桑代克等总结了各类题型应用范围，如表 4－5 所示。从表 4－5 可以清楚地看出，客观式项目的优点明显多于论文式项目和限制式项目。客观式项目答题方式最简便，便于在短时间内测量较多的教学目标，取样较广泛，评分客观，可用机器代替人工阅卷，但构成试题所需要的项目较多，因而命题所需要的时间、精力较多，由于客观式项目提供了确定的被选答案，学生只能在其中做出选择，因此它难以测量学生的综合、创新能力，也提供了猜测答案的机会。客观式项目的缺点所在正是论文式项目的优越之处。但论文式项目的缺陷也是明显的，客观式项目正是在对论文式项目所存缺陷的认识基础上发展起来的。一般认为，客观式项目和论文式项目各有短长，限制式项目的优、缺点也介于两者之间。因此，过分地推崇或排斥某一类型项目的做法都是不可取的。在教学测量中，要灵活地选用各种不同类型的项目，使之符合测量目的。

表 4－5　各种测验类型优缺点一览表

测量要表	论文式	限制式	客观式
1. 能测量解决新问题的能力	++	+	++
2. 能测量组织、综合能力	++	+	－－
3. 能测量独到见解或对问题的创新能力	++	+	－－
4. 能把在某个题材范围内所具有的特殊才能与一般的写作、拼写和语言应用能力区分开来	－－	－	++
5. 具有诊断的潜在价值目标	－－	－	++
6. 能够对教学目标进行抽样检查	－－	－	++
7. 能够对教学内容进行抽样检查	－－	－	++
8. 没有猜测答案的机会	++	++	－－
9. 不同的评分人能评出相同的分数	－－	－	++
10. 能准确地区分考生的能力水平	－－	－	++
11. 能由未经训练的人员或机器评分	－－	－	++
12. 能够迅速评分	－－	－	++
13. 命题所需时间不多	+	+	－

在化学教学测量中，上述各类项目都被使用。其中最有代表性，也是最为常用的项目有三类：选择题、填空题、简答题。

选择题是最典型的客观式项目。它除了具有便于广泛取样、评分客观等优点外，通过对学生项目反应情况的统计分析，可以得到较多的教学反馈信息。这类项目已被越来越普遍地使用着。是非题可看做二选一的选择题；配对题也可以很方便地改造或分解成为选择题。从测量要求看，填空题和简答题还是必要的。简答题可以代替论文式项目满足化学教育测量的大部分测量要求，其不足部分可以采用考试之外的其他形式，如让学生做化学小论文等做补充。对于那些要求学生准确地回忆化学事实、化学用语等测量目标，填空题有着其他题型不能替代的测量功能。

二、选择题、填空题及简答题的编制技巧

命题原则 3　题意要清楚，文字要简明。

无论何种类型的项目，其答案都要有可靠的依据。答案应当是确定的，但并不排斥有一个以上的正确答案，特别是对填空题和简答题更是如此。不过，在正确答案不止一个时，必须对答案的可能范围有清楚的了解。这样，一是为了保证评分的客观性；二是为了保证测验的教学作用，不至于因为答案有问题而对学生产生不良影响。

命题原则 4　应有不至于引起争论的正确答案或对答案范围有清楚的认识和把握。

(一) 选择题

1. 题干中要包含尽可能多的项目内容，备选答案要尽可能简短

例 4－1　欠佳题

二氧化碳是(　　)。

A. 一种不易溶于水、比空气重的气体　　B. 一种无色无味的易溶于水的气体

C. 一种能溶于水、比空气重的气体　　D. 一种黄绿色有刺激性气味的气体

修改后的题：

二氧化碳气体(　　)。

A. 不易溶于水，比空气重　　B. 无色无味，易溶于水

C. 能溶于水，比空气重　　D. 黄绿色，有刺激性气味

2. 要尽可能避免否定式陈述

当题干使用否定式陈述时，要求学生在各个备选答案中选择其中的内容错误的答案，才能获得项目的正确答案。这样往往会使学生答题困难，而困难原因和测量目标之间并不存在紧密联系，即使学生答案正确，并不能因此而断定学生真正掌握了正确内容，无法给教师提供学生掌握正面知识的信息。不过，有时为了让学生发现自己的错误，如过分地肯定一切或否定一切、忽视某些例外情况等，可以用否定式结构，以引起学生的注意。

3. 尽可能增大备选答案的迷惑性，降低猜中正确答案的概率

要使备选答案属于同一类性质，如备选答案的长度相似；叙述上不采用特殊的修饰词；剔除那些有明显错误的答案；避免在题干中使用与正确答案中相类似的词等。

多使用一些似是而非的迷惑答案。那些似乎合理的答案往往来自于教师从学生的作业、课堂回答问题和平时的观察了解等方面得到的有关学生学习过程中常见错误的信息。因此，平时要注意积累有关信息。

避免使用“以上皆是”或“以上皆不是”作为备选答案。学生只需要发现有一个错误选项，即可排除“以上皆是”这一备选答案，从而增大了猜中答案的机会，使用“以上皆不是”作为备选答案，相当于采用了否定式的陈述，仅能测量学生识别某些错误的能力，但识别错误不能代表掌握了知识。

增大备选答案的数目，如将备选答案从4个增加到5个。

(二) 填空题

1. 空出来的应是那些关键性的词

填空题的空白要求学生用测验范围内某个重要事实或重要的词来填写，避免那些次要、枝节的内容。

例 4-2　欠佳题

每__________物质都含有阿伏伽德罗常数个微粒。

修改后的题：

每摩尔物质都含有__________个微粒。

2. 空白不宜过多，也不宜出现在句首，以便学生理解题意

例 4-3　欠佳题

__________元素包括F，Cl，Br，I。它们的__________都有7个电子。

修改后的题：

卤族元素包括__________；它们的最外电子层上都各有__________个电子。

3. 要避免一空多答;当答案是数量时,要规定数量单位和数字的精确度

例 4-4　欠佳题

将铝片和铜片浸入硫酸铜溶液中组成原电池,则该电池的正极是__________,负极是__________。

该题可以有多种答案,如正极可填:铜片,发生还原反应的极,析出铜的一极等。

修改后的题:

将铝片和铜片浸入硫酸铜溶液中组成原电池,则在该电池中铜片是________极,铝片是__________极。

例 4-5　欠佳题

能够和 0.5L 1mol/L 盐酸完全反应的氢氧化钠的量为__________。

修改后的题:

能够和 0.5L 1mol/L 盐酸完全反应的氢氧化钠的量为______ g(或 mol)。

4. 避免可能的暗示

例如,空格的长短可能会提示答案字数的多少,因此,要使空格的长度相等。

5. 避免那些只需要机械记忆就能回答的项目

除少数需要考查学生对重要的概念、定义准确记忆的项目以外,要避免照搬教材上的原句。

(三) 简答题

1. 主要用以测量较高学习水平的目标

由于简答题不便于广泛取样、评分时主观因素影响较大等缺点,一般尽可能不用这种题型;但有些测量目标用选择、填空难以实施测量,如需要考查学生对化学实验过程的掌握,或需要了解学生进行化学计算的过程和步骤时,就可以利用简答题这种难以为选择题或填空题替代的特殊功能。一般简答题只用于那些涉及较高学习水平的目标,如"简单应用"以上水平的目标。

例 4-6　欠佳题

什么是氧化剂?什么是还原剂?

这样的项目只能考查学生对概念的记忆,不需要用简答题型。

修改后的题:

试从电子得失的观点说明什么是氧化剂,什么是还原剂。

或:物质中某元素__________电子被________,该物质就是氧化剂。

2. 要对答案的范围有明确、具体的限制

这样可以保证在一定时间内让学生完成项目,并使答案有一定的可比性。

例 4-7　欠佳题

怎样制取硝酸?写出制备过程并说明反应条件。

由于硝酸的制备可以有多种途径,因此该项目有多种不同答案;即使要考查学生对知识的

分析、综合能力，也需要对答案范围有所限制。

修改后的题：

怎样从氨氧化制硝酸？写出制备过程并说明反应条件。

3. 计算题

计算题以测量学生是否掌握计算原理和方法为主要目标，数学运算不宜过难、过繁，当不需要了解计算过程时，计算题可用选择题型代替简答题型。

例 4-8 简答题型的计算题

0.1 mol/L 氢氧化钠溶液 100mL 和 0.5mol/L 盐酸 50mL 混合，混合溶液中氢氧化钠的物质的量浓度为____ mol/L；氯化钠溶液的物质的量浓度为____ mol/L。

例 4-9 选择题型的计算题

0.1 mol/L 氢氧化钠溶液 100mL 和 0.5mol/L 盐酸 50mL 相混合，混合溶液中氢氧化钠的物质的量浓度为____ mol/L；氯化钠溶液的物质的量浓度为____ mol/L。

A. 0.025　B. 0.05　C. 0.0125　D. 0.01　E. 0.0166

4. 要提供可能出现的各种答案和相应的评分要求

简答题的评分标准要细至各种可能的答题步骤，每一步骤都有相应的给分点，对各种答案也要有相应的处理办法，以保证评分的客观性。

5. 要避免让学生在给定的项目中任意选择作答

如果让学生在给定的项目中任意选择作答，会使学生成绩失去可比性，也增大了学生押题或猜中答案的可能性，导致更多的测量误差。

第四节 不同学习水平项目的编制

一、记忆水平的项目

记忆水平项目涉及的目标一般是要求学生能够记住所学知识，并不要求学生对知识的理解。测量时主要看学生能否回忆或再认出有关知识。

例 4-10 填空：地壳中含量最高的元素是__________，其次是__________。

填空题是编制记忆水平项目最常用的题型。学生一般只有能够准确回忆出所测量的知识内容时才能给出这类项目的正确答案。记忆水平的项目有时也可用选择题来设计。

例 4-11 选择：高锰酸钾的化学式是(　　)。

A. $KClO_3$　B. KI　C. $KMnO_4$　D. K_2MnO_4

回答这一类项目时，学生不需要准确回忆而只要能够辨别或再认出有关知识即可给出正确答案。因此，这类项目的测量目标属于低于“记忆”的“辨认”水平。当采用选择题测量记忆水平的目标时，学生往往会从题中的备选答案中得到正确答案的提示。选择题在测量记忆水平目标时的这种暗示效应很难避免，因而一般不采用选择题测量记忆水平的目标。

记忆水平的项目常用于对重要的化学用语(化学式、化学方程式等)，某些代表性元素及其化合物的重要物理性质、用途、有关化学事实等知识的测量。

二、理解水平的项目

理解水平的项目测量学生是否了解有关知识的由来及其主要特征。这类项目给出的问题情境与目标学习时的情境基本相同,只是在某些非本质方面有所变化,要求学生能够识别那些经过改头换面的知识,抓住其本质特征;或是在抓住知识的本质特征的基础上,解释有关事物或现象,说明其原因,回答"为什么"之类的问题。

例 4-12 选择:下列关于 2mol/L 氢氧化钠溶液的叙述中不正确的是(　　)。

A. 1L 溶液中含有 2mol 氢氧化钠溶液

B. 把 2mol 氢氧化钠溶于 1L 水中所形成的溶液

C. 把 2mol 氢氧化钠溶于水,使其体积成为 1L 而得到的溶液

D. 把 80g 氢氧化钠溶于水,使其体积成为 1L 而得到的溶液

E. 溶有 40g 氢氧化钠的 1L 溶液,将其一半体积的水蒸发去之后所得到的溶液

该项目的测量目标是对"物质的量"概念的理解。

三、简单应用水平的项目

简单应用水平的项目测量学生能否将所学知识应用于新的问题情境之中,能否把握一些重要的化学概念、定律、原理和公式等知识的适用范围和条件。在回答这一类项目时,要求学生能够判断问题情境和有关知识之间的适用程度,然后直接运用所学知识解决问题;或是能够对原有知识或问题情境做适当转换,使之相互适应,进而解决问题。

简单应用水平的项目所给出的问题情境一般不同于目标学习时的情境,但所涉及的知识点是单个的,不需要学生综合知识或抓住知识之间的相互联系,因而解决问题时所需要的分析、转换、推理等过程相对比较简单。

例 4-13 填空:要配制 0.5mol/L 的硫酸溶液 200mL,需要 1mol/L 的硫酸____ mL。

该项目要求学生在理解物质的量浓度概念的基础上,运用"配制前后溶质的量不变"这一原理解决问题。

例 4-14 选择:下列各种微粒中,只能作还原剂的是(　　)。

A. Cl_2　　B. S　　C. S_2　　D. H^+　　E. O_2

该项目要求学生根据单质或化合物中元素的化合价,判断其得失电子的可能性。

例 4-15 选择:制备下列气体时,不能用浓硫酸的是(　　)。

A. HCl　　B. HF　　C. H_2S　　D. SO_2　　E. CO_2

该项目要求学生运用浓硫酸的氧化性和给出的五种气体被氧化的可能性等知识解决问题。

简单应用水平的项目常用于测量一些代表性元素或化合物的化学性质等重要化学事实、重要的化学概念及理论等方面的知识。

四、综合应用水平的项目

综合应用水平的项目测量学生能否根据解决问题的需要,通过分析、推理、概括、综合,抓住知识之间的相互联系,重新组织材料,找到解决问题的途径。综合应用水平的项目所给出的问题情境一般都是全新的,解决问题所涉及的知识点多为两个或两个以上。

例 4-16 有四瓶失去标签的无色溶液,分别是氯化钠、硝酸钠、碳酸钠和溴化钠。请用实验方法进行鉴定,写出实验步骤、现象和有关的化学方程式。

该项目要求学生综合应用四种化合物的特性知识，并比较它们之间的区别和联系。由于综合应用水平的项目涉及多个知识点，如果对项目进行“双向”分析，应当如何确定其所属的知识点呢？可以从以下两个方面考虑：①根据项目中主要的、在解决问题过程中起决定作用的知识点决定；②根据知识学习的顺序，由最新学习的知识点确定。

第五节 项目编排与试题的确定

一、编排项目合成试题

编排项目之前，先要对项目进行再次选择。根据命题计划的要求，所有测量目标都应有编制好的项目与之相对应。为了保证试题的质量，避免项目之间的相互影响，每个测量目标最好有两三个项目与其对应，以便在合成试题时对项目做进一步挑选。

在合成试题时，需要遵循以下两个原则。

命题原则 5 各个项目必须彼此独立，不能相互影响，每个项目都不能为其他项目提供暗示或正确答案的线索。

由于编制项目时无法考虑到项目之间的相关，有时某一项目的表述内容有可能成为解答另一项目所需要的信息，如一个项目要求学生回忆的分子式或化学方程式，正好出现在另一项目的表述文字中，或是某一实验题给出的实验内容，正是另一道计算题所需要的计算原理等，这是合成试题时首先要注意避免的。对选择题，要注意使代表正确答案的符号(数字或字母)的出现顺序呈随机状态。有的教师为了评分方便，让正确答案以某种固定的顺序或规律出现，如“A，B，C，D；A，B，C，D；…”，或是让正确答案总是出现在某一固定序号上，如第三或第四个备选答案经常为正确答案等。这类答案排列的模式容易被部分学生猜出，不仅会降低考试结果的客观性和可靠性，还可能对学生产生不良影响。

命题原则 6 试题中项目编排要便于学生作答。

为了保证试题的效度，试题的编排形式不应成为影响学生答题的因素。因而，试题中项目的编排方式要尽可能便于学生作答。为符合这一原则，可从以下三方面入手：

(1) 把类型相同的项目编排在一起。不同类型的项目要求学生的答题方式也不相同。把类型相同的项目编排在一起，不仅可以只用一套指导语来说明许多同类项目的答题方式，更重要的是还可以减少因变换答题方式而对学生答题造成干扰。

(2) 在同一题型的一组项目中，把内容相近的项目编排在一起。这样做的意义在于增强试题总体的紧凑感，便于学生集中思想，提高答题效率，也便于教师集中了解学生对某一知识块的学习状况。

(3) 将项目按照从易到难的顺序编排。当试题覆盖面较大、项目较多、项目在难度上有一定梯度，且测验时间较紧时，项目从易到难编排，对于鼓励学生积极回答问题，特别是鼓励低年级学生或是那些知识基础和学习能力较差的学生持续努力答题而不至于中途放弃答题，有着比较好的心理效应。另外，把难度较大的项目排在最后，有利于保证测验的效度。这是因为，项目难度大，学生答对的可能性小，即使由于时间紧迫来不及作答，对测验结果也不会有多大的影响。

二、项目权重(分数)的确定

项目合成试题之后，需要确定每个项目的权重或分数。一般是先估计每个项目的平均权重(用规定的试题满分除以项目总数),再对照命题计划,并根据各类项目的特点适当加以调整。同类项目的权重应相同。填空题可按照项目中所含有的空格总数确定填空题的总权重,每个空的分数相同;选择题可先确定每个项目的权重,再根据项目总数求出选择题的总权重;简答题可以根据每个项目中所包括的得分点确定项目权重,每个得分点的分数相同。为了便于评分和记分,尽可能使每个项目的分数都是整数,必要时,可以通过项目总数的增减来达到这一目的。

在一般教学测试题的编制过程中,有一种比较常见的观点是:根据项目的重要性程度来确定项目权重,即项目越重要,其所占的分数也应越多。这一观点有值得商榷之处。因为显然存在的问题是:项目的重要性又依据什么来确定呢?我们很难从主观上判断项目所对应的测量目标中哪些是重要的而哪些是不重要的。根据项目所涉及的知识内容、项目难度以及完成项目所需要的时间来确定项目的分值,都很难避免主观因素的影响。因此,我们认为,根据项目的类型特点和项目总数确定项目的分值可能更客观一些。使同类项目的权重基本相同,如果认为需要增大或减小某一类测试目标的比重,可以通过增大或减小相应项目的数目来调节,而不必人为地增大或减小某些项目的权重,以避免命题过程中主观因素的影响。

三、完成试题双向细目表

根据命题计划编制项目、再由项目合成试题之后,还需要将命题计划和试题联系起来,以便检验命题计划的执行情况,同时,说明试题中每个项目的意义,即项目和测量目标之间的一一对应。这就需要完成试题双向细目表。

下面以表 4-6 为例说明双向细目表的结构及其所表示的意义。

表 4-6 高一化学第一学期“期末考试题”双向细目表(示例)

	记忆	理解	简单应用	综合应用	合计
第一章	一、1、(3) 一、2、(3) 二、6、(2)	二、7、(2) 二、8、(2) 二、9、(2) 二、10、(2)	二、11、(2) 二、12、(2) 二、13、(2) 三、34、(6)		28%
第二章	二、14、(2)	二、15、(2) 二、16、(2) 二、17、(2) 三、28、(2)	二、18、(2) 二、19、(2) 二、20、(2) 三、29、(6)	三、30、(6)	32%
第三章	一、3、(2) 一、4、(2) 一、5、(4)	二、21、(2) 二、22、(2) 二、23、(2) 二、24、(2) 三、31、(6)	二、25、(2) 二、26、(2) 二、27、(2) 三、32、(6)	三、33、(6)	40%
合计	18%	34%	36%	12%	100%

(一) 双向细目表的结构

表 4-6 在形式上与命题计划类似,但方格中所表示的是每个项目的题号及其分值。例如,“一、1、(3)”表示第一大题的第一小题,其分值是 3 分。

(二) 双向细目表所表示的意义

(1) 说明试题的构成。该试题共由三种类型、34 个项目所组成。第一种类型的项目(可能是填空题)共 5 个(一、1～5);第二种类型的项目(可能是选择题)共 22 个(二、6～27);第三种类型的项目(可能是简答题)共 7 个(三、28～34)。

(2) 说明每个项目的测量目标(或对应的教学目标)及其权重(或分值)。例如,项目(一、1),它所对应的是第一章教材中属于记忆水平的教学目标。只要对照单元教学目标,即可了解该项目测量目标的具体内容。该项目的权重为 3%(全卷满分如果是 100 分,则该项目的满分就是 3 分)。

(3) 说明在试题中各章知识内容以及属于各类学习水平的项目所占的比重。例如,从表 4-6中纵行的"合计"栏中可看到,第一章的知识内容在试题中的比重为 28%;从横列的"合计"栏中可看到,属于"简单应用"水平的项目在试题中的比重为 36%。

(4) 说明试题中各个知识块(章)内所涉及的属于不同学习水平的教学目标的比例。例如,将第一行、第一列的方格中所有项目的分值相加,其值为 8,即表示第一章属于记忆水平的测量目标在试题中所占的比重为 8%。这就可以便于我们对照命题计划,考查试题的实际构成是否符合命题计划的要求。

双向细目表是评价试题质量的重要依据,也是指导学生对测试结果进行自我评价时不可缺少的工具,因而应有下列命题原则:

命题原则 7　试题必须配有双向细目表。

四、试题"等值复本"编制

对于形成性的单元测验,通常需要有两套符合同一份双向细目表、测试目标完全一致而测试项目又不相同的试题;对于总结性的学期或学年考试,往往也需要两套等值的试题,俗称"A,B 卷",以防在施测过程中出现不测。这就需要编制试题的"等值复本"。在实际命题过程中,一般是精心编制第一套试题作为"源本",然后依据"源本"对项目进行逐个"复制"。现将两种常用的复制方法举例介绍如下。

(一) 改变提出问题的方向复制项目

例 4-17　源题:下列微粒中第一电离能最大的是(　　)。

A. Na　　B. Mg　　C. Al　　D. K　　E. Si

复制题:下列微粒中第一电离能最小的是(　　)。

A. Na　　B. Mg　　C. AI　　D. K　　E. Si

(二) 向同一内容的另一分支提出问题来复制项目

例 4-18　源题:在反应 $A_2(g)+3B_2(g)\rightleftharpoons 2AB_3(g)+Q$ 达到平衡时,下列各曲线中符合勒夏特列原理的是(　　)。

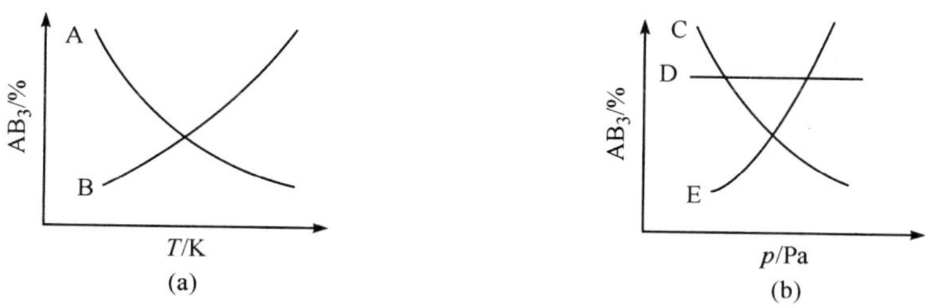

复制题:在反应 $A_2(g)+3B_2(g) \rightleftharpoons 2AB_3(g)+Q$ 达到平衡时,下列各曲线中符合勒夏特列原理的是(　　)。

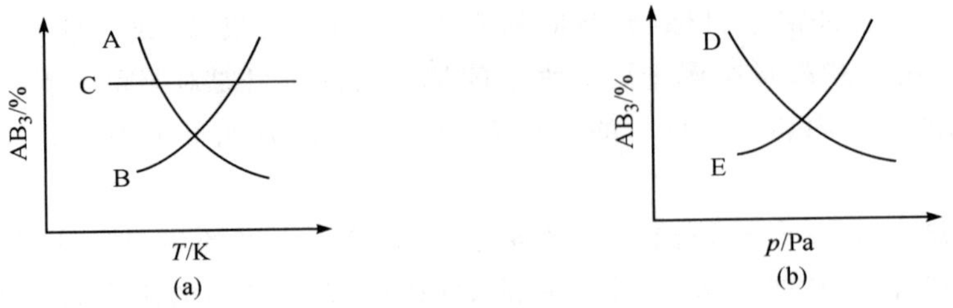

五、预试和试题的最后确定

试题编制完成之后,在正式使用之前,需要经过预试。因为命题者对测试所需时间的估计、对正确答案的看法及答案范围的估计、对评分标准的规定等有可能不够准确、合理。经过预试,就可以提前发现类似的问题,从而对试题做最后的修正,以免将命题者对试题的主观估计方面的错误带到正式考试之中,造成无法弥补的损失。特别是对那些规模较大的、参加学生较多的考试,预试应是命题过程中不可缺少的步骤之一。

预试的对象最好是与测量对象相同或相近但又不属于测量对象的样本,如为本校学生编制的试题,可以将同类其他学校、相同年级且教学进度基本相同的教学班的学生作为预试的对象;在某些对试题质量要求不高的情况下,为方便起见,也可以请同行教师或命题者本人作为预试对象。如果预试结果与命题者事先的估计不一致,就需要认真分析其原因,然后根据分析结论对试题做必要的修订。在化学教学测量中,经常会在对某些实验现象的描述或对某些元素化合物的制备过程等方面出现争议或问题,如对实验现象描述得不够准确,或制备过程和方法不尽合理等,有时甚至在高考试题中也出现类似问题。对此,命题者在编制试题和对预试结果的分析过程中要予以充分注意。

由于预试具有保证试题质量的重要作用,应有下列命题原则:

命题原则 8　试题在正式使用之前要经过预试和预试后的修订。

练习与思考题

1. 试述编制命题的基本步骤。
2. 编制命题的基本原则有哪些?
3. 试编制一份中学化学试题。

参 考 文 献

布卢姆 B S,等 . 1986. 教育目标分类学(第一分册):认知领域 . 罗黎辉,等译 . 上海:华东师范大学出版社 .

刘知新 . 1996. 化学教育测量和评价 . 南宁:广西教育出版社 .

张达人 . 2000. 综合测试——全面考核学生素质能力的新模式 . 公安大学学报,(1):108.

张鸿,张春玉 . 2001. 加强考试管理,提高考试质量 . 基础医学教育,(3):300-301.

第五章　调查问卷的设计

问卷调查法最早由英国人高尔顿(Galdon)创立,他在搜集数据时感到访问调查既耗时又不经济,于是把所要调查的问题印在纸上发送出去,不料取得重大成效,以后这种方法得到广泛应用。现在,采用问卷进行调查已经成为国际通行的一种调查方式。英国社会学家莫泽通过研究发现“十项社会调查中就有九项是采用问卷进行”,而美国社会学家巴比也认为“问卷是社会调查的支柱”。由此可见,问卷调查在社会调查中具有非常广泛的应用,在教育研究中也具有非常广泛的应用,是目前教育研究中应用最广泛的资料收集方法。

由于问卷方式通常是靠被调查者通过问卷间接地向调查者提供资料,因此,作为调查者与被调查者之间中介物的调查问卷,其设计是否科学合理,将直接影响问卷的回收率,影响资料的真实性、实用性。

第一节　调查问卷的概念与特点

一、调查问卷的概念与适用范围

(一) 调查问卷的概念

调查问卷是社会调查中用来收集资料的一种工具,是用来测量人们的行为、态度和社会特征的问题表格。问卷调查法是以书面提出问题的方式收集资料的一种研究方法,这种方法主要用统一设计的调查问卷,要求研究对象进行填答,从而获得被调查者对某一现象或问题的看法和意见。

而问卷设计是指根据研究目标、研究假设及相应的信息要求,将所需的调查问题具体化,以便获取必要的信息资料和统计分析的过程。

(二) 调查问卷的适用范围

调查问卷是通过设计一组问题,收集静态、行为、态度等信息,尤其适用于学习动机、学习需要、满意态度、价值观等方面的研究;以此来研究人的思想态度内涵,直接探索人的心理世界。在尽可能减少误差、扭曲的前提下,通过与被调查者的沟通,搜集以下资料。

(1) 描述:可提供个人或团体的特征描述,有助于解释或预测某些现象,如性别、年龄、教龄、学历结构、职称等。

(2) 测量:使用量表测量个人特征变量,尤其是态度或能力的测量。

二、调查问卷的特点

(一) 调查问卷的优点

1. 运用范围广

问卷调查可以研究的内容几乎不受限制,无论是内隐的思想、态度、观点和看法或外显的行为、举止均可使用问卷法。

2. 问卷调查是一种高效调查手段

问卷调查可以在较大范围内进行,如全国、一个省或一个地区,且在较短时间内就可获得大量调查对象的材料,其费用通常也较其他方法低,因此可以说问卷调查是效率高、费用低的研究方法。

3. 问卷调查结果具有较高的代表性

问卷调查的对象通常是经过科学抽样方法选取的,且其样本量往往也大于其他研究方法。因此,只要问卷设计科学,其结果能较好地代表总体,有较强的说服力。

4. 标准化程度较高

就整个问卷法的研究过程来讲,问卷的设计、问题的选择、问卷法的实施以及问卷结果的处理分析等都严格按照一定的原则和要求进行,因此标准化程度比较高。

(二) 调查问卷的缺点

(1) 如果问题的设置含糊不清,便不能得到确实的回答。

(2) 所选样本若不能代表总体的意见,其结果将不可靠,亦即在进行问卷调查时要特别注意样本的代表性。而由于问卷的回收率往往较低,因此即使样本的抽样比较科学,也会因回收率低而导致样本的代表性难于保证。

(3) 问题太多会令填答者生厌,故而置之不理,若问题太少,往往又无法达到研究的目的,如何设置恰当数量的问题具有一定的难度。

(4) 问题设计得不理想时,会散漫零乱,不易整理,且难以应用统计方法分析和对结果进行科学解释。

(5) 当填答者不合作、言不由衷时,所得结果会不可靠。

(6) 有些事情非常复杂,不能用问卷的简单问答表明。

(7) 使用问卷进行调查,往往只能得到一些表面的回答而难以获得深层次的原因和机理。

第二节 调查问卷的类型与结构

一、调查问卷的类型

按照不同的分类方法,调查问卷可以分成不同的类型。

(一) 根据调查中使用问卷的方法进行划分

根据教育调查中使用问卷方法的不同,可将调查问卷分成自填式问卷和访问式问卷两大类。

1. 自填式问卷

自填式问卷是指由调查者发给(或邮寄给)被调查者,由被调查者自己填写的问卷。

2. 访问式问卷

访问式问卷是指由调查者按照事先设计好的问卷或问卷提纲向被调查者提问,然后根据被调查者的回答进行填写的问卷。

(二)根据问卷发放方式进行分类

根据问卷发放方式的不同,可将调查问卷分为留置式问卷、邮寄式问卷、报刊式问卷、面访式问卷、电话访问式问卷和网上访问式问卷等。

1. 留置式问卷

留置式问卷指的是由调查者将调查问卷发送给选定的被调查者,待被调查者填写完毕之后收回。

2. 邮寄式问卷

邮寄式问卷指的是通过邮局将事先设计好的问卷邮寄给选定的被调查者,并要求被调查者按照规定的要求填写后回寄给调查者。邮寄式问卷的匿名性较好,缺点是这一类型的问卷往往回收率较低。

3. 报刊式问卷

报刊式问卷指的是随报刊的传递发送问卷,并要求报刊读者对问题如实作答并回寄给报刊编辑部,报刊式问卷具有稳定的传递渠道,匿名性较好,费用较低,缺点是回收率不高,而且样本会缺失非报刊订阅者人群。

4. 面访式问卷

面访式问卷指的是由调查者按事先设计好的调查提纲或调查问卷对被调查者提问,然后调查者根据被调查者的口头回答填写问卷。这一类型的问卷回收率较高,也便于借助深入访谈获得一些深层次的回答,但不便涉及敏感性问题。

5. 电话访问式问卷

电话访问式问卷指的是通过电话中介来对被调查者进行访问调查的问卷类型。这种问卷要求简单明了,但会受到诸如通话时间、双方听觉功能的限制、记忆的规律等若干因素的影响。电话访问式问卷一般应用于问题相对简单明确,但需及时得到调查结果的调查项目,或者应用于不方便进行其他方式进行调查时(如非典期间)。

6. 网上访问式问卷

网上访问式问卷是在网络上制作,并通过网络来进行调查的问卷类型。这种问卷不受时间、空间限制,便于获得大量信息,特别是对于一些敏感性的问题,相对而言更容易获得满意的答案。缺点是这种类型的问卷方式对网络和网络使用者有较强依赖。

(三) 根据问卷中的问题所要实现的目的进行划分

根据问卷中的问题所要实现的目的的不同,可以将问卷划分为主体问卷和过滤问卷。

1. 过滤问卷

过滤问卷(甄别问卷)的所有题目都是围绕筛选合适的被访者设计的,也就是说这一问卷类型的设计是为了遴选合适的被访者。

2. 主体问卷

主体问卷是围绕调查的目的展开的,调查的所有内容、结果主要通过主体问卷来实现。

(四) 根据调查人员的出题方式进行划分

按照调查人员出题方式的不同可将问卷划分为结构型问卷、无结构型问卷和半结构型问卷。

1. 结构型问卷

结构型问卷是指问卷不仅包括一定数目的问题,而且问卷的设计是有结构的,即要按一定的提问方式和顺序进行安排,在这些问题中,除少数题目没有提供给被访者备选答案外,其他大多数题目已将答案罗列出来,在调查过程中调查员要绝对遵从指导提问,不能随意变动问题和字句。

结构型问卷的主要优点是:具有标准化、能得到较为精确的量化结果、简单易行、心理干扰小、回答真实、样本大、能解决多因素复杂问题等。其缺点主要是:①提问比较麻烦,需要调查者做大量的预备工作;②由于列出了答案,因此它很容易使一个不知道如何回答或没有看法的回答者猜着回答,甚至随便乱答;③难以了解被调查对象选择答案的理由与动机。

2. 无结构型问卷

无结构型问卷中所提到的问题没有在组织结构中加以严格的设计与安排,只是围绕研究目的来提一些问题,这些问题通常都没有备选答案。在调查过程中,调查人员可以根据需要来增加或减少一些问题。

无结构型问卷的长处是提问较为容易,被试的回答也较为真实,往往可得到意想不到的材料。其缺点是一般只能做定性分析,难以做精确的定量分析。往往用于探索性或准备性的研究。

3. 半结构型问卷

半结构型问卷是结构型问卷和无结构型问卷相结合的一种问卷。

二、调查问卷的基本结构

一份完整的调查问卷通常由标题、封面信、指导语、被调查者个人信息、问题和答案、编码及其他资料等部分组成。

（一）标题

标题写在问卷之首。问卷的标题概括说明调查研究主题，是对调查主题的高度概括，可以使被调查者对要回答什么方面的问题有一个大致的了解。确定标题应简明扼要，易于引起回答者的兴趣。例如，“西北地区高中新课程改革实施情况问卷调查（教师卷）”，这样的标题简明扼要地指明了调查的范围是西北地区，调查的对象是高中教师，调查的内容是高中新课程的实施情况。确定标题还要注意对被调查者的影响。例如，“学业不良儿童学习方式调查问卷”，标题中的“学业不良”会对被调查者产生消极影响。

（二）封面信

封面信即一封致被调查者的短信，其作用在于消除被调查者的顾虑，向被调查者介绍和说明调查者的身份、调查目的和意义等内容，有时也称为调查问卷的前言部分。这一部分内容一般应包括：①调查的主办单位或个人的身份；②调查的内容和范围；③调查的目的；④调查对象的选取方法和对调查结果保密的措施；⑤填答问卷的方法、要求，回收问卷的方式、时间；⑥表示感谢。

一般而言，封面信的篇幅不宜过长，以两三百字为宜。应该尽量使用概括的语言，明确地说明实际内容。同时，语言表达要亲切、中肯。在信的结尾应真诚地向被调查者表示感谢。研究者能否让被调查者接受调查，并使他们认真如实地填写问卷，在很大程度上取决于封面信的质量。

例如，“西北地区普通高中化学新课程改革实施情况调查问卷（教师卷）”的封面信：

尊敬的老师：

您好！我们想了解您在新课程实施过程中存在的困难、积累的宝贵经验以及个人的建议、看法等有关的具体情况，以便为调整、补充新课程改革方案提供依据。这是无记名问卷，结果仅供研究用，答案没有对错之分，请您按照要求如实填写。感谢您的合作！

（三）指导语

指导语是用来指导被调查者如何正确填答问卷，指导调查员如何正确完成问卷调查工作的一组陈述。按照指导语出现的位置，可以分为卷首指导语和卷中指导语两种。卷首指导语是问卷开始时的说明部分，一般处于封面信之后、正式调查问题之前，内容主要是对填表的要求、方法、注意事项等做一个总的说明。卷中指导语一般出现在调查问卷的主体部分，一般是针对某些较特殊的问题所做出的特定指示。总之，问卷中每一个有可能使回答者不清楚的地方，都要给予一定的指导和说明。

卷首指导语举例：

（1）请在每一个问题后适合自己情况的答案号码上打√，或者在__处填上适当的内容。

（2）请不要漏答题目。

（3）若无特殊说明，每个小题只选择一个最佳选项。

（4）填写问卷时，请独立完成。

（5）如有不清楚的地方，请举手示意，在场教师会及时帮助。

卷中指导语举例：

您认为新课改后，中学化学教师的压力（　　）。

A. 比之前大　　B. 比之前小　　C. 没什么变化　　（若选 A 继续 3.2）

(四) 被调查者个人信息

让被调查者填写自己的基本情况，在设计问卷时，被调查者个人信息往往是作为自变量而被使用的。在教育研究中常以下列一些个人信息作为自变量。

X_A＝个人基本因素(年龄、性别、工作所在地、职业、岗位或职务、教龄等)

X_B＝教育条件因素(教育程度、任教年级、学科背景等)

X_C＝家庭环境因素(家庭人口总数及构成、父母职业、父母受教育程度、家庭经济收入等)

在设计问卷时，填写个人背景信息的目的是为了对问卷结果进行分类统计、分析，以了解不同类别的被调查者回答的异同。因此，以上这些因素不一定全部出现，而是应根据研究的需要选择使用。

例如，“西北地区普通高中化学新课程改革实施情况调查问卷(教师卷)”中的被调查者个人背景信息：

性别______年龄______教龄________最高学历________职称________

现在所教科目________学校名称__________学校类型______(城市中学、农村中学)

个人基本信息涉及被调查者的个人基本问题，是基本的自变量，也是开展研究的基础，只有了解这些最基本的事实问题，研究工作才可能进行，分析问题才能有说服力。但是需要注意的是，尽管这部分内容是事实问题，每个人都很容易填，但是有些人对这类问题存有戒备心理，特别是涉及一些人的弱项或隐私，如年龄问题、经济收入问题。因此在填写之前的说明语中应当明确告诉被调查者是匿名填写，同时让被调查者了解本问卷对研究的意义。也有一些研究者认为，可以把这部分问题放到最后，以便减少拒答的人数。

(五) 问题和答案

问题和答案是问卷的主体，是问卷的中心部分。问题分为特征问题、事实问题和态度问题三类。特征问题用以测量被调查者的基本情况，即被调查者的个人信息。

1. 事实问题

事实问题包括客观存在的事实和某些实际行为(不论过去还是现在)，或实际行为的制度化一类问题。

(1) 存在性事实问题。用于调查如“是否有”或“有多少”这类事实。例如：

您使用过概念图进行化学概念教学吗？(　　)

A. 有　　　B. 没有

(2) 行为性事实问题。用于调查(过去或现在)发生的行为，包括发生行为的时间、地点和行为方式等。例如：

对教材中的化学实验教学内容，您一般采取什么样的教学方式？(　　)

A. 直接演示　　　B. 边讲边演示

C. 讲完让同学演示　　　D. 不演示直接看视频

2. 态度问题

态度问题用以测量被调查者对某一事物的看法、认识、意愿等主观因素，态度问题是揭示某现象产生的直接原因和历史原因的关键一环。

态度问题包括两个层面：一种是有关意见方面的，如意见、信仰、情感、动机之类；另一种是有关价值或人格方面的，如道德观念、进取性格之类。意见与态度有时很难分辨，一般而言，“意见”比较属于表面的、暂时的看法，“态度”比较属于深层而持久性的认知。上述两类问题，无论哪一类，基本上均可以单独分析观察结果，除非有必要，才将它们的分数标准化后，经过项目分析，再加起来进行总分计算。

另一类“态度问题”是所谓的态度量表。这种问卷尽管也是一题一题地问，但不是将每一题进行单独计算，而是把整个总分或分组分数与其他变量求相关或者进行因素分析。

态度量表要测量两个维度：一是态度的方向性，即同意或不同意、喜欢或不喜欢、满意或不满意；二是态度的强度，按照强度的等级来进行衡量，一般采用 3～7 级水平，但采用更多的则是李克特(Likert)五点等级量表。

(1) 表示经常性的五点等级：总是、经常、有时、偶尔、从不。例如：

为了创设探究课堂教学情境，激发学生学习兴趣，您安排补充实验的情况是(　　)。

A. 总是　　B. 经常　　C. 有时　　D. 偶尔　　E. 从未

(2) 表示满意程度的五点等级：非常满意、比较满意、一般、不太满意、非常不满意。例如：

您对学校的实验室设施和药品完善的满意程度是(　　)。

A. 非常满意　　B. 比较满意　　C. 一般　　D. 不太满意　　E. 非常不满意

(3) 表示喜爱程度的五点等级：非常喜欢、比较喜欢、一般、不太喜欢、非常不喜欢。例如：

您对化学课(　　)。

A. 非常喜欢　　B. 比较喜欢　　C. 一般　　D. 不太喜欢　　E. 非常不喜欢

(4) 表示同意程度的五点等级：完全赞同、比较赞同、一般、不太赞同、完全不赞同。例如：

您对新课程倡导的培养全体学生的科学素养理念(　　)。

A. 完全赞同　　B. 比较赞同　　C. 一般　　D. 不太赞同　　E. 完全不赞同

(六) 编码

在较大规模的统计调查中，研究者常采用以封闭式问题为主的问卷。为了将被调查者的回答转换成数字，以便输入计算机进行处理和定量分析，往往需要对回答结果进行编码。编者按码就是赋予每一个问题及其答案一个数字作为它的代码。编码工作既可在问卷设计时就设计好，也可等调查完成后再进行。前者称为预编码，后者称为后编码。在实际调查中，研究者大多采用预编码，因此预编码也就成了问卷中的一个部分。编码一般放在问卷每一页的最右边，有时还可用一条纵线将它与问题和答案部分分开。

第三节　问卷设计的原则与步骤

对一些研究者而言，尤其是刚开始从事教育科学研究的研究者，通常并不是很清楚地知道自己要研究什么、想通过调查获取怎样的资料，因此在进行问卷设计的时候往往试图包罗万象。事实上，如果在进行问卷设计之前对自己到底要研究什么、研究的目的和研究的基本框架不是很清楚的话，很难想象能够通过问卷调查获取到自己真正想要的信息。因此，了解问卷设计遵循的基本原则和步骤，对研究者更好地进行问卷设计是有指导意义的。

一、问卷的设计原则

虽然迄今为止还没有一套确保问卷完全有效可靠的准则,众多研究者也从不同的角度来阐释问卷进行设计的原则,但普遍认为遵循以下原则可以使编制的问卷趋于合理。

(一) 把为被调查者着想作为问卷设计的出发点

要使调查能够取得好的效果,设计问卷时不能只把注意力放在编制什么问题上,还要注意问卷调查过程中人的因素。不仅要考虑研究者的需要,还要多为被调查者着想,多从被调查者的角度考虑,尽量为他们填答问卷提供方便,减少困难和麻烦。一套问卷如果得不到被调查者的积极响应和参与,即使问题本身合乎研究的逻辑,也是无效的。把为被调查者着想作为问卷设计的出发点,应该做到:

(1) 避免将问卷设计的过长、问题设计的过多、需要填写的量过大。

(2) 避免设计过多难度较大的需要回忆和计算的题目。

(二) 对阻碍问卷调查的因素要有明确的认识

1. 主观阻碍因素

主观阻碍因素指的是被调查者因在心理上和思想上对问卷产生的各种不良反应所形成的障碍,如问卷题量太大而导致的畏难情绪,问卷涉及隐私而导致的顾虑重重,或者因问卷意义内容解释不够、问卷脱离被调查者实际、问卷设计呆板杂乱等原因而导致的被调查者对问卷的内容毫无兴趣或者漫不经心等。

上述主观障碍可能会使得被调查者放弃答卷,或者采取应付的态度,或者不如实填写,导致问卷的回收率降低,问卷资料的质量难以保证,有时甚至造成问卷调查难以顺利进行。

2. 客观阻碍因素

客观阻碍因素指的是被调查者自身的能力、条件等方面的限制所形成的障碍,如被调查者阅读能力的限制、理解能力的限制、表达能力的限制、记忆能力的限制、计算能力的限制等。

(三) 要从不同角度来考虑问卷的设计工作

问卷设计不仅仅是列出一组问题,还涉及许多问卷本身看不到的因素。

1. 调查的目的

任何问卷调查都是有目的的:证实或证伪某个结论。目的明确是问卷设计的基础。只有目的明确具体,才能提出明确的假设,才能围绕假设来设计题项。

因此,对于任何一项问卷设计工作来说,调查的目的就是灵魂,因为它决定着问卷的内容和形式。如果调查目的是为了了解被调查对象的一般状况,那么问卷设计就应该主要围绕着被调查对象各个方面的基本事实而进行;如果目的是要做出解释和说明,那么问卷设计就要紧紧围绕着研究假设和变量来进行。所以在进行问卷设计之前,研究者首先要明确调查的目的是什么,在明确调查目的的基础上,确定问卷设计的形式和具体的问题。

问卷设计的过程就是一个将研究的总目的逐步具体化的过程,问卷中的问题不是随意杜撰出来的,而应是针对特定的调查目的精心设计出来的。在设计问卷前,研究者需要构建一个研究问题的框架，要能保证每一个研究的问题都能在问卷中有所反映。如果某一个或某些研究问题不能在调查问卷中体现出来，那么与这一或这些问题相关的数据就会缺失，从而对整个研究造成不利影响。同时，如果是与研究的问题无关的问题，就不要纳入问卷中，这就需要研究者确定与研究假设有关的变量，以及用以测量每个变量的具体指标，然后围绕着这些变量和指标来进行具体问题的设计。所以，问卷设计的逻辑顺序应该是先确定研究框架、明确与研究假设有关的变量、分析用以测量每个变量的具体指标、围绕具体指标进行具体问题的设计，而不是先设计具体问题，然后试图从这些具体问题中抽取有用的信息。

2. 调查的内容

调查的内容也是影响问卷设计工作的一个主要因素。对诸如被调查者熟悉或者感兴趣等不会产生心理压力的调查内容来说，问卷设计工作就相对容易一些，内容可相对详细深入，提问可比较直接，问题的数目也可适当多一点。当调查的内容被调查者不熟悉，或者比较枯燥不易引起兴趣时，特别是涉及一些敏感内容时，问卷设计工作就要困难一些，这时问卷中的问题相对来说就只能问的概略一些、浅显一些、间接一些，问题的数量也应少一些，而问卷的封面信和指导语就得比较详细，措辞也得更加小心。

3. 样本的性质

样本的性质即样本的构成情况，它对问卷设计工作同样有着较大的影响。被调查者是些什么样的人，他们的文化程度、职业、性别、年龄的分布状况，相互之间差异大小等都是设计者应该有所了解的。例如，低年级段的问卷可以以简单和口语化的语言进行设计，问题的数量也应少一些；而用于高年级段的语言就可以书面化一些、问题可以复杂一些、数量也可以多一些。

4. 资料的处理方法

设计问卷时还应考虑到资料处理分析方法和问卷的使用方法等因素。这是因为不同的资料处理和分析方法，对问卷的设计有着不同的要求。若采用手工进行资料整理和统计，那么一般情况下问卷内容就不能很复杂，否则不仅费时费力，有时甚至是无法完成的；但若采用电子计算机进行处理，则问卷的内容就可以多一些。另外，若主要对资料进行定性分析，那么就应以开放式问题为主；反之，若主要对资料进行定量分析则应以封闭式问题为主。对于自填式问卷来说，设计应该尽量简单明了，便于阅读、理解、填写；若是访问问卷，则可相对复杂一些；用于邮寄方式进行调查的问卷，封面信要特别注意设计。

5. 问卷的长度

问卷的长度（题目的数量、完成题目所需的时间）也是需要考虑的因素之一，是调查者特别关注的问题之一。一份问卷应包含多少个问题，没有统一的标准，要根据研究的目的，研究的内容，样本的性质，分析的方法，拥有的人力、财力，时间等多种因素而定。但一般来说，问卷越短越好，越长越不利于调查。根据大多数社会研究人员的实践经验，一份问卷中所包含的总数目，数量上来看不宜大于 70 个题目，从所用时间上来看应限制在一组被调查者 20min 以内能顺利完成为宜，最多也不能超过 30min，否则时间过长会导致被调查者厌倦，从而影响问卷的回收率和有效性。但是，如果问卷性质特殊而且具备长时间作答的条件，也可以适当放宽时间限制。

二、问卷设计的基本步骤

进行问卷设计时要遵循一定的先后顺序,问卷设计时的顺序就是进行问卷设计的基本步骤。在进行问卷设计的时候,一般要经过以下具体步骤。

(一)确定研究目的,提出研究假设

任何问卷调查都是有目的的:证实或证伪某个结论。目的明确是问卷设计的基础。只有目的明确具体,才能提出明确的假设,才能围绕假设来设计题项。

(二)明确研究问题的特质

在前文中已经提到,问卷中的每一个问题都不是随意杜撰出来的,而是应该基于研究的结构、与研究假设相关的变量及反映这些变量的具体的指标。而研究的问题的特质就是研究问题的结构。那么如何来明确研究问题的特质呢?一般而言有两种途径:其一是查阅相关的研究资料,通过文献检索与分析来建构研究问题的特质;其二是采用无结构问卷方法,进行现场调查或者是进行访谈,收集资料后进行归类,然后将数字化的资料用因素分析的方法抽取问题的特质。

(三)确定行为样本,确定变量和具体指标

确定了研究问题的特质之后,就要确定行为样本,行为样本不是被试样本,而是行为特征,如问题儿童的行为特征。确定了行为样本之后,就明确了要进行调查的变量及具体的指标体系,研究者可以将每一个具体的指标都拟订几个相关的问题。

(四)了解调查对象特征,并选择调查样本

在确定了行为样本以及确定了变量和具体指标之后,还要充分了解被调查者的群体特征,如性别、年龄、受教育程度等,并按照研究的目的与假设运用恰当的抽样方法选择调查样本。

(五)选择并确定问卷形式

不同类型的问卷有其独特的功能。选择什么形式的问卷需要从以下几个方面进行综合考虑。

1. 研究问题的目的和性质

研究者要从课题出发,权衡各类问卷形式的优势和局限,选择合适的题目类型。例如,研究的目的是为了描述还是为了测量,问题的性质是个人背景信息类的还是事实问题,或者是态度问题。不同的研究目的和性质类型可以选择不同的问题和问卷形式。

2. 被调查对象的特征

被调查对象的特征也对问卷形式的选择有着重要影响。例如,调查对象是低年级儿童,他们可能还不能自主进行答案的填写,那么就需要施测者根据被调查者的回答进行笔录;而对于一些专家学者型的被调查者,他们可能不愿意按照调查者的意愿来进行选择回答,那么这时候封闭式的问题就是不合适的,而应该选择一些开放型的问题请他们进行自由回答。

3. 资料的统计分析方法

经常会遇到这样一类情况,研究者面对收回的问卷不知如何进行数据处理。出现这一类情况的原因很大程度上与进行问卷设计之前没有充分考虑资料的统计分析方法有关,如果事先没有确定好统计分析的方法,那么可能就会导致大量的回收数据不能进行恰当的处理,从而降低了研究成果的质量。

因而,研究者在确定问卷形式的同时必须考虑将来进行资料分析的方法。例如,若量化统计准备采用百分比法,则一般选用选择式问题即可;若还要进行相关或差异检验等,则需要采用尺度式;若只需要进行定性分析,则可以选用开放式问卷;若希望能将定量统计和定性分析相结合,可能还需要在开放式问卷的基础上进一步制订赋分类目。

(六) 初步拟订问卷的题目并随时进行修改

这一阶段的任务是根据研究的变量撰写具体的问卷题目。前面已经讲到,设计具体问题的依据是研究问题的结构、与研究假设相关的变量及反映这些变量的具体的指标。针对每一个具体的指标可以设计不同数量的题目,有些变量可能只需要一两个题目,而有些变量可能需要几个题目去测量,一般而言,在进行题目编写的时候最好多编写一些,这样在分析题目时就有遴选的余地。

(七) 对问卷进行编排

在具体问题设计好之后,如何将这些问题进行排列也需要进行考虑。一般而言,同一变量指标下的题目不放在一起,目的是防止被调查者根据问题的设置揣摩出研究者的意图。问卷的顺序一般包括以下几种。

1. 时间顺序

要遵循一定的时间顺序,由远及近、由近及远均可,但要保持时间上的连贯性,有利于施测。

2. 内容顺序

内容顺序安排要考虑以下方面:①把被调查者熟悉的问题放在前面,把被调查者比较生疏的问题放在后面;②把简单易答的问题放在前面,把较难回答的问题放在后面;③把能引起被调查者兴趣的问题放在前面,把容易引起他们紧张或产生顾虑的问题放在后面。

3. 类别顺序

一般而言,先问行为方面的问题,然后问态度、意见、看法方面的问题,再问个人的背景资料,开放式问题放在问卷的最后。许多问卷通常以封闭式问题为主,同时附有一两个开放式问题,以收集定性的、丰富多彩的资料。要注意的是,这种开放式问题只宜放在问卷的最后,而不能放在其他部分。

(八) 进行信效度检验

详见第八章第二节和第三节。

(九) 预测与修改

无论是引用国外的问卷还是自编问卷,都要进行预测试。预测试可发现问题,如题目的次序、内容、长度、用语等各方面的缺陷;可实现对每个题目进行项目分析,发现其优劣,为筛选题目提供一些有用的资料。而且还可以通过在预测试时采用的开放式问题,收集到一些考虑不充分的信息并将其转化成为限定性问题。

在进行预测试时,选择的试测样本应与正式样本来自于同一个总体,选择样本的数量说法不一,有的人主张试测样本数应与正式施测样本数相同,有人则主张选择 20～50 人的样本即可,我们支持后者。

通过预测,发现问题之后,应对问卷进行修改,淘汰不合适的题目,补充一些必要的题目。

第四节　问题及答案的设计

问题和答案是问卷的主体,是问卷的中心部分。问题和答案共同构成一个题目。

一、题目设计的一般原则

(一) 题目设计内容上应遵循的一般原则

1. 题目的类型设置应正确合适

虽然不同类型的题目之间没有绝对明晰的适切范围,但还是有一定的基本规则可循。选择封闭式问题还是开放式问题,是选择填空题还是选择题,是排序题还是等级式题,都要根据研究的需要和问题的性质来进行恰当选择。

2. 题目的设计要切合研究假设的需要

问卷中的每一个题目都不是随意杜撰出来的,而是应该基于研究的结构、与研究假设相关的变量及反映这些变量的具体的指标。题目的设计要切合研究假设的需要,研究假设中涉及的变量和指标都要通过一定数量的题目来体现,而与研究假设无关的题目,除非有特殊需要,一般不应设计。

3. 题目的设计应避免含糊不清或者引起歧义

通常应设法避免以下三类问题:

(1) 太普遍化的问话,使受测者不知真正目的。

(2) 语意不清的措词,使受测者费解。

(3) 包含两个或两个以上的观念与事实,使受测者不知如何选择。

4. 题目应避免涉及个人隐私、社会禁忌

题目的设计如果涉及个人隐私与社会禁忌,则可能造成被调查者顾虑重重甚至是反感抵触。问题的措辞礼貌、诚恳,人们才能愿意合作。

5. 题目应避免产生暗示作用

调查问卷中所提出的问题应该避免隐含某种假设或期望的结果，避免题目中体现出某种思维定势的导向。

6. 题目不要超出受测的知识和能力

在进行问卷设计前，要先确定好研究对象，要充分考虑到研究对象的年龄、文化水平等因素，不要设计超出被调查者知识和能力的题目。

（二）题目设计用语方面应遵循的一般原则

1. 语言文字方面

（1）语言文字应浅显、易懂，不要超过受测者的领悟能力。
（2）用语应求简单，不能太复杂。
（3）字句的意义力求清楚明白，不要含糊或暧昧。
（4）一句话代表一个单一事物，不要用两个以上的观念或事件。
（5）要用标准的语文叙述或描述，把概念、范围界定清楚。

2. 用字造句方面

（1）一般或特殊。“一般”的意思是指较为“广泛”，如果所需要的资料涵盖面比较大，就把题目出的大些；否则，就小些，这属于“特殊”的范畴。

（2）直接或间接。对一个问题如果应该直截了当地问，就不必拐弯抹角；必须拐弯的，就不能直接问。这要因环境而异。

（3）个人或集体。要分清楚提问的对象是被调查者本人，还是被调查者所在的群体。要分清“你”还是“你们”。

3. 情绪方面

（1）避免主观及情绪化的字句。
（2）避免难于回答的问题。

二、问题的类型

按照问题有无给出备选答案，可以将问题的类型划分为封闭型问题、开放型问题和半封闭型问题。

（一）封闭型问题

1. 封闭型问题的题型

这种题目不仅要提出问题，还要提供可选择的答案，只允许在答案所限制的范围内进行挑选。这种问题的题型如下。

1）二分法问题

二分法问题又称二项选择题，把问题可能的答案列出两种极端情况，然后让被调查者选择

“是”或“否”、“对”或“错”。这种问句回答简单,调查结果易于统计归类。缺点主要有:①当调查对象持中立态度,或调查对象说不清自己的想法时,容易出现二者随便答一个的情况。②是否型往往给人以暗示或回答者易产生从众反应。例如,“你喜欢化学吗?”“您知道概念图技术吗?”这一类问题,调查对象往往认为喜欢总比不喜欢好,知道总比不知道好。③类型划分太粗,不能获得更大量的信息,不能表达意见程度的差别。

2) 多项选择型

多项选择题是对一个问题事先列出几种(三个或三个以上)可能的答案,让被调查者根据实际情况,从中选出一个或几个最符合被调查者情况的作为答案。多项选择式问句保留了是否式问题的回答简单、结果易整理的优点,避免了是否式询问的不足,能有效地表达意见的差异程度,是一种应用较为广泛、灵活的询问形式。对于多项限选式问题而言,还可以做频数统计,以比较不同答案被选择的比例。

需要注意的是,多项选择设计通常要注意以下两点:

(1) 答案要穷尽所有项目。对于多项选择题而言,要保证设置的答案能穷尽所有可能选项,否则就可能出现被调查者想选择的答案没有的情况。为保证所设计的答案能穷尽所有可能项目,通常使用的方法是:将该题目进行多级分类,即将问题分成几个大类,然后再在各大类列举出若干项目,最后将各个项目进行综合,去掉重复项目,即为所有可能的答案。

(2) 列出的答案必须互斥。列出的答案必须互斥指的是概念之间不能出现交叉和包容现象。为保证答案间的互斥,一是用同一标准分类,如对人分类可按年龄分,也可按职业分;二是对较复杂、较抽象的问题设计答案时,应在同一抽象层次上进行分类,如研究教师对新课程改革的适应性时,首先要明确关于新课程改革适应性的提问是在哪个层次上,是在课程理念、课程实施还是课程评价上,然后在同一层次上设计答案。

3) 排序型

每个问题列有多个答案,要求被调查者自己确定次序。这一类型的问题从形式上来看与多项选择型相似,但不是让调查对象在答案中进行选择,而是将答案按照重要程度的不同或者喜爱程度的不同排出先后顺序。例如:

把下列课程按你喜欢的程度依次编序:

语文、历史、英语、化学、生物、地理、数学、物理、政治、体育、音乐、美术

这种方式要求排列的答案不宜太多,一般不超过15项,否则回答时间太长,调查对象不愿回答或难于回答。

4) 等级式

等级式是对两个以上分成等级的答案进行选择的方式。等级式回答方式,只能从中选择一个答案,适用于表示意见、态度、情感的等级或强弱程度的定序问题。由于表示程度的方式不同,可以分为数字式、线段式和文字式。

(1) 数字式,即用数字来表示其程度。例如,评价学生对化学的喜欢程度,以数字1～5依次表示“非常不喜欢、不太喜欢、一般、比较喜欢、非常喜欢”五个等级,调查对象可任选一数字表示喜欢化学的程度,如“不太喜欢”就写上数字2。

(2) 线段式,即用可见的直线坐标表示其程度。例如:

你认为化学:有趣|__|__|__|__|__|__|__|无趣。

该坐标图从左至右各点依次表示:极为有趣、非常有趣、比较有趣、说不清、比较无趣、非常无趣、极为无趣。调查对象在相应的坐标上圈一个坐标点以表示自己的看法。

一般来说，线段式比单纯数字式更有利于调查对象表示连续体的心理距离，有利于更准确地表示出其程度。

(3) 文字式，即用文字来表达其程度。例如：

你所学习的化学知识与社会和生活联系(　　)。

A. 非常紧密　B. 比较紧密　C. 一般　D. 不太紧密　E. 非常不紧密

等级式的特点是两端为对立概念，中间分成若干等级。设计这类答案要注意：①每两个等级间隔程度相等，跨度不要过大；②不要漏掉中性项目；③一般采用能描绘出等级中间程度的奇数等级；④通常采用 5 级或者 7 级，这样不会因等级过多造成烦琐，也不会因等级过少导致不精确；⑤以中性项目为中心，两侧等距选项应有程度副词，而且程度副词应相同或相近。例如，例题中 A 和 E 选项的程度副词都为非常，而 B 和 D 分别为比较和不太。

5) 定距式

定距式就是指选择答案不是一个点，而是一个区间。例如：

您的教龄是(　　)。

A. 0～1 年　B. 1～3 年　C. 3～5 年　D. 5～10 年　E. 10 年以上

设计这类答案要注意：①划分的档次不宜太多，每一档的范围不宜太宽，档次太多，使得问卷容量增大，而且有些档次只有极少数人可填，意义不大，通常是在大多数人所属的范围内进行分档，将两端列为开放式即可；②尽量使档次之间的间距相等，这样利于分析结果时进行比较；③各档的数字之间应正好衔接，无中断现象。

2. 封闭型问题的数据处理方法

封闭型问题的数据处理可选用不同统计方法。

(1) 求出各项选择的人数和百分数。为进一步了解其获得的结果是否存在真正的差异，还应对百分数进行 χ^2 检验。

(2) 赋值法。赋值法是按照一定标准给各选择答案赋值，最后求得调查样本的平均分。

(3) 换值法。换值法一般用于排序式的量化分析。换值法就是：第一步将每个选择的顺序值换成数值，即将第一选择换为最高数值，第二选择换为第二大数值等。例如，一共有 7 个选择项，那么第一选择的数值为 7，第二选择为 6……第七选择为 1。第二步是求出各个答案数值的总和，然后进行 χ^2 检验，以考查各个选择项有无统计上的差异。

3. 封闭型问题的优、缺点

封闭式问题的主要优点是：具有标准化、能得到较为精确的量化结果、简单易行、心理干扰小、回答真实、样本大、能解决多因素复杂问题等优点。其缺点主要是：①提问比较麻烦，需要调查者做大量的预备工作；②由于列出了答案，因此它很容易使一个不知道如何回答或没有看法的回答者猜着回答，甚至随便乱答；③难以了解调查对象选择答案的理由与动机。

最近，有研究者指出，封闭式问题的另一个缺点是可能存在研究者将自己的想法强加给被调查者的问题，即研究者给出的答案是自己的预想，而被调查者只能在这些答案内进行被迫选择，因此封闭式问题又称迫选式问题(forced-choice question)。

(二) 开放型问题

1. 开放型问题的题型

这种问卷只提出问题,不列出答案,让被调查者自由陈述自己的想法。问卷的题型可以是填空式的,也可以是问答式的。由于开放式提问的方式不同,又可分为三种类型。

1) 自由回答式

自由回答式即提出问题让调查对象自由回答。这种问题的回答不受限制,回答者能充分发挥主动性、创造性,讲出自己的真实想法,但在回答时需考虑如何表达,因此不适合文化水平低的调查对象。此外,得到的回答五花八门,材料整理费时费力,容易受调查者主观看法的影响。不过,此类回答常可得到调查者未意料到的原因和动机。

自由回答式资料的整理一般是将回答加以分类,得到各类回答的数量和比例。分类时要做到:①分类要细,以防止遗漏某些材料;②分类要避免主观性,为避免分类的主观性,可同时由几个人分别归类,然后再集中。

2) 言语联想式

言语联想式即提出一个词,让调查对象回答联想到的东西。例如,一道言语联想式问题的题干是"当我们看到一个词时会联想到其他一些词或事物,如"看到'天空'易想起'云彩',看到'烃'会想起'甲烷'、'乙烯'等,当看到下列内容时你会想到什么呢?"这种提问方式能够了解调查对象对某方面的印象和看法,特别是能了解到他们无意中流露出的真实想法。

3) 情境导入式

情境导入式即设计一个现场情境,把被试导入该情景中做回答。

2. 开放型问题的优、缺点

开放式的优点是提问较为容易,被试的回答也较为真实,往往可得到意想不到的材料。其缺点是一般只能做定性分析,难以做精确的定量分析。开放式中的自由回答式是使用较多的一种方式,不过它通常适合于研究者不清楚研究结果或打算预测回答结果时用,因此经常用探索性、预备性的研究。例如,要了解"当前教育存在的主要问题是什么?"时,当研究者只能列举出经费少、师资水平不高、学生负担重等有限答案时,这时仅应采取开放式问卷,以得到尽可能多的比较全面的答案。

目前,为了解决开放型问题难以定量分析的问题,研究者提出将开放式问题与赋分类目(scoring rubric)相结合,即预先制定一个评分标准,将可能出现的回答分别赋以特定的数值,然后将被调查者的回答与评分标准进行对照比较,从而进行量化赋值,然后进行定量分析。

(三) 半封闭型问题

为了调查需要,有时可以综合开放与封闭的优点,并弥补其不足,采用半封闭型问题法。

1. 半封闭型问题的类型

半封闭型问题主要有两种形式。

1) 选择答案中增加"其他"选择项

例如:

新课程改革以来,您参加过哪些形式的培训?(　　)

A. 外出考察学习　　B. 参加上级组织教研及培训活动
C. 开展校本教研及培训　　D. 购买培训资料，教师自我研修
E. 未参加过　　F. 其他________

值得注意的是，如果需要调查对象经常填写"其他"这一栏，说明这张问卷题目编得不好，因为很多问题的重要答案未能罗列出来。

2）在列出的答案后加上了解动机、理由类问题

在列出的答案后加上了解动机、理由类问题，以了解调查对象回答的原因与动机，弥补封闭式问题不能探查深层次机理的不足。例如：

您对新课程标准下的化学教材的适应情况为________。
A. 完全适应　B. 基本适应　C. 说不清　D. 不太适应　E. 完全不适应
若不适应，主要原因是什么________________

2. 半封闭型问题的应用范围

一般在以下几种情况下用半封闭式：①当有些题的答案由于调查者难于全部想到；②列出全部答案太烦琐；③需要进一步了解被调查对象的动机、机理或理由。

一张调查问卷可采用多种不同的问题类型。某一类型占多大比重，主要应根据被调查对象的特点来决定。一般对象可以多采用一些封闭和半封闭的问题。但是，向专家进行调查，就不应过多地采用封闭式问题，因为专家可能会对封闭式问题所给出的答案不满意，从而拒绝回答或不能很好地给予协作。

三、问题与答案设计的注意事项

（一）问题设计的注意事项

1. 尽量用简洁的语言

问题应简洁明了，尽可能用最简洁的语言把问题说清楚，避免问题过于烦琐。如果问题过于烦琐，则可能导致被调查者厌倦或者造成被调查者阅读理解障碍。例如：

高中新课程改革自2004年开始首先在山东、广东、宁夏、海南等四省（自治区）进行，新课程的一个基本理念是提倡多样化的教学方式，并把科学探究作为课程改革的一个突破口，您对在高中化学课堂教学中实施科学探究教学的态度是什么？

上例中问题的表述就过于烦琐，出现了大量背景性的信息，而这些背景性的信息是为被调查者所熟知的，因此没有必要在问题中进行详尽表述，应当进行简化。可修改为：

您对在高中化学课堂教学中实施科学探究教学的态度是________。

2. 避免使用过于术语化的词汇和符号

在进行问题设置的时候，应以能让被调查者读懂问题为原则，所以在问题中应避免使用过于术语化的词汇和符号，以免被调查者不能确切理解题意。例如：

您在化学概念教学之前，了解过学生的相异构想吗？

上例中的相异构想是教育心理学上的专业词汇，多数教师并不了解其含义，而相异构想又是问题中的核心词汇，这样就可能导致被调查者无从作答。可以修改为：

您在化学概念教学之前，了解过学生头脑中已经存在的相关概念吗？

3. 避免使用缩写

与避免使用过于术语化的词汇和符号相似,在进行问题设置的时候要避免使用缩写。缩写不利于被调查者理解题意。例如:

您对在科学教学中培养学生的 VNOS 的看法是________。

VNOS 是 views of nature of science 的缩写,但能清楚地知道 VNOS 所指代的含义的恐怕为数甚少。所以应修改为:

您对在科学教学中培养学生的科学本质观的看法是________。

4. 避免使用模糊语言

问题的语言应该具体、明确,针对某一个特定现象而提问;为了避免含糊不清,问卷里也应该减少“通常”、“大概”、“一般”、“经常”等这些模糊词汇。例如:

您经常在化学课堂教学中使用探究教学吗?

不同的人对经常的理解是不同的,有的人可能认为每节课都使用探究教学是经常性的,而有的人则可能认为每周使用一次探究教学就是经常性的。可以修改为:

您在化学课堂教学中使用探究教学的频次是________。

5. 避免一题多问

一题多问就是一个问题涉及了两个或两个以上的主题,这些主题针对的是不同事物,它们会造成被调查者的迷惑。一题多问多与双(多)主语或双(多)宾语结构有关。例如:

您和您的同事每天备课所花费的时间大约是________。

上例中出现的问题就是双主语造成的一题多问,被调查者可能知道自己每天备课花费多少时间,但是可能并不清楚自己的同事每天备课花费的时间,这就造成被调查者无法回答。应修改为:

您每天备课所花费的时间大约是________。

又如:

您认为概念图教学对提高学生的学习兴趣和学习动机的作用________。

上例中抛开概念图这一概念可能不为被调查者熟知不谈,该例中存在的另一个问题就是双宾语的问题,即“学习兴趣”和“学习动机”,有的被调查者可能认为概念图教学只提高了“学习兴趣”和“学习动机”之一,那么就会造成被调查者无从回答的情况。正确的做法是应该把这个问题拆成两个问题,对“学习兴趣”和“学习动机”分别进行提问。

6. 尽量使用肯定句,避免使用否定句、双重否定句

采用否定式的提问形式会增加问卷的难度,有时候调查对象还有可能漏掉否定词而误解问题的意思。而双重否定虽然表示肯定,但是在问题设置中使用双重否定一是表述烦琐,二是容易造成理解错误,因此应使用肯定句。

例如,“您是否反对在化学实验教学中增加学生实验的比重?”应修改为:“您是否赞成在化学实验教学中增加学生实验的比重?”

7. 避免提断定性的问题

"您不在课堂教学中使用探究教学的原因是什么?"就是一个断定性的问题,即调查者想当然地断定被调查者不在课堂教学中使用探究教学,而事实上可能被调查者经常在课堂教学中使用探究教学,这就使被调查者无从回答。正确的做法应设置过滤性问题,即分解为:您在课堂教学中使用探究教学吗? 如果选择否,请继续回答"您不在课堂教学中使用探究教学的原因是什么?"

8. 避免提诱导性的问题

例如,"科学探究教学是这次课程改革的突破口,通过科学探究教学可以提高学生的技能,培养学生的科学精神,有助于学生形成正确的科学态度和价值观,您在化学课堂教学中进行科学探究教学吗?"这一问题就是诱导性的问题,在文中已经给出了科学探究教学的若干优点,对被调查者的心理无疑起到了诱导性的作用,这样的问题获得的结果很可能不是被调查者真实的状况。

9. 避免提令被调查者难堪的问题

提出令被调查者难堪的问题会导致被调查者对问题的抵触情绪,降低调查的效果。例如,"您曾经收受过学生家长的红包吗?"可修改为"您如何看待教师收受学生家长红包这一现象?"

10. 避免使用宽泛性的提问

宽泛性的提问往往对解决实际问题并无实际意义,而且宽泛性提问往往会导致被调查者不知从何回答。例如,"您认为新课程改革怎样?"这一问题就过于宽泛,可以修改为"您认为新课程改革倡导的多样化评价方式怎样?"等具体问题。

11. 尽量不用或少用假设语句或猜测语句

例如,"如果贵校有条件应用多媒体进行教学,您会经常使用吗?"

12. 避免主观及情绪化的字句

例如,"您还在化学教学中采用迂腐的填鸭式教学吗?"

(二)答案设计的注意事项

1. 答案的设计要互斥

答案互斥是多用于多选题的逻辑设置。在多选题中,选项间可能会出现逻辑上互相兼容的情况,可以通过答案互斥来保证问卷的逻辑性。例如:

你的化学教师对学生进行评价的主要依据有(　　)。

A. 纸笔测验成绩　B. 平时表现　C. 课堂表现　D. 档案袋　E. 平时作业

上例中就存在多个答案之间相互交叉的问题,如课堂表现与平时表现就互不排斥,这样的答案设置就会造成问题设置的逻辑性缺失。

2. 答案的设计要穷尽

在进行答案设置,尤其是多项选择题的设置的时候,要尽可能穷尽所有答案,否则可能会导致被调查者要选择的答案在选项设置中不存在的问题。例如:

您现在的学历是(　　)。

A. 小学　　B. 初中　　C. 高中　　D. 大学　　E. 硕士研究生

这一个问题的答案就没有穷尽所有可能,如硕士研究生以上还有博士研究生学历,小学学历以下还有文盲。答案的设计要尽可能穷尽,如果没有把握穷尽所有选项,应增设"其他"选项,而增设"其他"选项存在两个问题,一是如果一套问卷中设置"其他"选项的题目过多则反映了问卷设计不理想;二是单纯设计"其他"选项不能真正反映被调查者要提供的答案,因此还需要求被调查者在"其他"选项的后面填写出自己的答案。例如:

贵校对教师的评价方式包括(　　)。

A. 学生评议　　B. 家长评议　　C. 领导评议　　D. 自评　　E. 同事评议

F. 其他________(请写出)

3. 答案的设计要与问题相对应

答案的设计要与问题相对应,不能答非所问。例如:

您对高中化学新课程改革的适应情况为(　　)。

A. 非常赞同　　B. 比较赞同　　C. 无所谓　　D. 不太赞同　　E. 非常不赞同

上例就出现了答非所问的问题,题干中的问题是问的适应情况,而答案选项设置的却是赞同不赞同的问题。如果要修改,或者修改问题为"您已经适应了高中化学新课程改革",或者修改答案为"A. 完全适应　B. 比较适应　C. 不清楚　D. 不太适应　E. 完全不适应"。

4. 定距式问题的答案设计不能有中断

定距式问题的答案应具有连续性,不能有中断。例如:

您的教龄为(　　)。

A. 0～1 年　　B. 3～5 年　　C. 5～10 年　　D. 10～20 年　　E. 20 年以上

上例中就出现了答案中断的问题,教龄为 2 年的教师这一群体就被排斥在外了。

5. 答案中的共同因素应提炼到问题中去

例如:

你们班平时在上课时(　　)。

A. 课堂气氛很活跃　　B. 课堂气氛比较活跃

C. 课堂气氛不太活跃　　D. 课堂气氛很压抑

在上例中,答案设置中共同出现的因素是"课堂气氛",那么就可以把"课堂气氛"一词纳入问题的设置中去,可修改为:

你们班平时在上课时的课堂气氛(　　)。

A. 非常活跃　　B. 比较活跃　　C. 一般　　D. 比较压抑　　E. 非常压抑

除了以上基本原则之外,还要注意平衡答案长度、正确答案的位置机会均等。

练习与思考题

1. 按照不同的分类方法,调查问卷的类型主要有哪些?
2. 调查问卷的基本结构有哪些?
3. 开放式和封闭式问题各自的优、缺点是什么?
4. 问题和答案设计的注意事项有哪些?
5. 结合自己的研究兴趣,尝试设计一份调查问卷。

参考文献

陈伙平.2005.教育科学研究方法与原理.福州:福建科学技术出版社.
董明伟.2004.问卷设计手册.北京:中国时代经济出版社.
刘电芝.1997.教育与心理研究方法.重庆:西南师范大学出版社.
袁方.1997.社会研究方法教程.北京:北京大学出版社.
卓挺亚.2003.教育科学研究方法.海口:南海出版公司.

第六章　化学教育中的国家级考试

第一节　标准化考试

标准化考试也称标准化测验(standardized test),是指根据统一、规范的标准,对考试的各个环节(包括测试目的、命题、施测、评分、计分、分数解释等)都按照系统的科学程序组织,从而严格控制了误差的考试。

一、标准化考试的特点

(一) 试题编制过程的标准化

标准化考试是由有关的专家组集体编制的。在编题前,要明确考试目的,拟出考试大纲,制定编制计划。然后,命题人员根据计划编写好试题,由有关人员对试题进行初步的筛选后组织预测,并根据预测的结果进行统计分析,取得题目的难度、区分度等数据资料,经预测、筛选和修改过的符合要求的题目可以存入题库备用。最后,按考试要求从题库中取出题目拼配试卷。

在标准化试题的编制过程中,预测是必不可少的重要程序。凡编入标准化试题的所有项目必须预先经过试测。根据试测结果,在对项目质量进行严格的统计分析的基础上筛选出那些难度适宜、区分度较高的项目构成试题。这样,对试题的难度、区分度以及效度和信度的估计有预测结果作为比较客观的依据,而不像非标准化考试那样,仅仅根据命题者的主观经验来判断。

(二) 考试实施过程的标准化

标准化考试对于如何向学生说明考试目的,怎样指导学生答题,对考试的环境、时间以及考试中可能发生的偶然事件的处理方法等,都做了统一规定,并要求在实施过程中严格执行,以保证标准化考试在统一的环境、标准下进行,从而保证公平合理地对待所有的考生,保证考试结果的客观性,提高考试分数之间的可比性。

特别注意的是,标准化考试一定要加强考试组织者和监考人员的培训,培训他们认真负责的工作责任心和严谨的工作态度,对考试过程出现的舞弊事件一定要严肃处理。

(三) 评分和计分方法的标准化

评分和计分方法是导致考试误差的一个极其重要的因素。标准化考试采用各种方法严格控制评分和计分过程中的误差。例如,统一规定详细的评分标准,采用机器或计分键来评分,阅卷采用流水作业方式、对评分结果多次复查,在计分时,将原始分数转化为标准分数等。

(四) 分数解释的标准化

目前,标准化考试多用于较大规模的常模参照测验,即注重学生之间的相互比较,因此,在标准化的常模参照性考试中,必须编制常模,作为解释分数的依据。

二、标准化考试的基本程序

标准化考试一般有以下几个基本程序。

(一) 制定考试计划

考试计划包括:确定考试大纲(包括考试目的和性质、考试的内容和范围、考试的方法和形式、题型、评分计分和解释分数的方法、考试时间等,确定考试适用的年龄和考试使用的期限),考试编制人员的组织,考试经费的预算,考试编制工作的日程安排等。

考试大纲是指指导试卷设计和实施考试的依据,是控制和保证考试质量的法定文件。考试大纲由考试的主持机构根据考试目的,经过慎重、广泛的调查研究后制定。考试大纲应提前一年向社会公布,以便考生和有关人员对考试的各种要求心中有数,而且将考试置于社会的监督之下。

(二) 编制试题

一般由考试机构组织学科专家组成命题委员会和审题委员会进行这一工作。命题的基本程序如下:

(1) 拟订命题计划。通常借助于双向细目表实现。

(2) 编写项目。编写时,项目的内容和水平要与双向细目表的要求一致。

(3) 预测。预测的目的是:核定试题的难度和区分度;了解完成试题所需时间,取定试题长度;进一步审题,提出修改方案。组织预测时要注意:取样要有代表性;要有足够的样本参加;实施预测的过程和环境要力求与正式考试一致;要在预测时间上留有余地,使受试者都有机会完成试题,以保证每个项目都得到预测。

(4) 项目分析。对预测结果进行统计分析,确定项目的难度、区分度、选择题备选答案的适宜度等,对项目重新筛选和修订。对适宜的项目可存入标准化考试题库。

(5) 拼题。根据考试的目的和要求,选择合适的项目,加以适当编排,拼成试题。拼题时要注意:试题要与考试大纲和命题计划一致;试题的长度要适宜;项目的编排顺序利于考生作答。

(6) 编制试题副本。各项副本必须等值,即试题中对应项目的内容、难度、题型、数量、编排顺序等相同,但项目不重复。

(三) 实施考试

要做好考试前的试题保密工作。试题的印刷、传递、保管和发放等都按统一的标准控制。考试管理要标准化,一般要求:所有考场的物理环境和文化环境相同;主考人在考场中的行为统一、规范,以保证考生有相同的心理环境;分发试卷和收卷有统一的规定,特别在有 A、B 卷时,要有具体明确的要求。

(四) 评分计分

要制定评分细则,明确给分标准,采用流水作业的方式,减少主观因素的影响。要有专人负责试卷的保管、分发、收回,统计阅卷工作进度;要组织试评。解决试卷中的疑难问题,做好抽查和监督工作,及时发现、纠正错误及宽严不当等不合理现象;分数的登录、累计、复查等要有专人负责,严格管理。

(五) 分数解释

对于以选拔为目的的常模参照考试，都应建立代表性好的常模，以此作为参照点，将卷面分数或原始分数转化为导出分数；对于以鉴定为主要目的的目标参照考试，则应建立科学的比较标准，使分数的解释更为客观、明确、合理。

第二节　我国普通高等学校招生化学学科考试

我国自 1977 年恢复高考以来，随着改革开放，标准化考试的原理和方法很自然地被应用于高考改革。

标准化考试的理论和方法被逐渐应用于化学高考试题中，具体表现在以下几个方面。

1. 客观试题的比例逐步增大

1980 年起，选择题型被用于高考化学试题之中；1980～1985 年，选择题的比例一直徘徊在 30%以下，试题仍以主观题为主；从 1986 年开始，选择题比例突破 30%，在 1988 年上升到 60%，其后基本稳定在 55%左右，客观式题型的比例也稳定在 80%左右，这从一个侧面反映出国内对客观式题型特别是选择题认识的变化过程。

随着客观题比例的增大，项目总数增大，单个项目分值降低，大的综合题趋向小型化，使综合题的评分客观性增强，从而使整个试题的客观性增强。

2. 试题的覆盖面增大

由于客观题比例的增大，项目总数增大，试题中出现的知识点几乎涉及统编化学教材的所有章节。

3. 命题方法向标准化靠近

试题的编制程序和指导思想逐步纳入标准化考试的范围，如根据教学计划制定的考试目标比较明确，考查知识和能力的要求更为具体；命题以双向细目表为依据，广泛征题，选点预测，逐步建立高考试题库。

4. 评分的客观性增强

试卷分为Ⅰ卷和Ⅱ卷，Ⅰ卷用计算机代替人工阅卷，不仅增大了评分的客观性，也大大提高了阅卷工作的效率；Ⅱ卷由于填空题比例较大，总题数较大，评分较为简单、明确，从而使评分误差相对减少。

5. 公布考试大纲

1991 年 11 月，国家教育委员会考试中心公布了《普通高等学校招生全国统一考试化学科说明》，明确说明了考试性质、考试内容、考试形式及试卷结构，并给出了题型示例和样题。

一、考试目标

（一）考核目标(大纲卷)

化学科试题旨在测试考生对中学化学基础知识、基本技能的掌握情况和所应具有的观察能力、实验能力、思维能力和自学能力；试题还应注意考查考生初步运用所学化学知识去观察、分析生活、生产和社会中的有关化学问题的能力。

1. 观察能力

观察能力是指能够通过对实验现象、实物、模型、图形、图表及自然界生产和生活中的化学现象的观察，获取有关的感性知识和印象，并对这些感性知识进行初步加工和记忆的能力。

(1) 化学学科中的观察能力。

(2) 对自然、科学、生产和生活中化学现象的观察能力。

(3) 对观察结果的初步加工能力。

2. 实验能力

(1) 用正确的化学实验基本操作，完成规定的“学生实验”的能力。

(2) 观察、记录实验现象，处理实验数据和分析实验结果，得出相应结论的能力。

(3) 初步处理实验过程中的有关安全问题的能力。

(4) 能识别和绘制典型的实验仪器装置图的能力。

(5) 根据实验试题的要求，设计或评价简单实验方案的能力。

3. 思维能力

(1) 对中学化学应该掌握的内容能融会贯通。将知识点统摄整理，使之网络化，有序地存储，有正确复述、再现、辨认的能力。

(2) 能将化学问题分解，找出解答的关键。能运用自己存储的知识，将它们分解、迁移转换、重组，以解决问题的能力。

(3) 能将化学信息(含实际事物、实验现象、数据和各种信息、提示、暗示)，按题设情境抽象归纳，逻辑地统摄成规律，并能运用此规律进行推理(收敛和发散)的创造能力。

(4) 通过分析和综合、比较和论证，对解决问题的方案进行选择和评价的能力。

(5) 将化学问题抽象成数学问题，利用数学工具，通过计算和推理(结合化学知识)解决化学问题的能力。

4. 自学能力

(1) 敏捷地接受试题所给出的新信息的能力。

(2) 将试题所给的新信息与课内已学过的有关知识结合起来，解决问题的能力。

(3) 在分析评价的基础上，应用新信息的能力。

这四种能力范畴事实上是有重叠交叉的。一个试题可以测试多种能力或是一种能力中的多个层次。

(二) 考核目标(新课标卷)

化学科考试为了有利于选拔具有学习潜能和创新精神的考生,以能力测试为主导,将在测试考生进一步学习所必需的知识、技能和方法的基础上,全面检测考生的化学学科素养。

化学科命题注重测量自主学习的能力,重视理论联系实际,关注与化学有关的科学技术、社会经济和生态环境的协调发展,以促进学生在知识和技能、过程和方法、情感、态度和价值观等方面的全面发展。

1. 接受、吸收、整合化学信息的能力

(1) 能够对中学化学基础知识融会贯通,有正确复述、再现、辨认的能力。

(2) 能够通过对实际事物、实验现象、实物、模型、图形、图表的观察,以及对自然界、社会、生产、生活中的化学现象的观察,获取有关的感性知识和印象,并进行初步加工、吸收、有序储存的能力。

(3) 能够从试题提供的新信息中,准确地提取实质性内容,并经与有关知识块整合,重组为新知识块的能力。

2. 分析问题和解决(解答)化学问题的能力

(1) 能够将实际问题分解,通过运用相关知识,采用分析、综合的方法,解决简单化学问题的能力。

(2) 能够将分析解决问题的过程和成果,用正确的化学术语及文字、图表、模型、图形等表达,并做出解释的能力。

3. 化学实验与探究能力

(1) 了解并初步实践化学实验研究的一般过程,掌握化学实验的基本方法和技能。

(2) 在解决简单化学问题的过程中,运用科学的方法,初步了解化学变化规律,并对化学现象提出科学合理的解释。

二、考核内容与范围

(一) 大纲卷

化学基础知识和基本技能主要包括:化学基本概念和基本理论、常见元素的单质及其重要化合物、有机化学基础、化学实验和化学计算五个方面。

1. 化学基本概念和基本理论

1) 物质的组成、性质和分类

(1) 了解物质的分子、原子、离子、元素等概念的含义,初步了解原子团的定义。

(2) 理解物理变化和化学变化的区别与联系。

(3) 理解混合物和纯净物、单质和化合物、金属和非金属的概念。

(4) 了解同素异形体的概念。

(5) 理解酸、碱、盐、氧化物的概念及其相互联系。

2) 化学用语

(1) 熟记并正确书写常见元素的名称、符号、离子符号。

（2）熟悉常见元素的化合价。能根据化合价正确书写化学式（分子式），并能根据化学式判断化合价。

（3）掌握电子式、原子结构示意图、分子式、结构式和结构简式的表示方法。

（4）理解质量守恒定律的含义。掌握热化学方程式的含义。能正确书写化学方程式、热化学方程式、电离方程式、离子方程式、电极反应式。

3）化学中常用计量

（1）了解相对原子质量、相对分子质量的定义。

（2）了解物质的量的单位——摩尔（mol）及摩尔质量（g/mol）、气体摩尔体积（L/mol）。理解物质的量浓度（mol/L）、阿伏伽德罗常数。掌握物质的量与微粒（原子、分子、离子等）数目、气体体积（标准状况下）之间的相互关系。

4）化学反应与能量

（1）掌握化学反应的四种基本类型：化合、分解、置换、复分解。

（2）理解氧化-还原反应，了解氧化剂和还原剂等概念。掌握重要氧化剂、还原剂之间的常见反应。能判断氧化-还原反应中电子转移的方向和数目，并能配平反应方程式。

（3）了解化学反应中的能量变化及吸热反应、放热反应、反应热、燃烧热、中和热等概念。初步了解新能源的开发。

5）溶液

（1）了解溶液的含义。

（2）了解溶液的组成，理解溶液中溶质的质量分数的概念。

（3）了解饱和溶液、不饱和溶液的概念。了解溶解度的概念。了解温度对溶解度的影响及溶解度曲线。

（4）初步了解结晶、结晶水、结晶水合物、风化、潮解的概念。

（5）了解胶体的概念及其重要性质和应用。

6）物质结构

（1）了解原子的结构及同位素的概念。理解原子序数、核电荷数、质子数、中子数、核外电子数，以及质量数与质子数、中子数之间的相互关系。

（2）以第一、二、三周期的元素为例，了解原子核外电子排布规律。

（3）理解离子键、共价键的含义。理解极性键和非极性键。了解极性分子和非极性分子。了解分子间作用力。初步了解氢键。

（4）了解几种晶体类型（离子晶体、原子晶体、分子晶体、金属晶体）及其性质。

7）元素周期律和周期表

（1）掌握元素周期律的实质，了解元素周期表（长式）的结构（周期、族）及其应用。

（2）以第三周期为例，掌握同一周期内元素性质（如原子半径、化合价、单质及化合物性质）的递变规律与原子结构的关系；以ⅠA和ⅦA族为例，掌握同一主族内元素性质递变规律与原子结构的关系。

8）化学反应速率、化学平衡

（1）了解化学反应速率的概念、反应速率的表示方法，理解外界条件（浓度、温度、压强、催化剂等）对反应速率的影响。

（2）了解化学反应的可逆性。理解化学平衡的含义及其与反应速率之间的联系。

（3）理解勒夏特列原理的含义。理解浓度、温度、压强等条件对化学平衡移动的影响。

(4) 以合成氨工业生产为例,用化学反应速率和化学平衡的观点理解工业生产的条件。

9) 电解质溶液

(1) 了解电解质和非电解质、强电解质和弱电解质的概念。

(2) 理解离子反应的概念。

(3) 理解电解质的电离平衡概念。

(4) 了解水的电离、溶液 pH 等概念。

(5) 了解强酸强碱中和滴定的原理。

(6) 理解盐类水解的原理。了解盐溶液的酸碱性。

(7) 理解原电池原理。初步了解化学电源。了解化学腐蚀与电化学腐蚀及一般防腐蚀方法。

(8) 理解电解原理。了解铜的电解精炼、镀铜、氯碱工业反应原理。

2. 常见元素的单质及其重要化合物

了解元素原子核外电子排布的周期性与元素性质递变关系。重点掌握典型金属和典型非金属在周期表中的位置及与其性质的关系。了解其他常见金属和非金属元素的单质及其化合物。

1) ⅠA 和ⅡA 族元素——典型的金属

(1) 了解金属钠的物理性质,掌握钠和镁的化学性质。

(2) 从原子的核外电子排布,理解ⅠA、ⅡA 族元素(单质、化合物)的相似性和递变性。

(3) 以氢氧化钠为例,了解重要的碱的性质和用途。了解钠的重要化合物。

2) 卤族元素——典型的非金属

(1) 以氯为例,了解卤族元素的物理性质和化学性质。

(2) 从原子的核外电子排布,理解卤族元素(单质、化合物)的相似性和递变性。

(3) 掌握氯气的化学性质,了解几种重要的含卤素化合物的性质和用途。

3) 其他常见的非金属元素(如 H、O、S、N、P、C、Si)

(1) 了解这些元素的单质及某些氧化物、氢化物的性质。

(2) 以 Na_2O_2 为例,了解过氧化物的性质。

(3) 掌握硫酸、硝酸的化学性质。

(4) 以硫酸为例,了解化工生产中化学反应原理的确定。初步了解原料与能源的合理利用、"三废处理"与环境保护以及生产过程中的综合经济效益问题。

(5) 了解常见盐类的性质和用途。

(6) 初步了解常见化肥的基本性质。

(7) 了解硫、氮、碳的氧化物对大气的污染及其防治。

(8) 初步了解氟氯烃、含磷洗涤剂和粉尘对环境及人类健康的影响。

(9) 初步了解生活用水的净化和污水处理的基本原理。

4) 其他常见的金属(如 Fe、Al)

(1) 了解金属的通性及金属冶炼的一般原理。初步了解金属的回收和资源保护。

(2) 掌握 Fe 和 Al 的化学性质。

(3) 了解常见金属的活动顺序。

(4) 以 Fe(Ⅱ)、Fe(Ⅲ)的相互转化为例,理解变价金属元素的氧化还原性。

(5) 了解铝的重要化合物。

(6) 初步了解合金的概念。

5) 了解在生活和生产中常见的无机化合物的性质和用途

6) 以上各部分知识的综合应用

3. 有机化学基础

(1) 了解有机化合物数目众多和异构现象普遍存在的本质原因。

(2) 理解基团、官能团、同分异构体、同系物等概念。能够识别结构式(结构简式)中各种原子的连接次序和方式、基团和官能团。能够辨认同系物和列举异构体。了解烷烃的命名原则。

(3) 以一些典型的烃类化合物为例,了解有机化合物的基本碳架结构。掌握各类烃(烷烃、烯烃、炔烃、芳香炔)中各种碳-碳键、碳-氢键的性质和主要化学反应。

(4) 以一些典型的烃类衍生物(乙醇、溴乙烷、苯酚、甲醛、乙醛、乙酸、乙酸乙酯、脂肪酸、甘油酯、多羟基醛酮、氨基酸等)为例,了解官能团在化合物中的作用。掌握各主要官能团的性质和主要化学反应。

(5) 了解石油化工、农副产品化工、资源综合利用及污染和环保的概念。

(6) 了解在生活和生产中常见有机物的性质和用途。

(7) 以葡萄糖为例,了解糖类的基本组成和结构及主要性质和用途。

(8) 了解蛋白质的基本组成和结构及主要性质和用途。

(9) 初步了解重要合成材料的主要品种的主要性质和用途。理解由单体通过聚合反应生产高分子化合物的简单原理。

(10) 通过上述各类化合物的化学反应,掌握有机反应的主要类型。

(11) 综合应用各类化合物的不同性质,进行区别、鉴定、分离、提纯或推导未知物的结构简式。组合多个化合物的化学反应,合成具有指定结构简式的产物。

4. 化学实验

(1) 了解化学实验常用仪器的主要用途和使用方法。

(2) 能绘制和识别典型的实验仪器装置图。

(3) 掌握化学实验的基本操作。了解实验室一般事故的预防和处理方法。

(4) 掌握常见气体的实验室制法(包括所用试剂、仪器,反应原理和收集方法)。

(5) 综合运用化学知识对常见的物质(包括气体物质、无机离子)进行分离、提纯和鉴别。

(6) 根据实验现象,观察、记录、分析或处理数据,得出正确结论。

(7) 根据实验试题要求,设计和评价实验方案。

(8) 以上各部分知识与技能的综合应用。

5. 化学计算

(1) 掌握有关相对原子质量、相对分子质量及确定分子式的计算。

(2) 掌握有关物质的量的计算。

(3) 掌握有关气体摩尔体积的计算。

(4) 掌握有关溶液浓度(溶液中溶质的质量分数和物质的量浓度)的计算。

(5) 掌握利用化学反应方程式的计算。

(6) 掌握有关溶液 pH 与氢离子浓度、氢氧根离子浓度的简单计算。

(7) 掌握有关燃烧热的简单计算。

(8) 以上各类化学计算的综合应用。

(二) 新课标卷

1. 必考内容

必考内容涵盖必修模块“化学 1”、“化学 2”和选修模块“化学反应原理”的内容。根据化学的学科体系和学科特点,必考内容包括:化学科学特点和化学研究基本方法、化学基本概念和基本理论、常见无机物及其应用、常见有机物及其应用和化学实验基础五个方面。

1) 化学科学特点和化学研究基本方法

(1) 了解化学的主要特点是在原子、分子水平上认识物质。了解化学可以识别、改变和创造分子。

(2) 了解科学探究的基本过程,学习运用以实验和推理为基础的科学探究方法。认识化学是以实验为基础的一门科学。

(3) 了解物质的组成、结构和性质的关系。了解化学反应的本质、基本原理以及能量变化等规律。

(4) 了解定量研究的方法是化学发展为一门科学的重要标志。理解摩尔(mol)是物质的量的基本单位,可用于进行简单的化学计算。

(5) 了解科学、技术、社会的相互关系(如化学与生活、材料、能源、环境、生命过程、信息技术的关系等)。了解在化工生产中遵循“绿色化学”思想的重要性。

2) 化学基本概念和基本理论

(1) 物质的组成、性质和分类。

① 了解分子、原子、离子等概念的含义,了解原子团的定义;

② 理解物理变化和化学变化的区别与联系;

③ 理解混合物和纯净物、单质和化合物、金属和非金属的概念;

④ 理解酸、碱、盐、氧化物的概念及其相互联系。

(2) 化学用语及常用计量。

① 熟记并正确书写常见元素的名称、符号、离子符号;

② 熟悉常见元素的化合价,能根据化合价正确书写化学式(分子式),或根据化学式判断化合价;

③ 了解原子结构示意图、分子式、结构式和结构简式的表示方法;

④ 了解相对原子质量、相对分子质量的定义,并能进行有关计算;

⑤ 理解质量守恒定律的含义;

⑥ 能正确书写化学方程式和离子方程式,并能进行有关计算;

⑦ 了解物质的量的单位——摩尔(mol)及摩尔质量、气体摩尔体积、物质的量浓度、阿伏伽德罗常数的含义;

⑧ 根据物质的量与微粒(原子、分子、离子等)数目、气体体积(标准状况下)之间的相互关系进行有关计算。

(3) 溶液。

① 了解溶液的含义;

② 了解溶解度、饱和溶液的概念；

③ 了解溶液的组成，理解溶液中溶质的质量分数的概念，并能进行有关计算；

④ 了解配制一定溶质质量分数、物质的量浓度溶液的方法；

⑤ 了解胶体是一种常见的分散系。

(4) 物质结构和元素周期律。

① 了解元素、核素和同位素的含义；

② 了解原子构成，了解原子序数、核电荷数、质子数、中子数、核外电子数以及它们之间的相互关系；

③ 了解原子核外电子排布；

④ 掌握元素周期律的实质，了解元素周期表（长式）的结构（周期、族）及其应用；

⑤ 以第三周期为例，掌握同一周期内元素性质的递变规律与原子结构的关系；

⑥ 以ⅠA和ⅦA族为例，掌握同一主族内元素性质递变规律与原子结构的关系；

⑦ 了解金属、非金属在元素周期表中的位置及其性质递变的规律；

⑧ 了解化学键的定义，了解离子键、共价键的形成。

(5) 化学反应与能量。

① 了解氧化-还原反应的本质是电子的转移，了解常见的氧化-还原反应；

② 了解化学反应中能量转化的原因，能说出常见的能量转化形式；

③ 了解化学能与热能的相互转化，了解吸热反应、放热反应、反应热等概念；

④ 了解热化学方程式的含义，能用赫斯定律进行有关反应热的简单计算；

⑤ 了解能源是人类生存和社会发展的重要基础，了解化学在解决能源危机中的重要作用；

⑥ 了解原电池和电解池的工作原理，能写出电极反应和电池反应方程式，了解常见化学电源的种类及其工作原理；

⑦ 理解金属发生电化学腐蚀的原因，金属腐蚀的危害，防止金属腐蚀的措施。

(6) 化学反应速率和化学平衡。

① 了解化学反应速率的概念、反应速率的定量表示方法；

② 了解催化剂在生产、生活和科学研究领域中的重大作用；

③ 了解化学反应的可逆性；

④ 了解化学平衡建立的过程，理解化学平衡常数的含义，能够利用化学平衡常数进行简单的计算；

⑤ 理解外界条件（浓度、温度、压强、催化剂等）对反应速率和化学平衡的影响，认识其一般规律；

⑥ 了解化学反应速率和化学平衡的调控在生活、生产和科学研究领域中的重要作用。

(7) 电解质溶液。

① 了解电解质的概念，了解强电解质和弱电解质的概念；

② 了解电解质在水溶液中的电离，以及电解质溶液的导电性；

③ 了解弱电解质在水溶液中的电离平衡；

④ 了解水的电离、离子积常数；

⑤ 了解溶液 pH 的定义，了解测定溶液 pH 的方法，能进行 pH 的简单计算；

⑥ 了解盐类水解的原理、影响盐类水解程度的主要因素、盐类水解的应用；

⑦ 了解离子反应的概念、离子反应发生的条件,了解常见离子的检验方法;

⑧ 了解难溶电解质的溶解平衡及沉淀转化的本质。

(8) 以上各部分知识的综合应用。

3) 常见无机物及其应用

(1) 常见金属元素(如 Na、Al、Fe、Cu 等)。

① 了解常见金属的活动顺序;

② 了解常见金属及其重要化合物的主要性质及其应用;

③ 了解合金的概念及其重要应用。

(2) 常见非金属元素(如 H、C、N、O、Si、S、Cl 等)。

① 了解常见非金属单质及其重要化合物的主要性质及应用;

② 了解常见非金属单质及其重要化合物对环境质量的影响。

(3) 以上各部分知识的综合应用。

4) 常见有机物及其应用

(1) 了解有机化合物中碳的成键特征。了解有机化合物的同分异构现象。

(2) 了解甲烷、乙烯、苯等有机化合物的主要性质。

(3) 了解乙烯、氯乙烯、苯的衍生物等在化工生产中的重要作用。

(4) 了解乙醇、乙酸的组成和主要性质及重要应用。

(5) 了解上述有机化合物发生反应的类型。

(6) 了解糖类、油脂、蛋白质的组成和主要性质及重要应用。

(7) 了解常见高分子材料的合成反应及重要应用。

(8) 以上各部分知识的综合运用。

5) 化学实验基础

(1) 了解化学实验是科学探究过程中的一种重要方法。

(2) 了解化学实验室常用仪器的主要用途和使用方法。

(3) 掌握化学实验的基本操作。能识别化学品安全使用标识,了解实验室一般事故的预防和处理方法。

(4) 掌握常见气体的实验室制法(包括所用试剂、仪器,反应原理和收集方法)。

(5) 能对常见的物质进行检验、分离和提纯,能根据要求配制溶液。

(6) 能根据实验试题要求,做到:①设计、评价或改进实验方案;②了解控制实验条件的方法;③分析或处理实验数据,得出合理结论;④绘制和识别典型的实验仪器装置图。

(7) 以上各部分知识与技能的综合应用。

2. 选考内容

选考内容涵盖选修模块“化学与生活”、“化学与技术”、“物质结构与性质”、“有机化学基础”的内容,考生从中任选一个模块考试。

1) 化学与生活

(1) 化学与健康。

① 了解食品中对人类健康有重要意义的常见有机物,了解合理摄入营养物质的重要性,营养均衡与人体健康的关系;

② 了解氨基酸、蛋白质的结构和性质特点;

③ 了解维生素和微量元素对人体健康的重要作用；

④ 了解常见食品添加剂的作用；

⑤ 了解药物对维护健康的作用；

⑥ 了解毒品的危害。

(2) 生活中的材料。

① 了解金属与合金在性能上的主要差异，了解生活中常见合金的组成；

② 了解金属腐蚀的化学原理、金属防护的常用方法、防止金属腐蚀的重要意义；

③ 了解水泥、玻璃和陶瓷的主要化学成分、生活原料及其用途；

④ 了解生活中常用合成高分子材料的化学成分及其性能，评价高分子材料的使用对人类生活质量和环境质量的影响。

(3) 化学与环境保护。

① 了解水污染的危害，了解污水处理中主要的化学方法及其原理；

② 了解大气主要污染物，了解减少大气污染物的原理和方法；

③ 了解生活废弃物处置的方法、“白色污染”的危害和防治方法。

2) 化学与技术

(1) 化学与资源开发利用。

① 了解煤、石油和天然气等综合利用的意义；

② 了解我国无机化工的生产资源和产品的主要种类；

③ 了解海水的综合利用，了解化学科学发展对自然资源利用的作用；

④ 了解化学对废旧物资再生与综合利用的作用。

(2) 化学与材料的制造、应用。

① 了解社会发展和科技进步对材料的要求，了解化学对材料科学发展的促进作用；

② 了解金属材料、无机非金属材料、高分子合成材料、复合材料和其他新材料的特点，了解有关的生产原理；

③ 了解用化学方法进行金属材料表面处理的原理；

④ 了解我国现代材料研究和材料工业的发展情况，了解新材料的发展方向。

(3) 化学与工农业生产。

① 了解化学在水处理中的应用；

② 了解合成氨的主要原理、原料、重要设备、流程和意义，认识催化剂的研制对促进化学工业发展的重大意义；

③ 了解精细化工产品的生产特点、精细化工在社会发展中的作用；

④ 了解化学肥料、农药等在农业生产中的作用。

3) 物质结构与性质

(1) 原子结构与元素的性质。

① 了解原子核外电子的能级分布，能用电子排布式表示常见元素(1～36 号)原子核外电子的排布，了解原子核外电子的运动状态；

② 了解元素电离能的含义，并能用以说明元素的某些性质；

③ 了解原子核外电子在一定条件下会发生跃迁，了解其简单应用；

④ 了解电负性的概念，知道元素的性质与电负性的关系。

(2) 化学键与物质的性质。

① 理解离子键的形成,能根据离子化合物的结构特征解释其物理性质;

② 了解共价键的主要类型σ键和π键,能用键能、键长、键角等说明简单分子的某些性质;

③ 了解简单配合物的成键情况;

④ 了解原子晶体的特征,能描述金刚石、二氧化硅等原子晶体的结构与性质的关系;

⑤ 理解金属键的含义,能用金属键理论解释金属的一些物理性质;

⑥ 了解杂化轨道理论及常见的杂化轨道类型(sp,sp^2,sp^3),能用价层电子对互斥理论或者杂化轨道理论推测常见的简单分子或者离子的空间结构。

(3) 分子间作用力与物质的性质。

① 了解化学键和分子间作用力的区别;

② 了解氢键的存在对物质性质的影响,能列举含有氢键的物质;

③ 了解分子晶体、原子晶体、离子晶体、金属晶体的结构微粒、微粒间作用力的区别。

4) 有机化学基础

(1) 有机化合物的组成与结构。

① 能根据有机化合物的元素含量、相对分子质量确定有机化合物的分子式;

② 了解常见有机化合物的结构,了解有机物分子中的官能团,能正确地表示它们的结构;

③ 了解确定有机化合物结构的化学方法和某些物理方法;

④ 了解有机化合物存在异构现象,能判断简单有机化合物的同分异构体(不包括手性异构体);

⑤ 能根据有机化合物命名规则命名简单的有机化合物;

⑥ 能列举事实说明有机分子中基团之间存在相互影响。

(2) 烃及其衍生物的性质与应用。

① 以烷、烯、炔和芳香烃的代表物为例,比较它们在组成、结构、性质上的差异;

② 了解天然气、石油液化气和汽油的主要成分及其应用;

③ 举例说明烃类物质在有机合成和有机化工中的重要作用;

④ 了解卤代烃、醇、酚、醛、羧酸、酯的典型代表物的组成和结构特点以及它们的相互联系;

⑤ 了解加成反应、取代反应和消去反应;

⑥ 结合实际了解某些有机化合物对环境和健康可能产生影响,关注有机化合物的安全使用问题。

(3) 糖类、氨基酸和蛋白质。

① 了解糖类的组成和性质特点,能举例说明糖类在食品加工和生物质能源开发上的应用;

② 了解氨基酸的组成、结构特点和主要化学性质及氨基酸与人体健康的关系;

③ 了解蛋白质的组成、结构和性质;

④ 了解化学科学在生命科学发展中所起的重要作用。

(4) 合成高分子化合物。

① 了解合成高分子的组成与结构特点,能依据简单合成高分子的结构分析其链节和单体;

② 了解加聚反应和缩聚反应的特点;

③ 了解新型高分子材料的性能及其在高新技术领域中的应用;

④ 了解合成高分子化合物在发展经济、提高生活质量方面的贡献。

第三节 英国 A level 考试

英国 GCE(general certificate of education)A 水平(advanced level,A level)考试类似于我国的普通高等学校招生全国统一考试,考生的考试成绩被视为升入大学最重要的指标。A 水平的考试说明也是编写高中教材与实施高中教学的重要依据之一。学生凭借 A 水平课程成绩可以直接申请英国任何一所大学(包括牛津大学和剑桥大学)、美国 395 所大学(包括哈佛大学、耶鲁大学等著名大学)、加拿大 22 所大学、澳大利亚 29 所正规大学。此外,德国、比利时、意大利、瑞士等国家也接受该资格证书可作为大学入学标准。

按学科性质分,GCE 考试包括语言(language)、数学(mathematics)、科学(science)、商业(business)、人文科学(humanities)、神学(divinity)和艺术与设计(art & design)等各类 A 水平考试等。

GCE 化学 A 水平考试属于 GCE 科学 A 水平考试的一部分。它主要分为高级辅助(advanced subsidiary,AS)考试与第二(a second examination,A2)考试两部分,两部分考试统称为高级水平(A 水平)。若考生的 AS 考试合格,又希望获得 A 水平考试成绩,则可选考 A2;若不继续选考 A2,则只获得 AS 成绩。不同大学或就业单位对考生的 GCE 考试科目有不同的具体要求,考生可结合实际选择考试。

该课程体系的教学大纲、课程设置及其考试分别由英国四个主要考试局——Cambridge International Examinations(CIE)、Oxford Cambridge and RSA Examinations(OCR)、Assessment and Qualifications Alliance (AQA)、Edexcel 公司设计并组织,其权威性得到了国际上的广泛认可。迄今为止,全球已有 5000 多个教育机构开设了英国高中课程,每年有数百万学生参加由这些考试局组织的统一考试。由于该课程的科学性和权威性,新加坡甚至直接将该课程考试作为大学入学的全国统一考试,香港也将该课程引进,作为大学入学的测试标准。下面将以剑桥评价的 OCR 考试机构开发的索尔特化学考试(Salters Chemistry)为例,对评价目标和考试内容及样题进行介绍。

一、考试目标

(1) AO1(assessment objective)。

科学的知识和理解以及科学是如何工作的。考生应该能:

① 识别、回忆和表达对科学知识的理解;

② 以不同的形式选择、组织和交流相关信息。

(2) AO2。

AO1 基础上的应用。考生应该能:

① 分析和评价科学知识和过程;

② 在陌生的环境中利用科学的知识和理解;

③ 评估科学信息的有效性、可靠性和可信性。

(3) AO3。

如何开展科学工作。考生应该能:

① 选择合适的定量和定性的方法解释和描述合理、安全和技能性的技术和过程;

② 在合适的精确度和准确性的条件下,记录和交流可信的和有效的观察和测量结果;

③ 利用不同的方式分析、解释、说明和评价自己和别人的实验和调查活动的方法、结果和

影响。

OCR 化学 A 的模块及单元内容如表 6－1 所示,其内容及评价目标分数权重如表 6－2 所示。

表 6－1　OCR 化学 A 的模块及单元内容

	模块	单元
AS	F321 原子、化学键和原子团	原子和反应;电子、化学键和结构;周期律
	F322 链状化合物、能量和资源	有机化学基本概念和碳氢化合物;醇类、卤代烃和实验分析;反应能量;化学资源
	F323 实验化学	由OCR 提供实验任务(定性、定量及评价三个实验任务),教师进行内部评价
A2	F324 环状化合物、高分子及化学分析	环状化合物、酸和胺;高分子化合物及其合成;化学分析(色谱和光谱)
	F325 化学平衡、化学能量及元素化合物	反应速率、反应平衡和溶液中的 pH;晶格能、反应焓和熵、电极电势和电池;过渡金属元素
	F326 实验化学	由OCR 提供实验任务(定性、定量及评价三个实验任务),教师进行内部评价

表 6－2　内容及评价目标分数权重

模块	分数权重/%			总计/%
	AO1	AO2	AO3	
F321	7	7	1	15
F322	10.5	12	2.5	25
F323	1.5	1	7.5	10
F324	5	9	1	15
F325	9	13.5	2.5	25
F326	1	1.5	7.5	10

二、考核内容与范围

(一) F321:原子、化学键和原子团

1. 模块 1　原子与反应(表 6－3～表 6－7)

表 6－3　原子

内容	能力要求
原子结构	(a) 能描述质子、中子和电子的电荷和相对质量 (b) 能描述原子中质量和电荷的分布 (c) 能描述原子核中质子和中子,以及使用专业术语——原子序数和质量数 (d) 对于在给定原子序数的原子或者离子能推导出质子数和中子数 (e) 能解释专业术语——同位素

续表

内容	能力要求
相对质量	(f) 了解^{12}C是作为相对原子质量的基准 (g) 掌握以^{12}C为基准计算相对原子质量 (h) 能根据同位素的丰度计算元素的相对原子质量 (i) 能利用相对原子质量计算相对分子质量

表 6-4　摩尔与反应

内容	能力要求
摩尔	(a) (i) 能使用物质的量和摩尔作为物质的量的单位；(ii) 了解阿伏伽德罗常数($6.02\times10^{23}mol^{-1}$)并能进行计算 (b) 掌握摩尔质量的使用及进行相关计算
化学式和分子式	(c) (i) 掌握化学式的定义；(ii) 掌握分子式的定义 (d) 能利用质谱数据和百分组成计算化学式和分子式
反应方程式	(e) 能配平反应方程式(对于未学过方程式，给出反应物和产物)
反应物质量摩尔浓度及气体体积	(f) 能对涉及物质的量、反应质量、气体体积、溶液体积和浓度进行相关计算，同时根据计算推导出化学计量关系，正确使用浓溶液和稀溶液描述不同浓度的溶液

表 6-5　酸和碱

内容	能力要求
酸碱基本概念	(a) 了解酸在水中可以释放出氢离子 (b) 能正确使用常见酸的化学式：盐酸、硫酸和硝酸 (c) 了解常见的碱性物质为：金属氧化物、金属氢氧化物和氨 (d) 了解可溶性碱在水中可以释放出氢氧根离子 (e) 能正确使用常见碱的化学式：氢氧化钠、氢氧化钾和氨水
盐	(f) 了解盐是酸的氢离子被金属离子或者铵根离子替换形成的 (g) 理解酸和碳酸盐、碱性物质和碱反应生成盐 (h) 了解盐可以与氢离子反应生成酸 (i) 了解无水以及水合结晶化合物 (j) 通过质量分数或者实验数据计算水合盐的化学式 (k) 能进行酸碱滴定实验

表 6-6　氧化-还原反应

内容	能力要求
氧化数	(a) 按照规则判断元素、化合物和离子中原子的氧化数(对于过氧化物和金属氢化物不做要求) (b) 利用专业术语描述氧化和还原：(i) 电子转移；(ii) 氧化数变化 (c) 利用罗马数字表明容易混淆的元素的氧化数 (d) 利用氧化数书写方程式：(i) 了解金属在通常情况下失去电子，氧化数增加，形成正离子；(ii) 了解非金属在通常情况下获得电子，氧化数减少，形成负离子
氧化-还原反应	(f) 了解金属与盐酸和硫酸的氧化-还原反应 (g) 预测和解释氧化-还原反应中的氧化数和得失电子数

表 6-7　实践活动

内容	能力要求
	(a) 配制标准溶液 (b) 用盐酸滴定氢氧化铵或碳酸钠 (c) 对酸性水果汁中柠檬酸的滴定 (d) 用 $NaOH/H_2SO_4$ 掌握化学计量比 (e) 水合盐中结晶水含量的测定 (f) 通过对生成的气体的收集测定未知金属的相对原子质量 (g) 测定石灰水的浓度 (h) 通过滴定测定洗衣皂的相对分子质量 (i) 盐、碱与酸的反应 (j) 通过酸碱反应制备盐，如硫酸铜或者硫酸铵 (k) 金属与酸的反应

2. 模块 2 电子、化学键和结构(表 6-8 和表 6-9)

表 6-8　电子结构

内容	能力要求
电离能	(a) 理解第一电离能和逐级电离能的定义 (b) 理解影响电离能的因素：核电荷数、电子排布以及电子与原子核的距离 (c) 能够从元素的逐级电离能推测：(i) 一个原子各个层中的电子数；(ii) 元素的族数
电子能级、电子层、亚层、轨道和电子构型	(d) 了解电子可以填满前四个层 (e) 理解同一轨道区域可以容纳两个自旋方向相反的电子 (f) 能描述 s 和 p 轨道的形状 (g) 能描述：(i) 构成 s、p 和 d 亚层轨道数；(ii) 占据 s、p 和 d 亚层轨道的电子数 (h) 能描述第一、第二、第三层中 s、p 和 d 亚层轨道以及 4s 和 4p 轨道的相对能量 (i) 掌握原子序数小于 36 的原子和离子的电子排布 (j) 掌握元素分成 s、p 和 d 区的分类方法

表 6-9　化学键和结构

内容	能力要求
离子键	(a) 掌握离子键是由电荷相反的离子靠静电作用形成的 (b) 掌握利用“点叉”图表示离子键的形成 (c) 利用元素在周期表中的位置预测离子的电荷数 (d) 掌握下列离子的化学式：NO_3^-、CO_3^{2-}、SO_4^{2-}、NH_4^+
共价键和配位键	(e) 掌握共价键是由公用电子对形成的 (f) 掌握利用“点叉”图表示以下共价键：(i) 简单共价键，如 H_2、Cl_2、HCl、H_2O、NH_3、CH_4、BF_3、SF_6；(ii) 复杂共价键，如 O_2、N_2、CO_2；(iii) 配位键，如 NH_4^+
简单分子和离子的空间构型	(g) 能理解分子的构型是由原子周围电子对的排斥作用导致的 (h) 了解孤对电子的排斥作用比共价电子对的强 (i) 能解释中心原子周围电子对数为六的以下分子的空间构型、键角：(i) BF_3；(ii) CH_4 和 NH_4^+；(iii) SF_6；(iv) NH_3；(v) H_2O；(vi) CO_2 (j) 能推断出与(i)中分子或离子结构相似的简单分子的键角和空间构型
电负性和极性	(k) 掌握电负性是指在共价化合物中吸引电子的能力 (l) 理解当形成共价键的两个原子的电负性不同可导致瞬间偶极，形成极性键

续表

内容	能力要求
分子间力	(m) 掌握分子间作用力是由瞬间偶极和诱导偶极作用形成的 (n) 掌握氢键是由含羟基或者氨基的分子与孤对电子作用形成，如在水、氨中可以形成氢键 (o) 掌握由于形成氢键导致与水以及与水结构类似物质的性质的改变：(i) 密度；(ii) 相对高的熔点和沸点
金属键	(p) 了解金属键是正离子和自由解离的电子之间的相互作用
化学键与物理性质	(q) 掌握以下结构：(i) 离子晶体，如 NaCl；(ii) 含有共价键的晶体，如金刚石；(iii) 金属晶体；(iv) 简单分子晶体，如碘和冰 (r) 能够根据微粒结构及之间的作用类型、化学键类型推测熔、沸点，导电性和溶解度等物理性质 (s) 能够根据给出的信息推导出化学键和晶体的类型

3. 模块 3　周期表(表 6－10～表 6－12)

表 6－10　周期表

内容	能力要求
周期表中族和周期	(a) 掌握周期表的排布遵循以下原则：(i) 原子序数的递增；(ii) 周期内物理化学性质呈现递变的规律；(iii) 族内的物理化学性质相似 (b) 掌握周期性的涵义 (c) 掌握同一族内的元素的核外电子构型决定具有相似的物理化学性质
元素的物理性质递变规律(电离能的变化趋势只考虑 s 区和 p 区)	(d) 掌握第一电离能的变化趋势：(i) 一般而言在同一周期内随着原子序数的增大而增大；(ii) 一般而言在同一族内随着原子半径的增大而减小 (e) 对于第二、第三周期元素：(i) 掌握电子构型、原子半径和熔、沸点的变化趋势；(ii) 掌握熔、沸点与结构、化学键的关系 (f) 能够用电子构型，原子半径，第一电离能，熔、沸点数据阐释周期律

表 6－11　ⅡA 族

内容	能力要求
ⅡA 族金属的氧化-还原反应	(a) 掌握镁、钙、锶、钡与氧气和水发生的氧化-还原反应 (b) 能解释ⅡA 族金属反应活性变化的原因
ⅡA 族金属形成的化合物	(c) 掌握氧化物与水的反应以及生成溶液的 pH (d) 掌握碳酸盐的热分解反应以及难易程度的变化趋势 (e) 掌握和推测ⅡA 族金属及其化合物的物理和化学性质 (f) 掌握 $Ca(OH)_2$ 在农业生产中可以作为酸性土壤的中和剂以及 $Mg(OH)_2$ 可以作为抗酸胃药使用

表 6－12　ⅦA 族

内容	能力要求
特征物理性质	(a) 掌握 Cl_2、Br_2 和 I_2 的沸点与范德华力大小相关

续表

内容	能力要求
ⅦA族元素及化合物的氧化-还原性质的变化规律	(b) 掌握存在有机溶剂条件下，Cl_2、Br_2 和 I_2 之间及与卤离子发生的氧化-还原反应及实验现象，阐释其反应活性的大小 (c) 掌握反应活性的变化趋势与原子大小和原子核对核外电子吸引力的关系 (d) 掌握歧化反应，如：(i) 在自来水消毒过程中，氯气与水的反应；(ii) 氯气与稀的冷的氢氧化钠溶液反应 (e) 掌握和推测ⅦA族单质及其化合物的物理和化学性质 (f) 了解氯气作为消毒杀菌剂的优点和缺点
卤离子的特征反应	(g) 掌握 Cl^-、Br^- 和 I^- 与银离子的特征沉淀反应以及卤化银与氨水的反应 (h) 掌握利用特征沉淀反应对卤离子进行鉴别

实验及实践活动：

(1) ⅡA族金属与氧气和水的反应。

(2) 氧化物与水的反应，测定生成溶液的pH。

(3) 碳酸盐的热分解反应。

(4) 卤素的置换反应。

(5) 用硝酸银鉴定溶液中的卤离子。

(二) F322：链状化合物、反应能量及化学资源

1. 模块1　基本概念、碳氢化合物(表6-13～表6-15)

表6-13　基本概念

内容	能力要求
有机化合物的表示方法	(a) 掌握下列专业术语：(i) 经验式；(ii)分子式；(iii) 通式；(iv) 结构简式；(v) 结构式；(vi) 键线式
官能团和化合物命名	(b) 掌握下列专业术语：同系物和官能团 (c) 掌握使用通式去推测某一系列化合物中某一化合物的分子式 (d) 掌握碳原子数1～10烷烃的名称 (e) 利用IUPAC系统命名法命名有机化合物
异构体	(f) 掌握和使用下列专业术语：(i) 结构异构体；(ii) 立体异构体；(iii) *E/Z* 异构体；(iv) 顺反异构体 (g) 能根据给出的分子式写出可能的结构式
反应机理	(h) 掌握共价键的裂解类型：均裂和异裂 (i) 掌握弯曲箭头是表示在化合键的断裂和形成过程中电子对的移动 (j) 能合理使用图示表示反应的机理
百分产率	(k) 掌握计算反应产率的方法 (l) 掌握原子利用率的定义 (m) 理解加成反应的原子利用率是最高的，为100%，而取代反应相对较低 (n) 能对反应的原子利用率进行计算 (o) 了解高原子利用率的优点是可以减少不合理产物的生成 (p) 理解一个反应可以有很高的产量而其原子利用率较低

表 6-14 烷烃

内容	能力要求
粗油提炼 烃类化合物	(a) 了解烃类化合物是只含有碳和氢的一类物质 (b) 掌握沸点的不同可以把原油分馏,得到燃料或者作为化工原料 (c) 理解烷烃和环烷烃均为饱和烃类化合物 (d) 理解烷烃中每个碳原子均是四面体的中心 (e) 利用范德华力解释不同链长和不同直链的烷烃的沸点的不同
烃类燃料	(f) 了解烷烃燃烧可产生能量,因此可以作为生活或者发动机燃料使用 (g) 掌握在氧气不足的条件下,烃类不完全燃烧的方程式以及产生 CO 潜在的危害 (h) 理解利用催化裂解可以得到用途更大的烃类 (i) 了解通过各种工艺可以将直链烃类化合物转变成环状或者支链烃类,从而可以燃烧效率更高 (j) 掌握化石燃料作为燃料和化工原料的优缺点:(i) 认识化石燃料不可再生以及目前人类对其过度依赖,重视发展可再生的植物性燃料,如乙醇和生物柴油;(ii) 了解燃烧产生的 CO_2 对全球变暖和气候的影响
烷烃的 取代反应	(k) 掌握在光照条件下烷烃与氯气和溴发生取代反应,生成卤代烷 (l) 掌握自由基的定义 (m) 了解在烷烃的自由基取代反应中均裂是如何伴随着链引发、链增长和链终止进行的 (n) 了解自由基取代反应的局限性,可能导致进一步取代反应和生成复杂的混合物

表 6-15 烯烃

内容	能力要求
烯烃的 基本性质	(a) 了解烯烃和环烯烃都是不饱和烃类化合物 (b) 掌握 π 键的形成机理 (c) 掌握在烯烃的 C═C 中的碳原子是平面三角的中心
烯烃的 加成反应	(d) 以乙烯和丙烯为例,掌握烯烃以下加成反应:(i) 在 Ni 催化剂存在下与氢气生成烷烃;(ii) 和卤族元素生成卤代烃,包括与溴反应可用于检测不饱和烃类的 C═C 键;(iii) 卤化氢反应生成卤代物;(iv) 在酸催化剂作用下与水反应生成醇 (e) 掌握亲电试剂的定义 (f) 掌握异裂如何引发烯烃的亲电加成反应
加聚反应	(g) 掌握烯烃的加聚反应 (h) 在给出的只含一个单体的加聚高分子化合物中能分析判断出单体 (i) 根据单体可以推导出单体加聚高分子的结构式
烯烃的 工业用途	(j) 了解烯烃在有机化工领域的应用:(i) 在催化剂作用下,不饱和植物油与氢气反应生产人造黄油;(ii) 利用不饱和乙烯衍生物单体(如 $H_2C{=}CHCl$、$F_2C{=}CF_2$)聚合制造一系列的高分子化合物 (k) 了解废弃高分子材料的处理:(i) 分类标准和回收;(ii) 燃烧;(iii) 通过裂化可作为生产塑料和其他化学品的原料 (l) 了解化学家为减少环境污染做的贡献:(i) 清除有毒物质,如清除卤代塑料燃烧产生的卤化氢;(ii) 研发可降解和复合高分子材料,如异戊二烯和玉米淀粉的共聚物

实践活动：

(1) 石蜡油的裂解。

(2) 溴与烷烃和烯烃反应的试管实验。

(3) 橘子皮中柠檬精油的提取。

2. 模块2　卤代烷和化学分析(表6-16～表6-18)

表6-16　醇

内容	能力要求
乙醇的制备与性质	(a) 掌握用氢键来解释醇类的水溶性以及低挥发度等性质 (b) 了解乙醇的工业生产：(i) 糖类的发酵；(ii) 乙烯与水在酸催化剂作用下制备乙醇 (c) 醇类的概况：(i) 乙醇在酒精类饮料中的用途以及可作为甲基化酒精中的溶剂；(ii) 甲醇作为燃油添加剂可以提高燃烧效率以及作为生产其他化学品的重要原料
醇的反应	(d) 醇的分类：伯醇、仲醇和叔醇 (e) 掌握醇的燃烧反应 (f) 掌握利用酸性重铬酸钾溶液氧化醇：(i) 将伯醇氧化生成醛和酸，利用不同的试剂和条件可生成不同的氧化产物；(ii) 仲醇氧化生成酮；(iii) 叔醇的惰性(掌握[O]代表氧化剂) (g) 掌握在酸(磷酸和硫酸)催化下醇与羧酸的酯化反应 (h) 掌握醇在催化剂和加热条件下生成烯烃

表6-17　卤代烃

内容	能力要求
卤代烃的取代反应	(a) 了解卤代烃的水解反应为取代反应 (c) 掌握伯卤代物在热碱作用下亲核取代反应的机理 (d) 掌握伯卤代物水解反应速率与键能大小的关系
卤代烃的应用	(e) 了解氯乙烯和四氟乙烯生产的塑料PVC和PTFE的用途 (f) 了解氟氯代物的相关性质：(i) 由于其反应惰性、易挥发性和无毒，曾作为气雾剂和制冷剂；(ii) 对臭氧层造成巨大破坏 (g) 了解研发可降解材料替代氟氯代烃，从而减少对环境的危害，发展绿色化学

表6-18　现代分析技术

内容	能力要求
红外光谱	(a) 了解红外光谱是由于吸收了红外辐射导致了共价键的振动 (b) 利用红外光谱鉴定有机化合物：(i) 醇的羟基特征吸收峰；(ii) 羰基的特征吸收峰；(iii) 羧基中的C═O和O—H特征吸收峰(注：在实际考试中，提供吸收光谱的数据) (c) 了解现代测定呼气中的酒精含量的酒精测定仪是利用了红外光谱测定技术
质谱	(d) 了解质谱的用途：(i) 测定同位素的相对含量；(ii) 可作为鉴定元素的一种方法，如活性探测仪和环境污染中铅元素的测定 (e) 掌握元素的质谱与同位素丰度的关系 (f) 利用质谱数据中的分子离子峰确定物质的相对分子质量 (g) 在给定的质谱数据中能鉴定碎片离子(限定烷烃、烯烃和醇) (h) 利用分子离子峰和碎片峰判断结构(限定单电荷碎片离子) (i) 理解质谱数据是分子的特征数据，可以利用计算机光谱数据库进行鉴别

实践活动：

(1) 葡萄糖的发酵。

(2) 氧化乙醇制备乙醛和乙酸。

(3) 环己醇的消去反应。

(4) 用支管制备酯。

(5) 不同卤代烷的水解速率比较。

(6) 分析不同物质的红外光谱、光谱数据。

3. 模块 3　能量(表 6-19～表 6-20)

表 6-19　焓变

内容	能力要求
焓变(反应焓、生成焓以及燃耗焓) 标准条件 100kPa，298K	(a) 了解化学反应伴随着焓变，放热(ΔH，负的)或吸热(ΔH，正的) (b) 了解糖类(如呼吸中的葡萄糖)的氧化和燃料的燃烧是重要的氧化放热过程 (c) 了解吸热过程需要加热，如碳酸钙的热分解反应 (d) 创建简单的焓变图比较反应物和生成的热力学能差异 (e) 利用焓变曲线图定量解释活化能 (f) 了解下列术语的定义：(i) 标准条件；(ii) 反应焓变；(iii) 生成焓变；(iv) 燃烧焓变 (g) 利用适当的实验数据计算反应焓变，包括利用关系式：能量变化$=mc\Delta T$
键能	(h) 理解放热反应和吸热反应由于化学键的断裂和生成导致的能量变化 (i) 理解平均键能的定义 (j) 利用平均键能数据计算反应的焓变
赫斯定律	(k) 利用赫斯定律构建反应焓变循环，能进行以下计算：(i) 利用燃烧焓计算反应的焓变；(ii) 利用生成焓计算反应的焓变；(iii) 利用陌生的焓变循环计算反应的焓变

表 6-20　速率和平衡

内容	能力要求
简单碰撞理论	(a) 根据碰撞理论定性描述浓度对反应速率的影响 (b) 对于气体增大其压力，相当于增大反应浓度，从而有可能增大反应速率
催化剂	(c) 理解催化剂是在一个反应循环中能加速一个反应而自身并不消耗；了解催化剂有以下优点：(i) 影响反应进行的条件，降低反应温度，减少能量需求和 CO 排放；(ii) 可以促使更多反应进行，同时有较高原子利用率和产生较少的废弃物；(iii) 通常为酶，在常温和常压下催化产生特定的产物；(iv) 产生巨大的经济效益，如合成氨中的铁系催化剂，聚乙烯生成中的齐格勒-纳塔催化剂，以及催化转换中的铂钯铑催化剂 (e) 利用焓变曲线图，解释催化剂如何改变反应的途径，降低反应的活化能，增加反应的速率

续表

内容	能力要求
玻耳兹曼分布	(f) 定性了解玻耳兹曼分布及其与活化能的关系 (g) 利用玻耳兹曼分布定性描述反应温度对超过活化能分子比例的影响,进而影响反应速率 (h) 利用玻耳兹曼分布解释(e)中的催化行为
动态平衡和勒夏特列原理	(i) 能解释当正向反应速率和反向反应速率相等时,反应达到平衡 (j) 掌握勒夏特列原理 (k) 利用勒夏特列原理定性分析温度、浓度、压力对均相体系中平衡的影响 (l) 通过给定的数据,分析反应平衡和反应速率在工业生产中的矛盾解决

实践活动:

(1) 测定简单反应的焓变:$Zn+CuSO_4$(放热),$NaHCO_3$+柠檬酸(吸热),$NaOH+HCl$(放热)。

(2) 醇类燃烧反应的焓变。

(3) 反应焓变的间接测量。

(4) 气体生成速率的测定,如 $CaCO_3+HCl$,$Mg+HCl$。

(5) 通过加热改变平衡点:$2NO_2(g) \rightleftharpoons N_2O_4(g)$。

(6) 通过浓度改变平衡的移动:Fe^{3+} 和 SCN^-。

4. 模块 4 化学与资源(表 6-21~表 6-22)

表 6-21 大气化学

内容	能力要求
温室效应	(a) 理解在水、二氧化碳以及甲烷中的 C═O,O—H 和 C—H 键吸收红外辐射,从而导致温室效应 (b) 理解对于给定的一种气体,温室效应是由其在空气中的浓度和吸收红外的能量决定的 (c) 了解控制大气中温室气体对全球变暖的危害 (d) 了解化学家在全球变暖造成的环境变化上做出的贡献:(i) 给政府科学的依据证明全球变暖正在发生;(ii) 提供解决环境问题的方法。例如,捕获碳将其储存(CCS)。又如,将二氧化碳液体注入海洋深处储存到地质深层,或者将其与金属氧化物反应生成稳定的碳酸盐;(iii) 对于各种倡议(如京都协议)进行监控
臭氧层	(e) 了解臭氧可以持续形成,同时在同温层在紫外线的作用下分解 (f) 利用 $O_2+O \rightleftharpoons O_3$ 平衡:(i) 了解和认识在臭氧层臭氧的浓度是如何保持不变的,包括紫外线在其中的作用;(ii) 了解臭氧的作用是吸收有害的紫外辐射,有效保护地球中的生命 (g) 掌握由氟氯代物和氮氧化物可产生自由基,催化臭氧的分解,其反应步骤简化如下: $R+O_3 \rightleftharpoons RO+O_2$ $RO+O \rightleftharpoons R+O_2$ R 代表 Cl·

续表

内容	能力要求
大气污染的控制	(h) 对于一氧化碳、氮氧化物和未燃烧的烃类，能解释在内燃机中是如何形成的以及对环境的危害，包括毒性、分解臭氧和产生光化学烟雾 (i) 了解催化转化器可以减少内燃机工作时一氧化碳和一氧化氮的生成：(i) 将一氧化碳和一氧化氮吸附到催化剂表面；(ii) 发生化学反应；(iii) 解吸二氧化碳和氮气 (j) 了解利用红外光谱监测大气污染

表 6－22　绿色化学

内容	能力要求
可持续发展	(a) 了解化学可持续性的基本原理：(i) 使用减少或者消除危害化学品以及尽量较少的化学品；(ii) 设计具有较高原子利用率、低废弃物产率的生产；(iii) 使用可再生的资源，如植物原料；(iv) 寻找替代能源，如太阳能，减少有限的即将消耗殆尽的能源的使用，如化石燃料；(v) 确保任何废弃物都是无毒、可循环使用或者可生物降解生成对环境无害的物质 (b) 了解明显的优点背后可能隐藏不可预料的危害的副作用 (c) 了解建立国际合作机构，推动减少环境污染 (d) 对于给出的背景材料讨论上述原则

(三) F323：实验与探究化学(表 6－23)

定性分析和定量分析任务用于评价学生的观察和测量能力。要求学生在特定的条件喜爱进行实验操作，使用 OCR 提供的评价方案对学生的每一个任务进行内部评价。学生可以尝试多个实验任务，使用其中的最好成绩。

表 6－23　实验与探究

内容	能力和结果要求
1. 定性分析任务 学生按照 OCR 提供的指令进行操作	(a) 展示娴熟安全的实验技巧，使用合理的定性分析方法 (b) 观察和记录实验数据和现象，正确展示实验结果
2. 定量分析任务 学生按照 OCR 提供的指令进行操作	(a) 展示娴熟安全的实验技巧，使用合理的定量分析方法 (b) 在需要的精确度范围内，观察和记录实验数据和现象 (c) 分析、解释和评价实验所得数据，得出结论
3. 评价任务 此任务是定性或者定量任务的拓展 需要考生评价实验数据和步骤的可靠性 评价任务不需要额外收集实验数据	(a) 分析和解释实验数据，判别异常，得出结论 (b) 总结实验的可信度和准确度，判别实验步骤和方法的缺陷 (c) 总结和选择合理而简单的改进实验的方法

(四) F324：环状化合物、聚合物和化学分析

1. 模块 1　环状化合物、有机酸和胺(表 6－24～表 6－27)

表 6－24　芳烃

内容	能力要求
苯的结构	(a) 比较凯库勒式和以 p 轨道相互租用形成大 π 键的离域结构 (b) 从以下角度理解苯的离域结构：键长、氢化的焓变以及惰性

续表

内容	能力要求
芳烃的取代反应	(c) 掌握芳烃与以下物质发生的亲电取代反应:(i) 在浓硫酸存在下,与浓硝酸;(ii) 含卤化合物存在下,与卤族单质 (d) 掌握亲电取代反应的机理,以单硝化和单卤代为例 (e) 掌握与烯烃相比,苯溴化的困难程度,从 π 键和碳-碳双键离域电子密度角度进行分析
苯酚	(f) 掌握苯酚以下反应:(i) 与碱反应生成盐;(ii) 与溴反应生成 2,4,6-三硝基苯酚 (g) 比较苯酚和苯溴代的难易程度,从苯酚中的氧的 p 轨道中的电子效应角度分析原因 (h) 了解苯酚的用途:制造塑料、防腐剂、杀菌剂以及增塑剂

表 6-25　羰基化合物

内容	能力要求
羰基化合物的反应	(a) 掌握酸性重铬酸钾对醇的氧化反应:(i) 将伯醇氧化生成醛和酸,使用不同的反应条件得到不同的产物;(ii) 将仲醇氧化生成酮 (b) 掌握用酸性重铬酸钾氧化醛生成羧酸 (c) 掌握用硼氢化钠将羰基化合物还原生成醇 (d) 掌握醛和酮与氢化物发生亲核取代反应的机理,如与 $NaBH_4$ 反应
羰基化合物的鉴定反应	(e) 掌握 2,4-二硝基苯肼的使用:(i) 鉴定有机化合物中羰基的存在;(ii) 通过生成的衍生物的熔点鉴别羰基化合物 (f) 掌握土伦试剂的使用:(i) 鉴定有机化合物中醛基的存在;(ii) 可对醛和酮进行鉴别,将醛氧化生成羧酸,而银离子还原生成银

表 6-26　羧酸和酯

内容	能力要求
羧酸的性质	(a) 能利用氢键和偶极-偶极作用解释羧酸的水溶性 (b) 掌握羧酸与金属、碳酸盐和碱的反应
酯、甘油三酯、饱和和不饱和脂肪	(c) 掌握羧酸与醇在酸催化下的酯化反应,以及酸酐与醇的酯化反应 (d) 掌握酯在碱性和酸性条件下的水解反应 (e) 了解酯在香水和调味品中的作用 (f) 了解甘油三酯是丙三醇与脂肪酸形成的三酯 (g) 掌握和比较饱和与不饱和脂肪酸的结构的差异,包括顺、反式结构,系统名称和习惯名称 (h) 了解反式脂肪酸在胆固醇中的增加可能导致冠心病发病率的增大 (i) 认识脂肪酸的酯作为生物柴油的用途

表 6-27　胺

内容	能力要求
胺的碱性	(a) 从胺上氮原子孤对电子可接受质子的角度解释其碱性 (b) 掌握胺与酸反应可生成盐
胺的制备	(c) 掌握脂肪胺可通过卤代物与过量的氨反应制取,而芳香胺通过硝基芳香化合物还原制取
合成偶氮染料	(d) 掌握通过芳香胺与亚硝酸在低于 10℃ 反应形成重氮离子,再与苯酚在碱性条件下偶合生成偶氮化合物 (e) 了解偶氮合成方法在生产偶氮染料中的应用

实践活动：

(1) 2,4-二硝基苯肼衍生物的制取和鉴定。

(2) 用 $NaBH_4$ 还原羰基化合物，如二苯乙酮的还原。

(3) 苯甲酸甲酯的硝化。

(4) 酯的制备，如制备乙酸乙酯、2-羟基苯甲酸甲酯。

(5) 乙酰苯胺的合成。

(6) 酯的水解，如苯甲酸甲酯的水解。

(7) 阿司匹林的合成。

2. 模块 2　高分子及其合成(表 6-28～表 6-30)

表 6-28　氨基酸和手性

内容	能力要求
氨基酸	(a) 掌握氨基酸的通式 $RCH(NH_2)COOH$ (b) 了解氨基酸在等当点以两性离子形式存在 (c) 了解不同氨基酸对应不同的等当点 (d) 掌握氨基酸在不同 pH 的酸碱性
肽的形成和蛋白质的水解	(e) 了解肽键是通过氨基酸的缩合形成的，进一步缩合形成多肽和蛋白质 (f) 掌握氨基酸的酸性水解和碱性水解及生成的产物
光学异构体	(g) 掌握光学异构体形成的条件：存在一个连接四个不同官能团与其镜像不重叠的手性碳原子 (i) 掌握光学异构体和 E、Z 是立体异构体的不同形式

表 6-29　聚酯和聚酰胺

内容	能力要求
缩合聚合物	(a) 掌握以下缩合、聚合反应：(i) 聚酯，如涤纶是由对苯二甲酸与乙二醇聚合生成；(ii) 聚酰胺，如尼龙 66 是由 1,6-环己二胺和 1,6-环己二酸缩聚而成 (b) 比较缩聚和加聚反应的区别 (c) 能根据高分子化合物的单体表达形式判断聚合的类型 (d) 能判别出给定聚合物的单体(反之亦然) (e) 了解聚酯和聚酰胺作为纤维在服装中的应用
可降解高分子材料	(f) 掌握聚酯和聚酰胺的酸性和碱性水解反应 (g) 了解化学家研发可降解高分子塑料减少环境污染所做的贡献，如聚乳酸的合成和应用 (h) 了解缩聚高分子材料的以下性质：(i) 由于碳-氧双键吸收辐射可能发生光降解；(ii) 酯键和酰胺键可能发生水解反应

表 6-30　有机合成

内容	能力要求
合成路线	(a) 对于含有多官能团的有机化合物：(i) 识别官能团；(ii) 预测可能发生的化学反应 (b) 设计多步合成路线合成稍微复杂的有机物

续表

内容	能力要求
药物合成的手性问题	(c) 了解药物的合成通常涉及一种光学异构体的反应 (d) 了解在实验室合成的分子中通常为光学异构体的混合物，而在生物体系中通过酶催化得到的同种物质通常只是一种光学异构体 (e) 了解只含一种化学异构体的药物的合成通常需要大量的投入，其原因是需要分离不同的光学异构体，并且在合成中需要避免大量的副反应提高药物的活性 (f) 了解现代手性药物合成通常具有以下特点：需要使用酶或者某种菌类进行催化，提高反应的立体选择性，使用手性催化剂、手性分子，如氨基酸或者糖类作为初始原料

实践活动：

(1) 甘氨酸的反应。

(2) 尼龙绳索的性能展示。

3. 模块 3　化学分析(表 6－31～表 6－32)

表 6－31　色谱

内容	能力要求
色谱的基本概念和知识	(a) 了解色谱是一种重要的，使用流动相和固定相方法，分离混合物中各组分的技术 (b) 掌握以下知识：(i) 流动相可以是气体或者固体；(ii) 固定相可以是固体或液体或者负载其他物质的固体 (c) 了解以下知识：(i) 固体固定相通过不同的吸附作用进行分离；(ii) 液体固定相通过相对溶解度的差异进行分离 (d) 掌握 R_f 值以及利用其分析单通道色谱图 (e) 掌握保留时间的涵义，以及利用其解释气相色谱 (f) 了解通过色谱分析有一定的局限性，如：(i) 结构相同的化合物通常有相同的保留时间；(ii) 对于未知结构的化合物没有参照的保留时间对比分析
气-质联用	(g) 了解质谱与色谱联用有以下优点：(i) 提供更强大的分析手段；(ii) 对于产生的质谱数据可以与数据库进行对比分析，从而更加肯定地鉴定某一物质 (h) 了解气-质联用在环境分析、机场安检以及空间探测中的应用

表 6－32　光谱

内容	能力要求
核磁共振	(a) 了解核磁共振涉及物质与低能量的电磁波之间的相互作用 (b) 能使用 ^{13}C 核磁谱分析物质结构，做出以下判断：(i) 从不同的化学位移分析碳的类型；(ii) 分子可能的结构 (c) 能分析简单化合物的高分辨核磁氢谱，做出以下判断：(i) 从化学位移中分析出含有质子的类型；(ii) 通过峰面积的相对比例判断不同类型质子的比例；(iii) 使用 $n+1$ 裂分规则判断邻近氢原子的数目；(iv) 推测化合物的结构 (d) 对于给定的化合物能推测出质子的化学位移和相应的裂分方式 (e) 掌握四甲基硅烷作为化学位移测定的基准物质 (f) 了解在核磁共振中需要使用氘代试剂 (g) 了解利用重水进行质子交换反应鉴定羟基和氨基的活泼氢 (h) 了解核磁共振技术与体检中使用的诊断内部结构的“磁成像技术”原理相同
测试技术的综合运用	(i) 对于含有碳、氢、氧、氮四种元素的化合物：(i) 利用红外光谱技术分析鉴定分子中存在的官能团；(ii) 利用质谱，分析分子离子和碎片峰，判断部分结构；(iii) 结合核磁共振、红外光谱和质谱分析推导出分子的结构

实践活动：
(1) 薄层析或者纸层析。
(2) 分析分子的光谱数据。

(五) F325：化学平衡、反应能量和过渡元素

1. 模块 1　反应速率、平衡和 pH(表 6-33～表 6-35)

表 6-33　反应速率

内容	能力要求
速率曲线和反应级数基本概念	(a) 掌握和使用反应速率、反应级数、速率常数、半衰期、决速步骤等概念 (b) 从浓度时间图像推导出一级反应的反应速率和半衰期 (c) 理解一级反应的半衰期与浓度无关 (d) 从速率浓度曲线推导对应反应物的反应级数(0,1 或 2) (e) 利用初始速率方法确定对应反应物的反应级数(0,1 或 2)
速率方程和速率常数	(f) 通过反应级数推导反应的速率方程：$v=k[A]_m[B]_n$ (g) 通过速率方程计算反应的速率常数 (h) 定量分析温度对速率常数以及反应速率的影响
决速步骤	(i) 对于一个多步反应：(i) 推测与决速步骤一致的速率方程；(ii) 由反应速率方程推测反应机理的各步反应和总反应的平衡方程

表 6-34　反应程度

内容	能力要求
平衡	(a) 通过给定的数据能计算达到平衡后的浓度 (b) 掌握均相中的平衡常数表达式 K_c (c) 计算平衡常数的值及单位 (d) 掌握温度对吸热反应和放热反应平衡常数的影响 (e) 理解平衡常数不受浓度、压力和催化剂的影响

表 6-35　酸、碱和缓冲溶液

内容	能力要求
布朗斯台德、路易斯酸碱	(a) 了解酸碱的定义：酸为质子给体、碱为质子受体 (b) 利用离子方程式解释氢离子在酸与金属、碳酸盐以及碱反应中的作用 (c) 掌握和使用“共轭酸碱对”概念
强弱酸	(d) 从电离程度定性分析强酸和弱酸的差异 (e) 掌握酸电离常数可以表示酸电离的程度 (f) 推导和掌握弱酸电离的平衡常数的表达式 K_a 和 pK_a
pH 和[H^+(aq)]	(g) 掌握 pH 与氢离子浓度的关系表达式 (h) 掌握水电离的离子积 K_w (i) 能对以下溶液的氢离子浓度和 pH 进行换算：(i) 一元强酸；(ii) 一元弱酸；(iii) 强碱 (j) 利用给出的数据计算 K_a
缓冲溶液	(k) 了解缓冲溶液的基本概念 (l) 掌握缓冲溶液是由弱酸及其盐形成的 (m) 掌握缓冲溶液中的共轭酸碱对在控制 pH 中的作用 (n) 能根据共轭酸碱对的平衡浓度以及弱酸的 K_a 计算溶液的 pH (o) 了解碳酸和碳酸氢盐作为缓冲体系对控制血液中 pH 的作用

续表

内容	能力要求
中和滴定	(p) 对于酸碱滴定:(i) 掌握和描绘滴定曲线的形状;(ii) 能根据指示剂的变色范围,选择合适的指示剂 (q) 掌握中和焓变的定义,能根据相关数据对其进行计算

实验及实践活动:

(1) 连续测定一个反应量与时间的关系曲线图。例如,碳酸钙与盐酸反应中,生成气体的质量与时间的关系图,或 $H^+/I_2/(CH_3)_2CO$ 反应中,利用比色计测定碘离子浓度与时间的关系图。

(2) 对于碘钟反应,利用初始速率和速率浓度曲线确定反应的级数和速率常数。

(3) 温度对反应速率的影响。

(4) 确定乙酸/乙酸乙酯反应的平衡常数。

(5) 利用 pH 计测定强酸和弱酸的 pH,研究缓冲溶液。

(6) 利用数据记录仪绘制酸碱滴定曲线。

2. 模块 2 能量(表 6-36～表 6-38)

表 6-36 晶格能

内容	能力要求
晶格能定义	(a) 掌握晶格能的定义,了解其数值可衡量离子键强度
玻恩-哈伯及其他焓变循环	(b) 能使用简单离子晶格能和相关焓变数据构建玻恩-哈伯循环并进行相关计算 (c) 掌握溶解焓变和水合焓变 (d) 使用简单离子固体的溶解焓变和相关焓变数据构建玻恩-哈伯循环并进行相关计算 (e) 定性分析电荷和离子半径与晶格焓变及溶解焓变的关系

表 6-37 焓与熵

内容	能力要求
熵	(a) 掌握熵的定义,以及与系统稳定性的关系 (b) 掌握以下条件熵在数量上的差异:(i) 气体与固体;(ii) 晶体溶解;(iii) 对于气体数量发生变化的反应 (c) 能利用反应物和产物熵的数据计算反应的熵变
焓变与熵变的关系式	(d) 了解过程发生的趋势依赖于温度、熵变以及焓变 (e) 掌握自由能是决定反应难易程度的物理量 (f) 掌握焓变、熵变及自由能变的关系式:$\Delta G=\Delta H-T\Delta S$ (g) 从熵变和焓变的角度解释吸热反应怎么能自发进行

表 6-38 电极电势和燃料电池

内容	能力要求
氧化-还原	(a) 对于简单的氧化-还原反应,能正确氧化-还原、氧化数、半反应、氧化剂和还原剂等名词 (b) 能使用半反应或者氧化数构建氧化-还原方程式 (c) 分析和判断涉及电子转移的反应的进行

续表

内容	能力要求
电极电势	(d) 了解标准电极电势的定义 (e) 掌握如何使用氢电极测量以下电极电势:(i) 金属或非金属与其对应离子的溶液;(ii) 同一元素的不同氧化态离子 (f) 能利用标准电极电势计算标准电动势
反应的可行性	(g) 利用标准电动势判断反应的可行性 (h) 从动力学和物质浓度的角度,了解利用标准电动势判断反应可行性的局限性
能量储存和燃料电池	(i) 能利用电极电势原理分析现代电池的应用 (j) 了解燃料电池是将燃料与氧气燃烧的能量转变成电动势 (k) 掌握氢氧燃料电池电极上发生的化学反应 (l) 了解科学家在汽车中发展燃料电池动力,使用氢气和富氢燃料 (m) 了解燃料电池动力与传统柴油或汽油动力的优点:减少污染、效率更高 (n) 掌握燃料电池氢的储存方式:(i) 压缩液体;(ii) 吸附在固体表面;(iii) 吸收在固体内部 (o) 认识到氢燃料电池的缺点:(i) 储存和运输不便,如安全性、压缩液体的便利性以及固体吸附和吸收剂的循环利用等问题;(ii) 使用寿命较短,费用较高;(iii) 在生产过程中产生部分的有毒物质 (p) 能阐释"氢能经济"对未来能源的贡献,但是有以下局限性:(i) 公众对氢气作为燃料的可接受程度;(ii) 处理和维护氢能源系统;(iii) 在初始阶段,需要大量的能量

实践活动:

(1) 测量溶解焓变。

(2) 利用热量滴定方法测定中和焓变。

(3) 用试管进行氧化-还原反应:涉及金属的置换反应、有颜色变化的反应。

(4) 设计一个电池,并测量其电动势。

(5) 制作燃料电池。

3. 模块3　过渡元素(表6-39)

表6-39　过渡元素

内容	能力要求
基本性质	(a) 对于给定的原子序数和电荷数的原子或离子,能推导出第四周期d区元素(Sc～Zn)的电子构型 (b) 了解过渡元素Ti～Cu离子的电子构型在d亚层上是未完全充满的 (c) 掌握过渡元素的多种氧化态、可形成有色离子以及其单质和化合物的催化性质
沉淀反应	(d) 掌握 Cu^{2+}(aq)、Co^{2+}(aq)、Fe^{2+}(aq)和 Fe^{3+}(aq)与氢氧化钠溶液反应的化学和离子方程式及相应的颜色变化
配体和配位离子	(e) 根据配位键的定义配体 (f) 掌握和使用配位离子和配位数 (g) 掌握六配位的八面体配合物结构 (h) 掌握双齿配体的定义 (i) 了解与双齿和多齿配体形成的配合物的立体异构体的类型:顺反异构体、光学异构体 (j) 了解顺铂作为抗癌药物的使用及其作用机理:与癌细胞的DNA形成配位键,阻止其分裂

续表

内容	能力要求
配体交换	(k) 掌握以下配体交换过程以及相应的颜色变化:(i) 由$[Cu(H_2O)_6]^{2+}$生成$[Cu(NH_3)_4(H_2O)_2]^{2+}$和$[CuCl_4]^{2-}$;(ii) 由$[Co(H_2O)_6]^{2+}$生成$[CoCl_4]^{2-}$ (l) 了解血色素中离子的重要性,如对于氧气与一氧化碳的配体交换反应 (m) 掌握配位离子的稳定常数是配位离子在溶剂中与相应离子形成的配合物的平衡常数 (n) 能推导稳定常数的表达式 (o) 能将配体交换反应与稳定常数关联在一起,理解较大的平衡常数可形成较稳定的配合物
氧化-还原反应及滴定	(p) 使用合适的离子,掌握过渡元素的氧化-还原性质 (q) 掌握涉及MnO_4^-和$I_2/S_2O_3^{2-}$的氧化-还原滴定以及进行结构的计算 (r) 根据实验结果进行非结构滴定计算

实践活动:

(1) 过渡金属氢氧化物的沉淀反应(试管反应)。

(2) 配合物的配体交换反应(试管反应)。

(3) 氧化-还原滴定。用酸性高锰酸钾溶液测定铁皮中铁的含量;利用$I_2/S_2O_3^{2-}$测定黄铜合金中铜的含量。

三、样题

(1) 以下问题参考周期表中前四周期的元素。

							H										He
Li	Be											B	C	N	O	F	Ne
Na	Mg											Al	Si	P	S	Cl	Ar
K	Ca	Sc	Ti	V	Cr	Mn	Fe	Co	Ni	Cu	Zn	Ga	Ge	As	Se	Br	Kr

(a) 确定满足以下条件的前四周期中的元素:(i) −2价离子的电子构型与氩的电子构型相同;(ii) 形成含有10个电子的+3离子;(iii) 可以与氟形成平面三角形化合物;(iv) 与氯形成的氯化物XCl_2,其相对分子质量为111.1;(v) 具有最大的原子半径;(vi) 具有最小的第一电离能。

(b) 电离能提供了一些关于元素结构的信息。(i) 解释为什么从钠到氩的第一电离能逐渐增加;(ii) 写出一个表示钠的第三电离能的方程式,标出状态符号;(iii) 元素X是第三周期元素,其第一到第六电离能的数据如下:

电离电子数	1	2	3	4	5	6
电离能/$(kJ \cdot mol^{-1})$	789	1577	3232	4556	16 091	19 785

写出X的元素符号,说明理由。

(2) 化学家已经建立化学键和物质结构的模型,这些模型可以解释金属和非金属的各种性质。

(a) (i) 画出可以表示金属键的有标记的模型示意图;(ii)这种模型哪一种性质使得金属导电?

(b) 金属镁与非金属氯反应生成含有离子键的化合物氯化镁。(i)解释离子键;(ii)通常用“点叉”示意图表示离子中存在的电子,画出氯化镁的结构示意图,只需画出壳层电子;(iii)一个学生发现固体氯化镁和纯水不导电,但是把氯化镁溶于水形成的溶液却导电,解释这一现象。

(c) 非金属氯和碳的熔点不相同。氯在常温下是液体,而碳在低于4500℃都不会熔化,从化学键和结构的角度解释这一现象。注意使用正确的专业术语,拼写正确。

(3) 合成气是指一氧化碳和氢气的混合气体,是生产甲醇的原料。在2.0L密闭容器中,存在以下反应平衡:$CO(g)+2H_2(g) \rightleftharpoons CH_3OH(g)$。每个组分的物质的量如下:

组分	$CO(g)$	$H_2(g)$	$CH_3OH(g)$
物质的量/mol	6.20×10^{-3}	4.80×10^{-2}	5.20×10^{-5}

(a) 写出动态平衡的两个特征。

(b) (i) 写出平衡常数 K_c 的表达式;(ii) 计算平衡常数,给出单位。

(c) 保持温度恒定,增大压力,反应向右移动达到新的平衡。(i) 解释平衡为何向右移动;(ii) 平衡常数如何变化?

(d) 保持压力不变升高温度,反应重新达到平衡,平衡常数减小。(i) 解释反应平衡如何移动;(ii) 推断此反应的焓变。

(e) 甲醇可以作为汽油的添加剂。(i) 写出甲醇完全燃烧的化学方程式;(ii) 解释为什么甲醇可以作为汽油的添加剂。

第四节　澳大利亚的VCE

澳大利亚是联邦制国家,联邦教育行政组织的职责是制定教育大纲、教育目标,并规划联邦对各州的教育经费拨款等,澳大利亚各州除高等教育由联邦政府统一管理外,各类中小学教育的立法权归州或地区政府,由各州具体负责。澳大利亚的中学分为两个阶段:7～10年级为初中,这是每个学生必须完成的;11～12年级是高中,在此阶段学生可根据自己的志向和爱好或选择为上大学打基础的高中课程,或选择劳动基本技能课程为毕业后直接就业做准备。在完成各州规定的课程后,在11～12年级,所有的学生都须参加州政府组织的高中教育证书考试,通过考试的学生可以获得各州颁发的高中毕业证书。各州对该考试的称呼有所不同,新南威尔士州称为“高中证书”(high school certificate,HSC)考试,维多利亚州称为“维多利亚教育证书”(victorian certificate of education,VCE)考试,昆士兰州称为“昆士兰州教育证书”(queensland certificate of education,QCE)考试。考试科目涉及英语、外语、数学、科学、健康与体育、人文、技术、艺术8个学习领域的几十甚至上百个学习科目,除英语外,学生可以依据自己的兴趣和特长自由选择课程进行学习。

一、考试目标

(一) 澳大利亚高中化学课程的基本理念

(1) 让高中学生通过学习化学促进自身专业知识、技能和态度的发展,丰富他们的生活,使他们成为具有科学素养的社会成员。

(2) 让学生了解如何成为科学研究者、如何在团队中工作,知道新的化学概念是如何发展和研究的、知道收集得到的证据和数据是如何用于扩展和理解化学知识的。

(3) 学生在高中化学课程中主要学习化学的基本原理和主要观点。

(4) 激励部分对化学专业感兴趣的学生继续深造,让所有的学生都能成为见多识广的、具有社会责任感和决策能力的公民,并能够在日常生活中使用化学知识和科学的观点评论如环境保护等人类面临的与化学相关的社会问题。

由此可见,我国高中化学课程与澳大利亚高中化学课程十分关注高中学生的综合素质的发展,都力图将学生培养成为具有一定化学素养和社会责任感的合格的社会公民。

(二) 澳大利亚高中化学课程标准的目标

澳大利亚高中化学课程标准包括以下 11 项:

(1) 理解化学基本理念和化学术语,熟悉化学研究方法。

(2) 认识实证在化学知识产生及发展过程中的重要作用。

(3) 知道化学知识的形成与发展过程。

(4) 形成科学假设能力,知道模型、数据和结论的局限性。

(5) 在实验探究中具有安全意识,能够安全操作,正确处理废弃物。

(6) 掌握必备的化学实验知识和技能,能够进行探究活动。

(7) 在探究活动中学会搜集证据、解释说明、分析数据和现象、展示结论。

(8) 能有效与他人交流化学观点。

(9) 知道科学研究中的道德规范,并能自觉遵守。

(10) 了解化学是如何与其他学科和技术相互渗透的。

(11) 知道化学及技术对社会、经济和环境的影响。

(三) 考核内容与范围

1. “化学基本理念”模块

“化学基本理念”模块(表 6-40)由“元素周期表”和“材料”两个主题构成。“元素周期表”主题包括元素周期表、原子理论、物质的量、阿伏伽德罗常数、质谱等内容。要求学生了解元素周期表和原子结构理论的发展,感知科学理论模型的形成过程。“材料”主题包括化学键、烃的系统命名法、同分异构体、纳米技术、聚合物等内容。要求学生学习材料的利用和改进,理解新材料开发与科技进步的紧密关系,了解合金、纤维、陶瓷、生物高分子、纳米薄膜、防腐材料、碳纳米管材料、智能材料与化学的关系。

表 6-40　澳大利亚高中"化学基本理念"模块核心知识内容

主题 1　元素周期表	主题 2　材料
1. 元素周期表 (1) 从门捷列夫到西博格的化学历史发展 (2) 元素周期表的性质：原子序数、化合物的形成、金属与非金属的性质、元素的化学反应 2. 原子理论 (1) 从道尔顿到查德威克对原子理论的贡献 (2) 原子理论的局限性 (3) 同位素、原子质量的相关计算、电子层结构等 3. 物质的量以及阿伏伽德罗常数的概念 4. 从质谱分析图中读取数据	1. 用化学键解释物质的熔点、导电性、化学反应、分子形状、键的极性和分子间作用力等 (1) 金属 (2) 离子化合物 (3) 分子晶体，网状晶格结构、层状晶格结构 2. 含 6 个 C 原子的烷烃和烯烃的性质及系统命名法 3. C_4H_{10}的同分异构体 4. 纳米技术在化学中的应用 5. 聚合物 (1) 结构、性质和应用的关系 (2) 合成 (3) 聚合物的发展历程

2. "环境化学"模块

"环境化学"模块(表 6-41)的两个主题分别是维持地球生命的两种重要资源——"水"和"大气"。"水"主题包括水的重要性、酸和碱、溶液浓度、氧化-还原反应、绿色化学等内容；"大气"主题包括气体的重要性、温室效应、气体定律等内容。同时介绍化学学科解决藻类过度繁殖、酸雨、臭氧空洞、光化学烟雾、全球变暖等环境问题的方法，使学生了解定量化学在保护环境中的重要作用，学会定量计算，理解并应用绿色化学理念。

表 6-41　澳大利亚高中"环境化学"模块核心知识内容

主题 1　水	主题 2　大气
1. 水的重要性 (1) 水的性质：结构和化学键的关系，溶解性和传导性 (2) 物质在水中的行为：可溶离子化合物在水中的电离，极性分子如酸在水中的电离，极性分子如乙醇在水中的电离 (3) 掌握水的性质：溶解、沉淀反应、pH (4) 脱盐作用，蒸馏原理 2. 酸和碱：质子转移，酸的重要反应，强酸强碱和弱酸弱碱 3. 溶液的质量浓度、体积浓度等的计算 4. 水溶液中的氧化-还原反应，书写氧化-还原反应的化学方程式 5. 应用绿色化学理念	1. 气体的重要性 (1) 气体对人类活动的影响，如农业、工业、交通、能源等 (2) 酸雨的形成 (3) 光化学烟雾和臭氧空洞的影响 (4) 碳循环和氮循环对地球上生物生长的重要作用 (5) 实验室和工业生产产生的气体对大气质量的影响 2. 引起温室效应的气体 3. 分子运动理论对气体性质的解释 4. 根据气体定律进行计算，掌握标准状况下气体摩尔体积、气体方程、体积-体积和质量-体积化学计量法

3. "化学研究方法"模块

"化学研究方法"模块(表 6-42)包括"分析化学"和"有机化学"两个主题。"分析化学"主题包括容量分析法、重量分析法、色谱技术和光谱技术等化学分析方法，要求学生熟悉分析化学的原理、技术和操作流程，了解分析化学在法医鉴定、食品加工、地质考察、环境监测等方面的重要作用。"有机化学"主题包括有机物的命名、有机化学基本反应、分馏方法、蛋白质、DNA 分子等内容，要求学生通过有机分子和有机化学反应，知道有机化合物的结构和键合对有机合成的重要作用。

表 6－42　“化学研究方法”模块核心知识内容

主题 1　分析化学	主题 2　有机化学
(1) 容量分析法：简单滴定及反滴定法、酸碱滴定、氧化-还原滴定 (2) 重量分析法 (3) 计算溶液浓度，气体的体积、压强和温度 (4) 利用氧化数配平氧化-还原方程式 (5) 色谱法的原理及应用，定性或定量分析由薄层色谱(TLC)、高效液相色谱(HPLC)和气相色谱(GC)所获得的数据信息 (6) 光谱技术的原理及应用，定性或定量分析由原子吸收光谱(AAS)、红外光谱(IR)、质谱、核磁共振谱(NMR)和紫外-可见光谱(UV-Vis)获得的数据信息 (7) 在实践活动中选择适当的分析方法	(1) 含 10 个 C 原子的烷烃、烯烃、胺、卤代烃、醇和羧酸的结构和系统命名法 (2) 有机化合物的主要反应：烯烃的加聚反应、烷烃和伯卤代烃的取代反应、伯胺的氧化反应、酯化反应 (3) 分馏原理 (4) 有机反应的途径，如由烯烃制取脂类、通过缩合反应和聚合反应制取生物分子 (5) 蛋白质的一级结构、二级结构、三级结构及蛋白酶的性质 (6) DNA 的分子结构及其在法医鉴定中的应用 (7) 利用蛋白质做疾病标记 (8) 有机分子在合成药物方面的作用，如用水杨酸生产阿司匹林

4. “化学与工业生产”模块

“化学与工业生产”模块(表 6－43)包括“工业化学”和“能源化学”两个主题。“工业化学”主题包括碰撞理论、可逆反应、化学工业生产等内容，要求学生学习化学反应基本理论，探究化工生产的最佳条件。“能源化学”主题包括能源、反应热、原电池、电解池、法拉第定律等内容，要求学生比较不同能源的优缺点，学习原电池和电解池的实验室工作原理和工业生产原理，了解电池在生活中的应用。

表 6－43　“化学与工业生产”模块核心知识内容

主题 1　工业化学	主题 2　能源化学
(1) 碰撞理论及影响化学反应速率的因素，如活化能 (2) 可逆反应：均相平衡、勒夏特列原理及影响平衡移动的因素 (3) pH 用于衡量溶液酸碱强度；弱酸的 K_w、K_a (4) 化学工业上处理废弃物的原则 (5) 化学工业生产需考虑：①影响产率的因素，如反应速率、平衡移动、催化剂、温度和压强等；②废弃物处理；③健康和安全；④有选择地使用化学药品	(1) 比较能源的类型、用途和可持续性，如煤、天然气、核能和生物能 (2) 反应热测定用于测量化学反应中的溶解热和燃烧热 (3) 利用电位序预测氧化-还原反应的产物，并书写半反应方程式 (4) 电位序预测的局限性 (5) 简单原电池和蓄电池的构造及运作 (6) 燃料电池的构造及运作，燃料电池与常规能源相比较的优、缺点 (7) 简单电解池的构造及运作 (8) 法拉第定律在电化学中的应用

(四) 澳大利亚高中化学课程评价

澳大利亚维多利亚州高中化学课程标准中给出了具体的课程评价方案。

1. 课程评价内容

1) 模块知识掌握评价

模块知识掌握评价是考查学生是否达到各个模块提出的学习要求(表 6－44)。

表 6-44 澳大利亚高中化学课程各模块的学习要求

模块	主题 1	学习要求	主题 2	学习要求
化学基本理念	元素周期表	能够说明如何利用实验证据发展化学理念和知识	材料	能够利用分子结构模型说明材料的性质和用途
环境化学	水	能够书写化学反应方程式，定性或定量研究酸碱反应、有沉淀或气体生成的反应及氧化-还原反应	大气	能够说明气体化学反应历程对维持地球上生物生命的重要作用
化学研究方法	分析化学	能够评价在化学分析中使用的技术和工具是否合适	有机化学	能够说明有机化学反应中官能团的作用，能设计有机化学反应的途径
化学与工业生产	工业化学	能够分析化学工业生产的决定因素和最佳条件	能源化学	能够分析化学反应中的化学变化和能量变化

2）关键知识技能评价

关键知识技能评价是对学生科学探究能力、应用化学知识能力和交流化学信息能力的评价。

(1) 科学探究能力评价。

教师对学生科学探究能力的评价主要判断学生以下四方面的表现：

① 能否提出问题或形成假设，能否设计和实施探究活动，能否在探究活动中搜集资料；

② 能否进行独立探究活动和合作探究活动，能否在探究中充分考虑安全问题、妥当处理废弃物；

③ 能否正确记录并分析定性和定量数据，能否基于数据与实验事实得出正确结论，能否鉴别、查找误差的可能来源，能否评价实验方法的优劣和数据的可靠性；

④ 能否在探究过程中遵守科学研究道德规范。

(2) 应用化学知识能力评价。

教师对学生应用化学知识能力的评价纬度如下：

① 能否掌握化学概念之间的关联，实现知识迁移；

② 能否利用数据资料证明化学概念和理论随时间演变的特点；

③ 能否分析化学与科技发展的关系；

④ 能否分析和评价公众对化学的看法。

(3) 交流化学信息能力评价。

教师对学生交流化学信息能力的评价主要考查以下内容：

① 能否正确有效解释、说明和交流化学信息；

② 能否根据交流对象和交流目的选择恰当的交流方式；

③ 能否正确运用科学术语和习惯用语。

2. 课程评价的方式

澳大利亚维多利亚州高中化学课程建立了以促进学生全面发展为核心的学业水平考试体系，实行终结性评价与过程性评价相结合的评价方式。

1）终结性评价

终结性评价是由维多利亚州课程与评价管理机构组织的考试，采取纸笔测验的形式，于每年6月和12月举行。6月主要考查“化学研究方法”模块内容,12月主要考查“化学与工业生产”模块内容。两次考试成绩分别占VCE化学课程总成绩的33%。

考试试题由课程与评价管理机构指定的专家小组命题,题型有选择题和非选择题两种。试卷分为A、B两部分,A部分为20道选择题,每题1分,共20分,B部分为6~8道非选择题,共45~60分。考试时间包括15分钟读题时间和90分钟答题时间。

VCE化学考试试卷除了试题之外,还有一个附在试卷之后的重要组成部分——化学数据手册,它包括元素周期表,标准电极电势,常见物理常数,SI词头的符号及其代表的因数,^{1}H NMR数据,^{13}C NMR数据,红外吸收数据,α-氨基酸名称、符号和结构,部分脂肪酸的分子式,部分重要生物分子的结构式,酸碱指示剂,部分弱酸的酸度常数K_a和298K 101.3kPa时部分常见物质的摩尔燃烧焓13项内容,共11页,以供学生在答题过程中随时查阅相关数据和内容。

2) 过程性评价

过程性评价由学校组织进行,采取活动表现评价的方式,包括对学生在以下六种学习活动中的表现的评价:①基础实践活动;②拓展性实验探究活动;③综合实践活动;④阅读理解;⑤实验数据分析;⑥单元主题报告。

(1)“化学基本理念”和“环境化学”模块的过程性评价。

对于“化学基本理念”和“环境化学”模块,过程性评价包括两部分:“化学基本理念”模块包括对②/③及④⑤⑥中至少一项的评价;“环境化学”模块包括对③/②及④⑤⑥中至少一项的评价。“化学基本理念”和“环境化学”模块过程性评价成绩不计入VCE化学课程总成绩。

(2)“化学研究方法”和“化学与工业生产”模块的过程性评价(表6-45)。

表6-45　“化学研究方法”和“化学与工业生产”模块评价任务与分数分布

“化学研究方法”模块评价任务	分数分布	“化学与工业生产”模块评价任务
①基础实践活动(模块主题1或主题2)	25	①基础实践活动(模块主题1或主题2)
②拓展性实验探究活动(模块主题2或主题1)	50	③综合实践活动(模块主题2或主题1)
三选一(模块主题2或主题1) ④阅读理解 ⑤实验数据分析 ⑥单元主题报告	25	三选一(模块主题2或主题1) ④阅读理解 ⑤实验数据分析 ⑥单元主题报告
总分	100	

对于“化学研究方法”和“化学与工业生产”模块,过程性评价包括三部分:“化学研究方法”模块对①②及④⑤⑥中至少一项的评价;“化学与工业生产”模块包括对①③及④⑤⑥中至少一项的评价。“化学研究方法”和“化学与工业生产”模块过程性评价成绩分别占VCE化学课程总成绩的17%。

澳大利亚维多利亚州高中化学课程建立了以促进学生全面发展为核心的VCE考试体系,实行终结性评价与过程性评价相结合的评价方式。VCE考试在11、12年级(相当于我国的高二、高三)举行,其考试成绩一方面可以检测学生高中阶段的学习水平,判定学生是否有资格获得VCE证书;另一方面可以作为学生是否能够进入高等院校继续深造的重要依据。

二、样题

(1) 干燥的掺有杂质的硫酸镁$MgSO_4$粉末的纯度可以用重量分析法测定,方法如下:

① 将 32.50g 掺有杂质的硫酸镁溶于水中，用容量瓶定容制得 500mL 溶液。

② 不同体积的 0.100mol/L $BaCl_2$(aq)分别与 20.00mL 的样品溶液混合，硫酸根离子以硫酸钡的形式沉淀，反应方程式为

$$Ba^{2+}(aq)+SO_4^{2-}(aq) \longrightarrow BaSO_4(s)\downarrow$$

③ 将每份样品所得的沉淀过滤用去离子水洗涤后干燥至质量不变。

结论：

样品	1	2	3	4	5	6
加入 $BaCl_2$(aq)的体积/mL	30.0	60.0	90.0	120	150	180
$BaSO_4$(s)沉淀的质量/g	0.704	1.41	2.00	2.00	2.00	2.00

实验结果如下：

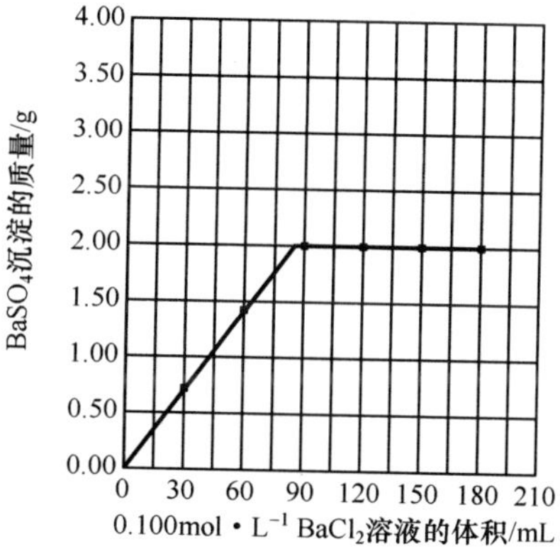

a. 为什么在干燥之前要用去离子水洗涤沉淀？

b. 解释为什么在最后 4 个样品中加入更多 $BaCl_2$(aq)时，$BaSO_4$(s)沉淀的量仍保持不变。

c. 计算：i. 500mL 容量瓶中 SO_4^{2-}(aq)的物质的量；ii. 粉末中硫酸镁的质量分数。

分析 6 份另外的 20.00mL 硫酸镁溶液样品，向其中加入的氯化钡的浓度是 0.200mol/L 而不是 0.100mol/L。

d. 在下图中绘制 $BaSO_4$(s)沉淀质量随 0.200mol/L $BaCl_2$(aq)体积变化曲线图。

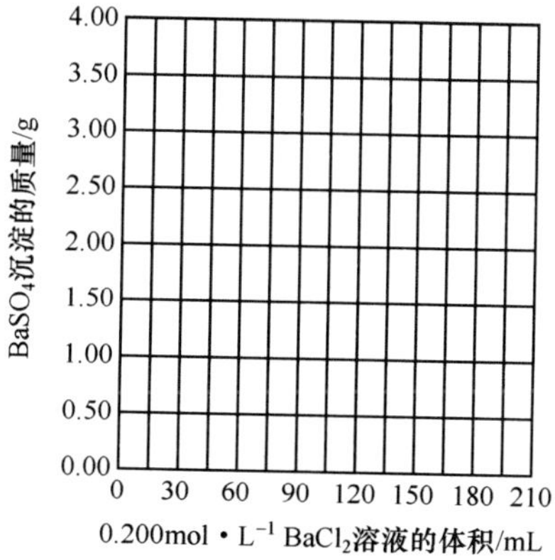

(2) 某混合物包含几种液态有机物，它们的沸点都高于 50℃。现将有机物从混合物中分离出来，得到三种化合物 X、Y 和 Z，分别用下面的方法分析。

化合物 X 蒸发后，在温度为 120℃、压强为 115kPa 时，0.376g 蒸气样品的体积为 124mL。

a. 计算化合物 X 的摩尔质量(单位为 $g \cdot mol^{-1}$)。

化合物 Y 是一种烷醇，分子式为 $C_4H_{10}O$。

b. i. 在下面的方框中画出 $C_4H_{10}O$ 四种可能的结构式。

Ⅰ	Ⅱ	Ⅲ	Ⅳ

化合物 Y 的 ^{13}C NMR 谱显示出三条线。在酸性条件下，Y 与 $Cr_2O_7^{2-}(aq)$ 反应生成羧酸。

ii. 从以上信息可以得出证明 Y 的结构的证据。

^{13}C NMR 谱提供的证据：________________

与 $Cr_2O_7^{2-}(aq)$ 酸性溶液反应提供的证据：________________

iii. 基于以上证据，确定化合物 Y：在 i 中圈出相当于化合物 Y 的结构式；用系统命名法命名化合物 Y。

化合物 Z 的分子式为 $C_5H_{10}O$，红外光谱中在 $1700cm^{-1}$ 处有强的吸收带。化合物 Z 的 ^1H NMR谱如下：

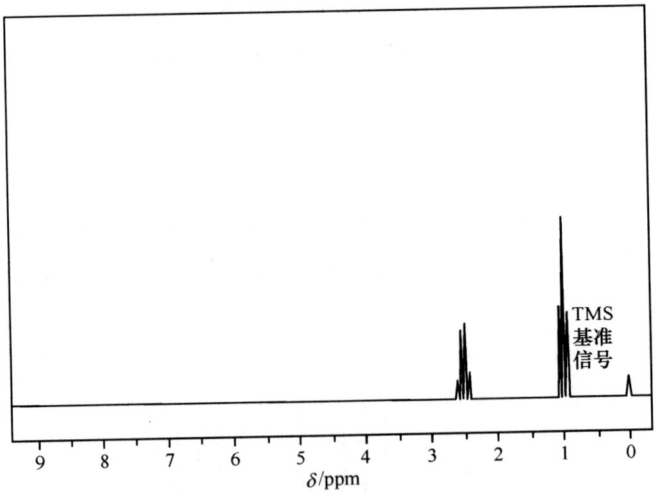

c. i. 由上述光谱数据可以得到关于化合物 Z 结构的哪些信息？

由 IR 数据可知：________________

由 ^1H NMR 可知：________________

ii. 画出与光谱数据一致的化合物 Z 的结构。

练习与思考题

1. 什么是标准化考试？标准化考试的特点是什么？
2. 试比较我国的化学标准化考试与澳大利亚化学标准化考试有何异同。

参考文献

陈学敏，李祖超．1999. 发达国家高中毕业会考比较及对我们的启示．山东教育科研，(2～3)：73-75.

教育部考试中心．2007. 高考化学测量理论与实践．北京：高等教育出版社．

张惠．2009. 陕西省普通高中学业水平考试与澳大利亚高中教育证书考试比较研究．西安：陕西师范大学硕士学位论文．

中华人民共和国教育部．2003. 普通高中化学课程标准(实验). 北京：人民教育出版社．

周慧，罗剑平．2007. 澳大利亚新南威尔士州的高考体系及其意义．世界教育信息，5：79-81.

OCR. 2008. AS/A Level GCE Chemistry B(Salters) Specification v2. http://www.ocr.org.uk/download/kd/ocr_9605_kd_gce_spec.pdf.

Qualifications and Curriculum Authority. 2006. GCE AS and A Level Subject Criteria For Science. http://www.ofqual.gov.vk/files/qca-06-2864_science.pdf.

Victorian Curriculum and Assessment Authority. 2005. Chemistry, Victorian Certificate of Education Study Design. Melbourne: Victorian Curriculum and Assessment Authority.

第七章　化学教育中的专题测量

第一节　探究能力的测量

在理科各科的国家课程标准中，科学探究的意义以及如何通过国家标准促进探究式学习实施的问题得到了普遍的重视。科学探究不仅应作为重要的理念，而且应作为课程目标和内容标准。

科学探究有两层含义：一是指科学家用于研究人类未知的自然界的各种活动；二是指学生用以获取知识，领悟科学的思想观念，领悟科学家研究自然界所用的方法及进行的各种活动。

一、科学探究的要素

对于科学探究，无论是在实验室进行实验探究，还是查阅资料、调查研究等进行理论探究，其过程大致要经历 8 个步骤：提出问题、猜想与假设、制订计划、进行实验、搜集证据、结论与解释、反思与评价、表达与交流，如表 7－1 所示。

表 7－1　科学探究的要素

要素	目标
提出问题	①能从日常现象或化学学习中，经过启发或独立地发现一些有探究价值的问题；②能比较清楚地表述所发现的问题
猜想与假设	①能主动地或在他人的启发下对问题可能的答案做出猜想或假设；②具有依据已有的知识和经验对猜想或假设做初步论证的意识
制订计划	①在教师指导下或通过小组讨论，提出活动方案，经历制订科学探究活动计划的过程；②能在教师指导下或通过小组讨论，根据所要探究的具体问题设计简单的化学实验方案，具有控制实验条件的意识
进行实验	①能积极参与做化学实验；②能顺利地完成实验操作；③能在实验操作中注意观察和思考相结合
搜集证据	①具有较强的实证意识；②学习运用多种方式对物质及其变化进行观察；③能独立地或与他人合作对观察和测量的结果进行记录，并运用图表等形式加以表述；④初步学会运用调查、资料查阅等方式搜集解决问题所需要的证据
结论与解释	①能对事实与证据进行简单的加工与整理，初步判断事实证据与假设之间的关系；②能依据一定的标准对物质及其变化进行简单的分类；③能在教师的指导下或通过与他人讨论对所获得的事实与证据进行归纳，得出正确的结论；④初步学会通过比较、分类、归纳、概括等方法认识知识之间的联系，形成合理的认知结构
反思与评价	①有对探究结果的可靠性进行评价的意识；②能在教师的指导下或通过与他人讨论，对探究学习活动进行反思，发现自己与他人的长处以及存在的不足，并提出改进的具体建议；③能体验到探究活动的乐趣和学习成功的喜悦
表达与交流	①能用口头、书面等方式比较明确地表述探究过程和结果，并能与他人进行交流和讨论；②与他人交流讨论时，既敢于发表自己的观点，又善于倾听别人的意见

1. 提出问题

科学探究倡导的是直接经验(在一定的问题情境中观察和思考)→提出问题→解决问题→获得发展的学习模式。其中,问题是整个过程的核心和关键。对发现和提出问题的作用和意义,著名的物理学家爱因斯坦曾经有一段精辟的论述“问题和系统阐述问题可能比要得到答案更为重要,解答可能仅仅是数学或者实验技能问题,而提出新问题,新的可能性,从新的角度去考虑问题,则要求创造性的想象,而且标志着科学的真正进步”。

学生在科学探究中积极、大胆地运用自己的眼睛看世界,用自己的大脑思考问题,用自己的语言解释问题,不断地发现、提出和解决问题。不能提出问题,科学探究就无从谈起。

2. 猜想与假设

科学的发展过程在一定程度上是猜想或者假设不断被证实或证伪的过程,猜想或假设是科学结论的先导,如果猜想和假设一旦得到证实,就有可能发展成为科学结论。猜想与假设促进了科学概念和科学定律的建立,在科学定律被提出之前,人们往往先提出假设,再通过实践对假设进行检验,并不断对假设进行修改和完善,最后形成科学的定律。例如,门捷列夫在研究元素周期表时,科学地猜想了 11 种尚未发现的元素,并在周期表中给它们留下相应的位置。例如,他认为在铝的下方有一个应与铝的性质相似的元素“类铝”,并预测了它的性质。1875 年,法国科学家发现了这种元素,命名为镓,其性质也与门捷列夫预测的一致。科学探究中的猜想或假设是依据已有的知识和经验,运用一定的科学研究的方法提出的,不能凭空想象,不能随意地提出假设或猜想。门捷列夫当年就是根据元素周期律的基本规律及铝的化学和物理性质,利用类比推理的方法推测“类铝”的存在及性质。

3. 制订计划、进行实验、搜集证据

在科学研究中,根据提出的猜想与假设,制订相应的探究计划去搜集各种证据,判断猜想或假设是否正确。在自然科学研究中,科学家更多的是利用感觉器官或借助工具、仪器,通过对自然情境的观察和测量以及在实验室中进行的实验和测量来搜集证据。在学生的科学探究活动中,按照探究活动的类型,制订不同的探究计划方案:查阅资料为主的理论探究或者以实验为主的实践综合探究等。根据探究计划搜集各种证据。例如,在实践探究中,要对实验现象、数据、反应条件以及产物等实验相关证据进行详细的记录,为最终的探究结论打下基础。

4. 结论与解释

在科学探究中,探究者在收集大量证据的基础上,根据数据、事实或现象之间的关系,通过分析、比较、概括、归纳等方法,找到事件的因果关系及相互联系。通过对相关信息的加工整理、对事实与证据的分析归纳、对实验现象和数据的描述和处理等,判断事实证据与假设之间的关系。

找出事实证据与假设之间的关系之后,离科学探究的结论有一步之遥,进一步就是分析归纳之后形成科学探究的结论。信息、证据、实验数据等并不能等同于科学探究,实验数据仅是对某种特定实验事实的客观记录,而探究结论是在事实证据基础上通过分析论证得到具有普遍意义的规律。将事实证据进行分析比较,找出它们之间的本质联系和区别,用科学的方法对事实证据进行概括总结,即可形成科学结论。

5. 反思与评价

反思与评价是整个科学探究活动的一个重要因素，贯穿于探究活动的全过程，是提高探究活动有效的重要保障。在探究活动中，探究者要对提出的猜想或假设是否被事实所证实、设计的方案是否有效、搜集的证据是否准确真实以及给出的结论是否正确等进行评价。这种思考为探究活动的进一步改进提供了依据，为今后进行探究活动提供经验。

6. 表达与交流

在探究活动中，表达与交流是与教师、学生进行有效沟通的基础。表达与交流就是把自己在探究方案、观察、测量等探究过程中获得的各种信息通过不同的交流方式，准确、清晰、简洁地传达给别人的一种方式。表达与交流也是科学研究工作中的一项基本过程技能。美国人把口才与才干、智力并称为事业成功的三大要素，可见交流能力在当今社会多么受重视。而目前我国中学教育存在的问题是大多数学生只会“死”读书，既“说不出”又“写不出”，说明学生表达交流能力的培养确实应引起人们足够的重视。

表达交流的方式有：

(1) 文字表达交流(书面形式)：语言是知识的载体，是人类思想交流的工具。表达成果最主要的表现形式是以文字表达为主，如出版专著、发表论文、撰写报告、资料汇编、实验报告等。

(2) 口头表达交流：用语言表达交流思想，生动、形象、富有感染力，如小组讨论、班级汇报等。

(3) 图解表达：图表是自然学科的第二语言，它比文字语言更形象、直观，也更有代表性，如物质转化图、反应能量变化图、仪器装置示意图等都生动形象地反映了化学变化、现象、事实和规律等方面内容。

在探究活动中，应注意从以下几个方面培养学生的表达与交流的能力：

(1) 在探究活动中，主动创造更多的交流机会，积极发表自己的看法，提出疑问，开展讨论，以培养思维和口头表达的和谐统一，提高交流能力。

(2) 要主动运用多种不同的交流方式，把发现的结果，用动作、图画、语言、记号、数学方式、电子方式和图表表示出来。并能正确运用科学术语描述科学事实，语言要简洁，逻辑性强，力求简明扼要，用精确完整的科学概念、科学术语表达，并要有一定的层次性。

(3) 学会与他人交流、交谈和倾听的交流方式。与正规交流不同，用通俗易懂的语言和手段，与他人交换看法，认真听取他人意见，取长补短，加强对科学概念的理解和自我表达能力的提高。例如，实验中常用的讨论方法，从某种意义上讲，这也是一种交流，也是提高能力不可忽视的途径。

(4) 实验教学中还应重视学生的实验报告、课外活动报告、科技小论文的书写能力的培养。教师不仅要教给学生写作的格式和技巧，同时还要采取不同形式，如科技小论文评比和展览等，既能促进学习，同时本身也是一种交流。

二、科学探究的评价

(一) 评价的原则

评价改革是课程改革的重要组成部分，甚至可以说评价改革是课程改革成功与否的关键。纵观世界各国的评价改革，学生的学习评价呈现如下的鲜明特点：以质性评价系统取代量化评价；评价的功能由侧重甄别转向侧重发展；既重视学生在评价中的个性化发展，又倡导让学生在评价中学会合作；强调评价问题的真实性、情境性；评价不仅重视学生解决问题的结论，而且重视获得结论的过程。在评价内容和方式上的发展变化主要表现为：唯认识性评价转向对科学素养的评价；由以甄别与选拔为主要目的转向以激励和促进学生发展为根本宗旨的评价；由要素性评价转向综合的整体性评价；由静态结果性评价转向活动过程与活动结果评价相结合的评价；由针对个性的评价转向个体与小组相结合的评价；由追求客观性和唯一标准答案的评价转向重视个体的认识和理解的相对性评价。

（二）评价的方式

1. 活动表现评价

活动表现评价是通过观察、记录和分析学生在学习活动中的表现，为学生在科学探究活动中的参与意识、合作精神、实验操作技能、分析问题的思路、知识的理解和认知水平以及表达交流的能力进行全方位的评价。评价结果以简单的方式加以记录，在比较、分析的基础上，给出恰当的反馈以激励学生进步。

活动表现评价与传统纸笔测验相比，克服了一些不足，具有以下基本特征：可以评价学生演示及运用概念和技能的能力、进行科学表征的能力；表现评价的任务涉及解释某个人的操作或者所涉及的过程、设计的假设、解释科学条件、进行概括、描述各种形式等；学生事先知道相关要求，并做好准备。由此学生可以真正知道对自己的要求，在探究过程中，注重对自己较差的知识和技能进行学习和培养，有利于学生的发展；可以评价学生是否能适当和有效地进行以下操作：实验室仪器设备、实验安全程序等；可以评价学生相互间的配合协调能力，培养团队意识。

1）GCSE 中的活动表现评价

关于活动表现评价，国外的理论相对成熟，使用的比较多，特别是对实验探究能力的评价，基本上是采用这种评价方式。通过对任务执行的各个阶段、各个基本技能进行分类、分等级，进行全方位评价。GCSE 化学考试标准明确提出：对于 GCSE 化学考试中学生科学探究能力的评价，通过考查和评定学生在学习活动中完成的“课程作业”（coursework）来实现。

“课程作业”是学生日常学习活动中形成的学习结果的一种表现形式，由 AQA 制定评价标准，包含实验设计、实施、分析实证和得出结论、评估过程和实证等科学探究要素。考生在学习过程中完成“课程作业”，教师评分并由 AQA 复核。课程作业的形式多种多样，如实验报告、论文、调查报告、实验设计和操作等。评价主要通过以下四个技能领域来实现：P（planning，计划）；O（obtaining evidence，获得实证资料）；A（analysing and considering evidence，分析和考虑实证资料）；E（evaluating，进行评估）。

每一项技能领域都应进行单独的评分描述，描述包含一些综述性评语。在任何情况下，评分描述都应该有利于评判学生的表现。评分描述由各种分数等级构成。P、O、A 技能领域分为 2 分、4 分、6 分、8 分四个等级，E 技能领域分为 2 分、4 分、6 分三个等级，E 中的 6 分与其他领域中的 8 分等值。四项技能领域满分共计为 30 分。一般情况下，某一个分数等级包含比其更低等级的水平。当考生达到一个分数等级且部分达到上一级分数时，可使用中间分评定（如 3 分、5 分、7 分）。在倾尽全力仍不能达到 2 分等级的考生可以被赋予 1 分，但对于考核过程中并未尽力且没有任何考核成果的考生应判为 0 分。各领域评分对象不超过两项课程作业，四项评分中至少有一项应从基于实际操作的探究性作业中评出。为了保证评价中的书面通知质量,评分描述中应使用评定术语,如计划、交流、描述、记录、识别、解释、议论等。

各项探究性技能领域评价细则分别由两部分组成:评价标准要求和评分描述。通过设定考生应达到的具体要求和每项要求所应赋予的得分,GCSE 化学考试中探究性技能的评价既便于考生明确学习目标,又有利于教师教学指向明确、评价操作规范得当。

(1) 技能领域 P。

评价标准要求:①根据科学知识和理解力将想法生成可研究的形式,并设计出一个合适的探究策略;②决定是否采用那些第一手的经验或二次引用的资料;③进行预先的准备工作并进行合理的预测;④在收集实证资料时考虑需加以重视的关键性因素,并考虑在变量不易控制的情境中怎样收集实证资料;⑤决定数据采集的宽广度以及使用的技术、设备和材料。评分描述见表 7-2。

表 7-2　GCSE 的活动表现评价中技能领域 P 的评价标准

分数等级		考生应达到的要求
2 分	P2 分 a	列出简要的步骤
4 分	P4 分 a	设计能收集有效实证资料的方案
	P4 分 b	计划使用适当的仪器或资源收集实证材料
6 分	P6 分 a	根据科学知识和对其理解的程度,设计和交流探究步骤,确定关键因素的变化情况并加以重视和控制,并能在适当的步骤中做出预测
	P6 分 b	确切的实证收集,适当的宽广度
8 分	P8 分 a	运用详细的科学知识和理解的程度,设计并交流出合适的探究策略。认识得到精确可信结果所必需的条件,证实先前做出的预测
	P8 分 b	从预先准备工作中收集相关信息,宣布探究计划

(2) 技能领域 O。

评价标准要求:⑥恰当地使用仪器和资源,掌控工作环境以确保自身及他人安全;⑦根据相应情境进行观察和测量,记录精确度适当的数据,包括运用信息与交流技术;⑧进行充分的观察和测量以减小误差并获得可信的数据;⑨判断观察与测量的不确定性;⑩使用图表和信息与交流技术定性或定量地表述和交流数据。评分描述见表 7-3。

表 7-3　GCSE 的活动表现评价中技能领域 O 的评价标准

分数等级		考生应达到的要求
2 分	O2 分 a	使用简单安全的方法收集数据
4 分	O4 分 a	收集恰当的数据并保证数据充足
	O4 分 b	记录数据
6 分	O6 分 a	收集足量的、具有联系的、精确的数据,进行反复操作并检查
	O6 分 b	清楚准确地记录数据
8 分	O8 分 a	运用准确精密的步骤和操作获得数据,记录具有恰当读数范围的可靠数据

(3) 技能领域 A。

评价标准要求:⑪运用图表识别和解释各数据间的关系或模型;⑫表述具有一定精确度的计算结果;⑬运用观察和测量的实证资料或其他数据得出结论;⑭阐明结论在多大程度上支持

已做出的预测，并做出进一步预测；⑮根据科学知识和理解力解释观察和测量的结果及数据，并阐明结论。评分描述见表 7－4。

表 7－4　GCSE 的活动表现评价中技能领域 A 的评价标准

分数等级		考生应达到的要求
2 分	A2 分 a	简要陈述实证资料表明了什么
4 分	A4 分 a	以简单的图表为依据解释做的实证资料
	A4 分 b	鉴别和确认所得实证资料中的趋势和模型
6 分	A6 分 a	绘制和运用合适的图表或运用数字方法加工实证资料并得出结论
	A6 分 b	提出与实证资料相一致的结论并根据科学知识和理解力进行解释
8 分	A8 分 a	根据详细的科学知识和理解力，从处理过的实证资料中阐明合理的结论
	A8 分 b	阐明结论在多大程度上支持了先前所做的预测

（4）技能领域 E。

评价标准要求：⑯考虑探究过程中反常的数据，并给出采用或忽略它的理由，根据观察和测量结果的不确定性考虑数据的信度；⑰考虑收集的实证资料是否能充分支持和解释得出的结论；⑱对采用的探究方法提出改进；⑲建议实施进一步的探究。评分描述见表 7－5。

表 7－5　GCSE 的活动表现评价中技能领域 E 的评价标准

分数等级		考生应达到的要求
2 分	E2 分 a	对采用的步骤或获得的实证资料提出相应的意见
4 分	E4 分 a	对实证资料的质量提出意见，识别异常的因果情况
	E4 分 b	对探究步骤的适用性提出意见，并在不恰当之处提出改进意见
6 分	E6 分 a	批判性地考虑结构的信度并考虑是否能充分支持结论，统计异常的因果情况
	E6 分 b	详细描述为了提供补充性的相关实证资料而进行的下一步工作

GCSE 对化学实验探究能力的评价有以下特点：

（1）注重课程作业的评价，评价模式开放 GCSE 化学考试中探究性技能评价是建立在教师对学生平时课程作业的评定基础上的。评价标准中明确提出了以课程作业为评价载体，重视评价的过程性和生成性，关注学生平时的学习表现，避免终结性考试的不稳定性，有利于真实反映学生探究性技能的水平。另外，评价模式具有高度的开放性，主要体现在评价主体、评价内容与形式和评价的时空维度。首先，评价主体不是由教育行政部门或考试委员会选派的指定人员，而是各学校中考生的任课教师，考试委员会只负责制定评价标准及进行事后监督和复核。其次，评价的内容为学生提交的课程作业，作业的数额不一，只有数量上限（如限定不超过两项）。课程作业内容只规定需含有实际操作部分，并不硬性限定具体内容与形式。再次，由于评价的载体是学生的课程作业，随着时空的不同，学生完成的课程作业各异，使评价的时空具有开放性。这种开放性的评价模式充分给予教师和学生主动性，能最大限度地发挥他们的能动性与主体价值。这正是当前我国的课程改革应大力倡导的。

（2）制定详细的评价目标，评价指标明晰 GCSE 化学考试标准中，从整体目的到具体评价目标，层次清晰，既关注陈述性知识的评价，又关注程序性知识的评价。各评价目标的权重在标准中予以明确，单个评价指标的分值也清楚标明，不但有力加强了评价的可观察性和可测量性，方便了评价人员的操作和评定，而且避免了因评价主体差异导致评价欠缺科学性和客观性。GCSE 化学考试评价中，开创性地将探究性技能分解为四个技能领域（P、O、A、E 领域）进行分别评价,将科学探究活动中的几个关键的程序和步骤从连续一体的探究性活动中抽离出来,根据四个领域在探究活动中所处的不同过程分别列出相应的、具有等级区分的要求,赋予详细的分值并指明各分数等级间的递进关系。这样不但使评价富于操作性,便于教师评定,而且使不同水平的学生明确自身探究性技能长短所在,有利于他们进一步学习和改进。对于我国新课程评价而言,如此体系严谨并具有可观测性、可操作性指标的探究性技能评价方案不失为一个良好的范例。

(3) 关注学生探究过程,评价理念人文化,关注学生本体,关注生活情境,关注探究技能获得的过程。评价标准中明确提出评分描述应有利于评判学生的表现,旨在促进学生进一步发展。标准还指出,注重在家庭、工业、环境等一系列有关化学的情境中发展学生的探究技能。制定详细的评价目标和细则在于更加关注学生探究活动的过程性,为每一过程划分不同层次,以使评价的结果不过分依赖探究活动的成果。评价目标之详细为每一个学生都能在评价中找到相应位置,使他们真切体会科学探究的过程性。另外,评价目标中还将保证本人及实验室安全作为评分要求之一。上述特点,充分体现 GCSE 探究性技能评价理念的人文化。

2) OCR Salters 化学考试中活动表现评价

OCR Salters 化学中有两个模块为实践模块 F333(基础实验模块)和 F336(综合实践探究模块),在考试中对实验和探究能力进行评价,与旧的考试说明相比有了较大创新。在改革之前,对实验和探究能力的评价是在实验室中,采用外部考试的方式。但是某些考点实验室的条件难于满足大规模的考试,给各个考点造成很大的压力,导致考试实施困难。之后又采取课程作业的形式,由各个学校的教师自己安排实验活动对学生进行评价。但是考试机构发现这样对评价方式的监管力度不够。教师安排实验和探究活动的随意性,同时教师的评分尺度不一致,会导致一定程度的不公平。2002 年英国课程与资格管理局为加大监管力度,保证对实验能力评价的权威性、公平性和可操作性,要求各个考试机构对实验探究能力的评价进行改革。改革后由各个考试机构统一安排评价的内容,教师在教学过程中在考试机构的监督下,进行内部过程性评价。这种外部监管下的内部评价,可以全面评价学生的基本实验和探究能力,其优点如下:

(1) 实验任务与教学过程相匹配,可操作性强。每一个实验任务都是根据课程中的教学模块设计而成,教师可以在模块单元结束之后立即对学生进行评价。每一个任务利用标准化的探究活动,教师可以利用其作为课程的一部分。任务的耗时比较短,在大多数情况下,可以在一节课的时间都完成。

(2) 评价方案灵活。可以使用两个或者三个实验任务去评价学生,而对于同一技能类型的实验任务只呈交学生最好的成绩。每一种类型的任务的其中一个可用作形成性评价,在评价过程中培养学生实验和探究能力,而第二个任务用作对学生的终结性评价,第三个作为备用。当学生对自己的表现不是特别满意的时候,再使用第三个任务。学生如果错过某一次任务评价,可以方便调节安排;如果考点没有某一个实验需要的仪器,有可替换的其他任务。

(3) OCR 给予全面的指导。每一个任务均设置详细的指导(可从网站上下载),包括需要的仪器和材料以及预期的结果和建议等。教师可以调整仪器和相关材料从而保证实验得到预期的结果,避免不必要的浪费。

(4) 方便评分。从网上下载的评价表非常类似于考试用的试卷,配备详细的评分方案,教师根据学生的表现按照要求逐项评分。评价表也对学生的实验报告的格式进行规范。

(5) 实现标准的统一。按照 OCR 的要求,设置统一的标准,按照标准对教师能否正确使用评分方案进行核查。在相对较大的考点,可以通过每个教师对所有的学生的一个实验任务进行评分，同时对所有的评分进行抽查，保证标准的统一。

(6) 实验与探究能力表述更加详细，更注重过程和能力细节的评价。修订之后的 AS 部分 F333 模块基本实验技能的表述见表 7-6。

表 7-6　基本实验技能及目标

技能	目标
技能Ⅰ(基本技能)	能完成实验和安全进行各种操作
技能Ⅱ(测量)	正确进行定量实验，正确记录以及在一定的精度和效度范围内进行测量
技能Ⅲ(分析和评价)	利用化学知识和工艺知识到陌生的情境中分析和评价定量的实验
技能Ⅳ(观察)	对实验中的现象进行定性、合理有效、详细的观察
技能Ⅴ(解释)	利用学习过的知识解释在定性实验中的实验现象，得出实验结论，在书写实验报告的时候，要考虑应用正确的语言(包括单词拼写、标点以及语法等)以及化学术语

F333 模块对上述基本实验技能进行评价，为学生的自主实验探究能力的培养打下坚实的基础。在实际操作过程中，采用多个实验任务分别对学生的技能进行评价。这样容易发现学生实验基本技能中的短板，有助于改进学生的不足和缺点，从而实现对学生实验基本技能的全面培养和评价。例如，技能Ⅰ是在一年内用至少六个不同的实验评价学生基本实验操作技能。技能Ⅱ～Ⅴ采用单独评价或者结合在一起进行评价的方法。在 OCR 提供的样题中，通过学生利用酸碱滴定测定碳酸钠的纯度来评价测量技能，同时要求学生对这种滴定方法的准确性进行评析和评价。而对观察技能的评价则是操作氯、溴和碘的水溶液与氯化钾、溴化钾、碘化钾及硝酸银之间的反应，要求学生观察并记录实验现象。之后要求学生总结出ⅦA 族元素性质的递变规律，利用此规律解释实验现象，从而评价学生对实验的解释技能。

F336 模块要求学生独立完成一个完全陌生的实验，评价学生的实验探究能力。具体的实验操作必须在考点的实验室内、在老师的监督下进行，总的实验操作时间不少于 18h。另外，还要为实验准备和探究报告撰写保留足够的时间。学生需要呈交三部分探究报告，教师从以下 8 个技能角度对学生的探究能力进行评价(表 7-7)，将每项技能的得分和探究能力总分呈交到 OCR。

表 7-7　模块中探究技能及目标

探究技能	目标
技能 A(化学思想)	应用科学知识和方法到陌生的情境当中
技能 B(实验方法)	选择和描述定量和定性的实验方法
技能 C(交流能力)	选择、组织和交流相关信息，同时要考虑到拼写、标点、语法以及专业术语的正确使用
技能 D(观察与测量)	观察、记录和交流可靠的和可信的实验数据和结果
技能 E(分析与解释)	分析和解释探究活动的结果
技能 F(评价)	解释和评价探究活动的方法和结果
技能 G(操作处理)	展示安全和熟练的实验操作技术和过程
技能 H(文献检索)	查询和学习陌生的化学知识和技术

学生报告的三个部分的主要内容如下：

(1) 学生在进行正式的实验探究之前递交探究报告的第一部分的初稿。这部分报告包括：确定和描述实验探究的目的；给出进行实验探究需要的化学知识；挑选需要的实验仪器和药品；预估实验的危险性；给出在设计实验方案时需要查阅的文献资源。在报告撰写过程中，学生需要准确使用化学专业术语，同时要注意语言文字表达，包括拼写、标点和语法等。教师对初稿进行鉴定和评阅，评价学生的技能 A、B、C 和 H。教师把评价结果呈交 OCR，把实验方案的修改意见和建议反馈给学生。学生根据反馈意见进行修改报告，按照修改后的报告中的方案进行实验。这样评价的优点是可以避免由于方案设计的缺陷或错误导致后续实验操作无法正常进行。这种及时反馈的评价方式对学生能力的培养有很好的促进作用。

(2) 学生在完成探究活动之后递交。要求学生在实际实验操作过程中，观察实验现象，记录相关实验信息。同时在书写此部分探究报告中，应该清楚合理地呈现实验相关信息，为下一部分报告做好准备。教师根据报告评价学生的技能 D。

(3) 学生在对实验数据进行分析、对实验结果进行解释和评价之后递交。这部分报告应该包括：描述实验探究的结果；利用图表等方式处理所有原始数据；解释实验现象和数据；利用基础化学知识解释实验现象，得出实验结论；分析和评价自己实验探究步骤的局限性；如果需要，计算各种测量的相对误差；评价在实验过程中对实验仪器和药品的选择是否合理。教师根据报告评价学生的技能 E 和 F。

(4) 学生在进行探究实验活动过程中，教师对全程进行监督，在实验过程中保证学生的安全，同时评价学生的技能 D 和 G。在此过程中，教师对学生的表现进行详细的记录，主要包括：是否在保证安全的前提下进行实验探究活动；能否正确操作实验仪器和合理使用药品；能否有效地、准确地观察实验和测量。

2. 纸笔测验评价

纸笔测验是常用的评价方式，具有操作简单、信度和效度高等优点。科学探究活动是一种学习活动、一种学习过程、一种学习方式。因而科学探究活动的评价注重对探究过程进行评价，但同时也不能忽视对探究结果的评价。纸笔测验的方式可以对科学探究活动的过程和结果进行评价。评价的内容和方式要根据课程以及时代的变化做出相应的调整和改进，重点不应再放在知识点的简单记忆和重现上，不应孤立地对基础知识和基本技能进行测试，而应放在分析和解决问题的背景中去评价。下面将以新课程高考中对科学探究能力的考查为例进行分析和介绍。

近几年的新课程高考化学试题对科学探究能力的考查已经取得了初步成功，为以后探究能力试题的命制打下了坚实的基础。但是由于对探究能力考查的特殊性，试题命制要遵循以下设计理念：

(1) 真实性。科学探究一般都具有真实的情景，因此用于评价科学探究能力的试题要以生产、生活、科研等实际为背景。与生活实际相结合的情境性问题，对学生来讲具有趣味性，同时比较贴近学生的生活，有利于学生认识化学学科和人类生活的密切关系，可以引导学生关注与化学相关的社会问题，培养学生的社会责任感。以生产和科研为背景的试题有利于学生进一步体验科学研究的艰辛，激发学习化学的情趣和爱好，从而可以提高学生的科学素养。因而具有真实情境性的问题不但可以考核学生的知识和技能，同时可以实现对“过程与方法”、“情感、态度和价值观”等课程理念的考查。

(2) 开放性。以往的标准化考试的答案往往是唯一的,这样便于统一阅卷评分。但是它的最大弊端是束缚了学生的思维,不利于培养学生发散性思维和创造性。科学探究活动的探究过程和结果都具有开放性的特征。因此,对于科学探究能力的评价应加强试题的开放性。同时,开放性的试题有利于促进学生的发展和全面评价学生。开放性原则要求试题命制着重考查学生多角度、多侧面、多层次地思考问题、理解试题,多渠道处理信息和多种方式表述结果,培养学生的发散性思维和创新能力。开放性的试题包括试题内容的开放、解决问题过程与方法的开放、试题答案的开放以及以上形式兼而有之的开放等多种开放形式。考生只要充分发挥思维的创造性和发散性,利用学过的知识和试题给出的信息进行解题,只要答案合理即可给分,只有这样才能全面地考查学生创造性思维和探究能力。

(3) 新颖性。这里的新颖是指对学生而言的。课程改革的目的是加强各种自主能力的培养,而不是知识的简单的复述和重现,要求学生根据题目的要求,在吸收、整合信息的同时结合已有的知识内容,进行分析问题和解决问题。因而只有题目的背景内容是新颖的,才能实现对能力的考查。只有新颖才能避免运用题海战术应付考试的学习方式,才能引导学生进行主动参与探究式的学习方式,才能培养学生科学探究的能力。

3. 高考对学生的探究能力的评价

对学生的探究能力的评价主要把握探究能力八要素的几个方面。高考化学试题的内容和评价方式要随着课程改革的推进做出相应的调整,以后评价的重点不是简单记忆和应用,而是应该以知识为载体,密切联系生产、生活实际,看重考查学生分析问题、解决化学问题的能力以及科学探究能力。从目前来看,高考的主要形式为纸笔测验,由于受纸笔考试的限制,对实验操作和搜集证据等实践过程的考查还不是很成熟。这两年课程标准高考化学科目试题对探究能力的考查主要涉及猜想与假设、制订计划、搜集证据、结论与解释、反思与评价、表达与交流等过程,而不包括进行实验具体操作的过程。随着课程改革的推进以及高考评价方式的改革,今后对探究能力的考查既要注重探究活动结果的评价,也要加强对科学探究实践过程的评价。

课程标准指出"化学实验是进行科学探究的重要方式,学生具备基本的化学实验技能是学习化学和进行探究活动的基础和保证"。课程标准考试大纲指出"了解科学探究的基本过程,学习运用以实验和推理为基础的科学探究方法。认识化学是以实验为基础的一门科学"。

化学实验的本质和探究学习方法的特征决定了化学实验是科学探究的重要途径。这两年的高考化学试题都是以实验为依托对探究能力进行考查,根据各种探究能力的模型和国外探究能力考查的评价目标,将目前高考中的探究能力分解成实验方案设计、按规定完成实验操作(用语言描述操作步骤)、实验数据处理与解释、实验方案评价四个方面的技能。正确的化学实验基本单元操作是前人经过多次实践总结出来的,是安全顺利进行化学实验的保证。按规定完成实验操作通常是中学规定的学生实验或者是规定实验的改造,是学生进行探究学习的基本技能和要求,往年的试题都赋予了足够的重视,在此不进行详细的讨论。下面将从实验方案设计、实验数据处理与解释、实验方案和结果评价及综合探究能力等方面进行举例,对考查探究能力的试题进行研究,以期改善和推进对科学探究能力的考查。

1) 实验方案设计技能考查

实验方案设计型试题属于对学生探究能力的较高能力层次的要求。不仅要深刻理解化学基本理论,还要熟练掌握常见元素及其化合物的物理和化学性质、制备原理和方法,兼顾各个实验要素,进行实验方案的设计以达到题目的要求。此类试题可以培养学生发现问题、分析问题,寻求实验现象和结论的关系。这样可以从本质上促使学生在平时要注重对科学的实验方法和缜密的科学思维的训练。

例 7-1　已知某混合金属粉末,除铝外还含有铁、铜中的一种或两种,金属含量都在5%以上。请设计合理实验探究该混合金属粉末中存在铁、铜元素。

仅限选择的仪器和试剂:烧杯、试管、玻璃棒、量筒、容量瓶、滴管、药匙;1mol/L 硫酸、2mol/L 硝酸、2mol/L NaOH 溶液、20% KSCN 溶液。

完成以下实验探究过程:

(1) 提出假设:

假设 1:该混合金属粉末中除铝外还含有____________元素;

假设 2:该混合金属粉末中除铝外还含有____________元素;

假设 3:该混合金属粉末中除铝外还含有 Fe、Cu 元素;

(2) 设计实验方案:

基于假设 3,设计出实验方案(不需要作答)。

(3) 实验过程:

根据(2)的实验方案,叙述实验操作、预期现象和结论。

编号	实验操作	预期现象和结论
①		
②		
③		
④		
⑤		

2) 实验数据处理与解释技能考查

实验总结能力是指"处理实验数据和分析实验过程及结果,得出相应的结论的能力"。实验过程的分析一般要求考生分析实验的关键、细节以及产生的误差等。实验数据和结果的处理,既可以是直接报告实验数据,也可以是从有关数据中归纳出定量的计算公式,绘制清晰、明了、直观的实验变化曲线,从而总结出反应规律和实验结论。

例 7-2　"碘钟"实验中,$3I^- + S_2O_8^{2-} \longrightarrow I_3^- + 2SO_4^{2-}$ 的反应速率可以用 I_3^- 与加入的淀粉溶液显蓝色的时间 t 来度量,t 越小,反应速率越大。某探究性学习小组在 20 ℃进行实验,得到的数据如下:

实验编号	①	②	③	④	⑤
$c(I^-)/(mol/L)$	0.040	0.080	0.080	0.160	0.120
$c(S_2O_8^{2-})/(mol/L)$	0.040	0.040	0.080	0.020	0.040
t/s	88.0	44.0	22.0	44.0	t_1

回答下列问题：

(1) 该实验的目的是______________________________。

(2) 显色时间 $t_1=$______________________________。

(3) 温度对该反应的反应速率的影响符合一般规律，若在 40℃下进行编号③对应浓度的实验，显色时间 t_2 的范围为__________(填字母)。

A. <22.0s B. 22.0～44.0s C. >44.0s D. 数据不足，无法判断

(4) 通过分析比较上表数据，得到的结论是________________________。

3) 实验方案和结果评价技能考查

评价是指为了某种目的，对观念、作品、答案、方法和资料的价值和符合准则的程度做定量和定性的判断。评价能力是布卢姆在认知领域分类的最高等级。高考化学学科实验评价能力的考查则突出了考生对实验方案的全面理解和判断，其中大多数要求考生对方案的可行性、简便性和目的性进行评价。对评价能力的考查的试题大多数具有较大的思考容量和很强的综合性，这就要求考生细心冷静地审题，将学过的知识与试题给出的信息进行组合，从而对试题给出的实验进行全面的评价。

例 7-3 为测试一铁片中铁元素的含量，某课外活动小组提出下面两种方案并进行了实验(以下数据为多次平行实验测定结果的平均值)。

方案一：将 a g 铁片完全溶解于过量稀硫酸中，测得生成氢气的体积为 580 mL(标准状况)；

方案二：将 $\frac{a}{10}$g 铁片完全溶解于过量稀硫酸中，将反应后得到的溶液用 0.020 00 mol/L $KMnO_4$ 溶液滴定，达到终点时消耗了 25.00 mL $KMnO_4$ 溶液。

请回答下列问题：

(1) 配平下面的化学方程式(将有关的化学计量数填入答题卡的横线上)：

$\square KMnO_4+\square FeSO_4+\square H_2SO_4 = \square Fe_2(SO_4)_3+\square MnSO_4+\square K_2SO_4+\square H_2O$

(2) 在滴定实验中不能选择________式滴定管，理由是________________。

(3) 根据方案一和方案二测定的结果计算，铁片中铁的质量分数依次为______________和____________(铁的相对原子质量以 55.9 计)。

(4) 若排除实验仪器和操作的影响因素，试对上述两种方案测定结果的准确性做出判断和分析。

A. 方案一______(填“准确”“不准确”“不一定准确”)，理由是____________；

B. 方案二______(填“准确”“不准确”“不一定准确”)，理由是____________。

4) 综合探究能力考查

当然这几个方面的评价不是孤立的，而是相对统一的整体，在主要考查其中一种能力时兼顾考查其他形式的探究能力。综合考查这些能力就是要求在试题上呈现探究的整个过程，要求考生对模拟实际探究过程的试题进行全面的理解和认识，实现对探究过程中的各个要素的考查。

例 7-4 某探究小组用 HNO_3 与大理石反应过程中质量减小的方法，研究影响反应速率的因素。所用 HNO_3 浓度为 1.00 mol/L、2.00mol/L，大理石有细颗粒与粗颗粒两种规格，实验温度为 298 K、308 K，每次实验 HNO_3 的用量为 25.0 mL、大理石用量为 10.00 g。

(1) 请完成以下实验设计表，并在实验目的一栏中填出对应的实验编号。

实验编号	T/K	大理石规格	HNO_3 浓度/(mol/L)	实验目的
①	298	粗颗粒	2.00	1. 实验①和②探究 HNO_3 浓度对该反应速率的影响 2. 实验①和______探究温度对该反应速率的影响 3. 实验①和_____探究大理石规格(粗、细)对该反应速率的影响
②				
③				
④				

(2) 实验①中 CO_2 质量随时间变化的关系见下图。

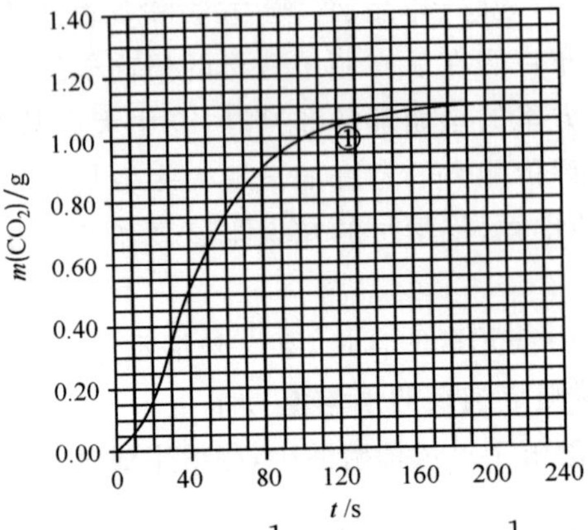

依据反应方程式$\frac{1}{2}CaCO_3 + HNO_3 = \frac{1}{2}Ca(NO_3)_2 + \frac{1}{2}CO_2\uparrow + \frac{1}{2}H_2O$,计算实验①在70～90s HNO_3 的平均反应速率(忽略溶液体积变化,写出计算过程)。

(3) 请在答题卡的框图中,画出实验②、③和④中 CO_2 质量随时间变化关系的预期结果示意图。

第二节　实验能力的测量

一、化学实验的意义和功能

化学是一门以实验为基础的自然科学,以实验为中心是化学教学最基本的特征。因此正确认识化学实验的地位、深刻理解化学实验的教育功能以及系统研究对化学实验基础知识和技能、能力的评价尤其重要,对化学实验的教学和评价的理论有待于进一步研究。

(一) 化学实验的地位

1. 化学实验是中学化学课程内容不可缺少的重要组成部分

中学化学课程和考试内容一般包括以下几个部分:化学基本概念和基础理论,元素、化合物与周期律,有机化学基础,化学计算,化学实验。化学实验既属于化学基础知识,又属于化学基本技能,是中学化学课程内容的重要组成之一。关于中学化学课程内容,有人将其各个内容的关系整理成如图 7－1 所示的结构框图,由此可以看出化学实验是中学化学课程内容的不可缺少的一个重要组成部分。

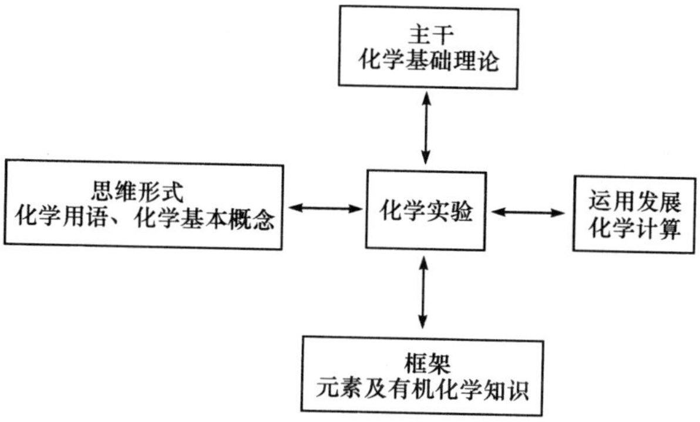

图 7－1　中学化学课程内容的关系结构框图

而在高等教育化学学科的基础课中，实验作为一门单独的课程开设，被称为实验化学。我国著名的化学家申泮文院士给出化学专业必修课程的火箭模型(图 7－2)，将实验化学作为整个化学课程的核心和动力。

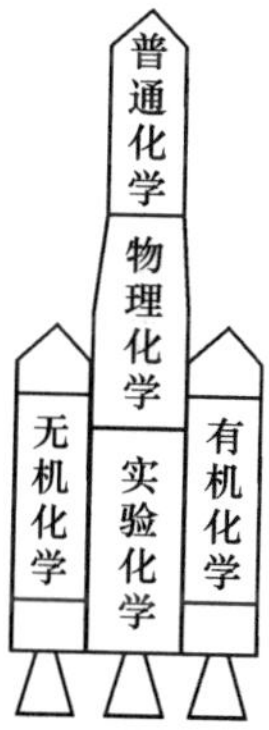

图 7－2　化学课程体系的火箭模型

2. 化学实验是学生认识化学科学知识的重要认识工具和媒介

中学化学教学作为一个系统，可以从不同的层面对其进行分析和考察。从化学教学认识的角度看，学生的化学学习是一个以化学教学认识媒介为中介，认识化学科学知识的过程。在这个过程中，学生是化学教学认识的主体，化学科学知识是化学教学认识的客体，化学课程、化学教师和化学教学认识工具是化学教学认识的媒介，化学教学认识系统如图 7－3 所示。

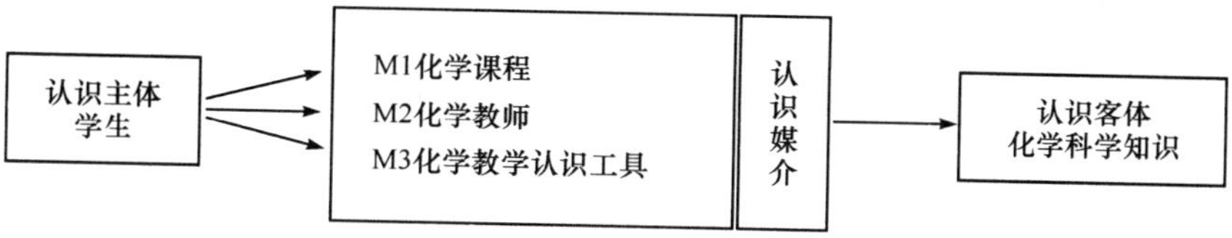

图 7－3　化学教学认识系统

(二) 化学实验的功能

1. 化学实验的科学认知功能

(1) 化学实验是进行化学教学认识的有效途径。实践是认识的基础，化学实验作为一种教学实践活动，是学生进行化学教学认识的重要途径。有目的、自觉地开展化学实验探究教学，可以充分发挥学生的主体作用，调动学生认识化学实验的积极性和创造性，在获得化学基础知识和化学实验技能的同时，掌握科学方法，形成和发展解决问题的能力。

(2) 化学实验为学生认识化学基本概念和理论提供感性认识材料。化学教学中的很多概念和理论的形成一般都是从认识物质的性质入手。而物质的性质，尤其是化学性质，通常只有借助一定的化学实验手段，在一定的条件下，使物质发生物理变化和化学变化时才能表现出来，才能被学生感知。学生通过感知物质变化时的现象、获得化学实验事实，从而在此基础上形成化学概念，发展化学理论。

(3) 化学实验能为学生验证化学理论、检验化学假说提供事实证据。在化学教学的理性认识阶段，化学实验同样也具有重要作用，能为学生验证化学理论、检验化学假说提供实验事实。受到各种条件的限制，化学教学中中学生对化学理论的认识，只是在若干个实验事实的基础上获得。这些化学理论是否适用于其他情况，还需要经过实验的检验和鉴定。只有这样学生才能确信化学理论的真理性。

2. 化学实验的“情感态度价值观”教育功能

1）科学态度教育

化学实验是科学态度教育的重要方法和形式。通过实验可以培养学生实事求是、严肃认真的态度。在化学实验中，有时实验现象不是特别明显，这就要求学生不能粗心，要细致地观察；有的反应进行缓慢，这就要求学生不能急于求成，要有耐心；有的实验操作条件苛刻，不容易一次成功，可能需要多进行几次，这就要求学生要有毅力和克服困难的决心；有些实验现象和结果与教科书上描述的不一致，这就要求学生尊重事实，认真分析其中可能的原因，找出其中可能存在的问题。学生在实验过程中，只有认真仔细地进行每一步实验，客观地尊重实验现象和结果，树立辩证唯物主义世界观，养成务实求真、勇于创新、积极实践的科学态度。

2）激发学生学习化学的兴趣和动机

化学实验能够引起学生浓厚的学习化学的兴趣。化学实验兴趣是促进学生探究物质及其变化规律的一种重要的动机功能。当学生从事化学实验时，容易被化学实验中的各种现象和变化所吸引，在实验过程中产生愉快、喜悦、兴奋等情感体验，有利于学生产生进一步学习化学的愿望，体会化学实验的艰辛和喜悦，感受化学世界的奇妙。

二、化学实验教学与能力培养

(一) 实验知识目标

化学实验仪器方面的知识：常见化学实验仪器的名称、主要用途，化学实验玻璃仪器的洗涤、干燥和安装以及使用时的主要事项。

化学实验药品方面的知识：常见化学药品的取用、研磨、溶解和过滤，化学试剂的配制和稀释，常见药品的安全存放等。

化学实验条件方面的知识：主要包括加热、干燥、冷却等。

化学实验安全方面的知识：主要包括加热防止暴沸、可燃气体的纯度检验、有毒物质的使用等。

按认知领域分类方法，可将实验知识目标分为：识记、理解、应用、分析、综合和评价（表 7－8）。

表 7－8　化学实验知识的学习水平分类

实验知识项目		学习水平分类					
类别	内容	识记	理解	应用	分析	综合	评价
实验仪器		√	√	√			
实验药品		√	√	√			
实验条件		√	√	√	√	√	√
实验安全		√	√	√			

（二）化学实验技能方面目标

中学化学实验技能包括仪器使用技能、基本操作技能、应用性技能以及实验设计技能四个方面。

1. 仪器使用技能

化学实验中使用的主要仪器有试管、烧杯、烧瓶、蒸发皿、容量瓶、漏斗、移液管等。

上述实验仪器凡是在学生实验中使用到的，要求学生了解其名称、基本结构和性能、使用方法、使用范围等，并能根据要求选取和使用。有些是在演示实验或者选做实验中出现的，只要求学生掌握其名称和用途。

2. 基本操作技能

中学阶段涉及的实验基本操作技能有：药品的使用、洗涤玻璃仪器、连接仪器装置、检查装置的气密性、气体收集、称量、过滤、蒸发、结晶、萃取、分液、蒸馏、配制溶液、滴定等。

3. 应用性技能

应用性技能主要包括仪器的选用、观察实验现象、记录数据和绘制实验装置示意图等。

4. 实验设计技能

要求学生能根据要求设计实验方案，包括实验目的、实验原理、实验仪器、药品、操作步骤以及预期的现象和数据等。

技能目标属于在知识基础上的运动精神领域，国内、外的学者和专家对此进行相关的研究和分类，其中，影响较大的有：①观察、准备、模仿、表现、熟练、创造；②见识、模仿、学会、熟练、技巧、创造；③见识、学会、技能、技巧、设计；④见识、模仿、学会、熟练、设计、创造。参照这些水平分类，我们认为中学化学实验技能的学习水平分为观察、模仿、练习、熟练、创新比较适宜。

（1）观察。从教师的演示实验以及书籍中的实验仪器、操作示意领悟相关知识和技能，为进一步的技能的掌握打下基础。

（2）模仿。对相关实验根据观察进行回忆，重复相关操作，或者在教师的指导下进行相关操作的尝试。

（3）练习。对一些基本的实验操作进行多次的尝试，独立完成实验，记录实验现象和数据。

（4）熟练。能够独立地按照实验方案的设计，进行实验仪器的装配，在保证安全的前提下，准确、高效地完成实验操作，正确记录实验现象和数据。

（5）创新。对一些实验现象和步骤提出建设性的意见和建议，并能对实验方案重新规划，对实验装置进行改造并能有效实施。

化学实验技能的形成是一个逐步提高和渐进的过程，需要在不断地学习和实践中才能取得进步。

(三) 化学实验能力目标

化学实验能力是指运用化学实验手段进行分析和解决问题的能力,是由多种成分组成的一种综合能力,其内容主要包括:选择和明确实验课题的能力;构思、选用实验方法和设计实验方案的能力;实验操作能力;观察实验现象,记录和收集实验数据的能力;分析处理实验数据,总结实验现象,推理实验背后的规律得出结论,最终解决实际问题或者总结化学反应的基本规律。

三、化学实验考核与实践

从化学实验对学生学习化学基础知识和掌握化学实验技能所起的作用来看,中学化学实验的内容和性质如下。

1. 化学基本操作实验

基本操作是进行各类化学实验的基础,为确保实验的顺利进行和成功起着非常重要的作用,化学实验基本操作是进行其他实验操作的基础,主要包括熟练使用基本仪器和熟练掌握基本操作(表 7-9)。

表 7-9 基本仪器和基本操作

基本仪器	要求学生熟练掌握的基本操作
试管、烧杯、酒精灯、漏斗、滴管、容量瓶、铁架台、干燥器、燃烧匙、集气瓶、蒸发皿、研钵、温度计、天平、量筒、烧瓶、移液管、滴定管、锥形瓶	加热、集气、验纯、溶液配制、过滤、蒸发、溶解、药瓶量取、称量、玻璃仪器的连接、洗涤、振荡、移液、定容、滴定

例 7-5 根据下图及描述,回答下列问题:

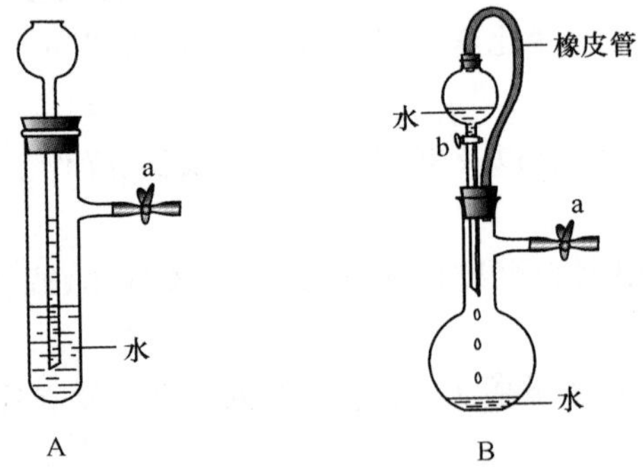

(1) 关闭图 A 装置中的止水夹 a 后,从长颈漏斗向试管中注入一定量的水,静置后如图所示。试判断:A 装置是否漏气?(填“漏气”、“不漏气”或“无法确定”)__________,判断理由:__________。

(2) 关闭图 B 装置中的止水夹 a 后,开启活塞 b,水不断往下滴,直至全部流入烧瓶。试判断:B 装置是否漏气?(填“漏气”、“不漏气”或“无法确定”)________,判断理由:________。

2. 物质制备实验

物质制备实验在中学化学实验内容中占有较大比例。这类实验的目的是给学生提供丰富的感性认识材料，使学生较好地掌握元素化合物的知识，进一步训练学生的实验基本技能和观察能力，培养学生分析问题、解决问题的能力。

例 7－6　高纯 $MnCO_3$ 是制备高性能磁性材料的主要原料。实验室以 MnO_2 为原料制备少量高纯 $MnCO_3$ 的操作步骤如下：(1) 制备 $MnSO_4$ 溶液：在烧瓶中(装置见下图)加入一定量 MnO_2 和水，搅拌，通入 SO_2 和 N_2 混合气体，反应 3h。停止通入 SO_2，继续反应片刻，过滤(已知 $MnO_2+H_2SO_3 = MnSO_4+H_2O$)。

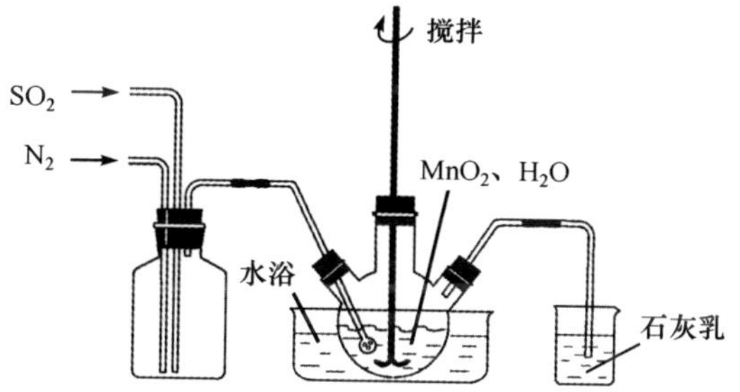

① 石灰乳参与反应的化学方程式为____________________。

② 反应过程中，为使 SO_2 尽可能转化完全，在通入 SO_2 和 N_2 比例一定、不改变固液投料的条件下，可采取的合理措施有________________、________________。

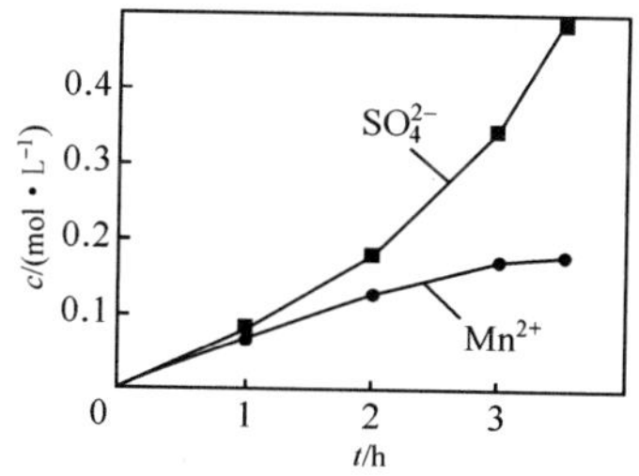

③若实验中将 N_2 换成空气，测得反应液中 Mn^{2+}、SO_4^{2-} 的浓度随反应时间 t 变化如右图。导致溶液中 Mn^{2+}、SO_4^{2-} 浓度变化产生明显差异的原因是____________。

(2) 制备高纯 $MnCO_3$ 固体：已知 $MnCO_3$ 难溶于水、乙醇，潮湿时易被空气氧化，100℃开始分解；$Mn(OH)_2$ 开始沉淀时 pH＝7.7。请补充由(1)制得的 $MnSO_4$ 溶液制备高纯 $MnCO_3$ 的操作步骤[实验中可选用的试剂有 $Ca(OH)_2$、$NaHCO_3$、Na_2CO_3、C_2H_5OH]。

①________；②________；③________；④________；⑤低于 100℃干燥。

3. 物质的鉴定和检验

在生产和科学研究中，要经常对一些物质的组成进行检验和鉴定。在现代化学分析测试中，包括仪器分析和化学分析，常采用的仪器分析方法包括元素分析、原子发射(吸收)光谱、质谱、红外光谱、核磁共振光谱、气(液)相色谱以及电化学分析等，这些分析方法可以提供物质的组成、结构、性质等重要信息，受到越来越多的关注，课程标准中就要求学生掌握有机化合物的仪器分析方法，但由于在课程标准实施过程中，受到各种条件的限制，对这些仪器分析方法的使用还处在理论阶段，没有得到广泛的实践。因此在中学实验中还是利用化学反应的方法对物质进行检验和鉴定。这主要是利用物质反应的实验现象的差异进行分析和判断。

物质鉴别的考查主要有：只用一种试剂的鉴别；不用任何试剂的鉴别；多种物质间的反应鉴别；结合元素、化合物的知识，以无机框图题、有机框图题的性质考查。要求掌握常见气态无机物的性质，主要有：O_2、H_2、NH_3、CO_2、Cl_2、SO_2、NO 等；需要掌握的常见离子为：阳离子，Fe^{3+}、Al^{3+}、Ag^+、NH_4^+、Na^+、K^+；阴离子，Cl^-、Br^-、SO_4^{2-}、CO_3^{2-}、SO_3^{2-}、OH^-。

例 7-7　有 A、B、C、D、E、F、G 7 瓶不同物质的溶液,它们各是 Na_2CO_3、Na_2SO_4、KCl、$AgNO_3$、$MgCl_2$、$Ca(NO_3)_2$ 和 $Ba(OH)_2$ 溶液中的一种。为了鉴别,各取少量溶液进行两两混合,实验结果如表所示。表中"↓"表示生成沉淀或微溶化合物,"—"表示观察不到明显变化。试回答下面问题。

	A	B	C	D	E	F	G
A	—	—	—	—	—	—	↓
B	—	—	—	—	↓	↓	↓
C	—	—	—	↓	—	↓	↓
D	—	—	↓	—	↓	↓	↓
E	—	↓	—	↓	—	↓	—
F	—	↓	↓	↓	↓	—	↓
G	↓	↓	↓	↓	—	↓	—

(1) A 的化学式是________,G 的化学式是________,判断理由是________。

(2) 写出其余几种物质的化学式,B:____,C:____,D:____,E:____,F:____。

4. 物质的分离和提纯

分离和提纯既有联系又有区别,物质的分离是将混合物中的组分分开,从而得到几种较纯净物质的过程;而物质的提纯也称物质的除杂,是将物质中混有的少量杂质分离除去的过程。两者的区别在于:物质的分离要求经处理出的物质都是纯净物,而提纯对经处理除去的物质没有要求,只是要求分离出的物质为纯净物。分离和提纯的方法很多,中学阶段的主要方法如下:

(1) 过滤、蒸发和结晶。根据混合物中各物质溶解度的差异,可以采用过滤的方法除去不溶性杂质。根据混合物中各物质在溶剂中的溶解度随温度变化的差异,采用结晶的方法进行分离。结晶的方法根据具体操作的不同又可以分为蒸发溶剂法,冷、热饱和溶液法等。

(2) 蒸馏。其原理是根据物质的沸点的不同,在加热条件下,不同物质在不同温度下转变成气态进而冷凝分离出不同物质,其前提是这几种物质不形成共沸物质。

(3) 萃取。其原理与过滤相似,也是利用物质在两种互不相溶的溶剂中的溶解度的差异进行分离。

(4) 层析。原理是利用混合物中各组分物质性质的差异,各组分在固定相的保留时间不同,而将各组分分离。

(5) 渗析。利用半透膜使溶胶和其中所含离子或分子分离的过程。渗析主要利用半透膜的空隙能让溶液中的离子通过半透膜,但不能让胶体离子透过的特性,而达到提纯、精制胶体溶液。

(6) 洗气。对于气体混合物,一般是利用气体混合物中各种气体在水中或其他吸收剂中的溶解度或者反应性质的差异,将含有的少量的杂质气体除去的方法。

例 7－8　以下实验装置一般**不用于**分离物质的是(　　)。

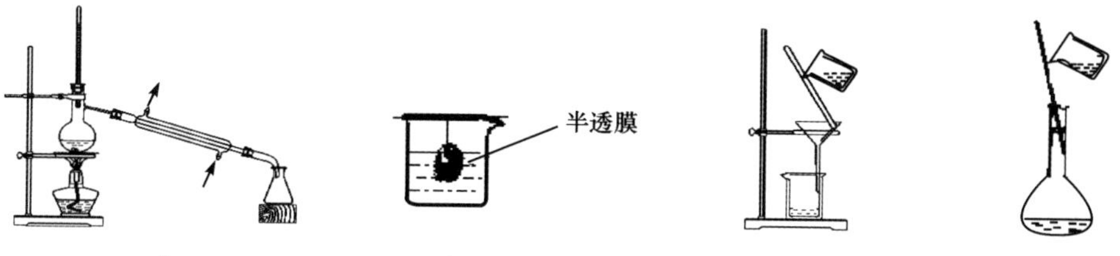

A　　　　B　　　　C　　　　D

5. 结合生产实际的实验

在中学化学教材中,结合生产实际的实验数量不多,主要有合成氨、氨氧化法制备硝酸、接触法制备硫酸、石油裂解等。这类实验是在实验室模拟工业化的生产,其装置通常比较复杂、综合性强,有利于培养学生的实验能力和工业化的思想。在实验过程中,其主要任务是揭示化工生产中的基本化学原理,使学生意识到理论与实践统一的重要性。

例 7－9　实验室模拟合成氨和氨催化氧化的流程如下。

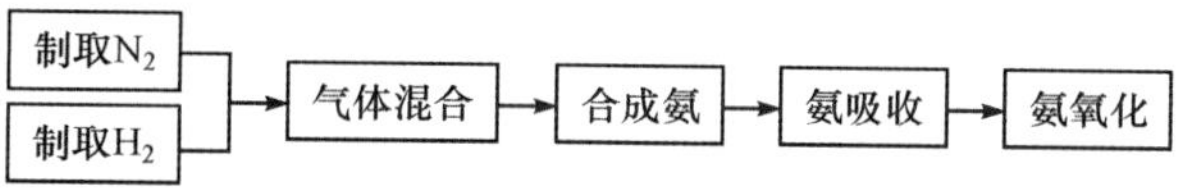

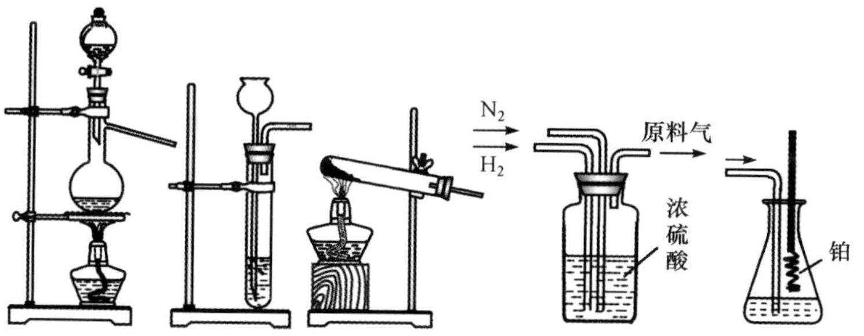

a　　　　b　　　　c　　　　甲　　　　乙

已知实验室可用饱和亚硝酸钠($NaNO_2$)溶液与饱和氯化铵溶液经加热后反应制取氮气。

(1) 从图中选择制取气体的合适装置:氮气________、氢气_________。

(2) 氮气和氢气通过甲装置,甲装置的作用除了将气体混合外,还有__________、__________。

(3) 从氨合成器出来、经冷却的气体连续通入乙装置的水中吸收氨,________(“会”或“不会”)发生倒吸,原因是:____________________________。

(4) 用乙装置吸收一段时间氨后,再通入空气,同时将经加热的铂丝插入乙装置的锥形瓶内,能使铂丝保持红热的原因是:______________________,锥形瓶中还可观察到的现象是:__________________。

(5) 写出乙装置中氨氧化的化学方程式:__________________。

(6) 反应结束后锥形瓶内的溶液中含有 H^+、OH^-、________、______离子。

6. 综合实验

综合实验对于学生而言,没有规定实验步骤和方法,需要学生根据实验题目,参照各种资料中的实验方法,设计实验方案,选取实验仪器、试剂和操作,在实验过程中记录实验数据和现象,分析实验数据和现象,得到产物,总结得出实验结论。

化学实验设计是指实验者在实施化学实验之前,根据一定的化学实验目的和要求,运用有关的化学知识和技能,对实验的仪器、装置、步骤和方法在头脑中所进行的一种规划。

化学实验设计的内容一般包括:实验目的、实验原理、实验用品及规格、实验装置图、实验步骤和操作方法、注意事项和预期实验现象等。

实验设计的一般原则如下:

(1) 科学性原则。科学性是化学实验设计的首要原则,是指实验原理、实验操作程序和方法必须与化学理论知识和化学实验方法相一致,能达到实验的基本目的。

(2) 可行性原则。可行性是指设计化学实验时所运用的基本化学原理在实施时在具体的实验条件(包括实验药品、仪器等)下可以操作。

(3) 安全性原则。在实验设计时,尽量避免使用有毒、易燃、易爆等危险药品,同时避免各种危险操作。如果必须使用,应当在实验设计报告中注明,在具体的实验实施时,注意采取相关的防护措施。

要想使实验对象保持或者达到某种状态、发生某种特定反应,得到理想的预期的实验结果,就必须对实验条件进行严格、有效的控制。实验条件控制就是通过改变实验仪器、方法和温度等措施,来探寻最佳实验条件的一种科学的操作方法和思考方法。化学实验条件的种类如下:

(1) 化学药品。这类实验条件主要包括化学药品的种类、纯度、状态、形状、质量、体积和浓度等。在化学实验中经常要对这类实验条件进行控制。例如,制取氢气时要使用稀硫酸,而不是浓硫酸,使用粗锌比纯锌的反应速率快;有固体原料参加反应时,固体最好是粉末,这样能增大接触面积,增加反应速率,同时两种反应物的质量要符合一定的要求。

(2) 化学实验仪器和装置。主要是指选用不同规格的化学实验仪器、不同的连接顺序和安装方法。例如,同样是制取乙酸乙酯的实验,如果是演示实验就可以采用直接加热,在催化剂存在下,用带有导管的试管加热乙酸和乙醇混合液,在导管出口连接盛有水的试管,有乙酸乙酯生成就会在水平上出现油状液滴。如果是较多的制备实验,就只能采用蒸馏烧瓶,使用滴液漏斗不断加入乙酸,同时蒸馏,促进反应平衡移动,提高反应物的转化率。

(3) 化学实验操作。主要包括点燃、冷却、加热、溶解、振荡、过滤、洗涤、蒸发等实验操作,以及对温度、压强、电流、流速、电压和时间等条件的控制。

化学实验观察包括仪器、装置、现象等内容,其物质的变化及其现象是观察的重点,尽可能全面利用视觉、触觉、嗅觉以及听觉等感官对实验现象进行全方位客观地、真实地反映,不能仅仅对预期的实验现象进行简单验证,而忽略了一些重要的细节,特别是对一些陌生的首次进行的实验更要关注各个过程和每一个细节。

(4) 数据记录、处理与分析。对于实验数据,要会用各种方法对其进行处理和分析。例如,制作各种表格、做成曲线图像以及将数据进行变化(取对数和倒数等),这可以使数据的对应关系变得清晰易懂,便于观察其变化特征,从而可以对其进行分析,为形成客观的结论打下基础。

例 7-10 抗击“非典”期间,过氧乙酸($CH_3-\overset{\overset{\displaystyle O}{\|}}{C}-O-OH$)是广为使用的消毒剂,它可

由 H_2O_2 和冰醋酸反应制取，所以在过氧乙酸中常含有残留的 H_2O_2。测定产品中过氧乙酸浓度 c_0 涉及下列反应：

① $\square MnO_4^- + \square H_2O_2 + \square H^+ = Mn^{2+} + O_2 + H_2O$

② $H_2O_2 + 2I^- + 2H^+ = I_2 + 2H_2O$

③ $CH_3-\overset{\overset{\displaystyle O}{\|}}{C}-O-OH + 2I^- + 2H^+ = CH_3COOH + I_2 + H_2O$

④ $I_2 + 2S_2O_3^{2-} = S_4O_6^{2-} + 2I^-$

请回答以下问题：

(1) 配平反应①的离子方程式(配平系数填入以下方框内)：

$\square MnO_4^- + \square H_2O_2 + \square H^+ = Mn^{2+} + O_2 + H_2O$

(2) 用 $Na_2S_2O_3$ 标准溶液滴定 I_2 时(反应④)选用的指示剂是____________。

(3) 取 b_0 mL 待测液，用硫酸使溶液酸化，再用浓度为 a_1 mol/L 的 $KMnO_4$ 标准溶液滴定其中的 H_2O_2，耗用的 $KMnO_4$ 体积为 b_1 mL(反应①，滴定过程中 $KMnO_4$ 不与过氧乙酸反应)。

另取 b_0 mL 待测液，加入过量的 KI，并用硫酸使溶液酸化，此时过氧乙酸和残留的 H_2O_2 都能跟 KI 反应生成 I_2(反应②和③)。再用浓度为 a_2 mol/L 的 $Na_2S_2O_3$ 标准溶液滴定生成的 I_2，耗用 $Na_2S_2O_3$ 溶液的体积为 b_2 mL。

请根据上述实验数据计算过氧乙酸的浓度(用含 a_1、a_2、b_0、b_1、b_2 的代数式表示)。

$c_0 =$ ________________________。

(4) 为计算待测液中过氧乙酸的浓度 c_0，加入的 KI 的质量已过量但没有准确称量，是否影响测定结果________________(填是或否)。

练习与思考题

1. 试论如何进行科学探究活动。
2. 试述中学化学实验技能的基本内容。
3. 培养化学学习兴趣的方法有哪些？如何对学生的化学学习兴趣进行测评？
4. 简述我国化学学业水平测试的依据。

参 考 文 献

教育部．2003．普通高中化学课程标准．北京：人民教育出版社．

单旭峰．2009．课程标准高考化学试卷选考模块问题刍议．化学教学，(1)：62-64.

单旭峰．2009．课程标准高考化学试题科学探究能力考查初探．化学教学，(4)：31-35.

单旭峰．2010．2009 年课程标准高考化学试题特点及思考．化学教学，(2)：56-58.

吴星．2003．化学新课程中的科学探究．北京：高等教育出版社．

肖常磊，钱扬义．2007．中学化学实验教学论．北京：化学工业出版社．

闫蒙钢，陈波．2007．英国 GCSE 化学考试探究性技能评价方法及启示．比较教育研究，(1)：55-59.

郑长龙．2002．化学实验教学论．北京：高等教育出版社．

周仕东，郑长龙，付立海．2005．科学探究活动的类型、功能以及活动方式．化学教育，(4)：9-11.

第八章　化学测量工具的评价

化学试题质量分析是对测试结果做出正确评价的前提。只有试题质量符合要求的测试结果，才能作为评价的依据。同时，通过试题质量分析，能为进一步修改试题提供依据，有助于化学试题库的建立，还可以帮助我们发现试题编制过程中有哪些成功的经验和失败的教训，从而有助于提高命题的技能、技巧。

本章将讨论有关化学试题质量分析的问题，包括试题总体的质量分析和项目的质量分析。

第一节　试题质量的初步评价

一、测验分数的分布状态

通过对测验分数进行初步整理，做出简单次数分布图，即可根据分数的分布状态对试题质量做出比较直观而初步的估计。

图 8－1 是一种常见的学生成绩次数分布直方图。图 8－1 直观地表示出，以 5 分为一个分数段，每个分数段所含分数的次数或百分数(频数)。如果找出每组的组中值和该组次数对应的点，并将相邻各点依次连接，即可制成次数分布多边图(图 8－2)。如果分数的个数较少，次数分布多边图往往呈不规则的折线形式；如果分数的个数无限增多，则组数增多，组距缩小，分数的次数分布图就会趋向于圆滑曲线，即分数的次数分布曲线。

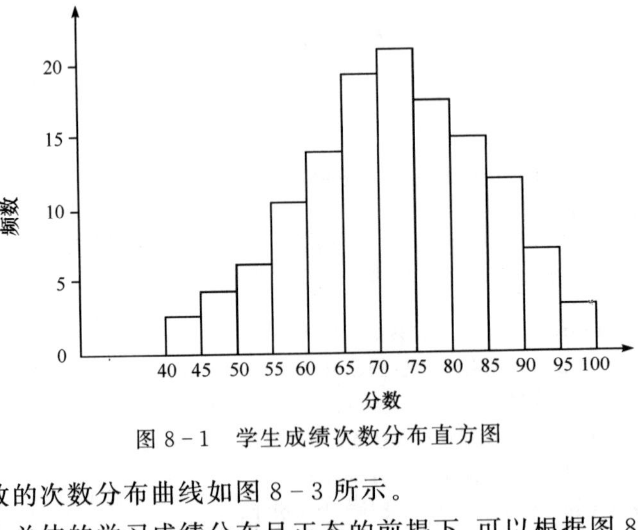

图 8－1　学生成绩次数分布直方图

常见的考试分数的次数分布曲线如图 8－3 所示。

在已知被测学生总体的学习成绩分布呈正态的前提下，可以根据图 8－3 所表示的几种分数分布状态，对试题质量做出比较粗略的评价。

(1) 正态分布。说明测试结果与学生的实际状况一致，各种难度的项目比例合理。

(2) 正偏态分布。说明试题难度偏高，难度较大的项目比例偏大。呈这种分布的试题有利于将成绩优秀的学生和中等程度的学生区别开，但不利于将中等程度的学生和成绩较差的学生区别开。

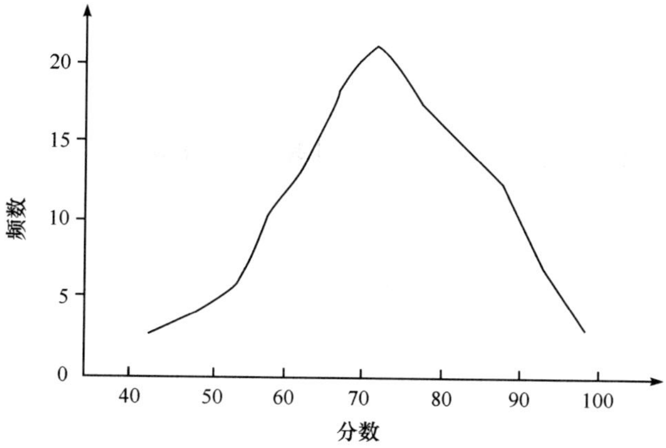

图 8-2 学生成绩次数分布多边图

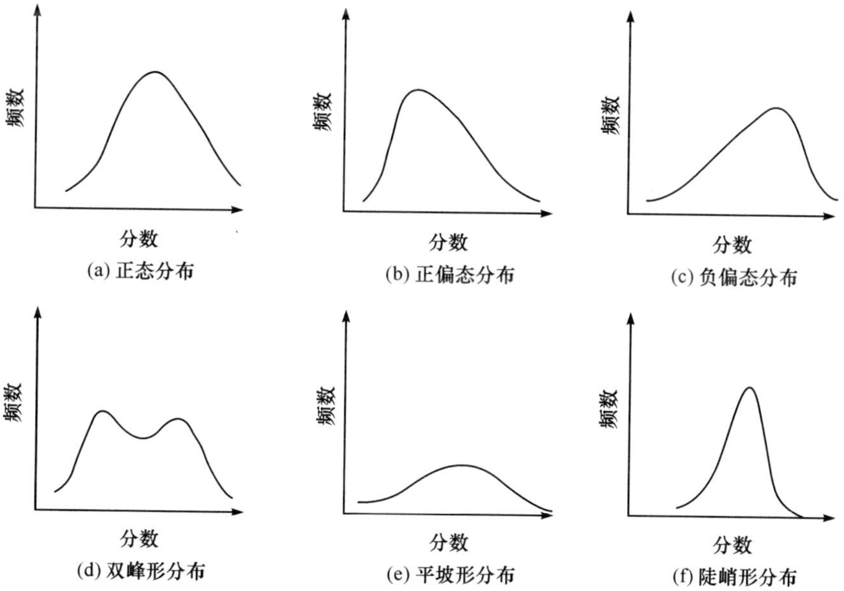

图 8-3 常见的考试分数的次数分布曲线

(3) 负偏态分布。说明试题难度偏低,难度较低的项目比例偏大。呈这种分布的试题有利于将成绩较差的学生和中等程度的学生区别开,但不利于将中等程度的学生和成绩优秀的学生区别开。

(4) 双峰形分布。说明试题存在两极分化现象,即难度偏高的和难度偏低的项目较多,而中等难度的项目偏少,项目难度的分布缺乏梯度,不够合理。呈这种分布的试题可以区别中等程度的学生,但不利于区别出成绩优秀的学生和成绩较差的学生。

(5) 平坡形分布。说明试题中各种难度的项目比例接近,梯度较大。呈这种分布的试题区分度较高,但分数之间的差异偏大。

(6) 陡峭形分布。说明试题中等难度的项目较多,梯度偏小。呈这种分布的试题几乎不能将不同程度的学生区分开,分数分布过于集中。

二、平均分

平均分是表示一组分数的集中趋势的一种统计量数,也是教育测量中使用最为广泛的一

种统计指标。平均分的一般计算公式为

$$\overline{X} = \frac{\sum_{i=1}^{N} X_i}{N} \tag{8-1}$$

式中，$\overline{X}$ 为平均分；X_i 为学生 i 的测验分数；N 为参加测验的学生数。

平均分的基本作用在于它可以作为一组分数的典型代表。除平均分之外，能代表一组分数的其他统计量数还有中数、众数等。中数是指在一组按照大小顺序排列的分数中位于正中间的那个分数；众数是指在一组分数中出现次数最多的那个分数，也就是分数的次数分布曲线最高点所对应的分数。与中数、众数相比，平均数是一组分数的最好代表。这是因为平均数具有下列基本性质。

(1) 平均分是由全部分数求出的。

(2) 每个分数与平均分的离差之和等于零，即 $\sum_{i=1}^{N}(X_i - \overline{X}) = 0$。这说明平均分是各个分数的中心。

(3) 当分数分布呈正态时，平均分即位于分布曲线的中点，并与曲线的最高点相对应。

(4) 各个分数与平均分的离差的平方和比各个分数与其他任何集中量数的离差的平方和都小。因此，它是计算其他统计量数时使用最多的数据之一。

根据平均分的数值，可以直接判断试题的平均难度，看其是否与预期的试题难度一致。平均分过高或过低，说明试题过易或过难，不适应被测学生的实际水平；只有当平均分值与预期吻合或相当接近时，测量目的才有可能实现，这时试题质量才可能符合测试目的的要求。因而平均分可用于对试题质量做出初步评价。

三、标准差

一组测验分数，只有平均分是不足以表明其分布状况的。如图 8-3 中平坡形分布和陡峭形分布，其差异是十分明显的；但这两种分布的平均分却可能完全一样。因此，要说明一组分数的基本情况，只有反映分数集中趋势的集中量数不行，还需要有反映分数离散情况的差异量数，两个量数集合起来，才能说明一组分数的基本特点。

标准差就是描述一组分数离散情况的最常用、最可靠的统计量数，标准差和平均分一样，也是计算其他统计量数时常用的基本数据之一。

标准差用符号 s 或 σ 表示，其计算公式为

$$s = \sqrt{\frac{\sum_{i=1}^{N}(X_i - \overline{X})^2}{N}} \tag{8-2}$$

在利用标准差数据对试题质量做出初步评价时，主要是看学生测验分数的离散情况是否与学生学习成绩的实际分布一致。如果一个教学班学习成绩比较整齐，测验结果分数分布应当相对集中，此时，分数的标准差要小才符合学生的实际状况；相反，如果是一个学习成绩参差不齐的教学班，测验分数的标准差大才符合实际。只有当标准差表明的测验分数的离散情况与被测学生集体的实际状况一致时，试题质量才有可能是合格的。因而可以用标准差对试题质量做出初步评价。

例 8-1 附表为 2009 年某省普通高中学业水平考试化学学科选择题统计数据。

例 8-1 附表

题号	平均分	标准差	难度	区分度	题号	平均分	标准差	难度	区分度
1	1.65	0.76	0.82	0.20	11	2.80	0.74	0.93	0.17
2	1.46	0.89	0.73	0.63	12	1.61	1.50	0.54	0.67
3	1.54	0.84	0.77	0.39	13	1.45	1.50	0.48	0.80
4	1.15	0.99	0.57	0.43	14	2.04	1.40	0.68	0.71
5	1.45	0.89	0.73	0.54	15	1.87	1.45	0.62	0.50
6	1.54	0.84	0.77	0.63	16	2.83	0.69	0.94	0.15
7	1.39	0.92	0.70	0.64	17	1.98	1.42	0.66	0.59
8	1.43	0.90	0.71	0.56	18	1.58	1.50	0.53	0.70
9	1.19	0.98	0.60	0.72	19	1.82	1.47	0.61	0.85
10	1.27	0.96	0.63	0.74	20	0.90	1.38	0.30	0.21

学生考试分数的次数分布曲线如下：

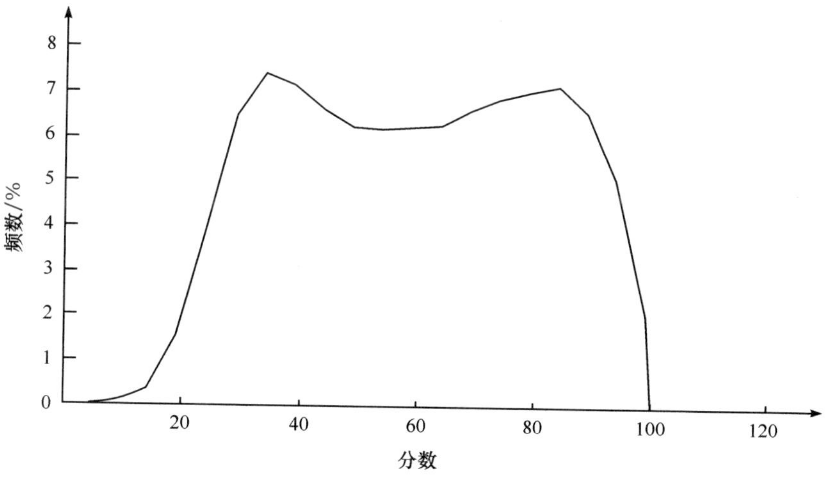

例 8-1 附图

从附图中可以看出，该省普通高中学业水平考试化学学科学生考试分数呈双峰形分布，说明试题存在两极分化现象，即难度偏高的和难度偏低的项目较多，而中等难度的项目偏少，项目难度的分布缺乏梯度。呈这种分布的试题可以区别中等程度的学生，但不利于区别出成绩优秀的学生和成绩较差的学生。

第二节　试题的信度

一、相关系数

相关系数是教育测评常用的一种统计量数。在利用信度、效度、区分度的指标评价试题质量时，也必须用到相关系数的计算公式。因此，在讨论试题的信度之前，有必要先了解相关系数的概念及其计算方法。

相关系数是表示两列变量之间相关程度的一种统计量数。相关是指两类事物或现象在发展变化的方向上相互联系的状况，一般有以下三种相关状态：

(1) 正相关。两列变量的变化方向相同，即一种变量有增大或减小的变动时，另一变量也同时发生增大或减小的变动。例如,人的身高和体重之间就存在正相关。

(2) 负相关。两列变量的变化方向相反,即一种变量有增大或减小的变动时,另一变量却同时发生减小或增大的变动。例如,练习次数和错误出现次数之间就存在负相关。

(3) 零相关。两列变量的变化之间没有明显联系,即一种变量有增大或减小的变动时,另一变量只做无规律的变动。例如,学生的学习成绩与其身高或体重之间就是一种零相关。

相关是自然界或社会中常见的一种现象。要注意的是不能将相关关系和因果关系混淆,即当两列变量存在相关时,不能认为一种变量的变化是另一种变量变化的原因或结果。

相关系数不仅表示两列变量之间相关的方向,而且还能表示相关程度的大小,常用 r 表示相关系数,其取值为 $-1.00\sim+1.00$。当 $r>0$ 时,表示正相关;$r=0$ 时,表示零相关;$r<0$ 时,表示负相关。r 的绝对值越大(越接近于1),表示相关程度越大;r 的绝对值越小(越接近于0),相关程度越低。相关系数并不代表相关的比率或百分数,更不是单位相同的相关量的度量。

当两列变量均是等距变量且都来自于正态总体时,相关系数可用皮尔逊积差相关(Pearson's product moment correlation)公式计算,其公式为

$$r=\frac{\sum_{i=1}^{N}(X_i-M_X)(Y_i-M_Y)}{Ns_Xs_Y} \tag{8-3}$$

式中,X_i、Y_i 分别为连续变量 X、Y 中的成对数据;M_X、M_Y 分别为 X、Y 的平均数;s_X、s_Y 分别为 X、Y 的标准差;N 为被统计的成对变量的数目。

如果直接从两列变量的原始数据计算相关系数,可用式(8-4)。

$$r=\frac{\sum_{i=1}^{N}X_iY_i-\frac{1}{N}\sum_{i=1}^{N}X_i\sum_{i=1}^{N}Y_i}{\sqrt{\left[\sum_{i=1}^{N}X_i^2-\frac{1}{N}\left(\sum_{i=1}^{N}X_i\right)^2\right]\cdot\left[\sum_{i=1}^{N}Y_i^2-\frac{1}{N}\left(\sum_{i=1}^{N}Y_i\right)^2\right]}} \tag{8-4}$$

这样求出的相关系数称为积差相关系数或皮尔逊相关系数。在化学教学测评中,学生的考试分数常用百分制表示,其性质符合积差相关计算公式的要求。在利用式(8-4)计算相关系数时,要注意两种变量要成对取值,成对值的数目一般要大于30,且两列变量都呈正态分布,以保证计算出的相关系数稳定、可靠。

当所搜集的数据不属于等距变量,如用等级变量(A,B,C,…)或分类变量(及格或不及格)表示时,需要采用其他方法计算相关系数。这将在以后的篇幅中结合其具体应用再做介绍。

例 8-2　某班28个学生的教师技能与课程教学论两门课学习成绩如附表所示,试描述该班学生这两门课学习成绩的关系。

例 8-2 附表

学生	教师技能	课程教学论	学生	教师技能	课程教学论
1	88	93	6	70	73
2	77	85	7	77	79
3	83	87	8	82	87
4	82	85	9	79	85
5	78	79	10	79	82

续表

学生	教师技能	课程教学论	学生	教师技能	课程教学论
11	84	93	20	73	77
12	86	89	21	85	89
13	77	84	22	79	86
14	91	95	23	80	91
15	84	98	24	85	85
16	88	87	25	86	91
17	76	90	26	79	84
18	81	86	27	82	86
19	76	80	28	86	91

解析　将原始数据各统计量代入式(8-4),计算得 $r=0.779$。$r>0$,表示该班学生教师技能与课程教学论两门课存在正相关。

二、信度的概念

信度是反映测量工具可靠性的指标。常见的试题信度多用相关系数来表示,即用同一组被测学生样本对两组项目的反应之间的相关,作为反映两组项目测量的一致性程度的指标,称为信度系数,简称信度。

信度实际上只是个理论构想概念。测量理论认为,学生在测试中所得到的实际分数(X)由有效分数(X_V)、无效分数(X_{SE})和随机误差(X_{RE})三部分构成,即

$$X = X_V + X_{SE} + X_{RE} \tag{8-5}$$

式中,X_V 为与测验目的相关的分数;X_{SE} 为与测验目的无关的测量误差(系统误差);X_{RE} 为测量的随机误差,学生的真实分数是 X_V 与 X_{SE} 之和。对一个被测群体而言,测验分数的离散程度可以用变异数或方差(标准差的平方)来表示;上述三种分数都有其相应的变异数。利用变异数具有可加性这一性质,可将测验分数(实际分数)的总变异数(s_X^2)分解为有效变异数(s_V^2)、系统变异数(s_{SE}^2)和随机变异数(s_{RE}^2),即

$$s_X^2 = s_V^2 + s_{SE}^2 + s_{RE}^2 \tag{8-6}$$

信度系数(r_{XX})定义为真实分数的变异数在实际分数的总变异数中所占的比例,即

$$r_{XX} = \frac{s_V^2 + s_{SE}^2}{s_X^2} \tag{8-7}$$

从式(8-6)可知,当总变异数 s_X^2 一定时,测量的随机误差 X_{RE} 越大,其变异数 s_{RE}^2 也越大,则真分数(X_V+X_{SE})的变异数($s_V^2+s_{SE}^2$)就越小,这时,根据式(8-7)可知,信度系数 r_{XX} 的值也越小。由此可见,信度实际上反映了测量随机误差的大小。

由于测量随机误差的主要来源可能不同,因而计算信度的方法也就可能不同,计算结果就有不同的意义,或仅仅表示信度的不同方面。所以,在利用信度作为评价试题质量的指标时,必须注意所用信度的实际来源及其所表示的具体意义。将不同的信度系数进行相互比较是没有什么实际意义的。

三、几种常用信度的意义及计算方法

1. 再测信度

用同一份试题对同一组学生前后实施两次测试,计算两次测验分数之间的相关系数,即得再测信度。这种信度能表示两次测验结果有无变化,反映测验分数的稳定程度,所以又称为稳定性系数。

当测验分数具有等距变量的性质(如化学教学测验分数常用的百分制)时,再测信度一般用皮尔逊积差相关公式[式(8-3)或式(8-4)]计算。

例 8-3　为了考查一份试题的可靠性,学期初用该试题测验 10 个学生,得分记为 X。学期末用该试题对这 10 个学生重测一次,得分记为 Y(数据见附表)。该试题的信度如何?

例 8-3 附表

学生	A_1	A_2	X^2	Y^2	XY
	X	Y			
01	74.0	85.0	5476	7225	6290
02	89.0	90.0	7921	8100	8010
03	93.0	98.0	8649	9604	9114
04	79.0	80.0	6241	6400	6320
05	83.0	94.0	6889	8836	7802
06	85.0	90.0	7225	8100	7650
07	80.0	87.0	6400	7569	6960
08	93.0	95.0	8649	9025	8835
09	80.0	93.0	6400	8649	7440
10	88.0	94.0	7744	8836	8272
	$\sum X=844$	$\sum Y=906$	$\sum X^2=71\ 594$	$\sum Y^2=82\ 344$	$\sum XY=76\ 693$

解析　(1) 把资料列于表后,计算出式(8-4)所需的各种统计量。

(2) 把所计算出的统计量代入式(8-4):

$$r_{A_1A_2}=\frac{76\ 693-\frac{1}{10}\times 844\times 906}{\sqrt{71\ 594-\frac{1}{10}\times 844^2}\times\sqrt{82\ 344-\frac{1}{10}\times 906^2}}=\frac{226.6}{306.34}=0.740$$

再测信度能够提供关于试题的测量结果是否随时间变化的信息。两次测验分数的误差变异主要来自测验条件和受测者身心状况的变化。再测信度高,说明试题受学生状况和测验环境变化的影响小,可以认为试题是比较稳定的。但再测信度很容易受练习和记忆的影响,前、后两次施测间隔时间要适当。间隔时间太短,学生对第一次测验记忆犹新,练习影响大;但间隔时间太长,则学生身心发展与教学效果等足以改变测验分数的意义。

2. 复本信度

如果用两份等值平行(题型、题数、难度、区分度相等,但具体内容不同)的试题测量同一组学生,再求两次测验分数的相关,其结果就是复本信度。这时同样可以用式(8-3)或式(8-4)

计算。

例 8-4 已对应试者 10 人施行过测验 A(同例 8-3),接着对这 10 名应试者施行测验 B,求该测验的信度(两次测验的资料见附表,X、Y 分别为每个人两次测验的总分)。

解析 (1) 先把测验成绩列于附表后,求出所需统计量。

例 8-4 附表

应试者	A	B			
	X	Y	X^2	Y^2	XY
01	86.0	75.0	7396	5625	6450
02	78.0	80.0	6084	6400	6240
03	81.0	94.0	6561	8836	7614
04	91.0	84.0	8281	7056	7644
05	88.0	86.0	7744	7396	7568
06	86.0	83.0	7396	6889	7138
07	88.0	85.0	7744	7225	7480
08	79.0	80.0	6241	6400	6320
09	86.0	93.0	7396	8649	7998
10	76.0	80.0	5776	6400	6080
	$\sum X=839$	$\sum Y=840$	$\sum X^2=70\,619$	$\sum Y^2=70\,876$	$\sum XY=70\,532$

(2) 把各统计量代入式(8-4)求 r_{AB}:

$$r_{AB}=\frac{70\,532-\frac{1}{10}\times 839\times 840}{\sqrt{70\,619-\frac{1}{10}\times 839^2}\times\sqrt{70\,876-\frac{1}{10}\times 840^2}}=\frac{56}{267.77}=0.209$$

A 和 B 两次测验的结果的信度系数很小,说明一致性差,测验结果的信度很低。

当两个测验同时连续施测时(为了抵消施测顺序的影响,可以使半数学生先做 A 卷后做 B 卷,使另一半学生先做 B 卷后做 A 卷),分数变异主要来自于两份试题在取样上的差别,即两份试题的等值程度,所以,复本信度又称为等值性系数。如果两份试题在不同的时间施测,则分数的变异与试题的稳定性和等值性都有关系,这是对试题可靠性的最为严格的检验,其数值也相对最低;这时所得到的信度称为稳定性与等值性系数,或再测复本信度。

复本信度的局限在于,由于复本之间的相似性,记忆或练习效应的影响仍然不能完全消除;编制两份完全等值的复本也是比较困难的。

3. 分半信度

在测验没有复本且只能实施一次的情况下,可将测验项目分成对等的两半,根据学生在这两半测验中所得的分数计算相关系数,即得分半信度。

这种信度考查的是同一试题的两半项目之间的一致性,所以可称为内部一致性系数,其意义类似于等值性系数,但不同的是,这里的两个等值复本是在测验后由同一份试题划分出来的。

计算分半信度的方法并不难,而比较困难的是如何将测验分成对等的两半。分半的方法很多,如按题号的奇偶分半、按题目的难度分半、按题目的内容分半等。所以,同一个测验通常会有多个分半信度值。不论如何分半,一般在分半后都应考查分半的情况,看是否需要做适当调整,其最终的目标是分成对等的两半。如果一个测验无法分成对等的两半,则不宜使用分半信度。在实际应用中,由于题目一般是依据难度大小排列,采用奇偶分半可使两半测验的题目在难度上基本相等,因此常被采纳。

由于分半信度实际上只是半个测验的信度,测验越长、项目越多,两半分数的相关就越高。因此,对长度不同的测验,要用斯皮尔曼-布朗(Spearman-Brown)公式对其信度值加以校正:

$$r_{XX} = \frac{2r_{hh}}{1+r_{hh}} \tag{8-8}$$

式中,r_{hh} 为两半分数的相关系数;r_{XX} 为校正后的分半信度。

例 8-5 一个测验向 15 名被试施测后,被试在奇偶分半测验上的得分如附表所示,计算该测验的分半信度系数。

例 8-5 附表

被试	01	02	03	04	05	06	07	08	09	10	11	12	13	14	15
奇数题(X)	20	18	23	21	17	18	20	17	16	13	14	13	12	8	8
偶数题(Y)	20	22	19	22	18	15	14	17	15	16	14	12	10	7	6

解析 计算两个半测验得分的积差相关系数为 0.86,代入式(8-8)得

$$r_{XX} = 2r_{hh}/(1+r_{hh}) = (2\times 0.86)/(1+0.86) = 0.92$$

所以,该测验的分半信度系数为 0.92。

4. 同质性信度

这里的同质性是指试题中所有项目之间的一致性。若测验中各个项目得分相关较高时,不论项目的内容或形式有何差别,测验都为同质;相反,即使所有项目看起来都好像是测量同一特性,但项目得分之间的相关很低,测验仍然是异质的。测验越同质,同质性信度的值也越大,则说明试题的内部一致性程度越高。因而,同质性信度又称为内部一致性系数。

常用计算同质性信度的方法如下。

(1) 当项目采用二分法(项目只有通过或未通过两种分数)计分时,可用库德-理查逊(Kuder-Richardson)公式,即 K-R_{20}公式计算:

$$r_{\text{K-R}_{20}} = \frac{K}{K-1}\left(1-\frac{\sum_{i=1}^{K}P_iQ_i}{s_X^2}\right) \tag{8-9}$$

式中,K 为整个测验的项目总数;P_i 为项目 i 的通过率;$Q_i=1-P_i$;s_X^2 为测验总分的变异数。

例 8-6 10 名被试在一个测验上的得分情况如附表所示(答对得 1 分,答错得 0 分),试估计被试反应的一致性程度。

例 8 - 6 附表

得分 题目 / 被试	1	2	3	4	5	6	总分
01	1	0	0	0	0	0	1
02	1	0	0	1	0	0	2
03	0	0	0	0	1	1	2
04	1	1	1	0	0	0	3
05	0	1	0	0	1	1	3
06	1	1	1	0	0	0	3
07	1	1	1	1	0	0	4
08	1	1	1	1	0	0	4
09	1	1	0	1	1	1	5
10	1	1	1	1	1	1	6
P_i	0.8	0.7	0.5	0.5	0.4	0.4	
Q_i	0.2	0.3	0.5	0.5	0.6	0.6	
P_iQ_i	0.16	0.21	0.25	0.25	0.24	0.24	$\sum P_iQ_i=1.35$

解析 $K=6$，$\sum P_iQ_i=1.35$，$s_X^2=2.01$，代入式(8－9)得

$$r_{\text{K-R}_{20}}=\frac{6}{6-1}\times\left(1-\frac{1.35}{2.01}\right)=0.39$$

(2) 当项目属于论文式类型，采用连续分数计分时，可用克龙巴赫所创的 α 系数公式：

$$\alpha=\frac{K}{K-1}\left(1-\frac{\sum_{i=1}^{K}s_i^2}{s_T^2}\right) \tag{8-10}$$

式中，α 为信度系数；K 为项目总数；s_i^2 为项目 i 得分的方差；s_T^2 为试题总分的方差。

当项目以二分法计分时，项目得分方差

$$s_i^2=P_iQ_i \tag{8-11}$$

代入式(8－10)中，即得到式(8－9)。可见，式(8－9)可看做式(8－10)的一个特例。

例 8－7 有一种包含 6 个论文题目的测验，对 5 个应试者施行，得分列入附表，试求该测验的信度。

例 8 - 7 附表

题号	被试					$\sum$	S_i^2
	A	B	C	D	E		
1	7	11	8	11	11	48	3.04
2	6	9	7	8	9	39	1.36
3	6	10	6	8	9	39	2.56
4	8	11	6	8	3	36	6.96
5	7	11	8	11	11	48	3.04
6	7	11	8	11	11	48	3.04
$\sum$	40	62	41	54	52		

解析　(1) 求每题各应试者得分的方差 s_i^2(各行分数的方差)。

(2) 求每题各应试者得分的方差之和 $\sum s_i^2$(各行的方差之和)。

$$\sum s_i^2 = 3.04 + 1.36 + \cdots + 3.04 = 18.65$$

(3) 求所有应试者各自的总分的方差 s_T^2(求 40、62、41、54、52 的方差)。

(4) 代入式(8-10)求信度系数

$$\alpha = \frac{6}{6-1} \times \left(1 - \frac{18.65}{68.96}\right) = 1.2 \times 0.72 = 0.875$$

说明信度系数较高,能正确地反应被试者的程度。

现将信度估计的几种方法小结于表 8-1。

表 8-1　信度估计的几种方法

信度类型	误差来源	测量次数	需试题数	计算方法
再测信度	时间取样	2	1	求两次测试分数的相关系数
复本信度	内容取样	1	2	求两个复本分数的相关系数
再测复本信度	内容-时间取样	2	2	求两个复本分数的相关系数
分半信度	内容取样	1	1	求两半试题分数的相关系数,用斯皮尔曼-布朗公式校正
同质性信度	内容取样	1	1	(1) 库德-理查逊公式; (2) 克龙巴赫 α 系数公式

从上述几种信度的具体意义看,似乎还没有找到一种完全适合于教学测验的信度估计方法。在利用信度评价试题可靠性时,要注意其局限性。

第三节　试题的效度

一、效度的概念

效度是指测验的有效性,即一个测验能够测出其所要测量的特性或功能的程度。效度或效度系数与信度一样,也是个理论构想概念。在测量理论中,效度定义为:在一次测量中,与测验目的有关的有效变异数与测验总分变异数的比率,即

$$r_{XY} = \frac{s_V^2}{s_X^2} \tag{8-12}$$

式中,r_{XY} 为效度系数;s_V^2 为与测验目的有关的有效变异数;s_X^2 为测验总分的变异数。

从式(8-12)不难看出,在学生的实际分数中,与测验目的有关的有效分数的比重越大,则效度系数的值也应越大。

根据式(8-6),不难理解效度和信度的关系。当总变异数 s_X^2 一定时,测量的随机误差 X_{RE} 越大,其变异数 s_{RE}^2 也越大,则真分数($X_V + X_{SE}$)的变异数($s_V^2 + s_{SE}^2$)就越小;也就是说,效度要受到信度的制约,信度低的测验其效度也不可能高;另外,信度高的测验其效度未必就一定高,这是因为,信度高时,虽然真分数($X_V + X_{SE}$)的变异数($s_V^2 + s_{SE}^2$)大,但是系统误差的存在同样会导致效度下降(s_{SE}^2 增大时,s_V^2 降低)。可见,信度只是效度的必要条件而非充分条件。

效度总是和一定的测验目的紧密相关的。一种测验总是为了测量某种特性或功能而编制的,判断测验效度的高低,就是看它能达到测验目的的程度。如果能正确、真实地测出所要测量的东西,那么这对一定目的来说便是效度高的测量;反之,则可认为该种测量的效度不高。显然,对某种目的来说是效度较高的测量,对另一种测验目的而言就很可能是效度很低的测量。离开测量目的谈效度是没有意义的。

二、几种常用的效度及估计方法

1. 内容效度

内容效度是指根据测验目的确定的测验内容所引起的预期反应达到测验目的的程度。就化学教学测量而言,测验目的是考查学生达到教学大纲所规定的教学目的和要求的程度,测验内容应是对化学教学大纲所规定的全部教学内容的代表性取样。如果测验的内容取样代表性好,则学生对测验内容的行为反应可以代表教学所引起的学生的全部行为变化,如对化学知识的记忆、理解和应用等,该测验就可以正确地测量出学生的学习成绩,那就可以说,该测验有较高的内容效度。

但是,要用有限的几个或几十个项目代表全部教学内容是比较困难的。因而,测验项目的代表性有大有小,测验的内容效度有高有低。如果把所学习过的全部内容视为一个总体,那么测验题目便可视为一个样本。这个样本能够代表总体的程度,也就是内容效度。

教学测验具备较高内容效度的条件是:一是要有定义完好的内容范围;二要使项目对教学内容有较好的代表性。一般而言,按照第四章所介绍的命题步骤和原则设计出的化学试题是可以满足这两个条件的。命题计划设定了测验内容的范围和各部分的比例;双向细目表表明了每个项目所代表的测量目标。所以,当双向细目表与命题计划一致,且项目能够与双向细目表中的测量目标一一对应时,基本可以保证试题的内容效度。

判断一份化学试题的内容效度如何,可以采用以下步骤:

(1) 考查测量的目的、测量目标的分类体系,了解试题取样的依据和材料的来源。

(2) 考查试题的双向细目表,看其双向细目的划分及各个部分的比例是否符合化学教学大纲和考试目的的要求。

(3) 逐个考查每个项目,包括项目内容、参考答案、评分标准等,并与双向细目表对照,看项目能否代表其测量目标。

(4) 综合上述各项的考查结果,对试题的内容效度做出判断。

这种方法实际上是一个逻辑分析过程,以此方法确定的内容效度也可称为逻辑效度。此外,还可以用再测法和经验法判断试题的内容效度。再测法是在教学过程前后分别用同一份试题或等值复本进行两次测验,若后一次测验分数大大高于前一次测验分数,则说明测验内容和教学内容一致,试题有较高的内容效度;反之,内容效度就低。经验法是用包含不同年级教学内容的试题测验各个年级的学生,考查不同年级的学生的总分和在代表各个年级教学内容的项目上的反应情况,如果学生的测验分数和项目通过率随年级增高而增高,则说明项目代表了不同年级的教学内容,测验有较高的内容效度。用内容效度考查试题的有效性,是目前比较合适且应用较多的方法。但由于内容效度尚未找到较理想的数量化指标,因而妨碍了试题评价信息的交流和各测验间的相互比较。

克龙巴赫认为内容效度也可以进行数量的估计。其具体方法是从同一个教学内容总体中抽取两套独立的测验题目,用这两套试题分别对相同的一些应试者进行测验,两次测验得分的相关系数可以用来估计内容效度。若相关较高,可以认为内容效度也高;若相关较低,则两次测验中至少有一次内容效度低。

2. 构想效度

构想效度就是指测验对预先设立的某一理论上的概念、构想或研究特性的实际测量程度。考察和研究构想效度的目的是要回答下面的问题:一个测验要测量的理论构想是什么?测验对该构想测量到何种程度?在测验分数的总变异中有多少来自要测的构想?

要判断一个测验的构想效度,通常需要经过以下三个基本步骤:

(1) 确定能够解释学生在测验上表现的理论构想。

(2) 根据理论构想推演出各种关于学生测验成绩的假设。

(3) 用逻辑分析、统计分析等方法来搜集证据、验证假设。

例如,中学化学教育目标(认知领域)的学习水平分类,实际上也是一个理论构想,可以通过构想效度来评价某种分类方法的合理性。假设:当项目的测量水平与测量目标(学习目标)的学习水平一一对应时,学生在属于同一学习水平的项目上的反应基本相同,而在属于不同学习水平的项目上的反应基本不同,那么,学生在属同一学习水平的项目上的得分应存在高相关,而在不同水平层次的项目得分应具有低相关。根据这一假设,可以对所有项目或有重点地选择部分项目,计算其两两之间的相关系数,考查它们之中高相关的是否属于同一学习水平、低相关的是否属于不同的学习水平,从而验证理论假设,进而评价学习水平分类的合理性。

还可以通过对项目难度的分析来评价关于化学教育目标学习水平分类的理论构想的合理性。假设:不同学习水平的项目应有不同的难度水平,属于高层次学习水平的项目难度大,而低层次项目的难度小,学习能力不同的学生对水平不同的项目的反应也应不同,高分组学生在低水平项目上的反应差别小,而在高水平项目上的反应差别大;低分组学生却恰恰相反,只在低水平项目上的反应有差别而在高水平项目上的反应几乎相同。根据上述假设,可以将项目按其难度大小进行分组分析,也可以分析高分组学生和低分组学生对难度不同的项目的反应情况,对假设进行检验,从而评价学习水平分类的合理性。

当对测验结果的分析检验不能证实构想时,可能会有多种解释,如:①构想本身有错误;②测验的构想效度低,即测验没有能够测量构想;③检验假设的程度、方法不够合理等。尽管构想效度目前还存在着许多局限性,但它毕竟提供了一种研究理论构想的具体方法,使教育测量成为发展教育理论的有效工具之一。

3. 效标效度

效标效度是指测验分数与效标的相关程度。效标是检验测验有效性的一种参照标准。效标常用一种公认比较可靠或权威的测验结果表示。这实际上就是用一种已知的且认为其“有效”的测验结果去检验另一个新测验的有效性。之所以不直接用效标测验去代替新测验,往往是因为新测验可能比效标测验更简单、易行。

化学教学中常用学生的实际高考成绩与模拟高考试题得分之间的相关来检验高考模拟试题的有效性。这里应用的就是效标效度的检测方法,高考就成了模拟考试的效标。

效标效度的估计方法主要有相关法、显著性检验法、预期表法、命中率法等,而相关法最为常用。由于效标效度采用测验分数和效标分数间的相关系数来表示,可以对被检测的测验进行定量化的分析比较,相对于内容效度而言更为客观,其意义也较直观,易于被理解和接受。

但是，效标效度在实际化学教育测量中应用得并不多，这主要是因为目前尚未找到比较合理的、可以满足化学教育测量各种要求的效标。除高考外，还没有其他比较权威的化学考试，而高考却不能作为一般化学教学测验的效标。这是因为两者之间在内容、性质上都有很大差别。高考是为高校录取新生服务的选拔性考试，而教学测验多是为教学服务的形成性评价的一部分；高考试题要在中学化学的全部教学内容范围内取样，而教学测验往往只在某一教学阶段的内容范围取样。在教学实际中，有时用教师对学生的等级评定作为某种测验的效标，但这样的效标难免会带有较多主观因素的影响。某些心理测验如智力测验、国外的一些学科水平测验等，与我国目前的化学教学实际尚有较大的距离，也很难作为化学教育测验的效标。因此，寻找化学教育测验的合理效标，是当前化学教育测评研究的重要课题之一。

现将三种效度的意义及其估计方法小结于表 8－2。

表 8－2　效度的类型、意义及其估计方法

类型	意义	估计方法
内容效度	测验内容反映测验目的、要求的程度	逻辑分析
构想效度	测验分数能够用理论构想加以解释的程度	提出假设和验证假设
效标效度	测验分数与效标分数之间的相关程度	计算两种测验分数之间的相关系数

第四节　项目质量评价

试题是由项目构成的，如果项目质量不高，试题的质量就不可能很高。因而项目质量是试题质量的前提。但是，试题的质量不高，却不能因此而肯定构成试题的所有项目质量都不高。在质量较差的试题中，也有可能会包含一些质量较高的项目。所以，项目质量评价既是试题质量评价的重要组成部分，又是对项目进行修订、筛选、积累或建立题库的必要条件。

一、项目的难度分析

（一）难度的意义及其计算

难度是指项目的难易程度。反映项目的难易程度的数量化指标称为难度系数，简称难度。项目越难，说明能够正确回答该项目的学生越少，或对该项目学生能够正确回答的成分越低。对项目难度的计算，通常有以下两种方法。

1. 用通过率计算难度

当项目以二分法计分（答对得分、答错不得分）时，难度一般用正确回答项目的人数与参加测验总人数的比值为指标，即

$$P=\frac{R}{N} \tag{8-13}$$

式中，P 为项目难度；R 为答对该项目的人数；N 为参加测验的总人数。

例如，在 100 个学生中，答对第一题的 30 人，答对第二题的 60 人，这两道试题的难度分别为

$$P_1=\frac{30}{100}=0.30$$

$$P_2 = \frac{60}{100} = 0.60$$

难度也可以用百分比表示,第一题难度为30%,第二题难度为60%。

这实际是以试题通过率作为难度指标的。

2. 用项目得分的平均值计算难度

当项目是用连续分数计分时,难度一般用参加测验的全体学生在该项目的平均得分与该项目的满分的比值为指标,即

$$P = \frac{\overline{X}}{W} \tag{8-14}$$

式中,P 为项目难度;$\overline{X}$ 为该项目的平均得分;W 为该项目的满分。

例 8-8　10名学生参加一个测验,其中两题的得分情况如附表所示,计算这两题的难度系数。

例 8-8 附表

学生	A	B	C	D	E	F	G	H	I	J	平均得分	题目满分
第一题	1	1	1	0	1	0	1	0	1	0	0.6	1
第二题	3	2.5	3	1.5	2	0	1.5	1	2	0.5	1.7	3

解析　第一题的难度系数

$$P_1 = \frac{\overline{X}}{W} = \frac{0.6}{1} = 0.6$$

第二题的难度系数

$$P_2 = \frac{\overline{X}}{W} = \frac{1.7}{3} = 0.5667$$

用式(8-13)或式(8-14)计算所得的难度值与项目的实际难易程度正好相反。难度值越大,项目反而越容易。例如,$P_1=0.9$,此项目难度小,$P_2=0.1$,此项目难度大。为了解决这一矛盾,有人提出将式(8-13)或式(8-14)改为

$$P = 1 - \frac{R}{N} \tag{8-15}$$

$$P = 1 - \frac{\overline{X}}{W} \tag{8-16}$$

这样,$P_1=1-0.9=0.1$;$P_2=1-0.1=0.9$,与项目的实际难易程度一致。不过,式(8-13)和式(8-14)是传统的难度计算公式,应用已十分广泛。本书的难度系数采用式(8-13)和式(8-14)计算。只要理解其意义,就不会造成认识上的混乱。

(二) 项目难度对测验结果的影响

1. 对分数分布形态的影响

试题中所有项目的平均难度就是试题的难度。难度不同的项目比例不同,试题的难度就

不同，分数的分布形态也会因此而不同。例如，所有项目的难度都是 1，全部学生都会得满分；如果所有项目难度都是 0，则全部学生都得零分。在这两种情况下，所有分数都集中在两个分数上（100 和 0）。可见，过易或过难的测验，会使测验分数相对集中在高分段或低分段，这时，分数的离散程度小（标准差小）。

如果难度接近 0 的项目比例较大，得低分的学生较多，分数分布就会相对集中于低分段，则分布呈正偏态；如果难度接近 1 的项目比例较大，得高分的学生较多，分数分布就会相对集中于高分段，则分布呈负偏态。当项目的难度成梯度出现，即从 0.1～0.9 的项目比例相同或接近时，项目的平均难度接近 0.5，此时分数的分布形态就最接近正态。

2. 对测验的鉴别能力的影响

当一部分学生能够正确地回答问题而另一部分学生不能正确回答时，两部分学生之间就形成了相互比较。在测验中，学生间相互比较的可能性越多，就越有利于对学生进行鉴别。项目的难度不同，提供这种相互比较的可能性的程度也不相同。例如，当参加测验的学生数为 100 时，某项目的 $P=0.2$，说明有 20 个学生答对了该项目，80 个学生答错了该项目，这时，学生之间相互比较的可能性为 1600 次（$20\times80=1600$）；如果 $P=1$ 或 $P=0$，学生之间就没有相互比较的机会（$100\times0=0$ 或 $0\times100=0$）。不难看出，当 $P=0.5$ 时，项目能够提供给学生相互比较的机会最大（$50\times50=2500$）。所以，项目的 P 值越接近 0.5，对学生的鉴别力也就越大；同理，项目的平均难度即试题的难度越接近 0.5，试题的鉴别力也越强。

（三）项目难度的评价

一个项目的难度值应该多大才合适？对此，并没有一个确切的数值为其答案。虽然项目难度在 0.5 时其鉴别力最强，但这并不意味着项目难度在 0.5 时质量最高。评价项目难度是否合适的依据，只能是测验的目的。

在平时的形成性测验中，与化学教育目标相对应的测量项目都需要编入测验中，尽管这些项目在前置性测验中难度值可能为 0，而在后置性测验中难度值可能为 1，也不能将其舍弃而人为缩小测验取样的内容范围；在总结性测验中，需要对学生的学习成绩做出区分，要求测验的平均难度达到或接近 0.5，但为了保证取样的代表性，应当使各个难度水平的项目都有分布，且比例适当。有时，还需要根据测验的特殊目的来配置难度不同的项目比例。例如，要挑选 10%的学生参加化学竞赛，项目难度应相对集中于 0～0.20，使项目的平均难度控制在 0.1 左右。这样做虽然会使大部分学生不能完成测验，但能够达到选拔优秀学生的测验目的，项目难度的配置仍然是合理的。如果希望一次测验既要选拔最高水平的学生，又要找出那些需要进行个别辅导的学生，就需要使难度分别为 0.1、0.5、0.9 的项目各占 1/3 左右。对于高考命题，在要求高考兼有为高校选拔合格新生和评价中学教学质量双重职能时，这就不能只是简单地使项目难度都保持在 0.5 左右了，而需要精心配置项目的难度比例，使考试的及格率与录取率正好相切。这样才能既有利于高校选拔新生，又可避免不良的社会效应。

要对测验中的项目难度比例进行合理配置，必须在测验正式实施之前就对项目难度做出准确判断。要注意的是，仅仅依靠主观经验来确定项目难度是不够的，因为项目难度不仅取决于编制水平，还与被测学生的具体情况有关。一个本来很容易的项目，可能会因为学生由于某种原因没有学习过有关知识而变难，而一个很难的项目，也可能由于学生测前做过有关练习而变容易。对被测总体中的某一部分学生来说是容易的项目,可能对另一部分学生来说是较难的项目。这就说明,P 值所反映的仅仅是项目的相对难度而非绝对难度。正因为如此,预测是十分必要的。

二、项目的区分度分析

(一) 区分度的意义

区分度是指测验试题或项目对学生的实际水平的区分程度。具有良好区分度的试题或项目,实际水平高的学生应该能够通过或得高分,实际水平低的学生不能通过或只能得低分。所以,测验的区分度又称鉴别力。

测量理论对测验的区分度十分重视,称之为判断测验是否有效的指示器,并作为评价试题和项目质量、对项目进行筛选的主要依据。从区分度本身的意义就可以看出,当测验是以选拔为主要目的时,只有试题和项目具有良好的区分度,测验才会有一定的效度。区分度和测验的信度也存在着密切的关系。有人通过研究发现,测验的信度随项目的平均区分度的提高而增长,且信度增长的速度较区分度增长为快。因而,提高试题和项目的区分度是达到理想的测验信度的一个有效途径。

关于项目的区分度与难度的关系,前面的讨论已经涉及。在难度接近 0.5 时,项目的鉴别力接近最强,也就是区分度值接近最大。区分度相同的项目其难度值可能不一样。在这种情况下,P 值小的项目所能区分的是高分组的学生,P 值大的项目所能区分的是低分组的学生。为了对全部参加测验的学生都能够有所区分,需要测验中的全部项目都有必要的区分度,同时难度不同的项目比例也要适当。

在任何测验中,无论测验的具体目的如何,提高项目的区分度总是对改进测验质量有利。

(二) 区分度的计算

1. 用内部一致性系数计算区分度

这里的内部一致性是指学生在某项目的得分与其所得测验总分的一致性。用内部一致性系数计算出的区分度的意义在于:项目的区分度高,说明总分较高或测验合格的学生在该项目上通过或得高分的可能性也高;而总分较低或测验不合格的学生在该项目上通过或得高分的可能性也小。项目的区分度低则恰恰相反,在该项目上通过或得高分的学生反而总分低或测验不合格,而在该项目上不能通过或得低分的学生反而总分高或测验合格。在标准化或较大规模的测验中,多采用相关法计算项目的得分与测验总分的一致性,表征项目的区分度。

根据项目的计分方法和测验总分或结果的表示方法的不同,可采用以下几种方法计算项目的区分度。

1) 积差相关法

当项目和试题总分都采用连续分数计分时,可用式(8 - 4)来计算项目的区分度。用变量 X 表示学生在某项目上的得分,用变量 Y 表示学生的测验总分,其积差相关系数即可代表该项目的区分度值。

例 8 - 9 一测验向 15 名学生施测,其中一个题目的题分(A_1)和测验总分(A)如附表所示,计算这道题的区分度。

例 8-9 附表

被试	A_1	A	X^2	Y^2	XY
	X	Y			
01	17	74	289	5476	1258
02	18	89	324	7921	1602
03	19	98	361	9604	1862
04	19	79	361	6241	1501
05	16	83	256	6889	1328
06	19	90	361	8100	1710
07	19	80	361	6400	1520
08	20	93	400	8649	1860
09	18	80	324	6400	1440
10	14	88	196	7744	1232
11	19	92	361	8464	1748
12	18	92	324	8464	1656
13	13	74	169	5476	962
14	20	86	400	7396	1720
15	18	78	324	6084	1404
	$\sum X=267$	$\sum Y=1276$	$\sum X^2=4811$	$\sum Y^2=109\ 308$	$\sum XY=22\ 803$

解析 根据原始数据求出所需统计量，并将其代入式(8-4)得

$$r_{A_1A}=\frac{22\ 803-\frac{1}{15}\times 267\times 1276}{\sqrt{4811-\frac{1}{15}\times 267^2}\times\sqrt{109\ 308-\frac{1}{15}\times 1276^2}}=\frac{90.2}{211.08}=0.427$$

则该题的区分度为 0.427，说明该题的区分度良好。

2）点二列相关

当项目以二分法计分、测验成绩以连续分数表示时，可用点二列相关公式计算区分度。其计算公式如下：

$$r_{pb}=\frac{\overline{X}_p-\overline{X}_q}{s_t}\sqrt{pq} \qquad (8-17)$$

式中，r_{pb} 为点二列相关系数，即项目区分度；$\overline{X}_p$ 为答对项目的学生总分平均数；$\overline{X}_q$ 为答错项目的学生总分平均数；s_t 为全体学生的总分标准差；p 为答对项目的学生人数所占的比率；$q=1-p$。

例 8-10 已知一测验中某选择题的通过率为 0.5，答对者的测验总分平均为 76 分，答错者的测验总分平均为 63 分，全体被试总分的标准差为 16。计算这道题的区分度。

解析 由式(8-7)得

$$r_{pb}=\frac{76-63}{16}\times\sqrt{0.5\times(1-0.5)}=\frac{13}{16}\times\sqrt{0.25}=0.41$$

假设被试总人数为 20 人，查相关系数显著性临界值表，df＝20－2＝18，0.05 水平临界值为 0.444。因为 0.41＜0.444，所以 r_{pb} 值不显著，即此题区分度不具有统计上的显著意义，故

可认为该题不够理想。

3) 二列相关

当测验总分为连续分数,项目也以连续分数计分,且学生的项目得分接近正态时,可以将项目得分按给定的“通过分数”分为通过和不通过两类,也就是将连续分数人为地变成二分法计分的分数。这时,可用二列相关计算项目的区分度。其公式为

$$r_b = \frac{\overline{X}_p - \overline{X}_q}{s_t}\left(\frac{pq}{y}\right) \tag{8-18}$$

式中,r_b 为二列相关系数,即项目的区分度;$\overline{X}_p$、$\overline{X}_q$、s_t、p 和 q 的意义同式(8-17);y 为正态分布下答对的学生的百分比所在位置的曲线高度。

将例 8-9 以此法计算如下。

由于 $p=0.5$,查正态分布得 $y=0.3989$,代入式(8-18)可得

$$r_b = \frac{76-63}{16}\times\left(\frac{0.5\times 0.5}{0.3989}\right) = 0.59$$

对 r_b 进行显著性检验的公式为

$$Z = \frac{r_b}{\frac{1}{y}\sqrt{\frac{pq}{n}}}$$

式中,n 为被试人数,其余符号的意义同式(8-18)。当 $|Z|\geqslant 1.96$ 时,表明在 r_b 在 0.05 水平上显著;当 $|Z|\geqslant 2.58$ 时,表明在 r_b 在 0.01 水平上显著。

对本例中 $r_b=0.59$ 进行显著性检验:

$$Z = \frac{0.59}{\frac{1}{0.3989}\times\sqrt{\frac{0.5\times 0.5}{20}}} = 2.1 > 1.96$$

因此,该题区分度已达 0.05 显著水平。

比较式(8-17)与式(8-18)可知,对于同一组资料,二列相关与点二列相关有以下数量关系:

$$r_b = r_{pb}\frac{\sqrt{pq}}{y}$$

可见,r_b 是 r_{pb} 的$\frac{\sqrt{pq}}{y}$倍。这个比例为 1.25(当 $p=0.05$ 时)~3.73(当 $p=0.01$ 时)。因此,当点二列相关显著时,二列相关一定显著,而当二列相关显著时,点二列相关不一定显著。由于点二列相关不要求多值变量呈正态分布,因此它的用途比二列相关更广泛。

4) 四分相关

当项目分数和测验总分都是连续分数而又都被人为二分时,可用四分相关计算区分度。其计算公式为

$$r_t = \cos\left(\frac{180°}{1+\sqrt{\frac{ad}{bc}}}\right) \tag{8-19}$$

式中,r_t 为四分相关系数,即项目区分度;a、b、c、d 的意义如下列四格表所示:

		测验总分	
		及格(+)	不及格(−)
项目分数	通过(+)	$a(+\ +)$	$b(+\ -)$
	不通过(−)	$c(-\ +)$	$d(-\ -)$

用 r_t 估计相关时，一般要求 $a+b+c+d>200$。当 a、b、c、d 四项次数接近时，估计值最可靠；而当 a、b、c、d 中某项次数过少、甚至为 0 时，计算结果无意义。

5) φ 相关

当项目分数和测验总分都是二分变量时，可用 φ 相关计算项目的区分度。其公式为

$$r_{\varphi}=\frac{ad-bc}{\sqrt{(a+b)(a+c)(b+d)(c+d)}} \tag{8-20}$$

式中，r_{φ} 为 φ 相关系数，即项目区分度；a、b、c、d 的意义同式(8-19)。

2. 用极端分组法计算区分度

用极端分组法计算区分度，是通过比较两个极端效标组(高分组和低分组)在同一项目上反应的差异来估计项目区分度的。其计算公式为

1) 项目用二分法计分

$$D=P_{H}-P_{L} \tag{8-21a}$$

式中，D 为区分度；P_{H} 为高分组通过该项目的人数比例；P_{L} 为低分组通过该项目的人数比例。

例 8-11

例 8-11 附表

组别	题号	
	20	21
	正确回答人数比例/%	
高分组	70	30
低分组	40	70

解析 20 题高分组有 70%的学生通过，低分组有 30%的学生通过。显然，这是一道与测验总分协调的，能够区分不同水平学生的试题，称为积极区分。

21 题高分组有 40%的学生通过，低分组有 70%的学生通过，高分组通过的人数反不及低分组多。虽然这类试题也有区分考生的作用，但区分的方向与测验总分不一致，这称为消极区分。

20 题的区分度为

$$D_{20}=0.70-0.30=0.40$$

21 题的区分度为

$$D_{21}=0.40-0.70=-0.30$$

2) 项目以连续分数计分

$$D=\frac{\overline{X}_{H}-\overline{X}_{L}}{H-L} \tag{8-21b}$$

式中,D 为区分度;$\overline{X}_H$ 和 $\overline{X}_L$ 分别为高分组学生和低分组学生在该项目上的平均得分;H 和 L 分别为该项目的最高得分和最低得分。

高分组和低分组的划分,是先将被测学生按其总分由高到低的顺序依次排列,然后取其上端一部分为高分组,取其下端一部分为低分组。对于极端分组的人数应占多大比例,要根据被测学生总体的具体情况而定。如果测验总分的分布符合正态,最适当的比例是高分组和低分组各占 27%;如果分数分布较正态分布平坦,高、低分组人数比率要略高于 27%;一般情况下,其比率为 25%～33%即可。

例 8-12 将一次学生的化学测验总分由高到低依次排列后,确定出高分组与低分组在第 7 题的得分情况如附表,试计算该项目的区分度。

例 8-12 附表

	1	2	3	4	5	6	7	平均分	最高(低)分
高分组	19	19	19	19	20	20	20	19.43	20
低分组	6	10	11	12	13	14	14	11.43	6

解析 将分析表内数值代入式(8-21b)

$$D=\frac{19.43-11.43}{20-6}=0.57$$

该题区分度为 0.57,是一道有较高区分作用的试题。

D 值是鉴别题目测量有效性的指标,D 值越高,题目越有效。而且,它适用于各种题分情况,不像相关法那样,每一种方法都有各自的适用条件,而各种方法之间有时不能直接比较(前面的例子已经显示,同样的数据不同方法计算的结果不同),因此在实际应用中,人们常采用极端分组法来计算题目的区分度。1965 年,美国测验专家艾贝尔(Ebel)根据长期经验提出用鉴别指数评价题目性能的标准,如表 8-3 所示。

表 8-3 项目区分度评价标准

区分度值(D)	试题评价
0.40 以上	非常优良
0.30～0.39	良好,如能改进更好
0.20～0.29	尚可,用时需改进
0.19 以下	劣,必须淘汰或改进以提高区分度

(三) 项目区分度的评价

1. 相对评价

由于区分度值有多种计算方法,不同方法的计算结果并不一致;同时,区分度值还受到被测学生的状况如样本大小、样本的同质性、样本的分组方法等因素的影响。因而,项目的区分度值与其难度值一样,也具有相对性。所以,在评价项目的区分度时,要注意区分度值的来源,区别对待,而不能任意比较其值的大小,并以此评价项目质量。目前,还很难规定出一个统一的定量标准作为评价项目区分度的依据。一般而言,在被测学生总体状况相同或基本类似的前提下,按照同一种方法计算的区分度值可以直接比较:区分度越大者,项目质量越高。无论测验的目的是什么,在反映项目质量的其他指标相同的条件下,应尽可能选用区分度值大的项目。研究表明，尽管采用不同方法计算出的区分度值不同，但在根据区分度值决定项目取舍时，结论却是完全一致的。可见，通过对项目的区分度进行相对比较来挑选项目，其结论是基本可靠的。

2. 显著性检验

用内部一致性系数作为项目的区分度值，还可以通过对相关系数的显著性检验来评价项目质量。每种方法的计算结果都有相应的显著性检验方法。一般是将计算所得的区分度值与相关系数显著性临界值比较，如果检验结果是相关系数值达到显著性水平，就说明项目得分与测验总分之间确实存在着内部一致性（或一致的可能性相当大），项目的区分度水平是可以令人满意的；但如果检验结果未达到显著性水平，那么，项目得分与测验总分之间的相关可能是由某种偶然因素造成的，项目的区分度尚未达到测验所要求的水平。在一般教育或心理统计、测量学著作中都可以查阅到相关系数显著性临界值表。

三、选择题的反应模式分析

通过对项目的难度和区分度评价，能够为我们提供评价和选择项目的依据或线索。对那些难度不合理、区分度较低的项目，可以根据学生对选择题各个备选答案的选择率，对选择题的质量做出评价，并按以下 6 种情况，分析选择题存在的问题及其原因。

(1) 如果难度值接近于 1.0，说明项目中正确答案过于明显，或为学生提供了某种暗示，需要增大错误答案的迷惑性。

(2) 如果某个迷惑答案几乎没有被选择，说明该选项不具备迷惑性，错得过于明显，除增加了阅读项目的时间外，不起任何其他作用。一般来说，如果迷惑选项的选择率低于 3%，该选项就应删除或修改。

(3) 如果某错误答案的选择率高于正确答案，就可能是编制时确定的正确答案有误，或教师在教学中发生了错误。这时，需要找到问题的原因，或是修改答案，或是纠正教学中的错误。

(4) 如果规定选择题的正确答案只有一个，而高分组学生的选择却集中于两个答案，且两者的选择率相近，说明该项目可能存在两个正确答案，或是在某种意义上原定正确答案以外的另一个答案也存在着一定的正确性。这时需要仔细分析项目内容，重新确定答案。

(5) 如果高分组对正确答案的选择率与低分组相近甚至更低，那就说明该项目的测量内容与学生的实际水平无关。该项目在修改试题时应删除。

(6) 如果某项目各个被选答案的选择率几乎相同或未作答的人数较多(并非由于答题时间不够)，说明该项目过难或题意不清，学生无法作答或只能凭猜测作答。这就需要适当降低项目难度或使题意更加清晰。

比较难度和区分度不同的选择题，可以发现：那些难度适中、区分度较高的选择题，在学生对被选答案的选择率上，表现出以下两个共同的特点：①正确答案的选择率最高；②迷惑答案的选择率相同或相近。

可以将这两个特点称为选择题的最佳反应模式。因为，如果不能同时符合这一模式，就必然会出现一种或多种上述选择题可能存在的 6 个问题。这一模式也可以作为评价选择题质量的依据之一。

案例 8-1　2009 年 1 月陕西省普通高中学业水平考试化学试卷的评价

为了进一步加快普通高中教育质量监测体系建设，推动普通高中课程改革工作的有效实施和教育教学质量的全面提升，陕西省教育厅根据教育部《关于普通高中新课程省份深化高校招生考试改革的指导意见》(教学[2008]4 号)和省教育厅《关于印发陕西省普通高中新课程改革实施方案的通知》(陕教基[2007]7 号)有关要求，结合普通高中教育发展实际，在认真调研论证、广泛征求各方意见的基础上，制定并颁布了《陕西省普通高中学生学业水平考试实施意见(试行)》。该意见对普通高中学业水平考试的性质和功能给予了定位和描述，也对普通高中学业水平考试科目、方式、命题范围和标准，考试时间和成绩评定，以及考试组织管理进行了说明。

陕西省从 2007 级高中学生开始实施普通高中学业水平考试制度。考试科目为思想政治、历史、地理、物理、化学、生物、通用技术和信息技术，采取书面考试和操作考试两种方式，书面考试科目为思想政治、历史、地理、物理、化学、生物和通用技术；操作考试科目为信息技术和物理、化学、生物的实验操作。考试范围为各学科必修模块(含选修模块)内容，命题以新课程方案和各科课程标准的基本要求为依据，着重考查学生对基础知识、基本技能和基本方法的理解、掌握与运用。学业水平考试每年组织 2 次，在每学年上、下学期结束前进行。考试成绩采用等级制评定，书面考试科目按照 A、B、C、D(分别为优秀、良好、合格和不合格)四个等级评定；操作考试按照合格、不合格(60 分及以上为合格，60 分以下为不合格)两个等级评定。

陕西省首次普通高中学业水平考试书面考试已于 2009 年 1 月举行，考试科目为物理、化学、生物、地理、历史 5 科，操作考试于 2008 年 12 月举行，考试科目为物理、化学、生物的实验操作。

为了更深刻全面地认识陕西省普通高中学业水平考试，本章以化学学科为例，重点研究 2009 年 1 月陕西省普通高中学业水平考试化学试卷和 2008 年 12 月化学实验操作考试。

(一) 试卷结构分析

1. 题型结构分析

每种类型的试题都有其特有的功能，题型使用是否得当将会在很大程度上影响考试目标的实现。根据考试的目的和要求，结合各种题型的特点，对每一部分内容采用最恰当的题型进行合理搭配，是试卷设计的重要环节。2009 年 1 月陕西省普通高中学业水平考试化学试卷分为选择题和非选择题两个部分(表 8-4)。

表 8-4　陕西省普通高中学业水平考试化学试卷题型结构

题型	题量	考试说明中规定的分值比例/%	试题实际的分值比例/%
选择题	20 题	约 50	50
非选择题	5 题(必答题) 3 题(选答题)	约 30 约 20	30 20

2009 年 1 月陕西省普通高中学业水平考试化学试卷的题型结构符合《2009 年陕西省普通高中学业水平考试说明》的要求。试卷总题量为四道大题，28 小题。一、二题为选择题，第一题共 10 小题，每小题 2 分，计 20 分，第二题共 10 小题，每小题 3 分，计 30 分；三、四

题为非选择题，分为必答题和选答题，必答题主要考查必修模块的内容，选答题要求考生根据自己化学科目的选修情况，从A题、B题和C题3题中选择1题作答，选学"化学与生活"模块的考生答A题，选学"化学反应原理"模块的考生答B题，选学"有机化学基础"的考生答C题。

2. 内容结构分析

试卷的内容结构是指试卷中考查的学科各部分知识分值所占的比例。分析试卷内容结构，可以了解测验对学生的要求以及试卷设计与课程标准和考试说明的符合程度。2009年1月陕西省普通高中学业水平考试化学试卷主要考查"化学1"、"化学2"、"化学与生活"、"化学反应原理"和"有机化学基础"5个模块的内容。对照《2009年陕西省普通高中学业水平考试说明》可以发现，2009年1月陕西省普通高中学业水平考试化学试卷中考试内容分布符合考试说明的要求，即必修模块约占卷面总分的80%，选修模块约占卷面总分的20%。各个模块及其各主题所占的分值比例见表8-5。

表8-5 2009年1月陕西省普通高中学业水平考试化学试卷内容结构

模块	主题	分值比例/%	
化学1	认识化学科学	51	11
	化学实验基础		14
	常见无机物及应用		26
化学2	物质结构基础	29	14
	化学反应与能量		6
	化学与可持续发展		9
化学与生活	化学与健康	20	8
	生活中的材料		6
	化学与环境保护		6
化学反应原理	化学反应与能量	20	8
	化学反应速率与化学平衡		6
	溶液中的离子平衡		6
有机化学基础	有机化合物的组成与结构	20	9
	烃及其衍生物的性质与应用		8
	糖类、氨基酸和蛋白质		0
	合成高分子化合物		3

2009年1月陕西省普通高中学业水平考试化学试卷对必修模块的考查侧重于"化学1"模块，其中突出考查了"常见无机物及应用"和"化学实验基础"两个主题；"化学2"模块突出了对"物质结构基础"主题的考查；"化学与生活"及"化学反应原理"两个选修模块的考查内容基本上均匀覆盖了各个主题，"有机化学基础"模块只考查了"有机化合物的组成与结构"、"烃及其衍生物的性质与应用"和"合成高分子化合物"三个主题的内容，没有考查"糖类、氨基酸和蛋白质"主题。

2009年1月陕西省普通高中学业水平考试化学试卷考试内容涉及必修模块和选修模块，体现了新课程的基础性和选择性；必修模块的内容占卷面总分的80%，体现了普通高中学业水平考试学业水平考试重点考查学生对基础知识、基本技能和基本方法的理解、掌握与运用的命题思想。

3. 能力层次结构分析

能力层次是指试题所考查的学生能力水平。每道试题都有其能力层次要求,学生只有达到一定的能力层次,才能正确解答试题。试卷能力层次结构是指试卷中不同能力层次要求的试题分值所占的比例,反映了考试的性质和要求。《2009 年陕西省普通高中学业水平考试说明·化学》依据《普通高中化学课程标准(实验)》的要求将考试能力要求由低到高划分为识记、理解、简单应用和综合应用四个层次(表 8-6)。

表 8-6　陕西省普通高中学业水平考试化学试卷能力层次结构

能力层次	考试说明中规定的分值比例/%	试题实际的分值比例/%		
		必修+化学与生活	必修+化学反应原理	必修+有机化学基础
识记	约 30	20	8	9
理解	约 40	56	54	62
简单应用	约 20	24	30	21
综合应用	约 10	0	8	8

(1) 识记(A)。认识所学化学知识,能够正确描述、识别、辨认、举例、列举、区分、比较或直接使用。

(2) 理解(B)。领会所学的化学知识,能够正确判断、解释和说明有关化学现象和事实,能够对化学知识进行分类、归纳和概述。

(3) 简单应用(C)。运用所学化学知识,能够让它们分解、迁移、转换、重组,以解决一些简单的化学问题。

(4) 综合应用(D)。运用所学化学知识,能够通过分析和综合、比较和论证、选择和评价、类推和计算等方法,解决一些具体的化学问题。

由表 8-6 可见,2009 年 1 月陕西省普通高中学业水平考试化学试卷能力层次结构没有完全按照考试说明中规定的比例进行编制,而是着重考查学生的理解能力和简单应用能力,对识记能力和综合应用能力的考查较少。

(二) 试卷内容分析

1. 选择题考试内容分析

选择题重点考查“化学 1”和“化学 2”两个必修模块的基础知识和基本理论,涉及了质量数、物质的量、阿伏伽德罗常数、摩尔质量、气体摩尔体积、物质结构与元素周期表、氧化-还原反应、离子反应、原电池、影响化学反应速率的因素、常见元素及其化合物的重要性质、化学基本原理及操作、化学基本计算等内容,基本涵盖了高中化学的主干知识。选择题设置的选项有较广泛的情景,一个题目中涉及不同知识内容,重在考查化学知识在生活和社会中的应用,如第 4 题考查钠、铝、铁、铜等金属及其重要化合物在日常生活中的正确使用,第 13 题考查不同物质如钠、铝、铜和二氧化硫的性质,第 18 题考查甲烷、乙烯和苯的化学性质及分子结构,第 20 题考查各种离子的检验方法。选择题还重视对化学基本概念的考查,如第 2 题考查质量数的概念,第 5 题考查离子键的概念,第 10 题考查物质的量、阿伏伽德罗常数、摩尔质量、气体摩尔体积的涵义。对基本技能的考查涉及第 9 题电子式的书写,第 15 题离子方程式的书写,第 11 题实验室安全措施。对化学基本原理的考查涉及第 16 题各种因素对化学反应速率的影响，第 17 题原电池的相关知识（表 8－7）。

表 8－7　陕西省普通高中学业水平考试化学试卷选择题考试内容统计

题号	考试内容	模块	主题	能力层次	分值
1	物质的组成、结构和性质的关系	化学 1	认识化学科学	B	2
2	质量数的涵义	化学 2	物质结构基础	A	2
3	化学实验室常用仪器的名称	化学 1	化学实验基础	A	2
4	钠、铝、铁、铜等金属及其重要化合物的简单应用	化学 1	常见无机物及应用	A	2
5	离子化合物的概念及典型的离子化合物	化学 2	物质结构基础	A	2
6	氧化-还原反应的判断	化学 1	常见无机物及应用	C	2
7	钠的重要化合物（碳酸钠）	化学 1	常见无机物及应用	B	2
8	铝与碱的反应；二氧化硅与强碱的反应；铵盐与碱的反应	化学 1	常见无机物及应用	B	2
9	能写出常见离子、分子、简单化合物的电子式	化学 2	物质结构基础	B	2
10	物质的量、阿伏伽德罗常数、摩尔质量、气体摩尔体积的涵义	化学 1	认识化学科学	B	2
11	实验室基本的安全措施	化学 1	化学实验基础	B	3
12	金属、非金属在元素周期表中的位置及其性质的递变规律	化学 2	物质结构基础	B	3
13	钠与水的反应；铝、铜与酸的反应；二氧化硫的漂白性	化学 1	常见无机物及应用	B	3
14	离子反应及其发生的条件	化学 1	常见无机物及应用	B	3
15	常见离子反应方程式的书写	化学 1	常见无机物及应用	B	3
16	化学反应的速率及其影响因素	化学 2	化学反应与能量	B	3
17	原电池的概念和原理	化学 2	化学反应与能量	B	3
18	甲烷的取代反应；乙烯的加成反应；苯的取代反应；苯的分子结构	化学 2	化学与可持续发展	B	3
19	配制一定物质的量浓度的溶液	化学 1	化学实验基础	B	3
20	常见离子的检验方法	化学 1	常见无机物及应用	C	3

例 8－13　2008 年 9 月，我国爆发了“毒奶粉”事件，不法商人向奶粉中加入三聚氰胺（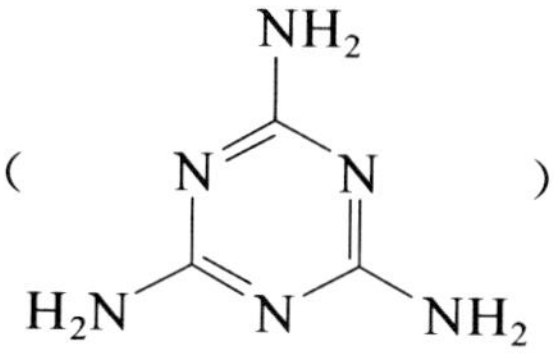）是为了冒充（　　）。

A. 糖类　　B. 油脂　　C. 蛋白质　　D. 维生素

答案　C

分析　奶粉中的蛋白质含量是衡量奶粉质量的重要指标之一，而蛋白质含量的测定是通过分析氮元素含量来确定的。三聚氰胺的含氮量高，向奶粉中加入三聚氰胺可以增大氮元素含量，从表面上增大了蛋白质的含量。乳期婴儿长期食用三聚氰胺，体内容易形成结石，并有可能导致肾衰竭，严重的会引发死亡。本题考查的内容在《2009 年陕西省普通高中学业水平考试说明》中并没有相对应的知识点,但却与社会重大事件和学生的生活息息相关,属于常识性考查。这样的试题设计有利于引导学生用化学的视角观察世界,关注与化学相关的社会问题,认识化学与人类生活密切关系,同时也体现出新课程的理念。

例 8-14 下列措施不能加快化学反应速率的是( )。

A. 用 $KClO_3$ 加热分解制氧气时加入 MnO_2

B. 将食物保存在电冰箱中

C. 燃烧煤时,常将煤粉碎并鼓入足量的空气

D. 工业合成氨时,采用高温、高压的条件

答案 B

分析 本题从实验室制备、工业合成、生活常识多个角度分别考查了催化剂、温度、原料状态、浓度和压强对化学反应速率的影响。学生要理解影响化学反应速率的各种因素,认识其一般规律才能选出正确答案。试题设计引导学生认识化学反应原理在实验室研究、工业生产和生活等方面的重要作用,考查学生正确判断化学现象和事实的能力。

2. 非选择题考试内容分析

1) 必答题考试内容分析

必答题的考试内容涉及元素周期表、常见元素及其化合物的性质、常见有机化合物的结构与性质、实验方案设计和化学基本计算等。试题设计体现了"注重学科内在联系和知识的综合"以及"能力立意"的原则,突出考查了学生从化学视角分析问题和解决问题的能力。如第21题需要学生综合元素性质、元素周期表以及化学键等知识进行解答。值得一提的是,试卷还在考查学生实验探究能力方面进行了积极的尝试,如第24题要求学生利用题目所给试剂和装置进行实验,探究氨气具有还原性的推测是否正确(表 8-8)。

表 8-8 陕西省普通高中学业水平考试化学试卷必答题考试内容统计

题号		考试内容	模块	主题	能力层次	分值
21	(1)	周期和族的概念、元素周期表的结构,元素在周期表中的位置与原子结构的关系	化学 2	物质结构基础	B	2
	(2)	钠与水的反应	化学 1	常见无机物及应用	B	2
	(3)	离子键和共价键的形成	化学 2	物质结构基础	B	3
22	(1)	物质的组成、结构和性质的关系	化学 1	认识化学科学	C	2
	(2)	钠的重要化合物(过氧化钠)	化学 1	常见无机物及应用	B	2
	(3)	常见离子方程式的书写	化学 1	常见无机物及应用	B	2
23	(1)	乙醇的分子结构	化学 2	化学与可持续发展	B	2
	(2)	乙酸的酯化反应			B	4
24	(1) (2) (3)	根据试题有关要求设计实验方案	化学 1	化学实验基础	C	6
25		根据物质的质量、摩尔质量、物质的微粒数、物质的量、气体摩尔体积、物质的量浓度等物理量之间的关系进行简单计算	化学 1	认识化学科学	C	5

例 8-15　某兴趣小组的同学由 NH_3 中氮元素的化合价推测出 NH_3 应具有还原性。联想到氢气可以还原氧化铜，他们用下列试剂和装置进行实验，来探究自己的推测是否正确。

药品：①NH_4Cl 固体；②CaO 固体；③$Ca(OH)_2$ 固体；④浓氨水；⑤稀硫酸；⑥碱石灰

装置：

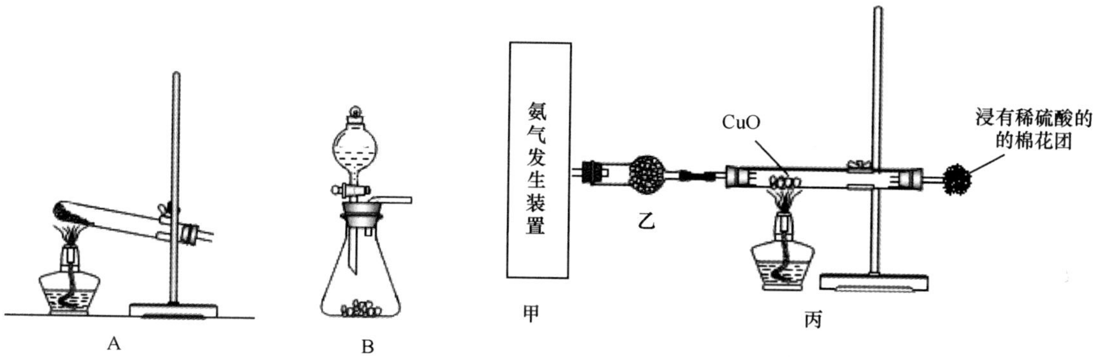

(1) 其中气体发生装置应选用__________（填“A”或“B”），若用该装置制取氨气，需要用到的药品是__________（填序号）。

(2) 乙中盛放的药品是________（填序号），若他们的推测正确，硬质玻璃管中可观察到的现象______________________。

(3) 浸有稀硫酸的棉花所起的作用是______________________（用化学方程式表示）。

答案　(1) A　①③　（或 B　②④　或 B　③④　或 B　④⑥）

(2) ⑥（或②）　黑色粉末变为红色

(3) $2NH_3+H_2SO_4 = (NH_4)_2SO_4$（或 $NH_3+H_2SO_4 = NH_4HSO_4$）

分析　本题创设了一个完整的实验探究情境，从发现问题、提出问题、分析问题和解决问题四个环节，让学生在答题过程中体验科学探究的过程，学习使用以实验为基础的实证研究方法。根据学生答卷情况来看，选择 A 装置的学生大多可以正确选择 NH_4Cl 固体和 $Ca(OH)_2$ 固体作为原料，但部分选择 B 装置的学生虽然知道要使用浓氨水，但没有考虑到还需要吸水剂，大多数学生都知道乙中要用 CaO 固体或碱石灰作为干燥剂，但对正确推断硬质玻璃管中的现象还是有一定的困难。另外，也有很大一部分学生不能正确地用化学方程式表示尾气的处理。不能正确判断硬质玻璃管中的现象证明学生没有联系 H_2 或 CO 还原 CuO 的现象，知识迁移能力有待加强，不能依据气体发生装置正确选择反应物以及不能正确使用化学方程式表示尾气的处理，证明学生的化学基础知识还不够扎实，需要在学习过程中不断积累和及时巩固。

2) 选答题 A 考试内容分析

选答题 A 主要考查“化学与生活”模块，主要涉及对环境污染、生活中的常用材料、金属的腐蚀与防护、食品中的有机物以及维生素的结构与性质等内容的考查。试题选材贴近学生生活，重点考查学生应用化学知识对生活中的有关问题做出判断和解释的能力。例如，28 题以生活情景为依托考查了维生素 C 的性质，集知识性和趣味性于一体，体现化学的应用价值，易使文科倾向的学生形成认同化学、喜爱化学的真切感受（表 8-9）。

表 8-9　陕西省普通高中学业水平考试化学试卷选答题 A 考试内容统计

题号		考试内容	主题	能力层次	分值
26	(1) (2) (3) (4)	"白色污染"的涵义 生活中常见的化学标志 大气主要污染物,减少或消除大气污染的方法	化学与环境保护	A	1 1 4
27	(1) (2)	生活中的常用材料及其主要类别 金属腐蚀的化学原理金属防护的常用方法	生活中的材料	A B	4 2
28	(1)	食品中几种常见的有机物(糖类、油脂、蛋白质、维生素等)及它们对人体健康的意义	化学与健康	A	2
	(2) (3) (4)	维生素 C 的组成、结构和重要性质		C	6

例 8-16　(1) 妈妈为了给正在积极准备参加高中学业水平考试的小明改善伙食,从健康饮食、营养均衡的角度考虑,特制订了某日午餐的食谱:

红烧鸡块、烧豆腐、炒青菜、西红柿鸡蛋汤、米饭、苹果。

该食谱中主要包括了糖类、油脂、______、______、无机盐、水等营养成分。

(2) 小明在榨苹果汁时,发现苹果汁在空气中由淡绿色变为棕黄色。同学小红告诉小明:这是由于苹果汁中含有的 Fe^{2+} 变为 Fe^{3+} 的缘故,你在榨苹果汁时加几片维生素 C 药片,就可以防止这种现象的发生,因为维生素 C 具有较强的______性。

(3) 为了进一步验证维生素 C 的上述性质,小明和小红一同来到实验室。小红去了一片维生素 C 药片研碎后,放入大试管中,加入适量的蒸馏水,充分振荡使其溶解。在另一支小试管中加入含有少量淀粉的碘水,用胶头滴管吸取大试管中的维生素 C 溶液滴入小试管中,边滴边振荡,观察到的现象是______________,证明了维生素 C 的上述性质。

(4) 已知

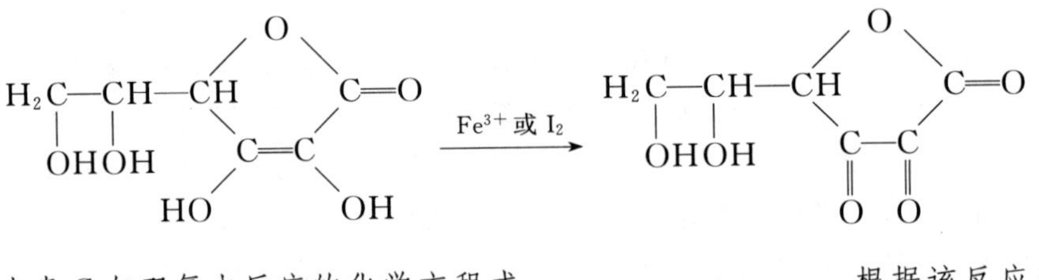

写出维生素 C 与双氧水反应的化学方程式________________。根据该反应小明提出也可以用双氧水来验证维生素 C 的上述性质,小红说仅用双氧水是无法通过实验得出结论的,因为____。

答案　(1) 蛋白质　维生素

(2) 还原

(3) 溶液的蓝色逐渐褪去

(4)

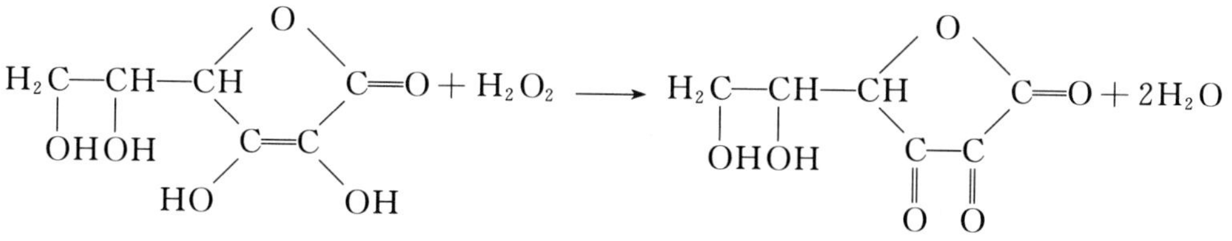

反应前后无明显现象

分析　本题的设计贴近学生生活，将学生置身于生活场景中，在答题过程中产生愉悦的感觉。从学生答卷情况来看，少数学生对食物的营养成分记忆不深刻，甚至直接生搬食谱中的食物作为答案；大部分学生都能依据苹果汁中的Fe^{2+}变为Fe^{3+}联想到维生素C的还原性；用含有淀粉的碘水检验维生素C的还原性时，很大一部分学生不能准确描述实验现象，回答诸如"颜色变浅"、"溶液变澄清"等答案，没有体现出现象变化的重点是"蓝色"逐渐褪去；只有少数学生能正确写出维生素C与双氧水反应的化学方程式，一些学生虽然写对了维生素C氧化产物的结构式，但H_2O_2的还原产物水却没有写出，只有很少一部分学生答对了仅用双氧水无法通过实验验证维生素C还原性的原因。不能准确描述实验现象，证明学生思考问题不够周全，需在平时教学中培养学生思维的严密性；不能正确写出维生素C与双氧水反应的化学方程式，证明学生快速准确提取信息的能力有待加强。本题的文字信息量偏大，题目长度偏长，可能会给学生的阅读理解带来一些困难。

3）选答题B考试内容分析

选答题B主要考查"化学反应原理"模块，涉及化学平衡、化学反应速率、化学平衡移动、溶液pH、盐类水解、电解池等化学基本原理。"化学反应原理"模块多为有理科倾向的学生选修，试题重点考查学生对化学变化所遵循的基本原理的认识，要求学生依据化学基本原理分析和解决问题，如第26题要求学生用化学动力学的原理进行分析和计算，第27题要求学生利用溶液离子平衡相关原理进行判断，第28题要求学生根据电解池原理进行分析、计算及书写电解反应方程式（表8－10）。

表8－10　陕西省普通高中学业水平考试化学试卷选答题B考试内容统计

题号		考试内容	主题	能力层次	分值
26	(1) (2) (3)	化学平衡常数的涵义 化学反应速率的定量表示方法和简单计算 平衡移动原理及其应用	化学反应速率与化学平衡	C	2 2 2
27	(1) (2) (3)	盐类水解的原理 溶液的pH、溶液中氢离子浓度和氢氧根离子浓度的大小与溶液酸碱性之间的关系	溶液中的离子平衡	C	2 4
28	(1) (2)	电解池的工作原理、电解池的电极反应和电解反应方程式	化学反应与能量	D	8

例8－17　下图是一组串联电解池：

(1) 若a、b、c、d均为石墨电极，则：

① 甲池中a为____极（填"阳"或"阴"），该极电极反应式为______________。

② 当乙池中c极增重3.2g时，d极上析出的气体在标准状况下的体积为____mL。

(2) 若 a、c 为石墨电极，b、d 为 Fe 电极，则：

① d 极电极反应式为____________________。

② 电解一段时间，甲池中出现白色沉淀。写出该白色沉淀与稀硝酸反应的化学方程式__________________________。

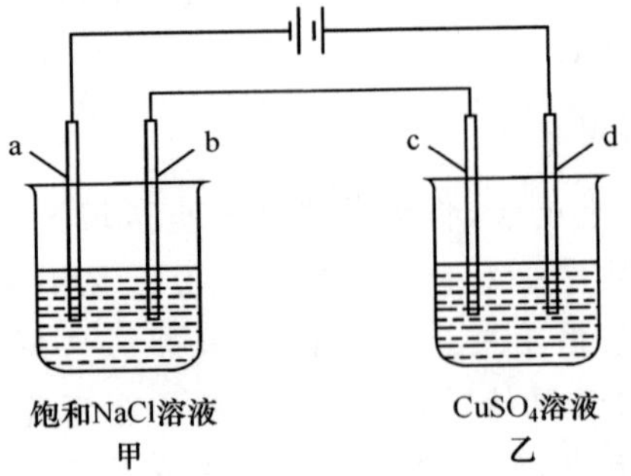

答案　(1) ① 阴　$2H^+ + 2e \xlongequal{} H_2\uparrow$

② 560

(2) ① $Fe - 2e \xlongequal{} Fe^{2+}$

② $3Fe(OH)_2 + 10HNO_3 \xlongequal{} 3Fe(NO_3)_3 + NO\uparrow + 8H_2O$

分析　本题是一道较为保守的试题，侧重于对学生电解池方面知识掌握情况的考查。从学生答卷情况来看，大多数考生能够正确判断 a 电极的极性并正确写出电极反应式；部分学生没能正确计算出 d 极上析出的气体在标准状况下的体积；大多数学生都能够正确写出 b、d 为 Fe 电极时 d 电极反应式，但只有极少的学生能正确写出甲池中的白色沉淀与稀硝酸反应的化学方程式。本题最后一问难度较大，学生需要先判断甲池中出现的白色沉淀是 $Fe(OH)_2$，根据稀硝酸的氧化性推断 $Fe(OH)_2$ 与其发生的并不是简单的酸碱反应，而是氧化-还原反应，还要正确预测 $Fe(OH)_2$ 的氧化产物是 $Fe(NO_3)_3$，HNO_3 的还原产物是 NO 而不是 NO_2，最后配平反应方程式也是一个难点，此题能够很好地将中等程度的学生和成绩优秀的学生区别开。

4) 选答题 C 考试内容分析

选答题 C 主要考查"有机化学基础"模块，涉及常见有机化合物的结构、命名、性质、反应和用途等方面的知识。"有机化学基础"模块也多是有理科倾向的学生选修的模块，试题着重考查学生对有机化合物的组成、结构和性质等方面基础知识的掌握情况，如第 26 题考查了乙烯的性质，2-甲基丙烯的命名及其同分异构体和同系物，第 27 题考查了卤代烃在不同溶液中与氢氧化钠的反应，第 28 题考查了合成聚甲基丙烯酸甲酯的原料和途径(表 8-11)。

表 8-11　陕西省普通高中学业水平考试化学试卷选答题 C 考试内容统计

题号		考试内容	主题	能力层次	分值
26	(1)	常见有机化合物分子的结构式和结构简式的书写	有机化合物的组成与结构	C	2
	(2)	根据有机物命名规则命名简单的有机物		B	2
	(3)	根据简单有机化合物的结构，确定其同分异构体的种类；同系物的涵义		C A	1 1

续表

题号		考试内容	主题	能力层次	分值
27	(1)	卤代烃、酯的化学性质及其用途；有机反应的主要类型(如取代、加成和消去反应等)	烃及其衍生物的性质与应用	C	2
	(2)	卤代烃、醇、酚、醛、羧酸、酯的化学性质及其用途			2
28	(1)	卤代烃、醇、酚、醛、羧酸、酯的化学性质及其用途	烃及其衍生物的性质与应用	D	2
	(2)	常见有机化学物分子的结构式和结构简式的书写	有机化合物的组成与结构		1
	(3)	判断加聚反应的类型	合成高分子化合物		3
	(4)	根据有机物命名规则命名简单的有机物	有机化合物的组成与结构		2

例 8－18　聚甲基丙烯酸甲酯可用作隐形眼镜的材料，可按如下转化途径合成(生成的无机物已略去)。

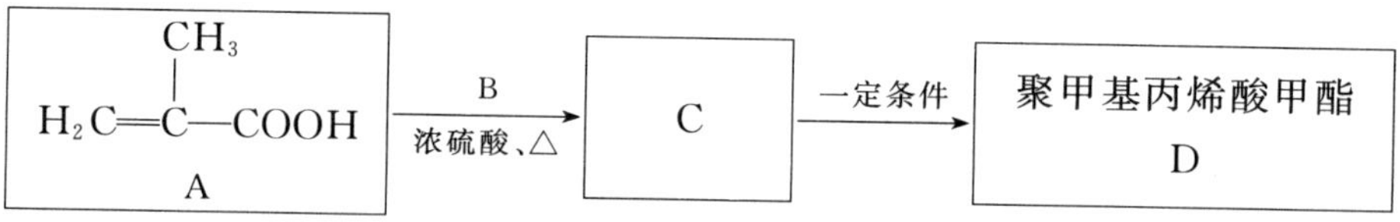

(1) A 物质能发生________反应。(填序号)

①取代　　②加成　　③消去　　④氧化

(2) B 物质的结构简式为____________________。

(3) C ⟶ D 反应的化学方程式为________________，反应类型为________反应。

(4) C 的同分异构体有多种，写出属于“某烯酸甲酯”的所有异构体的结构简式____。

答案　(1) ①②④

(2) CH_3OH

(3) 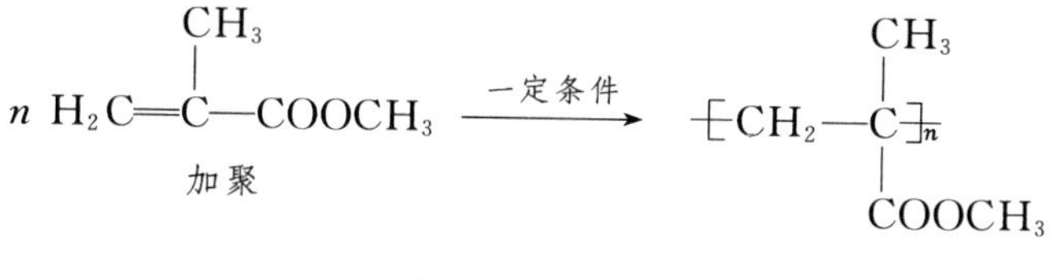

(4) 

分析　本题的设计注重学科内综合，分别考查了“有机化合物的组成与结构”、“烃及其衍生物的性质与应用”和“合成高分子化合物”三个主题的内容。根据学生答卷情况来看，大多数学生可以正确判断 A 物质能发生加成反应和氧化反应，但容易忽略 A 物质也能发生取代反应，大部分学生都能够根据最终产物聚甲基丙烯酸甲酯推断 B、C 的结构，也能够正确写出C→D 反应的化学方程式及属于“某烯酸甲酯”C 的同分异构体，证明选答“有机化学基础”模块的学生化学基础比较好，知识综合应用能力比较强。

(三) 试卷质量分析

试卷质量分析是正确评价测试结果的前提,只有试卷质量达到一定水平,才能作为评价测试结果的依据。同时,通过试卷质量分析,能为进一步修改试题提供依据,建立化学试题库,还可以总结试卷编制过程中成功的经验和失败的教训,从而提高命题的技能、技巧。

2009年1月,陕西省共有300 978名考生参加了普通高中学业水平考试,其中有46%的考生选答A题,43%的考生选答B题,11%的考生选答C题。由此可见,陕西省46%的学生有文科倾向,54%的学生有理科倾向,理科倾向的学生略多于文科倾向的学生。另外,有理科倾向的学生中,选修"化学反应原理"模块的学生远远多于选修"有机化学基础"模块的学生,这与陕西省新课程实施的政策导向和学校课程安排有莫大的关系。《陕西省普通高中新课程学科教学实施指导意见(试行)》指出:近期学校至少开设选修课的40%供学生选择。建议在六个选修模块中开设"化学与生活"、"有机化学基础"和"化学反应原理"。对于向人文方向发展的学生,在必修模块学完后,建议开设"化学与生活"选修模块。对有理工类专业发展倾向的学生,在必修模块学习后,至少选择"化学反应原理"和"有机化学基础"两个选修模块进行学习,这两个模块可以作为理工类学生的必选模块。通过调查发现,陕西省的中学在高二上学期多开设"化学反应原理"模块。

由表8-12可知,选答题A的平均难度偏高。但从试题的能力层次来看,A题的能力层次要求并不高,主要考查学生的识记能力、理解能力和简单应用能力。分析考生答卷的情况可以发现,考生对考查识记能力的试题得分率较高,能够较容易地写出大气主要污染物、生活中的常用材料以及食品中几种常见的有机物,对考查理解能力和简单应用能力的试题得分率较低,在书写化学反应方程式和电极反应式,推测实验现象,解释实验结果等方面比较困难。

表8-12 2009年1月陕西省普通高中学业水平考试化学试卷选答题统计数据

选答题	选答人数	选答率/%	总分	平均分	标准差	难度
化学与生活A	138 450	46	20	8.3	2.68	0.41
化学反应原理B	129 421	43	20	9.7	4.08	0.48
有机化学基础C	33 107	11	20	12.7	4.89	0.63

选答题B的平均难度适中,但从试题的能力层次来看,B题的能力层次要求较高,主要考查学生知识的简单应用能力和综合应用能力。分析考生答卷的情况可以发现,大部分学生对化学反应速率和化学平衡知识的掌握情况较好,但是电解池工作原理和电极反应对考生来说仍是难点。

选答题C的平均难度偏低,但从试题的能力层次来看,C题的能力层次要求较高,主要考查学生对知识的理解能力和综合应用能力。分析考生答卷情况可以发现,考生普遍得分较高,说明选答C题的考生化学基础知识掌握较好,成绩比较优秀。

为直观表示学生选答题答题情况,将各选答题的测验分数进行整理,绘制出考试分数的次数分布曲线(图8-4~图8-6)。

选答题"化学与生活"学生成绩呈正偏态分布,说明试题难度偏高,难度较大的项目比例偏

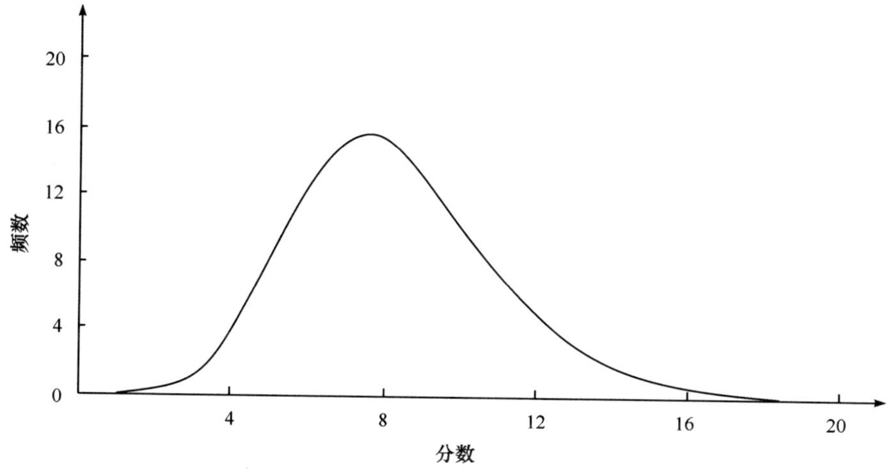

图 8－4　选答题“化学与生活”考试分数的次数分布曲线

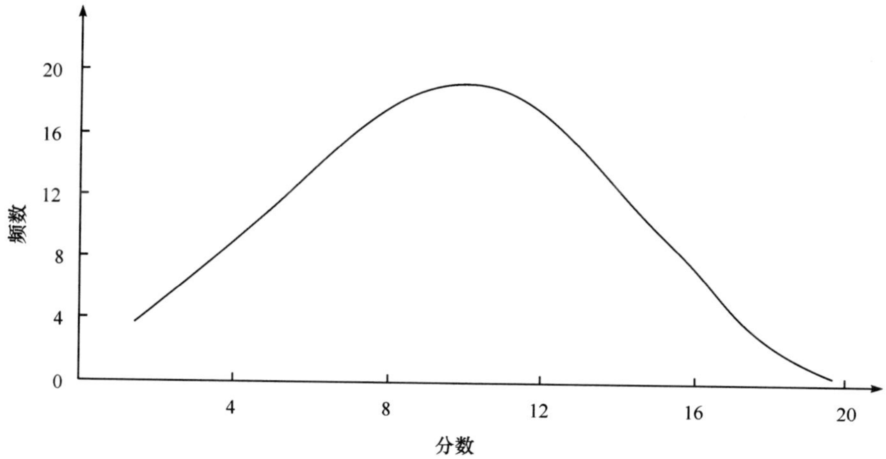

图 8－5　选答题“化学反应原理”考试分数的次数分布曲线

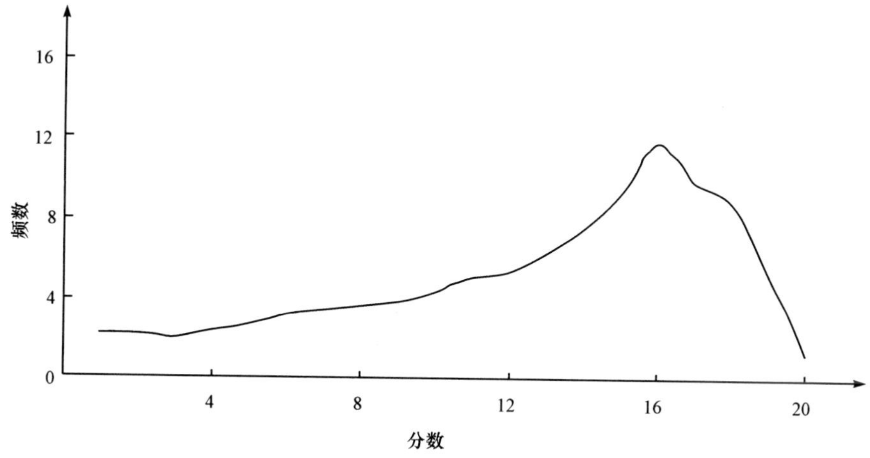

图 8－6　选答题“有机化学基础”考试分数的次数分布曲线

大，有利于将成绩优秀的学生和中等程度的学生区别开，但不利于将中等程度的学生和成绩较差的学生区别开。另外可以发现，66％的考生 A 题得分主要集中在 6～10 分，选答题 A 标准差较小的结论是一致的。

选答题B考生成绩呈正态分布,说明测试结果与学生的实际状况一致,各种难度的项目比例合理。另外,由图8-5还可以看出,考生成绩分布不集中,曲线坡度较缓,说明考生成绩离散程度较大,与选答题B的标准差较大的情况相符合。

选答题"有机化学基础"学生成绩呈负偏态分布,说明试题难度偏低,难度较低的项目比例偏大,有利于将成绩较差的学生和中等程度的学生区别开,但不利于将中等程度的学生和成绩优秀的学生区别开。另外,由图8-6可以看出,考生选答题C的得分并不集中在平均分12.7左右,而是有47%的考生得分集中在14～18分,这是导致选答题C标准差偏大的根本原因。

案例8-2　2008年12月陕西省普通高中学业水平考试化学实验操作试题分析

以实验为基础是化学学科的重要特征之一,化学实验对全面提高学生的科学素养有着极为重要的作用。化学实验有助于激发学生学习化学的兴趣,帮助学生理解和掌握化学知识和技能,启迪学生的科学思维,训练学生的科学方法,形成实事求是、严谨细致的科学态度,培养学生的创新精神和实践能力。

陕西省普通高中化学实验操作考核的目的是为了推进全省素质教育全面实施、基础教育教学评价制度及高校招生改革,促进高中学生实践能力提高和创新精神的培养,为高校招生提供比较科学的、能够反映学生实验操作能力的观测指标。

2008年4月12日陕西省教育厅印发的《陕西省普通高中学生学业水平考试实施意见(试行)》规定陕西省普通高中学业水平考试化学实验操作考核的范围为化学必修模块的内容,命题以新课程方案和普通高中化学课程标准的基本要求为依据,着重考查学生对常用仪器设备的使用能力、操作技能、实践能力和实验现象分析、实验数据处理能力。每学年组织1次考核,时间在高二年级上学期第17周至第18周内进行,考核时间为20min。实验操作考核成绩在卷面上采用百分制,以分数形式呈现,记入学生的纸质和电子学籍档案的成绩分为合格与不合格,60分(含60分)以上为合格,60分以下为不合格。

实验操作考核工作由陕西省教育厅统一安排部署,陕西省教育厅教育技术装备管理中心负责实施,各市(区)教育行政部门具体负责本辖区考核的组织、实施工作。试题由陕西省教育技术装备管理中心统一命制6道化学实验操作试题,学生本人通过抽签的方式选定考核试题,监考教师需为学生现场打分。

2008年12月陕西省普通高中学业水平考试化学实验考核试题分别为"配制100mL 0.5mol/L的NaCl溶液"、"Na_2CO_3和$NaHCO_3$的性质实验"、"探究影响化学反应速率的因素"、"糖类、蛋白质的性质实验"、"探究氯化铵的性质"和"铝及其化合物的性质"(表8-13)。

表8-13　2008年12月陕西省普通高中学业水平考试化学实验考核试题

题号	实验考核试题	模块	主题
1	配制100mL 0.5mol/L的NaCl溶液	化学1	化学实验基础
2	Na_2CO_3和$NaHCO_3$的性质实验	化学1	常见无机物及其应用
3	探究影响化学反应速率的因素	化学2	化学反应与能量

续表

题号	实验考核试题	模块	主题
4	糖类、蛋白质的性质实验	化学 2	化学与可持续发展
5	探究氯化铵的性质	化学 1	常见无机物及其应用
6	铝及其化合物的性质	化学 1	常见无机物及其应用

由表 8－13 可知，2008 年 12 月陕西省普通高中学生学业水平考试化学实验考核试题的设计重点考查“化学 1”模块的“常见无机物及其应用”主题内容，突出通过实验验证化学物质的性质，着重评价学生药品的取用、称量，液体的量取、加热，仪器的洗涤和放置等化学实验基本操作。

例 8－19　Na_2CO_3 和 $NaHCO_3$ 的性质实验

(1) 实验目的。

比较 Na_2CO_3 和 $NaHCO_3$ 的性质，认识 $NaHCO_3$ 的热稳定性。

(2) 检查实验用品。

① 清点实验用品：大试管、试管夹、酒精灯、带塞导管、水槽、烧杯、滴管；Na_2CO_3、$NaHCO_3$、澄清石灰水、稀盐酸。

② 检查实验用品是否齐全、完备，举手向监考老师示意。

(3) 实验操作步骤。

① 观察：a. Na_2CO_3 的颜色、状态____________；

b. $NaHCO_3$ 的颜色、状态____________。

② $NaHCO_3$ 的热稳定性

a. 组装仪器并检验气密性；

b. 向大试管中加入药品；

c. 加热 2～3min，将生成的气体通入澄清的石灰水中，观察到的现象____________。

d. 上述实验说明：$NaHCO_3$ 受热________（填“易分解”或“不易分解”）。

③ 取等量的 Na_2CO_3 和 $NaHCO_3$，装入 2 支相同的试管中，分别加入 5mL 稀盐酸，观察产生气体的快慢。由此可得，Na_2CO_3 和酸反应的速率______ $NaHCO_3$（填“大于”、“小于”、“等于”）。

(4) 实验过程反思。

实验过程中的成功之处和存在的问题。

(5) 整理实验用品。

将实验用品摆放整齐。

分析　试题要求学生依据实验事实比较 Na_2CO_3 和 $NaHCO_3$ 的性质，认识 $NaHCO_3$ 的热稳定性，在实验的过程中对学生的实验观察能力，组装仪器、检查实验装置气密性、取用固体药品、加热等实验操作技能，依据实验现象得出结论、实验过程反思和实验习惯等方面进行考查。试题的评分细则如表 8－14 所示。

表 8－14　试题评分细则

考核项目	操作标准	满分	得分
检查实验用品（10 分）	检查实验用品，举手向老师示意，经老师同意后开始实验	10	

续表

考核项目		操作标准	满分	得分
实验操作步骤(70分)	(1)	① 白色固体	3	
		② 白色固体	3	
	(2)	① 组装仪器时,能够按照从下到上、从左到右、从内到外的顺序组装(5分)。通过微热大试管,观察放入液体中的导管口是否冒气泡,从而检验气密性(其他合理方法均可)(10分)	15	
		② 倾斜试管,用小纸槽把固体药品送入试管底部(或采用其他合理方法均可)	9	
		③ 酒精灯使用方法正确(5分),移动酒精灯,用外焰均匀预热试管,然后在药品部位固定加热(5分),填写"澄清石灰水变浑浊"(5分)	15	
		④ 易分解	5	
	(3)	倾斜试管,用小纸槽把固体药品送入试管底部(或采用其他合理方法均可)(5分);滴加液体时,正确使用滴管(5分);填写"小于"(10分)	20	
实验过程反思(10分)		有对实验过程中成功之处和存在问题的反思	10	
整理实验用品(10分)		将实验用品摆放整齐,桌面整洁	10	
合计			100	

2008年12月陕西省普通高中学业水平考试化学实验操作考核着重从"实验操作"和"实验常识"等方面进行命题,侧重考查学生的基本操作,并注意考查学生运用知识、理解原理的能力及实验中的科学态度和方法。从考核的形式和考核内容来看,2008年12月陕西省普通高中学业水平考试化学实验操作考核沿用了以前高中毕业会考的形式,这样的实验操作考核有着不容忽视的缺憾。

1. 考核指向性过于明确,应试痕迹明显

实验操作考核不仅有明确的试题,指定了仪器和试剂,确定了实验操作步骤,甚至要求考生以填空的方式直接填写相应的实验数据和现象缺项。实验操作考核的要求是相对整齐划一的:试题统一、考试时间统一、考试内容统一、评价要求统一,这样做固然使得考务操作简便,但也凸现了一些问题。过于明确的指向性在一定程度上增大了学校在实验教学过程中的功利性,教师为了使学生通过实验考查,只会针对本校所选择的实验项目组织实验教学,而学生则只追求能把规定的实验操作练习熟练,甚至根本不去也不用去思考实验本身的目的和内涵。实验教学单纯围绕不多的项目进行,应试色彩较强。

2. 考核评定刚性约束偏多,缺乏自由度

从实验操作考核的评分标准可以看出考核评定对实验操作要求规定事无巨细,评定方式也显示出非常强的约束性。这样的规定固然给教学和考查带来了操作上的便利,但从另一角度而言,却有悖于实验考查的初衷,也不利于创造性思维和自主意识的培养,与新课程标准的理念显然是背道而驰的。

3. 过程性考查重视不足，操作流于形式

实验操作考核是单人单项，在规定时间内完成所要求的实验项目即可，仅以最后简单的实验操作过程作为反映学生实验水平的手段，而对于学生在实验设计、实验思路方面的过程性表现却无从判断。而就实验考查本身的意义而言，对实验目的的理解、实验原理的领悟、实验器材的选取、实验步骤的设计才是实验考查的重点内容，20min 的操作考查仅能反映实验技能操作的熟练程度，缺乏考查的深度与力度。

练习与思考题

1. 怎样分析化学试题的质量？
2. 试题的信度、效度各指的是什么，区别是什么？
3. 什么是项目的难度、区分度？
4. 怎样分析调查问卷的质量？

参考文献

刘知新．1996. 化学教育测量和评价．南宁：广西教育出版社．
邵瑞珍．1983. 教育心理学．上海：上海教育出版社．
王汉澜．1987. 教育测量学．开封：河南大学出版社．
熊广星．1985. 关于多科成绩加权评定标准化的探讨．广西师范大学学报(哲学社会科学版)，S1：57-63.
张惠．2009. 陕西省普通高中学业水平考试与澳大利亚高中教育证书考试比较研究．西安：陕西师范大学硕士学位论文.

第九章　化学教育中国家级考试试卷的评价

第一节　我国历年普通高等学校招生考试化学试卷的评价(课标卷)

一、初步评价

(一) 普通高等学校招生考试新课标化学试卷(宁夏卷)

新课程理综化学试题符合《考试大纲》和《考试说明》中的要求,以能力测试为主导,在测试考生进一步学习所必需的知识、技能和方法的基础上,较全面地检测了考生的化学科学素养。必考和选考试题的题型设计合理,选考试题中,三个选修模块的试题各具特色,且难度大体相当,较好地体现了高中《课程标准》倡导的课改理念,对继续实施高中《课程标准》有良好的导向。试题有以下特点:

(1) 必考试题突出对学科知识、技能和方法的考查。

试题以化学"必修 1"、"必修 2"和"化学反应原理"三个模块的主干知识为载体,对考生进入高校学习所必需的知识、技能和方法进行了考查。涉及的主要内容有求化学式、判断同分异构体的数目及反应类型、影响化学反应速率的因素及化学反应速率的简单计算、判断离子方程式的正误、平衡常数的概念及分解率的计算、短周期元素形成的物质间的转化关系、热化学反应方程式及 ΔH 的简单计算等。这对于在新课改中要注重学科知识、技能和方法的落实,有良好的导向。

(2) 选考试题突出对考生自主学习能力的考查。

选考试题分别涵盖选修模块"化学与技术"、"物质结构与性质"和"有机化学基础"中的重点内容,由考生自选一题作答(分数为 15 分,占非选择题分数的 25.9%)。这样命题,体现了多样性、选择性的课改理念。

(3) 凸显学科内容的基础性。

(4) 注重对设计和评价简单定量实验能力的考查。

(5) 注重对学科内综合应用能力的考查。

(6) 立足教材,注重基础知识学习。

试题考查了教材中的主干知识,选择题命题以考查化学基本概念、基本理论为主,如物质的电子式和结构示意图、有机化学反应类型及同分异构体现象、化学反应热效应、离子方程式的书写、电池反应等。主观题注重综合能力的考查。

(7) 注重实验基本功测试,渗透探究能力的考查。

试题一方面注重实验基础知识和基本技能的考查;另一方面又很好地体现了课程改革对实验探究能力的要求。

(8) 选考内容难度均衡。

选考模块中,每一模块试题题目典型,难度适中、均衡。

由考后统计数据看,新课程理综卷在 2007 年首次在宁夏实施,难度恰当,实现了平稳过渡。在此基础上,为了体现新课程理念,加大对新课程倡导的各种能力的考查,注重情感、态度、价值观的培养。在2008年仍然只有宁夏使用此份试卷，因此试卷的难度系数有所下降。可是在2009年有辽宁省使用考试中心命制的新课程理综卷，因此试卷的总体难度系数有所回升，这既为辽宁省的第一次使用实现了平稳过渡，同时也保持了新课程的理念。而2010年又有吉林、黑龙江和陕西等省份使用考试中心命制的理综卷，因此试卷的整体难度系数继续回升，基本上与前两年这几个省使用大纲卷的难度持平，很好地为新进入新课程高考的省份实现了平稳过渡。同时试题的信度和标准差的数值继续增大，说明新课程理综化学试卷在经过两年的摸索之后，逐渐走向成熟。2008～2010年宁夏化学课标卷相关统计数据如表9-1所示。

表9-1 2008～2010年宁夏化学课标卷相关统计数据

指标	2008年	2009年	2010年
难度	0.391	0.42	0.531
标准差	13.78	19.15	21.76
α信度	0.594	0.734	0.831

（二）普通高等学校招生考试新课标化学试卷（海南卷）

从考后统计数据来看，海南化学试题的难度逐年下降。另外，试卷在保持平稳过渡的基础上，在注重考查基础知识和基本技能的前提下，注重对学生的科学素养、综合探究能力进行考查，加大了试题综合度。2008～2010年海南化学课标卷相关统计数据如表9-2所示。

表9-2 2008～2010年海南化学课标卷相关统计数据

指标	2008年	2009年	2010年
难度	0.418	0.38	0.336
标准差	17.63	18.28	18.67
α信度	0.8435	0.8343	0.8291

（1）注重学科主干内容的考查。

试题考查了化学“必修1”、“必修2”和“化学反应原理”三个模块的基本核心内容；选考试题体现了选修模块中的重点内容，反映了新课程标准下推行的教学多样性和选择性的教学理念。三个选修模块的试题难度大体相当，符合公平、公正的高考命题原则。试题以主干知识为载体，考查学生对基础知识、基本技能和基本方法的掌握程度，突出重点而又兼顾覆盖面。试题尽量剔除无关情境，所给信息具有较强的有效性和针对性，降低了考生的阅读量。同时，在难度设置上进行了充分考虑，以中等难度题为主，有较好的区分度。

（2）突出对化学基本概念、基本理论的考查。

在必考内容的试题中，注重基本概念和基本理论的考查，突出对概念的理解、辨析和运用，主观题有所创新，注重分析推理和应用能力，突出基本理论在解决问题中的指导作用。关注化学用语的考查，特别突出语言文字表达能力的考查。

为了促进学生的个性化发展，选做题要求考生从“有机化学基础”、“物质结构与性质”、“化学与技术”三个模块中任选一个模块进行答题，且每个模块题量相等，分值、难度等几无差别，基本达到了等分等值的效果，确保了试题的公平、公正，能够充分体现新课程的选择性，有利于彰显学生的个性发展。

（3）注重对获取、整合化学信息，分析和解决问题能力的考查。

考查学生通过对实际事物、实验现象、实物、图形、图表的观察,去接受、吸收、整合化学信息,运用相关知识,采用分析、综合的方法,分析与解决化学问题的能力。

(4) 注重对学生探究学习能力的考查。

增加了试题的开放性,设置开放性情境,重点对学生的化学探究能力进行考查;注重考查学生的思维过程,包括对新情境的问题的分析能力和对知识的迁移能力;较好地体现了素质教育和创新精神的要求,对中学教学注重探究能力的培养有良好的导向。试题在情境、立意和设问上都有所创新。

(5) 关注 STSE,体现时代性。

试题情境设置关注 STSE,重视与生活、生产实际的联系,体现了环境和可持续发展的理念,体现化学学科在社会进步和科学发展中的重要作用,较好地发挥了试题的教育功能。选做题的“化学与技术”模块等试题情境设置也做到了与学生的生活、社会实际和最新的科学进展相结合。在创设情境上有所突破,新颖陌生的试题情境有利于突出能力立意,扼制题海战术,引导中学实施素质教育。

二、试题分析

(一) 2008 年普通高等学校招生考试新课标化学试题分析(宁夏卷)

7. 图标  所警示的是(　　)。

A. 当心火灾——氧化物　　B. 当心火灾——易燃物质

C. 当心爆炸——自燃物质　　D. 当心爆炸——爆炸性物质

【答案】 B

本题考后抽样统计难度:0.888,区分度:0.125。

8. 在①丙烯、②氯乙烯、③苯、④甲苯四种有机化合物中,分子内所有原子均在同一平面的是(　　)。

A. ①②　　B. ②③

C. ③④　　D. ②④

【答案】 B

本题考后抽样统计难度:0.793,区分度:0.443。

9. 下列说法错误的是(　　)。

A. 乙醇和乙酸都是常用调味品的主要成分

B. 乙醇和乙酸的沸点和熔点都比 C_2H_6、C_2H_4 的沸点和熔点高

C. 乙醇和乙酸都能发生氧化反应

D. 乙醇和乙酸之间能发生酯化反应,酯化反应和皂化反应互为逆反应

【答案】 D

本题考后抽样统计难度:0.377,区分度:0.217。

10. 一种燃料电池中发生的化学反应为:在酸性溶液中甲醇与氧作用生成水和二氧化碳。该电池负极发生的反应是(　　)

A. $CH_3OH(g)+O_2(g) = H_2O(l)+CO_2(g)+2H^+(aq)+2e$

B. $O_2(g)+4H^+(aq)+4e = 2H_2O(l)$

C. $CH_3OH(g)+H_2O(l) = CO_2(g)+6H^+(aq)+6e$

D. $O_2(g)+2H_2O(l)+4e = 4OH^-$

【答案】 C

本题考后抽样统计难度:0.558,区分度:0.441。

11. 短周期元素 E 的氯化物 ECl_n 的熔点为-78 ℃,沸点为 59 ℃;若 0.2 mol ECl_n 与足量的 $AgNO_3$ 溶液完全反应后可以得到 57.4 g 的 AgCl 沉淀。下列判断错误的是(　　)。

A. E 是一种非金属元素　　B. 在 ECl_n 中 E 与 Cl 之间形成共价键

C. E 的一种氧化物为 EO_2　　D. E 位于元素周期表的ⅣA 族

【答案】 D

本题考后抽样统计难度:0.434,区分度:0.236。

12. 将固体 NH_4I 置于密闭容器中,在一定温度下发生下列反应:

① $NH_4I(s) \rightleftharpoons NH_3(g)+HI(g)$;　　② $2HI(g) \rightleftharpoons H_2(g)+I_2(g)$

达到平衡时,$c(H_2)=0.5mol/L$,$c(HI)=4mol/L$,则此温度下反应①的平衡常数为(　　)。

A. 9　　B. 16

C. 20　　D. 25

【答案】 C

本题考后抽样统计难度:0.193,区分度:0.1。

13. 已知 $H_2(g)$、$C_2H_4(g)$和 $C_2H_5OH(l)$的燃烧热分别是$-285.8kJ/mol$、$-1411.0kJ/mol$和$-1366.8kJ/mol$,则由 $C_2H_4(g)$和 $H_2O(l)$反应生成 $C_2H_5OH(l)$的 ΔH 为(　　)。

A. $-44.2kJ/mol$　　B. $+44.2kJ/mol$

C. $-330kJ/mol$　　D. $+330kJ/mol$

【答案】 A

本题考后抽样统计难度:0.388,区分度:0.286。

25. 已知可逆反应:$M(g)+N(g) \rightleftharpoons P(g)+Q(g)$,$\Delta H>0$,请回答下列问题:

(1) 在某温度下,反应物的起始浓度分别为:$c(M)=1mol/L$,$c(N)=2.4mol/L$;达到平衡后,M 的转化率为 60%,此时 N 的转化率为________;

(2) 若反应温度升高,M 的转化率________(填“增大”“减小”或“不变”);

(3) 若反应温度不变,反应物的起始浓度分别为:$c(M)=4$ mol/L,$c(N)=a$ mol/L;达到平衡后,$c(P)=2$ mol/L,$a=$________;

(4) 若反应温度不变,反应物的起始浓度为:$c(M)=c(N)=b$ mol/L,达到平衡后,M 的转化率为__________。

【答案】

(1) 25%　　(2) 增大　　(3) 6　　(4) 41%

本题考后抽样统计难度:0.404,区分度:0.605。

26. 某厂的酸性工业废水中含有一定量的 Fe^{3+}、Cu^{2+}、Au^{3+} 等离子。有人设计了图中的工艺流程,利用常用的酸、碱和工业生产中的废铁屑,从废水中回收金,并生产一定量的铁红和氧化铜。

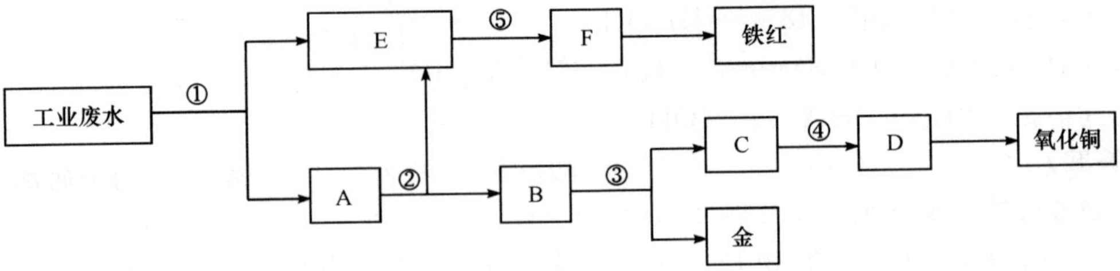

填写下面空白。

(1) 图中标号处需加入的相应物质分别是①________、②________、③________、④__________、⑤__________;

(2) 写出①处发生反应的离子方程式____;

写出③处发生反应的化学方程式____;

(3) 铁红的化学式为________________;分别写出铁红和氧化铜在工业上的一种主要用途:铁红________________________;氧化铜________________________。

【答案】

(1) 铁屑　稀硫酸　稀硝酸　氢氧化钠　氢氧化钠

(2) $Fe+2H^{+}=\!=\!=Fe^{2+}+H_2\uparrow$　　$2Fe^{3+}+Fe=\!=\!=3Fe^{2+}$

$Cu^{2+}+Fe=\!=\!=Cu+Fe^{2+}$　　$2Au^{3+}+3Fe=\!=\!=2Au+3Fe^{2+}$

$3Cu+8HNO_3$(稀)$=\!=\!=3Cu(NO_3)_2+2NO\uparrow+4H_2O$

(3) Fe_2O_3　用作红色涂料　用作制造铜盐的原料

本题考后抽样统计难度:0.208,区分度:0.52。

27. 为测试一铁片中铁元素的含量,某课外活动小组提出下面两种方案并进行了实验(以下数据为多次平行实验测定结果的平均值)。

方案一:将 a g 铁片完全溶解于过量稀硫酸中,测得生成氢气的体积为 580 mL(标准状况);

方案二:将 $\frac{a}{10}$g 铁片完全溶解于过量稀硫酸中,将反应后得到的溶液用 0.020 00 mol/L 的 $KMnO_4$ 溶液滴定,达到终点时消耗了 25.00 mL $KMnO_4$ 溶液。

请回答下列问题:

(1) 配平下面的化学方程式(将有关的化学计量数填入答题卡的横线上):

$\square KMnO_4+\square FeSO_4+\square H_2SO_4=\!=\!=\square Fe_2(SO_4)_3+\square MnSO_4+\square K_2SO_4+\square H_2O$

(2) 在滴定实验中不能选择________式滴定管,理由是________________;

(3) 根据方案一和方案二测定的结果计算,铁片中铁的质量分数依次为____________和____________;(铁的相对原子质量以 55.9 计)

(4) 若排除实验仪器和操作的影响因素,试对上述两种方案测定结果的准确性做出判断和分析。

① 方案一________(填“准确”“不准确”“不一定准确”),理由是____________;

② 方案二________(填“准确”“不准确”“不一定准确”),理由是____________。

【答案】

(1) 2　10　8　5　2　1　8

(2) 碱　$KMnO_4$ 是强氧化剂,它会腐蚀乳胶管

(3) $\frac{1.45}{a}$　$\frac{1.40}{a}$

(4) ① 不一定准确 如果铁片中存在与稀硫酸反应并能生成氢气的其他金属，会导致结果偏高；如果铁片中存在与稀硫酸反应而溶解但不产生氢气的铁的氧化物，会导致结果偏低；如果上述情况均不存在，则结果准确。

② 不一定准确 如果铁片中存在与稀硫酸反应而溶解的其他金属，生成的金属离子在酸性溶液中能被高锰酸钾氧化，会导致结果偏高；如果铁片中存在与稀硫酸反应而溶解的铁的氧化物，生成的 Fe^{3+} 在酸性溶液中不能被高锰酸钾氧化，会导致结果偏低；如果上述情况均不存在，则结果准确。

本题考后抽样统计难度：0.315，区分度：0.539。

34. [化学——选修化学与技术]

分析下面两个案例并回答有关问题。

(1) 某城镇生产、生活的分布情况如图所示，河流中 W、X、Y、Z 处某次水样抽测结果如表所示。

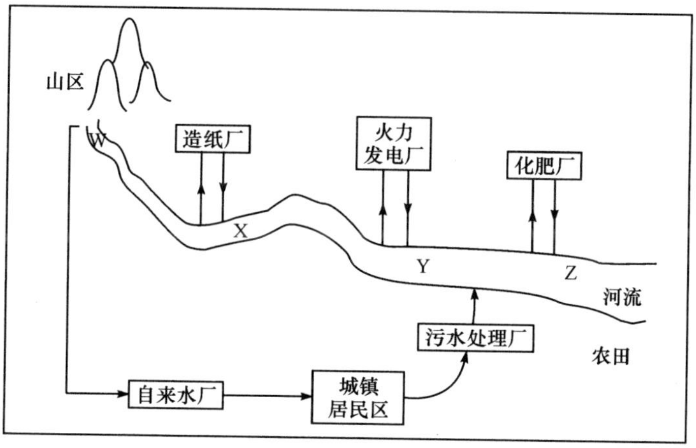

项目	地点			
	W	X	Y	Z
水温/℃	15	18	26	25
pH	6	8	5	5
溶解氧量/(mg/L)	11	9	7	3

① 导致 X、Y 处水样 pH 变化的原因可能是________________________；

② Z 处鱼类大量减少，产生这种现象的原因可能是________________________。

(2) 某地区已探明蕴藏有丰富的赤铁矿(主要成分为 Fe_2O_3，还含有 SiO_2 等杂质)、煤矿、石灰石和黏土。拟在该地区建设大型炼铁厂。

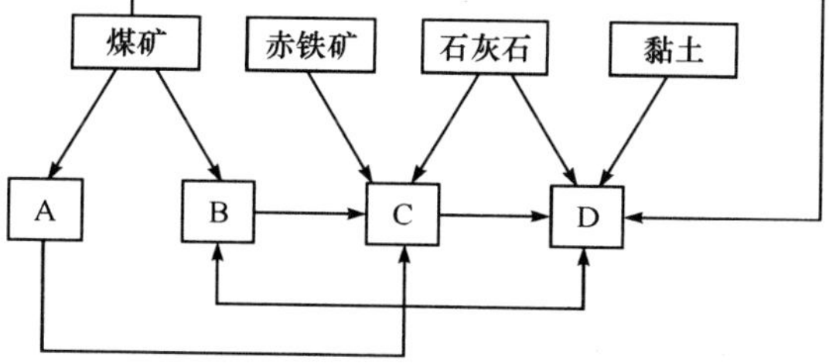

① 随着铁矿的开发和炼铁厂的建立,需要在该地区相应建立焦化厂、发电厂、水泥厂等,形成有规模的工业体系。据此确定上图中相应工厂的名称 A ________、B ________、C ________、D ________;

② 以赤铁矿为原料,写出高炉炼铁中得到生铁和产生炉渣的化学方程式________;

③ 从“三废”利用、环境保护等角度考虑,该地区和企业在生产中应采取的一些措施有(举出 2 种措施即可)________________。

【答案】

(1) ① 造纸厂排放的碱性污水使 X 处河水 pH 升高,火力发电厂净化烟气的酸性废水治理未达标就排放,造成 Y 处等的河水 pH 降低(或火力发电厂燃煤产生的 SO_2 会导致酸雨,飘落后使 Y 处等的河水 pH 降低)

② 化肥厂、农田及生活污水使 Z 处河水富营养化,水温较高,适于藻类等水生植物生长,河水中溶解氧被大量消耗,导致鱼类死亡

(2) ① 发电厂　焦化厂　炼铁厂　水泥厂

② $Fe_2O_3+3CO\xlongequal{高温}2Fe+3CO_2$

$CaCO_3+SiO_2\xlongequal{高温}CaSiO_3+CO_2\uparrow$

③ 用炼铁厂的炉渣(或 $CaSiO_3$)作为水泥厂的原料

用发电厂的煤矸石和粉煤灰作为水泥厂的原料

将石灰石煅烧成生石灰,用于吸收发电厂和焦化厂燃煤时产生的 SO_2,减少对空气的污染

建立污水处理系统

本题考后抽样统计难度:0.299。

35. [化学——选修物质结构与性质]

X、Y、Z、Q、E 五种元素中,X 原子核外的 M 层中只有两对成对电子,Y 原子核外的 L 层电子数是 K 层的两倍,Z 是地壳内含量(质量分数)最高的元素,Q 的核电荷数是 X 与 Z 的核电荷数之和,E 在元素周期表的各元素中电负性最大。请回答下列问题:

(1) X、Y 的元素符号依次为________、________;

(2) XZ_2 与 YZ_2 分子的立体结构分别是________和________,相同条件下两者在水中的溶解度较大的是________(写分子式),理由是________;

(3) Q 的元素符号是____,它属于第____周期,它的核外电子排布式为________,在形成化合物时它的最高化合价为________;

(4) 用氢键表示式写出 E 的氢化物溶液中存在的所有氢键________。

【答案】

(1) S　C

(2) V 形　直线形　SO_2　因为 CO_2 是非极性分子,SO_2 和 H_2O 都是极性分子,根据“相似相溶”原理,SO_2 在 H_2O 中的溶解度较大

(3) Cr　四　$1s^2 2s^2 2p^6 3s^2 3p^6 3d^5 4s^1$　+6

(4) F—H┈F　F—H┈O　O—H┈F　O—H┈O

本题考后抽样统计难度:0.31。

36. [化学——选修有机化学基础]

已知化合物 A 中各元素的质量分数分别为 C 37.5%、H 4.2% 和 O 58.3%。请填空:

(1) 0.01 mol A 在空气中充分燃烧需消耗氧气 1.01 L(标准状况),则 A 的分子式是________;

(2) 实验表明:A 不能发生银镜反应。1mol A 与足量的碳酸氢钠溶液反应可放出 3mol 二氧化碳。在浓硫酸催化下,A 与乙酸可发生酯化反应。核磁共振氢谱表明 A 分子中有 4 个氢处于完全相同的化学环境。则 A 的结构简式是________________________;

(3) 在浓硫酸催化和适宜的反应条件下,A 与足量的乙醇反应生成 B($C_{12}H_{20}O_7$),B 只有两种官能团,其数目比为 3∶1。由 A 生成 B 的反应类型是__________,该反应的化学方程式是________________________________;

(4) A 失去 1 分子水后形成化合物 C,写出 C 的两种可能的结构简式及其官能团的名称①________________;②____________________。

【答案】

(1) $C_6H_8O_7$

(2) 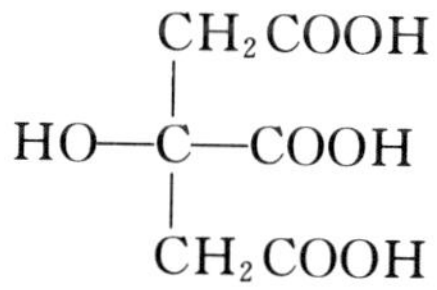

(3) 酯化反应

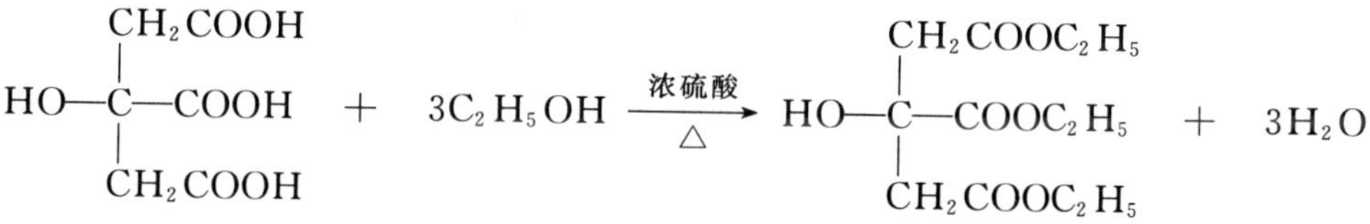

(4) 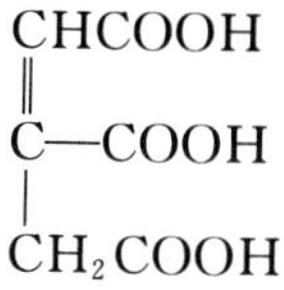　碳-碳双键　羧基

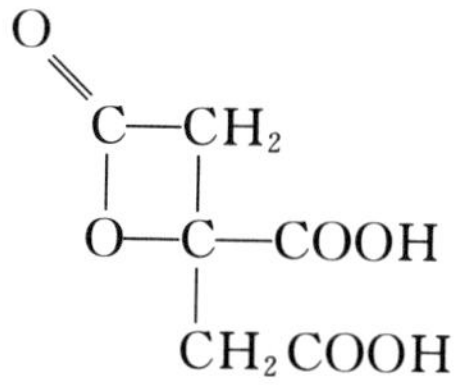　酯基　羧基

如写出下列结构简式和相应官能团,同样给分。

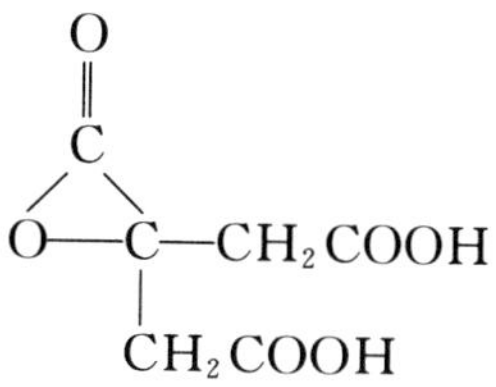　酯基　羧基

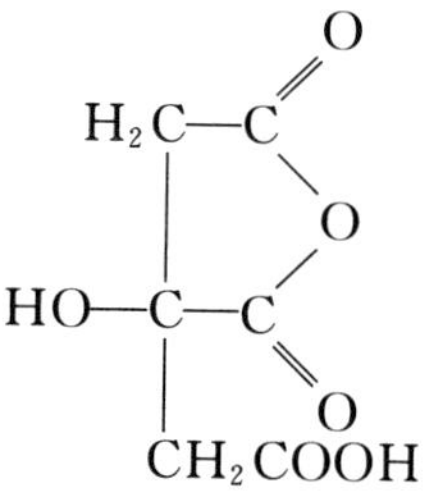　羟基　羧基　酸酐基

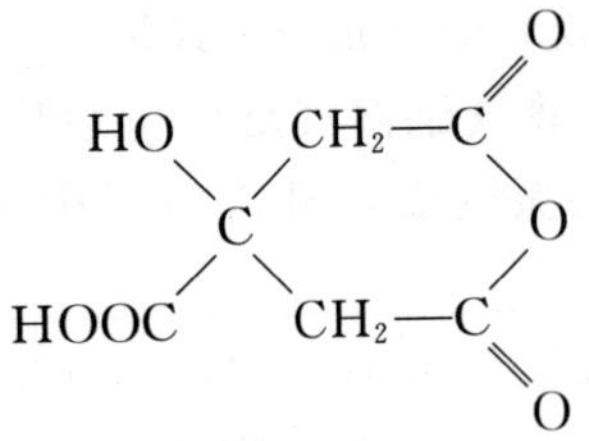

羟基　羧基　酸酐基

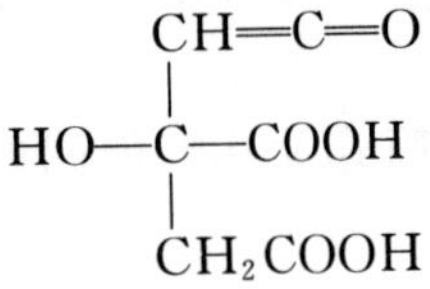

羟基　羧基　碳-碳双键　羰基

本题考后抽样统计难度:0.177。

(二) 2008 年普通高等学校招生考试新课标化学试题分析(海南卷)

1. HBr 分子的电子式为(　　)。

A. $H\times\ddot{\underset{\cdot\cdot}{Br}}:$　　B. H^+Br^-

C. $H^+[\times\ddot{\underset{\cdot\cdot}{Br}}:]^-$　　D. H-Br

【答案】 A

本题考后抽样统计难度:0.755,区分度:0.407。

2. 用 pH 试纸测定溶液 pH 的正确操作是(　　)。

A. 将一小块试纸放在表面皿上,用玻璃棒蘸取少量待测液点在试纸上,再与标准比色卡对照

B. 将一小块试纸用蒸馏水润湿后放在表面皿上,用玻璃棒蘸取少量待测液点在试纸上,再与标准比色卡对照

C. 将一小条试纸在待测液中蘸一下,取出后放在表面皿上,与标准比色卡对照

D. 将一小条试纸先用蒸馏水润湿后,在待测液中蘸一下,取出后与标准比色卡对照

【答案】 A

本题考后抽样统计难度:0.523,区分度:0.435。

3. 在两个密闭容器中,分别充有质量相同的甲、乙两种气体,若两容器的温度和压强均相同,且甲的密度大于乙的密度,则下列说法正确的是(　　)。

A. 甲的分子数比乙的分子数多

B. 甲的物质的量比乙的物质的量少

C. 甲的摩尔体积比乙的摩尔体积小

D. 甲的相对分子质量比乙的相对分子质量小

【答案】 A

本题考后抽样统计难度:0.429,区分度:0.450。

4. 锌与很稀的硝酸反应生成硝酸锌、硝酸铵和水。当生成 1 mol 硝酸锌时,被还原的硝酸的物质的量为(　　)。

A. 2 mol　　B. 1 mol

C. 0.5 mol　　D. 0.25 mol

【答案】 D

本题考后抽样统计难度：0.389，区分度：0.366。

5. 设 N_A 为阿伏伽德罗常数，下列说法正确的是(　　)。

A. 标准状况下，5.6 L 四氯化碳含有的分子数为 $0.25N_A$

B. 标准状况下，14 g 氮气含有的核外电子数为 $5N_A$

C. 标准状况下，22.4 L 任意比的氢气和氯气的混合气体中含有的分子总数均为 N_A

D. 标准状况下，铝跟氢氧化钠溶液反应生成 1 mol 氢气时，转移的电子数为 N_A

【答案】 C

本题考后抽样统计难度：0.586，区分度：0.393。

6. 下列离子方程式正确的是

A. $H_2O_2+2OH^- \xrightarrow{\text{催化剂}} 2H_2O+O_2\uparrow$

B. $Cl_2+6OH^- \overset{\triangle}{=\!=\!=} ClO_3^-+5Cl^-+3H_2O$

C. $2MnO_4^-+H_2O_2+6H^+ =\!=\!= 2Mn^{2+}+3O_2\uparrow+4H_2O$

D. $3MnO_4^{2-}+4H^+ =\!=\!= 2MnO_4^-+MnO_2\downarrow+2H_2O$

【答案】 D

本题考后抽样统计难度：0.311，区分度：0.140。

7. 关于铅蓄电池的说法正确的是(　　)。

A. 在放电时，正极发生的反应是 $Pb(s)+SO_4^{2-}(aq) =\!=\!= PbSO_4(s)+2e$

B. 在放电时，该电池的负极材料是铅板

C. 在充电时，电池中硫酸的浓度不断变小

D. 在充电时，阳极发生的反应是 $PbSO_4(s)+2e =\!=\!= Pb(s)+SO_4^{2-}(aq)$

【答案】 B

本题考后抽样统计难度：0.523，区分度：0.451。

8. 白磷与氧可发生如下反应：$P_4+5O_2 =\!=\!= P_4O_{10}$。已知断裂下列化学键需要吸收的能量分别为：P—P　a kJ/mol、P—O　b kJ/mol、P=O　c kJ/mol、O=O d kJ/mol。

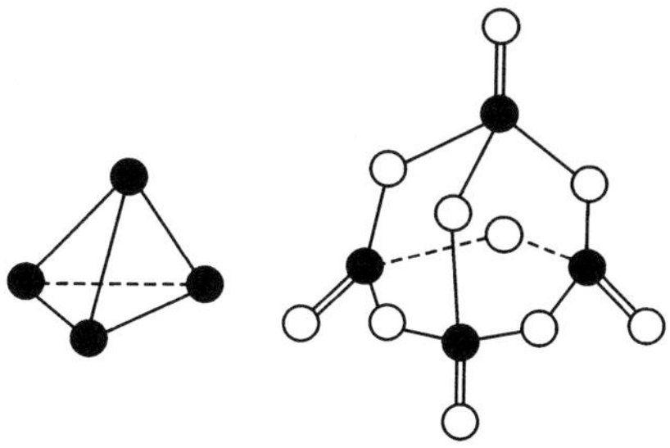

P_4　　　P_4O_{10}

根据图示的分子结构和有关数据估算该反应的 ΔH，其中正确的是(　　)。

A. $(6a+5d-4c-12b)$ kJ/mol

B. $(4c+12b-6a-5d)$ kJ/mol

C. $(4c+12b-4a-5d)$ kJ/mol

D. $(4a+5d-4c-12b)$ kJ/mol

【答案】 A

本题考后抽样统计难度：0.365，区分度：0.360。

9. 下列离子方程式中，属于水解反应的是(　　)。

A. $HCOOH+H_2O \rightleftharpoons HCOO^-+H_3O^+$　　B. $CO_2+H_2O \rightleftharpoons HCO_3^-+H^+$

C. $CO_3^{2-}+H_2O \rightleftharpoons HCO_3^-+OH^-$　　D. $HS^-+H_2O \rightleftharpoons S^{2-}+H_3O^+$

【答案】 C

本题考后抽样统计难度:0.667,区分度:0.485。

10. X、Y、Z 三种气体,取 X 和 Y 按 1∶1 的物质的量之比混合,放入密闭容器中发生如下反应:$X+2Y \rightleftharpoons 2Z$,达到平衡后,测得混合气体中反应物的总物质的量与生成物的总物质的量之比为 3∶2,则 Y 的转化率最接近于(　　)。

A. 33%　　B. 40%

C. 50%　　D. 66%

【答案】 D

本题考后抽样统计难度:0.500,区分度:0.416。

11. 下列有机反应中,不属于取代反应的是(　　)。

A. 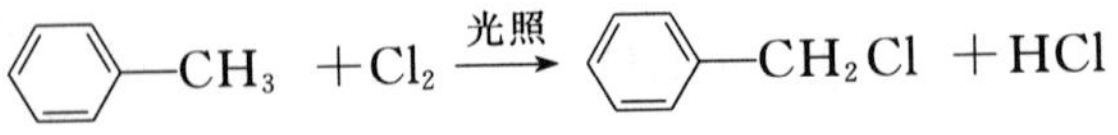

B. $2CH_3CH_2OH+O_2 \xrightarrow[\triangle]{Cu} 2CH_3CHO+2H_2O$

C. $ClCH_2CH{=}CH_2+NaOH \xrightarrow[\triangle]{H_2O} HOCH_2CH{=}CH_2+NaCl$

D. 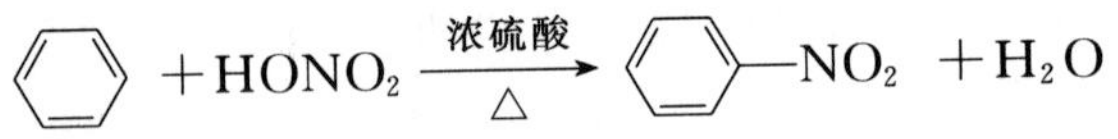

【答案】 B

本题考后抽样统计难度:0.814,区分度:0.452。

12. 在 pH=13 的无色溶液中,可以大量共存的一组离子是(　　)。

A. NH_4^+、NO_3^-、K^+、SO_4^{2-}　　B. CO_3^{2-}、NO_3^-、HCO_3^-、Na^+

C. Na^+、ClO^-、AlO_2^-、NO_3^-　　D. CrO_4^{2-}、K^+、Na^+、SO_4^{2-}

【答案】 C

本题考后抽样统计难度:0.411,区分度:0.440。

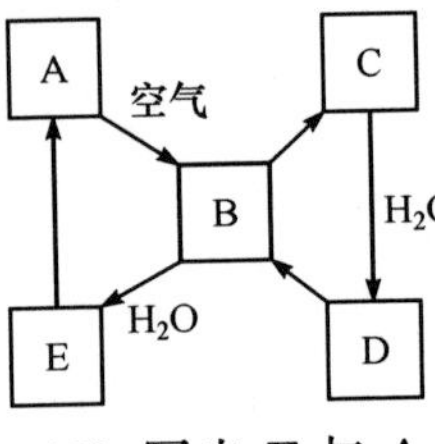

13. (8 分)下图表示某固态单质 A 及其化合物之间的转化关系(某些产物和反应条件已略去)。化合物 B 在常温常压下为气体,B 和 C 的相对分子质量之比为 4∶5,化合物 D 是重要的工业原料。

(1) 写出 A 在加热条件下与 H_2 反应的化学方程式____________________;

(2) 写出 E 与 A 的氢化物反应生成 A 的化学方程式____________________;

(3) 写出一个由 D 生成 B 的化学方程式____________________;

(4) 将 5 mL 0.10mol·L^{-1}的 E 溶液与 10 mL 0.10mol·L^{-1}的 NaOH 溶液混合。

① 写出反应的离子方程式____________;

② 反应后溶液的 pH ____ 7(填“大于”、“小于”或“等于”),理由是____________;

③ 加热反应后的溶液,其 pH ____(填“增大”、“不变”或“减小”),理由是____________。

【答案】 (1) $S+H_2 \xlongequal{\triangle} H_2S$

(2) $H_2SO_3+2H_2S \xlongequal{} 3S\downarrow+3H_2O$

(3) $2H_2SO_4$(浓)$+C \xlongequal{\triangle} CO_2\uparrow + 2SO_2\uparrow + 2H_2O$ （其他合理答案也给分）

(4) ① $H_2SO_3 + 2OH^- \xlongequal{} SO_3^{2-} + 2H_2O$

② 大于　Na_2SO_3 是弱酸强碱盐，水解后溶液呈碱性

③ 增大　水解是吸热反应，加热促使 SO_3^{2-} 水解程度增大，因而 pH 增大

本题考后抽样统计难度：0.269，区分度：0.685。

14. (8 分)根据元素周期表 1～20 号元素的性质和递变规律，回答下列问题。

(1) 属于金属元素的有____种，金属性最强的元素与氧反应生成的化合物有__________（填两种化合物的化学式）；

(2) 属于稀有气体的是__________（填元素符号，下同）；

(3) 形成化合物种类最多的两种元素是__________；

(4) 第三周期中，原子半径最大的是(稀有气体除外)__________；

(5) 推测 Si、N 最简单氢化物的稳定性______大于______（填化学式）。

【答案】

(1) 7　在 K_2O、K_2O_2、KO_2、KO_3 中任选 2 个

(2) He、Ne、Ar

(3) C、H

(4) Na

(5) NH_3　SiH_4

本题考后抽样统计难度：0.448，区分度：0.736。

15. (8 分)反应 $A(g)+B(g) \rightleftharpoons C(g)+D(g)$ 过程中的能量变化如图所示，回答下列问题。

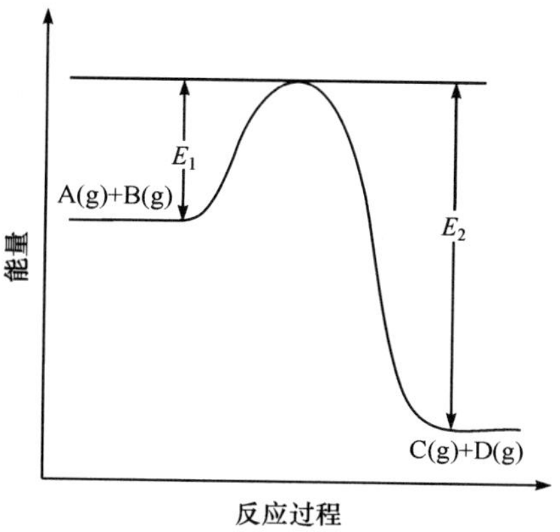

(1) 该反应是________反应(填“吸热”“放热”)；

(2) 当反应达到平衡时，升高温度，A 的转化率__________（填“增大”“减小”“不变”)，原因是__________________；

(3) 反应体系中加入催化剂对反应热是否有影响？______，原因__________；

(4) 在反应体系中加入催化剂，反应速率增大，E_1 和 E_2 的变化是：E_1 ____，E_2 ____（填“增大”“减小”“不变”）。

【答案】

(1) 放热

(2) 减小　根据勒夏特列原理,升高温度有利于反应向吸热方向移动,因而该反应中 A 的转化率减小

(3) 没有　催化剂只能改变化学反应的速率和途径,不能改变化学反应的始态和终态的能量,因此对反应热没有影响

(4) 减小　减小

本题考后抽样统计难度:0.555,区分度:0.677。

16. (10 分)现拟在实验室里利用空气和镁粉为原料制取少量氮化镁(Mg_3N_2)。已知实验中可能会发生下列反应:

① $2Mg+O_2 \xlongequal{\triangle} 2MgO$;② $3Mg+N_2 \xlongequal{\triangle} Mg_3N_2$;③ $2Mg+CO_2 \xlongequal{\triangle} 2MgO+C$;

④ $Mg+H_2O \xlongequal{\triangle} MgO+H_2\uparrow$;⑤ $Mg_3N_2+6H_2O \xlongequal{} 3Mg(OH)_2\downarrow+2NH_3\uparrow$

可供选择的装置和药品如下图所示(镁粉、还原铁粉均已干燥,装置内所发生的反应是完全的,整套装置的末端与干燥管相连)。

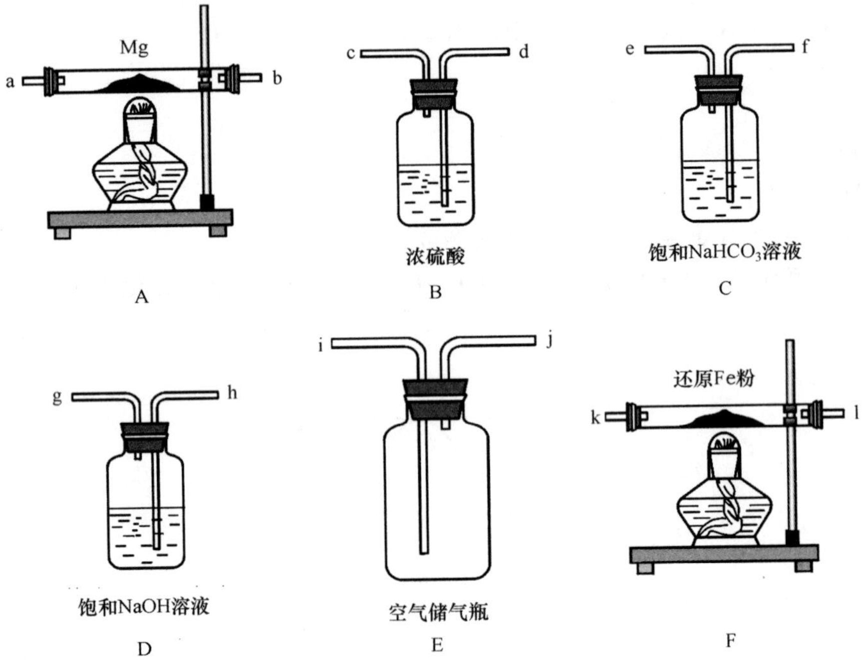

回答下列问题:

(1) 在设计实验方案时,除装置 A、E 外,还应选择的装置(填字母代号)及其目的分别是______________________________;

(2) 连接并检查实验装置的气密性。实验开始时,打开自来水的开关,将空气从 5L 的储气瓶压入反应装置,则气流流经导管的顺序是(填字母代号)____________;

(3) 通气后,如果同时点燃 A、F 装置的酒精灯,对实验结果有何影响?____________,原因是____________________;

(4) 请设计一个实验,验证产物是氮化镁:__________________________。

【答案】 (1) B　目的是除气流中的水蒸气,避免反应④发生;

D　目的是除空气中的 CO_2,避免反应③发生;

F　目的是除空气中的氧气，避免反应①发生

（2）j→h→g→d→c→k→l（或 l→k）→a→b（或 b→a）

（3）使氮化镁不纯　如果装置 F 中的还原铁粉没有达到反应温度时，氧气不能除尽，导致氧同镁反应，而使氮化镁中混入氧化镁

（4）取适量产物放入试管中，滴加蒸馏水，将润湿的红色石蕊试纸靠近试管口，如果试管中的溶液出现浑浊，红色石蕊试纸变蓝，则可以证明有氮化镁生成

本题考后抽样统计难度：0.243，区分度：0.678。

17.（10 分）A、B、C、D、E 均为有机化合物，它们之间的关系如图所示（提示：RCH ═CHR′在酸性高锰酸钾溶液中反应生成 RCOOH 和 R′COOH，其中 R 和 R′为烷基）。

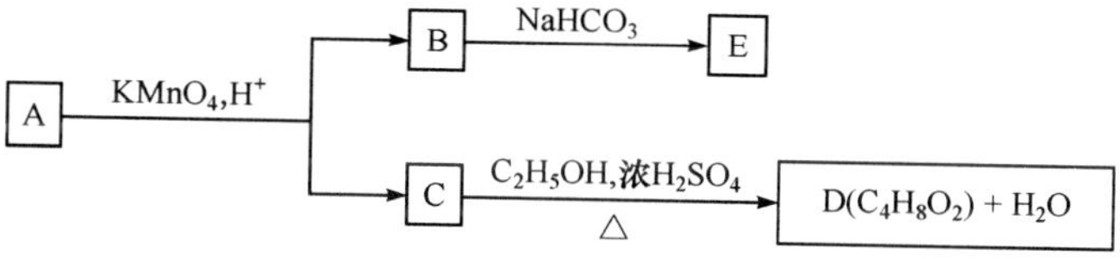

回答下列问题：

（1）直链化合物 A 的相对分子质量小于 90，A 分子中碳、氢元素的总质量分数为 0.814，其余为氧元素，则 A 的分子式为________；

（2）已知 B 与 $NaHCO_3$ 溶液完全反应，其物质的量之比为 1∶2，则在浓硫酸的催化下，B 与足量的 C_2H_5OH 发生反应的化学方程式是________，反应类型为________；

（3）A 可以与金属钠作用放出氢气，能使溴的四氯化碳溶液褪色，则 A 的结构简式是________；

（4）D 的同分异构体中，能与 $NaHCO_3$ 溶液反应放出 CO_2 的有______种，其相应的结构简式是________。

【答案】

（1）$C_5H_{10}O$

（2）$HOOCCH_2COOH+2C_2H_5OH \xrightarrow[\triangle]{\text{浓硫酸}} C_2H_5OOCCH_2COOC_2H_5+2H_2O$

酯化反应或取代反应

（3）$CH_3CH{=}CHCH_2CH_2OH$

（4）2　$CH_3CH_2CH_2COOH$，$(CH_3)_2CHCOOH$

本题考后抽样统计难度：0.199，区分度：0.687。

"有机化学基础"模块

18. 在核磁共振氢谱中出现两组峰，其氢原子数之比为 3∶2 的化合物是（　　）。

A. 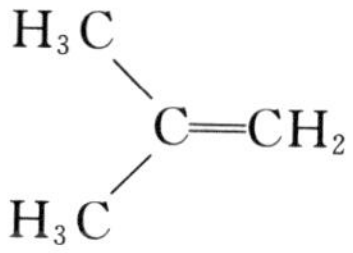

B. 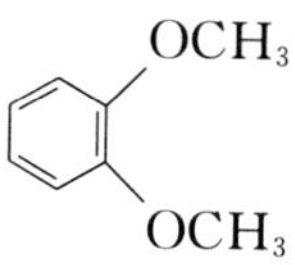

C. 

D. 

【答案】 D

本题考后抽样统计难度:0.402。

19. 分子式为 $C_4H_{10}O$ 并能与金属钠反应放出氢气的有机化合物有(　　)。

A. 3 种　　B. 4 种

C. 5 种　　D. 6 种

【答案】 B

本题考后抽样统计难度:0.560。

20. 1 mol X 能与足量碳酸氢钠溶液反应放出 44.8 L CO_2(标准状况),则 X 的分子式是(　　)。

A. $C_5H_{10}O_4$　　B. $C_4H_8O_4$

C. $C_3H_6O_4$　　D. $C_2H_2O_4$

【答案】 D

本题考后抽样统计难度:0.514。

21. (11 分)A、B、C、D_1、D_2、E、F、G、H 均为有机化合物,请根据下列图示回答问题。

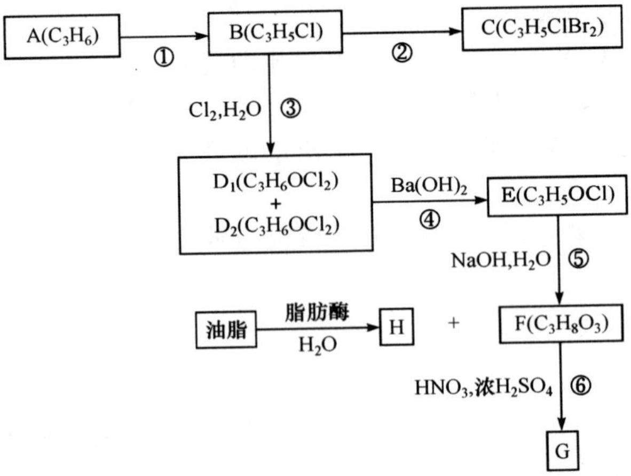

(1) 直链有机化合物 A 的结构简式是________________;

(2) ①的反应试剂和反应条件是__________;

(3) ③的反应类型是__________;

(4) B 生成 C 的化学方程式是________________;

D_1 或 D_2 生成 E 的化学方程式是________________;

(5) G 可应用于医疗、爆破等,由 F 生成 G 的化学方程式是__________。

【答案】

(1) $CH_3CH{=}CH_2$

(2) 氯气　光照

(3) 加成反应

(4) $CH_2{=}CHCH_2Cl+Br_2 \longrightarrow BrCH_2CH(Br)CH_2Cl$

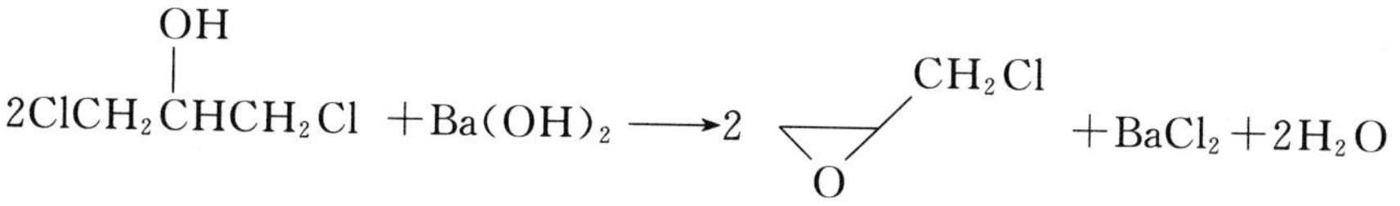

或 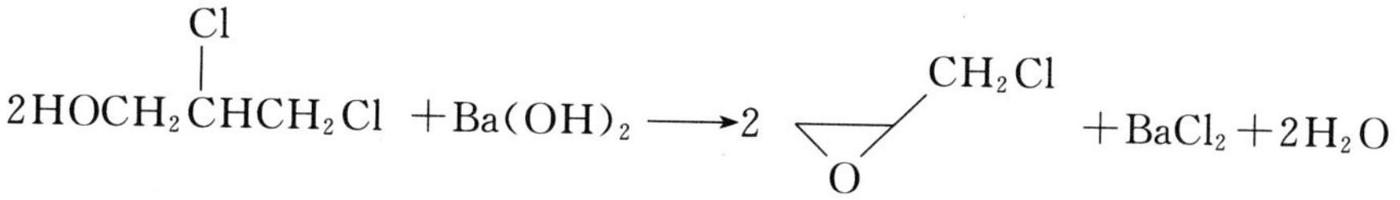

(5) 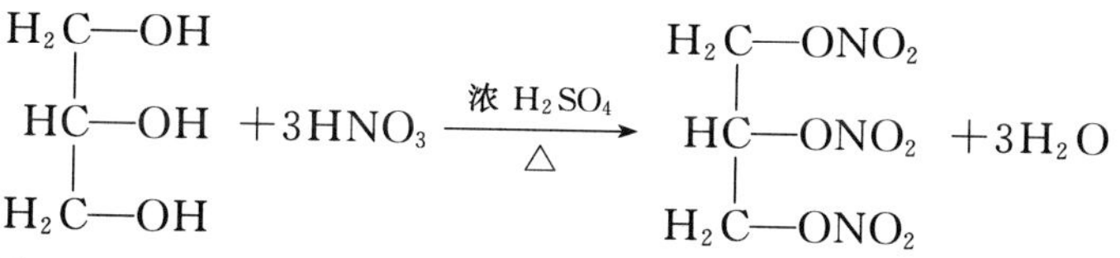

本题考后抽样统计难度：0.366。

"物质结构与性质"模块

22. 在硼酸[$B(OH)_3$]分子中，B原子与3个羟基相连，其晶体具有与石墨相似的层状结构。则分子中B原子杂化轨道的类型及同层分子间的主要作用力分别是(　　)。

A. sp，范德华力　　B. sp^2，范德华力　　C. sp^2，氢键　　D. sp^3，氢键

【答案】 C

本题考后抽样统计难度：0.251。

23. 在基态多电子原子中，关于核外电子能量的叙述错误的是(　　)。

A. 最易失去的电子能量最高

B. 电离能最小的电子能量最高

C. p轨道电子能量一定高于s轨道电子能量

D. 在离核最近区域内运动的电子能量最低

【答案】 C

本题考后抽样统计难度：0.620。

24. 已知X、Y、Z三种元素组成的化合物是离子晶体，其晶胞如图所示，则下面表示该化合物的化学式正确的是(　　)。

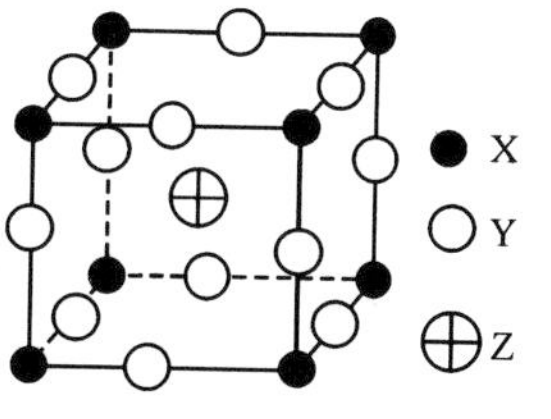

A. ZXY_3　　B. ZX_2Y_6

C. ZX_4Y_8　　D. ZX_8Y_{12}

【答案】 A

本题考后抽样统计难度：0.844。

25. (11分)四种元素X、Y、Z、W位于元素周期表的前四周期，已知它们的核电荷数依次增加，且核电荷数之和为51；Y原子的L层p轨道中有2个电子；Z与Y原子的价层电子数相同；W原子的L层电子数与最外层电子数之比为4∶1，其d轨道中的电子数与最外层电子数之比为5∶1。

(1) Y、Z可分别与X形成只含一个中心原子的共价化合物a、b，它们的分子式分别是____、____；杂化轨道分别是____、____；a分子的立体结构是________；

(2) Y的最高价氧化物和Z的最高价氧化物的晶体类型分别是____晶体、____晶体；

(3) X的氧化物与Y的氧化物中，分子极性较小的是(填分子式)________；

(4) Y与Z比较，电负性较大的是(填元素符号)________；

(5) W的元素符号是________，其+2价离子的核外电子排布式是________。

【答案】 (1) CH_4　　SiH_4　　sp^3　　sp^3　　正四面体

(2) 分子　　原子

(3) CO_2

(4) C

(5) Zn　　$1s^22s^22p^63s^23p^63d^{10}$

本题考后抽样统计难度:0.521。

“化学与技术”模块

26. 石油裂化的主要目的是为了(　　)。

A. 提高轻质液体燃料的产量　　B. 便于分馏

C. 获得短链不饱和气态烃　　D. 提高汽油的质量

【答案】 A

本题考后抽样统计难度:0.299。

27. 普钙是目前使用最广泛的磷肥,其主要成分是(　　)。

A. $Ca_5(PO_4)_3F$　　B. $Ca(H_2PO_4)_2 \cdot H_2O$ 和 $CaSO_4$

C. $Ca_3(PO_4)_2$ 和 $CaHPO_4$　　D. $CaHPO_4$ 和 $Ca(H_2PO_4)_2$

【答案】 B

本题考后抽样统计难度:0.227。

28. 与氨碱法比较,下列关于联合制碱法优点的判断中不正确的是(　　)。

A. 提高了原料的原子利用率　　B. 降低了生产成本

C. 减少了环境污染　　D. 减轻了对设备的腐蚀

【答案】 D

本题考后抽样统计难度:0.460。

29. (11分)如何防止铁的锈蚀是工业上研究的重点内容。为研究铁锈蚀的影响因素,某同学做了如下探究实验:

序号	内容	实验现象
1	常温下将铁丝放在干燥空气中一个月	干燥的铁丝表面依然光亮
2	常温下将铁丝放在潮湿空气中1h	铁丝表面依然光亮
3	常温下将铁丝放在潮湿空气中一个月	铁丝表面已变得灰暗
4	将潮湿的铁丝放在常温的氧气流中1h	铁丝表面略显灰暗
5	将潮湿的铁丝放在高于常温的氧气流中1h	铁丝表面已变得灰暗
6	将浸过氯化钠溶液的铁丝放在高于常温的氧气流中1h	铁丝表面灰暗程度比实验5严重

回答以下问题:

(1) 上述实验中发生了电化学腐蚀的是(填实验序号)________;在电化学腐蚀中,负极反应是__________,正极反应是__________。

(2) 由该实验可知,可以影响铁锈蚀速率的因素是____________。

(3) 为防止铁的锈蚀,工业上普遍采用的方法是__________(答两种方法)。

【答案】

(1) 3、4、5、6

$Fe-2e=Fe^{2+}$（或 $2Fe-4e=2Fe^{2+}$）　$2H_2O+O_2+4e=4OH^-$

（2）湿度、温度、O_2 的浓度、电解质溶液存在

（3）电镀、发蓝等表面覆盖保护层，牺牲阳极的阴极保护法等

本题考后抽样统计难度：0.350。

第二节　我国历年普通高等学校招生考试试卷分析（大纲卷）

一、初步评价

（一）普通高等学校招生考试甲卷

（1）以基础知识和主干知识的考查为主要目的。

（2）化学实验考查灵活多变。

（3）正确引导中学化学教学的方向。

当前应试教育的环境下，高考试题的导向作用是十分重要和明显的。在高三的复习备考中必须加强基础知识的教学，努力培养学生探究能力，以适应高考的要求。甲卷中的客观题和主观题都是这种思想的主要体现。

（二）普通高等学校招生考试乙卷

（1）注重对基础知识和主干知识的考查。试题知识内容和类型分配合理，既满足常模参照考试的基本要求，又考虑到了引导旧课程向新课程过渡期中学化学教学的正确方向。试题设计既充分考虑中学化学基础教学内容的有效性，又考虑人性化的处理，力求达到一种稳定的平衡过渡。

（2）重视化学实验考查。

（3）加强了对考查学生科学思维方法和知识积累运用能力的考查，需要学生将知识进行全面的系统的整理，找出物质或者阴、阳离子的特殊性质及其反应的规律，并将所学的常用的无机化学知识结合起来，才能准确无误地解题及表达。试题从多角度全方位考查了学生掌握知识解决问题的能力。

（4）加强对阅读理解和语言表达能力的考查。

二、试题质量分析

（一）信度

信度详见第八章。根据高考化学的特征和试卷结构，高考化学的信度通常采用分半信度和 α 信度（表 9－3）。

表 9－3　1993～2000 年普通高考化学试卷的分半信度和 α 信度

	1993 年	1994 年	1995 年	1996 年	1997 年	1998 年	1999 年	2000 年
分半信度	0.89	0.87	0.89	0.86	0.89	0.88	0.88	0.90
α 信度	0.81	0.88	0.92	0.91	0.93	0.91	0.92	0.93

2008 年以来只统计了 α 信度，由于其采用理综的形式，试题内容和数量较少，其系数稍低（表 9－4）。

表 9-4　2008～2010 年普通高考化学试卷的 α 信度

	2008 年甲	2008 年乙	2009 年甲	2009 年乙	2010 年甲	2010 年乙
α 信度	0.76	0.75	0.77	0.82	0.80	0.797

(二) 效度分析

1. 内容效度

提高内容效度的方法不是依靠统计手段,而是依靠命题人员的经验。对试题的分析可以告诉我们许多关于试题的信息。有的试题难度、区分度都达到了较高的要求,但试题的内容如何,还要依靠专家对试题进行分析,根据《考试说明》进行判断。表 9-5 为 2007～2010 年普通高考化学试卷的内容效度分析。

表 9-5　2007～2010 年普通高考化学试卷的内容效度分析　　单位:%

	基本概念和理论	元素及化合物	有机化合物	化学实验	化学计算
2007 年甲	37.3	19.4	19.4	13.9	10
2007 年乙	36.1	25.0	19.4	13.9	5.6
2008 年甲	30.6	19.4	19.4	13.9	12.9
2008 年乙	30.6	19.4	19.4	13.9	12.9
2009 年甲	36.1	19.4	19.4	13.9	11.1
2009 年乙	30.6	25.0	19.4	13.9	11.1
2010 年甲	30.6	19.4	19.4	13.9	16.7
2010 年乙	36.1	19.5	19.4	13.9	11.1

为了保证和提高考试的内容效度,应做到以下几点:

(1) 试题设计体现《考试说明》的要求,考查了学科的主干知识,考查了学科内部联系和基本规律,考查了学科各种能力。

(2) 命题人员严格按照命题细目表的要求,做到命题有章可循、有据可查。

(3) 命题人员对教学大纲中的教学要求以及教科书的内容要认真分析研究,使试题设计利于中学教学。

(4) 试卷总体难度控制合理,题目难、中、易比例合适,试题应使 60%的考生在规定时间内能够完成全卷,使全卷区分度良好。

(5) 体现化学学科与科技、社会、环境、生产和生活的关系,有利于树立化学学科的良好形象,鼓励学生理论联系实际。

2. 预测效度

预测效度也称为校标效度(详见第八章)。确定校标的因素如下:

(1) 关联性。在评价校标的关联时,应从专业的角度分析考试内容是否准确地体现了教学目标。

(2) 抗偏性。校标的抗偏性表现为这个校标能否使每个人都有相同的机会取得好分数,产生偏向的原因是多方面的。

(3) 可靠性。由于校标必须具备可靠性,因而考试结果必须是稳定的或者能再现的,只有这样，才能运用各种形式对考试进行预测。如果经常变化，则这样的校标是不可能用于任何预测的。

（4）可行性。对校标而言，在实际使用时经常会遇到一些客观因素的限制，有些方法虽然能得到准确的结果，但在实施过程中受到各种因素的限制，因而在决定校标时应考虑到实际中的各种因素。预测效度可利用考试分数与校标分数的相关进行计算，具体公式为

$$r_{XY}=\frac{\sum XY-\frac{(\sum X)(\sum Y)}{N}}{\sqrt{\left[\sum X^2-\frac{(\sum X)^2}{N}\right]\left[\sum Y^2-\frac{(\sum Y)^2}{N}\right]}}=\frac{\sum XY/N-\overline{X}\,\overline{Y}}{s_X s_Y} \quad (9-1)$$

式中，r_{XY}为预测效度系数；X 为考试分数；s_X 为考试分数标准差；Y 为校标分数；s_Y 为校标分数标准差；N 为样本个数；$\overline{X}$ 为考试平均分数；$\overline{Y}$ 为校标平均分数。

在国家教育科研规划“八五”和“九五”期间，命题研究人员与 10 所院校进行合作，对这些院校大一、大二、大三年级的学生基础课学习进行追踪调查，采集到 4000 多个原始数据，利用上述公式进行计算，得出高考化学成绩与选定校标成绩之间的相关关系。在根据相关公式进行相关系数的转换、加权平均、还原处理等，得出以下结论：

（1）用考生上大学后大学化学的学习成绩作为校标，要比大学化学、高等数学、外语 3 科成绩的平均值要好。

（2）就大学化学学习成绩作为校标而言，以第一学年的学习成绩作为校标比第一学期的要好。

由此可以判断，高考化学成绩与大学第一学年的大学化学学习成绩间的相关更为显著，也就是说，高考化学的成绩可以有效地预测考生在大学第一学年的大学化学学习成绩。

影响预测效度的几个因素如下：

（1）样本中个体心理特质的同质性。因为主要测量的心理特质同质时，分数变异就小，这样相关系数就小，效度系数也就小。

（2）校标的可靠性。校标是用来评价考试质量的标准，若其不可靠，其求得的预测效度必然不可靠。

（3）试卷的长度。因为相关系数的大小与分数的范围直接有关，所以增加考试试题的数量，不但可以提高考试的信度，同样可以提高考试的效度。

（4）试卷的难度。难度能影响考生考试分数的分布情况，试题过难，分数分布呈正偏态，试题过易，分数分布呈负偏态。这两种分数分布都不能把考生分数拉开，分数的差异小，则效度系数就小。

（5）分数合成方法。如果使用其他条件，用回归方程来预测考生的成绩，就可使预测效度达到最高。

3. 结构效度

结构效度也称为构象效度，详见第八章。因素分析方法是对构象效度进行分析的有效方法之一。高考化学命题专家组曾利用 2000 年考生的高考化学试题的得分（近 80 000 个原始数据）为样本，运用因素分析方法，利用相关软件，得到因素矩阵，得到化学试卷能力结构。

2000 年普通高等学校招生考试化学试卷共 37 道试题，主要测到 4 种能力因素，它们对整个考试分数的影响占 52.15％。表 9－6 为 2000 年普通高考化学试卷的结构效度分析。

表 9-6 2000 年普通高考化学试卷的结构效度分析

因素	能力要求	比例/%
因素Ⅰ	对化学基础知识的理解和应用的能力	25.73
因素Ⅱ	识别和判断的能力	11.05
因素Ⅲ	逻辑判断能力	11.73
因素Ⅳ	分析综合能力	51.50

统计数据表明,测量考生的“分析综合能力”和“对化学基础知识的理解和应用的能力”这两项累计 77.23%。这个百分比与《考试大纲》中的要求一致。这表明,该试卷不仅测试了考生对化学基础知识、基本技能的掌握情况,而且试题的编制把能力的测试放在首位。实际上,高考化学试题从不同的侧面考查了考生认知过程中的思维能力。

(三) 难度

从考后难度统计数据看,理综甲卷的难度总体变化不大,而理综乙卷的统计数据稍有变动。从实际调查情况分析,主要是部分省市进入新课程之后的高考,使得参与统计的学生整体的情况发生了变化,导致了试题难度的部分波动。当然试题对能力的考查加强也是其中一个重要的原因。还好试题的标准差基本维持在 22 左右,有很好的区分效果,有利于为高校选拔新生。表 9-7 为 2008～2010 年普通高考化学试卷的难度分析。

表 9-7 2008～2010 年普通高考化学试卷的难度分析

	2008 年		2009 年		2010 年	
	甲卷	乙卷	甲卷	乙卷	甲卷	乙卷
难度	0.59	0.517	0.52	0.585	0.54	0.479
标准差	22.15	21.58	21.68	22.70	22.33	21.88

三、试题分析

(一) 2008 年普通高等学校招生考试甲卷

6. 2008 年北京奥运会的“祥云”火炬所用燃料的主要成分是丙烷,下列有关丙烷的叙述中不正确的是(　　)。

A. 分子中碳原子不在一条直线上　　B. 光照下能够发生取代反应

C. 比丁烷更易液化　　D. 是石油分馏的一种产品

【答案】 C

本题考后抽样统计难度:0.539,区分度:0.324。

7. 实验室现有 3 种酸碱指示剂,其 pH 变色范围如下

甲基橙:3.1～4.4　　石蕊:5.0～8.0　　酚酞:8.2～10.0

用 0.1000 mol/L NaOH 溶液滴定未知浓度的 CH_3COOH 溶液,反应恰好完全时,下列叙述中正确的是(　　)。

A. 溶液呈中性,可选用甲基橙或酚酞作指示剂

B. 溶液呈中性,只能选用石蕊作指示剂

C. 溶液呈碱性,可选用甲基橙或酚酞作指示剂

D. 溶液呈碱性，只能选用酚酞作指示剂

【答案】 D

本题考后抽样统计难度：0.549，区分度：0.328。

8. 对于ⅣA族元素，下列叙述中不正确的是（　　）。

A. SiO_2 和 CO_2 中，Si 和 O，C 和 O 之间都是共价键

B. C、Si 和 Ge 的最外层电子数都是 4，次外层电子数都是 8

C. CO_2 和 SiO_2 都是酸性氧化物，在一定条件下都能和氧化钙反应

D. 该族元素的主要化合价是＋4 和＋2

【答案】 B

本题考后抽样统计难度：0.86，区分度：0.22。

9. 取浓度相同的 NaOH 和 HCl 溶液，以 3∶2 体积比相混合，所得溶液的 pH 等于 12，则原溶液的浓度为（　　）。

A. 0.01 mol/L　　B. 0.017 mol/L

C. 0.05 mol/L　　D. 0.50 mol/L

【答案】 C

本题考后抽样统计难度：0.619，区分度：0.311。

10. 右图为直流电源电解稀 Na_2SO_4 水溶液的装置。通电后在石墨电极 a 和 b 附近分别滴加一滴石蕊溶液。下列实验现象中正确的是（　　）。

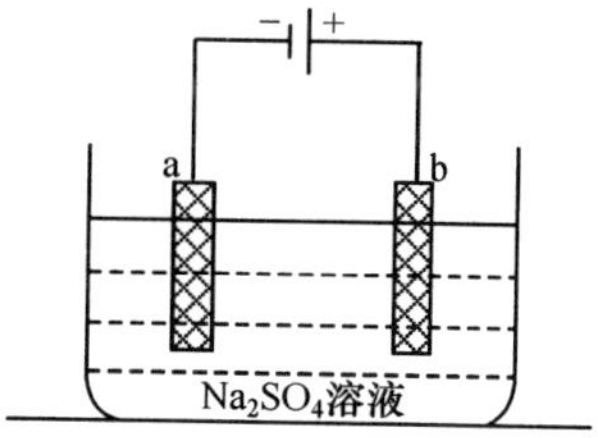

A. 逸出气体的体积，a 电极的小于 b 电极的

B. 一电极逸出无味气体，另一电极逸出刺激性气味气体

C. a 电极附近呈红色，b 电极附近呈蓝色

D. a 电极附近呈蓝色，b 电极附近呈红色

【答案】 D

本题考后抽样统计难度：0.619，区分度：0.402。

11. 某元素的一种同位素 X 的原子质量数为 A，含 N 个中子，它与 ^1H 原子组成 H_mX 分子。在 a g H_mX 中所含质子的物质的量是（　　）。

A. $\frac{a}{A+m}(A-N+m)$ mol　　B. $\frac{a}{A}(A-N)$ mol

C. $\frac{a}{A+m}(A-N)$ mol　　D. $\frac{a}{A}(A-N+m)$ mol

【答案】 A

本题考后抽样统计难度：0.723，区分度：0.335。

12. $(NH_4)_2SO_4$ 在高温下分解，产物是 SO_2、H_2O、N_2 和 NH_3。在该反应的化学方程式中，化学计量数由小到大的产物分子依次是（　　）。

A. SO_2、H_2O、N_2、NH_3　　B. N_2、SO_2、H_2O、NH_3

C. N_2、SO_2、NH_3、H_2O　　D. H_2O、NH_3、SO_2、N_2

【答案】 C

本题考后抽样统计难度：0.71，区分度：0.319。

13. 在相同温度和压强下，对反应 $CO_2(g)+H_2(g) \rightleftharpoons CO(g)+H_2O(g)$ 进行甲、乙、丙、

丁四组实验，实验起始时放入容器内各组分的物质的量见下表：

实验 \ 物质的量 \ 物质	CO_2/mol	H_2/mol	CO/mol	H_2O/mol
甲	*a*	*a*	0	0
乙	2*a*	*a*	0	0
丙	0	0	*a*	*a*
丁	*a*	0	*a*	*a*

上述四种情况达到平衡后，*n*(CO)的大小顺序是(　　)。

A. 乙＝丁＞丙＝甲　　B. 乙＞丁＞甲＞丙

C. 丁＞乙＞丙＝甲　　D. 丁＞丙＞乙＞甲

【答案】 A

本题考后抽样统计难度:0.556,区分度:0.452。

26. 红磷P(s)和Cl_2(g)发生反应生成PCl_3(g)和PCl_5(g)。反应过程和能量关系如下图所示(图中的ΔH表示生成1mol产物的数据)。

根据下图回答下列问题:

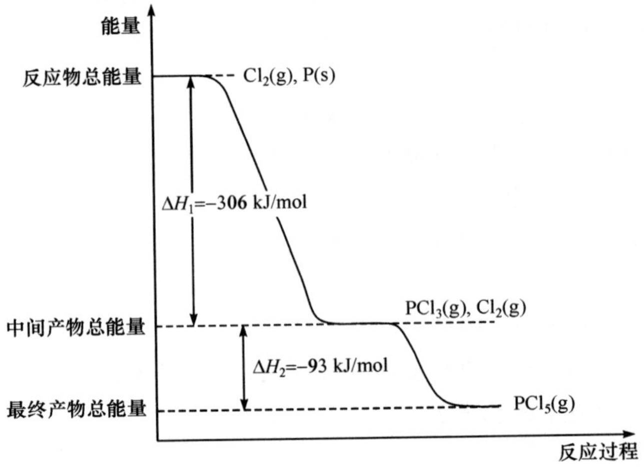

(1) P和Cl_2反应生成PCl_3的热化学方程式是__________________________________。

(2) PCl_5分解成PCl_3和Cl_2的热化学方程式是____________________。上述分解反应是一个可逆反应。温度T_1时，在密闭容器中加入0.80mol PCl_5，反应达平衡时PCl_5还剩0.60mol，其分解率α_1等于________；若反应温度由T_1升高到T_2，平衡时PCl_5的分解率为α_2，α_2 ________ α_1(填"大于"、"小于"或"等于")。

(3) 工业上制备PCl_5通常分两步进行，先将P和Cl_2反应生成中间产物PCl_3，然后降温，再和Cl_2反应生成PCl_5。原因是____________________。

(4) P和Cl_2分两步反应生成1mol PCl_5的ΔH_3＝____________，P和Cl_2一步反应生成1mol PCl_5的ΔH_4 __________ ΔH_3(填"大于"、"小于"或"等于")。

(5) PCl_5与足量水充分反应，最终生成两种酸，其化学方程式是__________________________________。

【答案】

(1) $3/2Cl_2(g)+P(s)=PCl_3(g)$　　$\Delta H=-306\ kJ/mol$

(2) $PCl_5(g)=PCl_3(g)+Cl_2(g)$　　$\Delta H=+93\ kJ/mol$

25%　　大于

(3) 两步反应均为放热反应，降温有利于提高产率，防止产物分解

(4) $-399\ kJ/mol$　等于

(5) $PCl_5+4H_2O=H_3PO_4+5HCl$

本题考后抽样统计难度：0.641，区分度：0.709。

27. Q、R、X、Y、Z为前20号元素中的五种，Q的低价氧化物与X单质分子的电子总数相等，R与Q同族，Y和Z的离子与Ar原子的电子结构相同且Y的原子序数小于Z。

(1) Q的最高价氧化物，其固态属于________晶体，俗名叫__________；

(2) R的氢化物分子的空间构型是__________，属于________分子（填"极性"或"非极性"）；它与X形成的化合物可作为一种重要的陶瓷材料，其化学式是________；

(3) X的常见氢化物的空间构型是__________；它的另一氢化物 X_2H_4 是一种火箭燃料的成分，其电子式是____________；

(4) Q分别与Y、Z形成的共价化合物的化学式是________________和________________；Q与Y形成的分子的电子式是________________，属于__________分子（填"极性"或"非极性"）。

【答案】

(1) 分子　　干冰　　　(2) 正四面体　　非极性　　Si_3N_4

(3) 三角锥　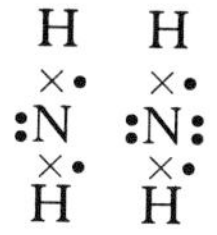　　(4) CS_2　　CCl_4　　　非极性

本题考后抽样统计难度：0.49，区分度：0.708。

28. 某钠盐溶液可能含有阴离子 NO_3^-，CO_3^{2-}，SO_3^{2-}，SO_4^{2-}，Cl^-，Br^-，I^-。为鉴定这些离子，分别取少量溶液进行以下实验：

① 测得混合液呈碱性；

② 加HCl后，生成无色无味气体，该气体能使饱和石灰水溶液变浑浊；

③ 加 CCl_4，滴加少量氯水，振荡后，CCl_4 层未变色；

④ 加 $BaCl_2$ 溶液产生白色沉淀，分离，在沉淀中加入足量盐酸，沉淀不能完全溶解；

⑤ 加 HNO_3 酸化后，再加过量 $AgNO_3$，溶液中析出白色沉淀。

(1) 分析上述5个实验，写出每一实验鉴定离子的结论与理由。

实验①____________________________________；

实验②____________________________________；

实验③____________________________________；

实验④____________________________________；

实验⑤____________________________________；

(2) 上述5个实验不能确定是否存在的离子是____________________。

【答案】

(1) ① CO_3^{2-} 和 SO_3^{2-} 可能存在，因它们水解呈碱性

② CO_3^{2-} 肯定存在,因为产生的气体是 CO_2;SO_3^{2-} 不存在,因为没有刺激性气味的气体产生

③ Br^-、I^- 不存在,因为没有溴和碘的颜色出现

④ SO_4^{2-} 存在,因为 $BaSO_4$ 不溶于盐酸

⑤ Cl^- 存在,因为与 Ag^+ 形成白色沉淀

(2) NO_3^-

本题考后抽样统计难度:0.584,区分度:0.681。

29. A、B、C、D、E、F、G、H、I、J 均为有机化合物。根据以下框图,回答问题:

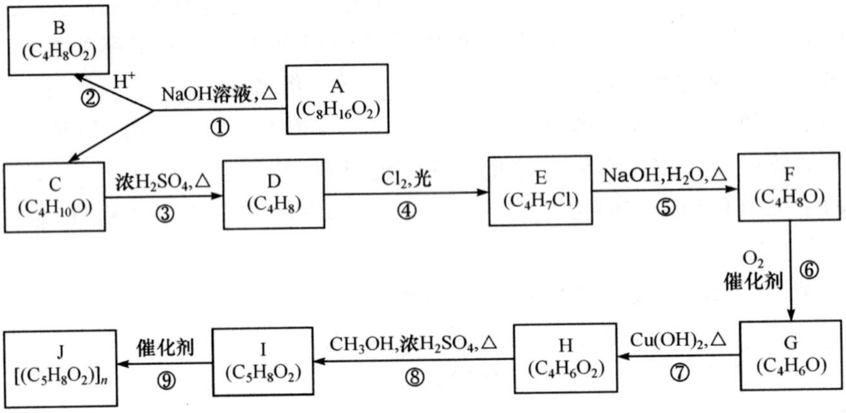

(1) B 和 C 均为有支链的有机化合物,B 的结构简式为________;C 在浓硫酸作用下加热反应只能生成一种烯烃 D,D 的结构简式为________。

(2) G 能发生银镜反应,也能使溴的四氯化碳溶液褪色,则 G 的结构简式为________。

(3) ⑤的化学方程式是________,

⑨的化学方程式是________。

(4) ①的反应类型是________,④的反应类型是________,⑦的反应类型是________。

(5) 与 H 具有相同官能团的 H 的同分异构体的结构简式为________。

【答案】

(1) $CH_3—\underset{}{\overset{CH_3}{\overset{|}{C}H}}—\overset{O}{\overset{\|}{C}}—OH$　　$(CH_3)_2C═CH_2$

(2) $CH_2═\overset{CH_3}{\overset{|}{C}}—CHO$

(3) $CH_2═\overset{CH_2Cl}{\overset{|}{C}}—CH_3+NaOH\xrightarrow[\triangle]{H_2O}CH_2═\overset{CH_2OH}{\overset{|}{C}}—CH_3\ +NaCl$

$$n\,CH_2═\underset{\underset{OCH_3}{\overset{|}{\underset{|}{C═O}}}}{\overset{CH_3}{\overset{|}{C}}}\xrightarrow[\triangle]{催化剂}\left[CH_2═\underset{\underset{OCH_3}{\overset{|}{\underset{|}{C═O}}}}{\overset{CH_3}{\overset{|}{C}}}\right]_n$$

(4) 水解反应　　取代反应　　氧化反应

(5) $CH_2=CHCH_2COOH$，$CH_3CH=CHCOOH$

本题考后抽样统计难度：0.477，区分度：0.75。

(二) 2010年普通高等学校招生乙卷试题分析

6. 下列判断错误的是(　　)。

A. 熔点：$Si_3N_4>NaCl>SiI_4$　　B. 沸点：$NH_3>PH_3>AsH_3$

C. 酸性：$HClO_4>H_2SO_4>H_3PO_4$　　D. 碱性：$NaOH>Mg(OH)_2>Al(OH)_3$

【答案】 B

7. 下列叙述正确的是(　　)。

A. Li在氧气中燃烧主要生成Li_2O_2

B. 将CO_2通入次氯酸钙溶液可生成次氯酸

C. 将SO_2通入$BaCl_2$溶液可生成$BaSO_3$沉淀

D. 将NH_3通入热的$CuSO_4$溶液中能使Cu^{2+}还原成Cu

【答案】 B

8. 能正确表示下列反应的离子方程式是(　　)。

A. 将铁粉加入稀硫酸中：$2Fe+6H^+ = 2Fe^{3+}+3H_2\uparrow$

B. 将磁性氧化铁溶于盐酸：$Fe_3O_4+8H^+ = 3Fe^{3+}+4H_2O$

C. 将氯化亚铁溶液和稀硝酸混合：$Fe^{2+}+4H^++NO_3^- = Fe^{3+}+2H_2O+NO\uparrow$

D. 将铜屑加入Fe^{3+}溶液中：$2Fe^{3+}+Cu = 2Fe^{2+}+Cu^{2+}$

【答案】 D

9. 下列叙述正确的是(　　)。

A. 某乙酸溶液的pH＝a，将此溶液稀释1倍后，溶液的pH＝b，则$a>b$

B. 在滴有酚酞溶液的氨水中，加入NH_4Cl至溶液恰好无色，则此时溶液的pH＜7

C. 1.0×10^{-3}mol/L盐酸的pH＝3.0，1.0×10^{-8}mol/L盐酸的pH＝8.0

D. 若1mL pH＝1的盐酸与100 mL NaOH溶液混合后，溶液的pH＝7，则NaOH溶液的pH＝11

【答案】 D

10. 右图是一种染料敏化太阳能电池的示意图。电池的一个电极由有机光敏染料(S)涂覆在TiO_2纳米晶体表面制成，另一个电极由导电玻璃镀铂构成，电池中发生的反应为

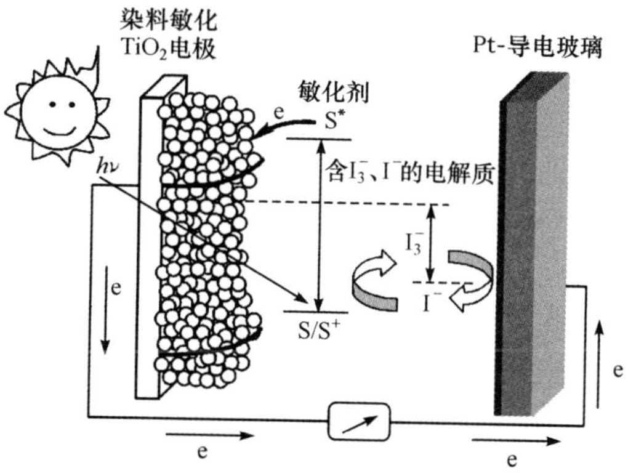

$TiO_2/S \xrightarrow{h\nu} TiO_2/S^*$(激发态)

$TiO_2/S^* \longrightarrow TiO_2/S^++e$

$I_3^-+2e \longrightarrow 3I^-$

$2TiO_2/S^++3I^- \longrightarrow 2TiO_2/S+I_3^-$

下列关于该电池叙述错误的是(　　)。

A. 电池工作时，I^-在镀铂导电玻璃电极上放电

B. 电池工作时，是将太阳能转化为电能

C. 电池的电解质溶液中 I^- 和 I_3^- 的浓度不会减少

D. 电池中镀铂导电玻璃为正极

【答案】 A

11. 下图表示 4-溴环己烯所发生的 4 个不同反应。其中,产物只含有一种官能团的反应是(　　)。

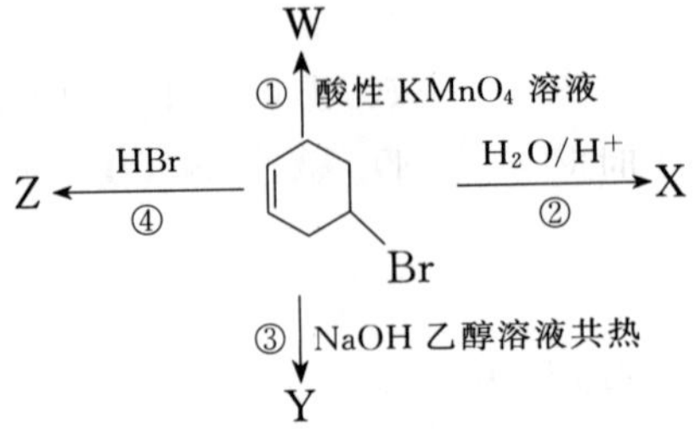

A. ①②　　B. ②③　　C. ③④　　D. ①④

【答案】 C

12. 一定条件下磷与干燥氯气反应,若 0.25g 磷消耗掉 314mL 氯气(标准状况),则产物中 PCl_3 与 PCl_5 的物质的量之比接近于(　　)。

A. 3∶1　　B. 5∶3　　C. 2∶3　　D. 1∶2

【答案】 A

13. 下面关于 SiO_2 晶体网状结构的叙述正确的是(　　)。

A. 最小的环上,有 3 个 Si 原子和 3 个 O 原子

B. 最小的环上,Si 和 O 原子数之比为 1∶2

C. 最小的环上,有 6 个 Si 原子和 6 个 O 原子

D. 存在四面体结构单元,O 处于中心,Si 处于 4 个顶角

【答案】 C

27. 在溶液中,反应 $A+2B \rightleftharpoons C$ 分别在三种不同实验条件下进行,它们的起始浓度均为 $c(A)=0.100mol/L$、$c(B)=0.200mol/L$ 及 $c(C)=0mol/L$。反应物 A 的浓度随时间的变化如下图所示。

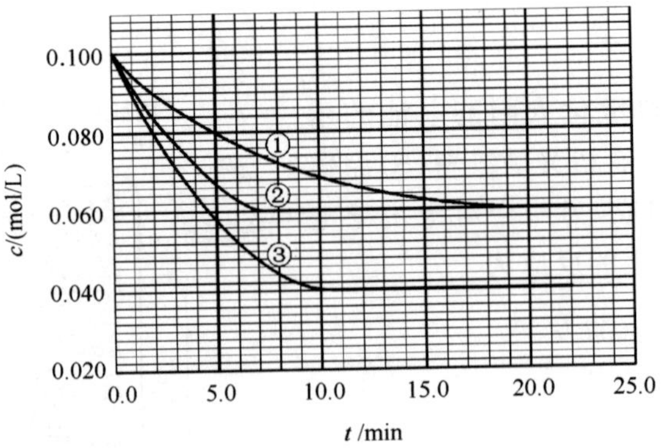

请回答下列问题:

(1) 与①比较,②和③分别仅改变一种反应条件。所改变的条件和判断的理由是:

②______________________________;

③______________________________。

(2) 实验②平衡时 B 的转化率为________;实验③平衡时 C 的浓度为________。

(3) 该反应的 ΔH ________ 0,其判断理由是____。

(4) 该反应进行到 4.0min 时的平均反应速率:________________;

实验②:$v_B=$________________________________;

实验③:$v_C=$________________________________。

【答案】

(1) 加催化剂　达到平衡的时间缩短,平衡时 A 的浓度未变

温度升高　达到平衡的时间缩短,平衡时 A 的浓度减小

(2) 40%(或 0.4)　0.060mol/L

(3) >　温度升高,平衡向正反应方向移动,故该反应是吸热反应

(4) $v_B=2v_A=-\dfrac{(0.072-0.100)\text{mol/L}}{4.0\text{min}}\times 2=0.014\text{mol/(L}\cdot\text{min)}$

$v_C=v_A=-\dfrac{(0.064-0.100)\text{mol/L}}{4.0\text{min}}=0.009\text{mol/(L}\cdot\text{min)}$

28. 有 A、B、C、D、E 和 F 六瓶无色溶液,它们都是中学化学中常用的无机试剂。纯 E 为无色油状液体;B、C、D 和 F 是盐溶液,且它们的阴离子均不同。现进行如下实验:

① A 有刺激性气味,用沾有浓盐酸的玻璃棒接近 A 时产生白色烟雾;

② 将 A 分别加入其他五种溶液中,只有 D、F 中有沉淀生成;继续加入过量 A 时,D 中沉淀无变化,F 中沉淀完全溶解;

③ 将 B 分别加入 C、D、E、F 中,C、D、F 中产生沉淀,E 中有无色、无味气体逸出;

④ 将 C 分别加入 D、E、F 中,均有沉淀生成,再加入稀 HNO_3,沉淀均不溶。

根据上述实验信息,请回答下列问题:

(1) 能确定的溶液是(写出溶液标号与相应溶质的化学式)。

____。

(2) 不能确定的溶液,写出其标号、溶质可能的化学式及进一步鉴别的方法:

____。

【答案】

(1) A　NH_3　　E　H_2SO_4　　F　$AgNO_3$　　C　$BaCl_2$

(2) B　Na_2CO_3 或 K_2CO_3　用铂丝蘸取少量 B,在氧化焰中灼烧,若焰色呈黄色,则 B 为 Na_2CO_3 溶液;若透过蓝色钴玻璃观察焰色呈紫色,则 B 为 K_2CO_3 溶液

D　$Al_2(SO_4)_3$ 或 $MgSO_4$　取少量 D,向其中滴加 NaOH 溶液有沉淀生成,继续加过量 NaOH 溶液,若沉淀溶解,则 D 为 $Al_2(SO_4)_3$ 溶液;若沉淀不溶,则 D 为 $MgSO_4$ 溶液

29. 请设计 CO_2 在高温下与木炭反应生成 CO 的实验。

(1) 在下面方框中,A 表示由长颈漏斗和锥形瓶组成的气体发生器,请在 A 后完成该反应的实验装置示意图(夹持装置、连接胶管及尾气处理部分不必画出,需要加热的仪器下方用△标出),按气流方向在每件仪器下方标出字母 B、C、…其他可选用的仪器(数量不限)简易表示如下:

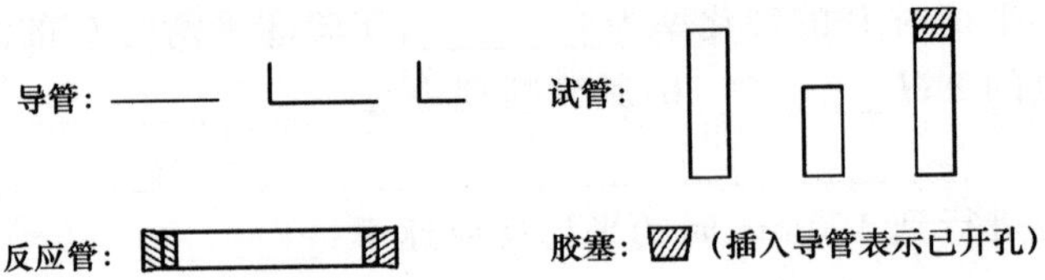

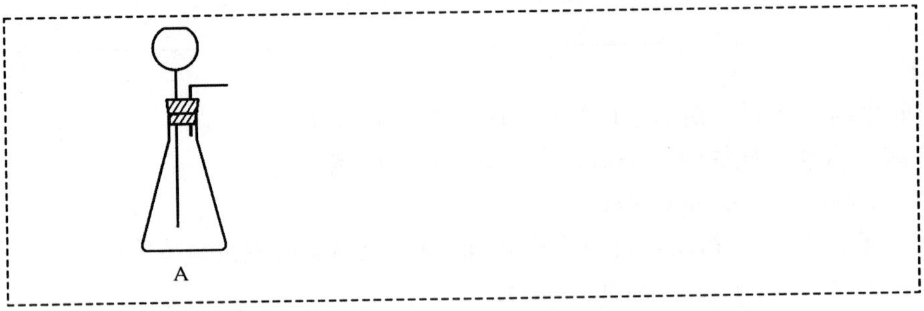

(2) 根据方框中的装置图,填写下表:

仪器标号	仪器中所加物质	作用
A	石灰石、稀盐酸	石灰石与盐酸作用产生 CO_2

(3) 有人对气体发生器做如下改进:在锥形瓶中放入一小试管,将长颈漏斗下端插入小试管中,改进后的优点是______________________________。

(4) 验证 CO 的方法是______________________________。

【答案】

(1)

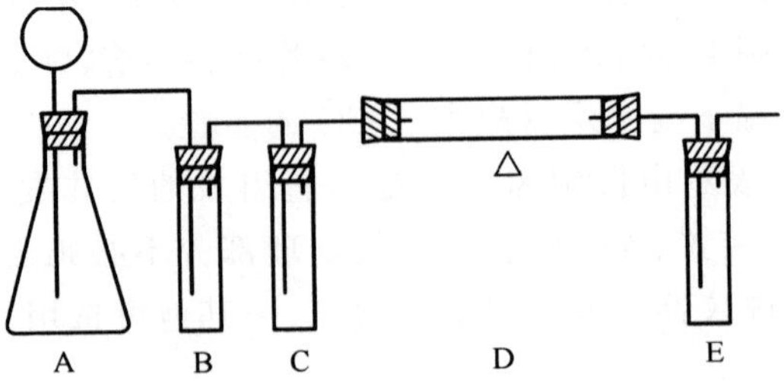

（2）

仪器标号	仪器中所加物质	作用
B	饱和碳酸氢钠溶液	除去 CO_2 中的 HCl 气体
C	浓硫酸	除去 CO_2 中的水汽
D	干燥木炭粉	与 CO_2 反应产生 CO
E	澄清石灰水	吸收未反应的 CO_2

（3）可以通过控制加酸的量，来控制气体产生的快慢；同时小试管中充满盐酸，可以起到液封作用，防止反应激烈时气体经漏斗冲出

（4）点燃气体，火焰呈蓝色，再用一个内壁附着有澄清石灰水的烧杯罩在火焰上，烧杯内壁的石灰水变浑浊

30. 有机化合物 A～H 的转换关系如下所示：

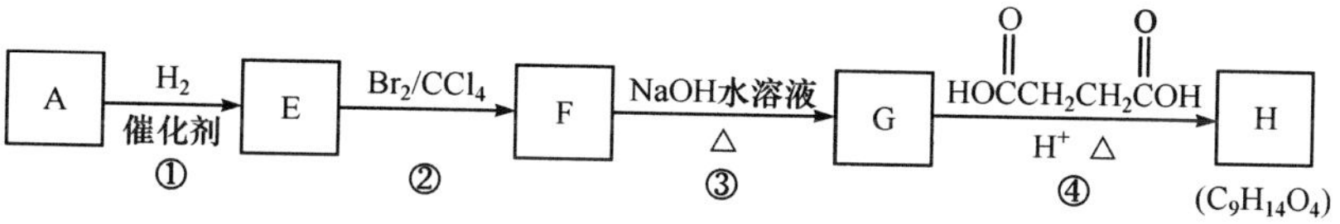

请回答下列问题：

（1）链烃 A 有支链且只有一个官能团，其相对分子质量为 65～75，1mol A 完全燃烧消耗 7mol 氧气，则 A 的结构简式是__________，名称是________________。

（2）在特定催化剂作用下，A 与等物质的量的 H_2 反应生成 E。由 E 转化为 F 的化学方程式是____。

（3）G 与金属钠反应能放出气体。由 G 转化为 H 的化学方程式是______________。

（4）①的反应类型是______________；③的反应类型是______________。

（5）链烃 B 是 A 的同分异构体，分子中的所有碳原子共平面，其催化氢化产物为正戊烷，写出 B 所有可能的结构简式____。

（6）C 也是 A 的一种同分异构体，它的一氯代物只有一种（不考虑立体异构），则 C 的结构简式为____。

【答案】（1）$(CH_3)_2CHC{\equiv}CH$　　3-甲基-1-丁炔

（2）$(CH_3)_2CHCH{=}CH_2 + Br_2 \xrightarrow{CCl_4} (CH_3)_2CHCHBrCH_2Br$

（3）$(CH_3)_2CHCH(OH)CH_2OH + HOOCCH_2CH_2COOH \xrightarrow[\triangle]{H^+}$ 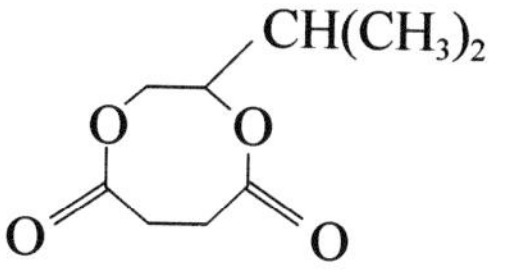 $+2H_2O$

（4）加成反应（或还原反应）　　取代反应

（5）$CH_3CH{=}CHCH{=}CH_2$（或写它的顺反异构体）$CH_3CH_2C{\equiv}CCH_3$

（6） 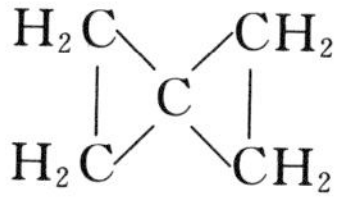

练习与思考题

试总结我国近年普通高等学校招生考试试题(新课标卷)的特点。

参考文献

教育部考试中心．2006. 高考化学测量理论与实践．北京:高等教育出版社．

教育部考试中心．2009. 高考理科试题分析(课程标准实验·2009 年版). 北京:高等教育出版社．

教育部考试中心．2009. 高考理科试题分析(2009 年版). 北京:高等教育出版社．

第十章　化学测试结果的分析与评价

在测验质量可靠的前提下，学生的测验分数就成了教师评价学生学习成绩的依据。但是，孤立的测验分数是没有任何意义的。这就需要教师掌握一定的评价标准，正确地解释测验分数的意义，对学生的学习成绩做出公正而合理的评价，并从测验结果中发现那些有利于改进教学的有益信息，进而提高教学质量。

第一节　学生个体的测验成绩评价

一、以常模参照评价学生的测验分数

以常模参照评价学生的测验分数，就是把学生的原始测验分数转换为常模分数，进而指出其在某一群体中的相对位置，以此作为评价学生学习成绩的依据。这里的参照群体也称常模团体。被参照的常模团体应与被评价的学生特质相同，而且要对具有同类特质的所有学生总体有很好的代表性。常模分数就是以常模团体的一般水平（如平均分）作为参照标准的导出分数。

在化学教学测评中，可以根据测验的目的、内容和被测学生的特点，取得所需要的不同常模。例如，教师要确定某个学生在其所在班级中的学习状况，就可以将班级学生的平均水平作为班级常模。如果教师要比较某个学生的化学成绩在全区或全市同级学生中水平的高低，则全区或全市同级学生在化学考试中的平均水平就是全区或全市的化学成绩常模。

在化学教育测评中，最常用的常模分数是百分等级分数和标准分数。

（一）百分等级分数

百分等级是指在常模团体中，某分数以下的人数的百分比。百分等级分数是把常模团体的全体学生分为 100 份，按被评学生的原始分数换算出其在常模团体中的相对位置后所得到的一种导出分数，常用 PR 表示。例如，某学生在一次化学考试中的原始成绩转化为百分等级分数 PR＝75，则表明在全体学生中有 75％的人低于该生的分数。PR 越小，表明所处的相对位置越低，成绩越差。

百分等级分数的意义十分明显，计算也比较简单。无论测验分数的分布是何种形态，都可以用百分等级表示某学生在团体中的相对位置。可以用百分等级分数来比较一个学生两次测验的成绩，也可以比较两个团体的测验成绩。与教学中常用的排名次相比，百分等级分数更具有一般意义。因此，它在实际教学中的应用十分广泛。但在使用百分等级分数时，要注意其以下特点：

（1）百分等级属于顺序量表，百分等级分数的差异与测验分数上的差异不成比例，其单位是不等的，因而不能进行代数运算，这给对分数的进一步分析带来了困难。

（2）百分等级只表明学生在团体中的相对位置，并不表明学生掌握所测内容的百分比。百分等级和测验内容答对率不是一回事，某位学生的百分等级只取决于该生的分数与其他学

生分数的关系，而与全体学生测验成绩的好坏无关。常模参照的特点即在于此。

(3) 百分等级对测验的分数变化反应不敏感。一方面，原始分数的很大变化不能在百分等级上引起相应的变化，这在两端分数中表现得尤为明显。例如，第一名和第二名、倒数第一名和倒数第二名之间原始分数可能相差很大，但百分等级却只差1。另一方面，在分数分布的中部，尤其是接近正态分布的测验分数，中间分数分布比较密集，往往分数的较小变化会引起百分等级的较大变化。例如，有100名学生被测总体，其中百分等级从45到55的两名学生的原始分数可能只差3.5分。

(二) 标准分数

标准分数又称Z分数。其计算公式如下：

$$Z_i = \frac{X_i - \overline{X}}{s} \tag{10-1}$$

式中，Z_i为学生i的标准分数；X_i为学生i的原始分数；$\overline{X}$为原始分数的平均数；s为原始分数的标准差。

从式(10-1)不难看出，标准分数是以标准差为单位度量原始分数离开其平均分数的量数，它可以表示某个原始分数在团体中所处的位置，即该原始分数在平均分之上多少个标准差，或是在平均分以下多少个标准差。

标准分数具有以下性质：

(1) 一组标准分数的平均分为0，标准差为1。

(2) 标准分数的绝对值表示某一原始分数与平均分的距离，标准分数的正、负表示原始分数是在平均分之上还是之下。

(3) 标准分数的分布与原始分数的分布相同。如果原始分数的分布是正态或接近正态，则标准分数的分布范围为$-3\sim+3$。

(4) 在原始分数的分布是正态或接近正态时，标准分数和百分等级分数有对应关系。如果知道某学生的Z分数，可以直接查正态分布表，Z值所对应的正态曲线下面积比例乘以100便是该分数的百分等级，如果已知百分等级，也可查正态分布表找到其对应的Z值。

可见，标准分数是一个以绝对零点为参照点、以标准差为相等单位的等距量数。不管原始分数的平均数、标准差如何，相同的标准分数表示在分布中处于同样的相对位置。标准分数具有可比性，还具有可加性，可以直接合成运算。因此，在对学生的不同考试成绩进行比较时，或是综合学生的各科考试成绩对学生做出评价时，应当将学生的原始分数化成标准分数后再合成或比较，而不能直接使用单位不等、参照点不同的原始分数进行合成或比较。

由于Z分数有负数和小数，给以后的统计分析带来不便，也与日常教学中使用的评分形式不相一致，因此美国教育测量专家麦柯尔(W. A. McCall)建议将Z分数转换为T分数。其转换公式为

$$T = 10Z + 50 \tag{10-2}$$

式中，T为T分数；Z为标准分数。

转换成T分数以后，标准分数就不再有负数和小数了。T分数的平均数为50，标准差为10。由原始分数转换而来的T分数若大于50，则在平均数之上；若小于50，则在平均数之下。当原始分数分布为正态或接近正态时，T分数的最大值为80，最小值为20。

T分数实际上是由标准分数派生出的标准化分数。在麦柯尔思想的基础上，人们为了使

用的方便，又派生出一些其他的标准化导出分数。例如，美国大学入学考试委员会所采用的CEEB(college entrance examination board)分数，就是一种类似于 T 分数的标准化导出分数。其计算公式为

$$\text{CEEB 分数} = 100Z + 500$$

著名的 TOEFL 考试是按下式报告考试成绩的：

$$\text{TOEFL 分数} = 70Z + 500$$

(三) 常模表

常模表是一种呈现常模资料的方法，是用来作为比较标准的一种分数量表。为了使各种考试分数可以相互比较，可以把各种考试分数通过百分等级或标准分数将其等值化，并放到统一的量表上，这就构成了常模表。利用常模表，对任何原始分数不需要进行计算，就可在表上直接查到它在常模团体中的导出分数，从而明确原始分数的意义。

常模表一般有三个组成部分：一是原始分数量表；二是与每个原始分数对应的导出分数；三是有关常模团体的描述资料。表 10－1 为常模表示例。

表 10－1　某中学高二化学学年末测验常模表(示例)

原始分数量表	文科班			理科班		
	百分等级	标准分数	T 分数	百分等级	标准分数	T 分数
100				100	2.82	98
99				99	2.60	96
98				98	2.38	94
97				97	2.16	92
96				96	1.93	89
95				95	1.71	87
94				94	1.49	85
93				93	1.27	83
92				90	1.04	80
91	100	2.20	92	89	0.82	78
90	99	2.00	90	87	0.60	76
⋮	⋮	⋮	⋮	⋮	⋮	⋮

二、以目标参照评价学生的测验分数

以目标参照评价学生的测验分数，是根据预先规定的教学目标，看学生对教学所要求的知识、技能的掌握情况来确定测验分数的意义，评价学生的测验成绩。

常模参照评价虽然相对比较客观、应用也相当广泛，但其自身也有一些难以克服的缺陷。由于常模参照分数着重指出被评学生在集体中的相对位置，不管学生如何努力或学习成绩的好坏，都被排成名次，总有名列前茅和名落孙山之分，容易对学生产生不利的心理影响；常模参照分数不能明确指出被评学生达到教育目标的程度，也不宜于诊断学生的学习困难；当参照的常模不同时，常模参照分数就不能相互比较。目标参照评价是一种绝对评价，它不是将被评学生与其他学生或常模团体进行相对比较，而是与事先规定的、独立于常模团体之外的教育目标进行比较。学生可以通过目标参照分数，发现自己在目标到达度上的进步，以增强学习动机；由于目标参照分数直接与教育目标相关，教师可以利用它诊断学生的学习困难；只要被测学生

所追求的教育目标相同,就可以比较他们的目标参照分数。因而,目标参照分数可以弥补常模参照评价的不足。

测量项目是与其测量目标对应的。以目标参照评价学生的测验分数,就必须明确达到教育目标的具体行为标准。依据不同的测量目标,要求学生达到的行为标准可能有多种。常用的目标参照评价的标准有三种,相应的有三种目标参照分数。

(一) 掌握分数

掌握分数是说明学生是否达到教育目标所要求的最低标准而设置的一种目标参照分数。在实际教学中,有时并不需要对学生进行详细区分,而只需要知道学生对一些基础知识和技能是否掌握。为此目的而设计的测验可称为掌握测验。对掌握测验的计分,只需要定出一个可接受的最低标准即可。一般采取二分法,如及格—不及格,通过—不通过等。如果学生达到最低标准,则计为及格,说明其已经掌握了所需求的基础知识和技能,从而可以进入下一个单元的学习;如果达不到最低标准,则计为不及格,说明学生未能达到教育目标的最低要求,一般不能直接进入下一单元的学习。

掌握分数的确定标准,是根据测验目的和要求的教学实际确定的。在化学教学实际中,常以 60 分为及格标准,如果学生的测验分数达到或超过 60 分,则认为学生达到了教学目标的最低要求。我们认为,从掌握学习的要求看,一般以 75%～85%的正确反应作为及格或通过的最低标准比较合适。

掌握分数常用于那些能够确定出可能接受的最低标准的资格考试或成就考试,如高中毕业会考,一些发放职业证书、执照的考试等。

(二) 正确百分数

正确百分数是指学生答对项目所占的百分比,即

$$\text{正确百分数} = \frac{\text{答对的项目数}}{\text{项目总数}} \times 100\% \tag{10-3}$$

正确百分数的意义十分明确,说明学生对所要求的教育目标的掌握程度。正确百分数越高,说明学生对目标掌握得越好。与二分法计分的掌握分数相比,正确百分数可以对学生起到进一步的区分作用。正确百分数的计算也很简单,因此其应用也比较广泛。

在应用正确百分数时要注意,测试项目必须是有限的测量目标的代表性取样。测量目标是教育目标的具体化、行为化,项目又是测量目标的代表性体现,这样正确百分数才能代表学生掌握教育目标的实际程度,否则正确百分数是毫无意义的。同时还要注意,对于取样范围不同、难度不同的考试,正确百分数的意义显然不同,即使在同一个测验中,两学生的正确百分数相同,但他们正确回答的项目不同,其分数的意义也是不相同的。

(三) 等级分数

当用等级评定的方法来表示学生的某种知识、能力、品质等方面的发展水平时,所用的分数就是等级分数。特别是对学生的某种素质,如思想品德、化学学习兴趣和态度、化学实验操作技能等,难以用学生回答项目情况来准确评定时,就可用等级分数来表示学生的水平。

等级分数就是把要测量的某种能力、技能或品质分为若干个等级,每个等级赋予某一分数。例如,评定某项操作技能,分为五个等级,分别赋予 5 分、4 分、3 分、2 分、1 分;对每个学生

的实际操作分别评定出适当的等级，并给予相应的分数。

当常模参照考试与目标紧密联系时，目标参照分数与常模参照分数之间并无严格的界限。有时掌握分数或等级分数就是同时按照被测团体达到教育目标的平均水平确定的。因此，可以把两种分数结合起来使用，在确定掌握分数或等级分数时，既要按照教育目标本身的要求，又要依据被测团体对教育目标的平均到达度。

三、评价学生成绩时应注意的问题

（一）明确评价标准，要正确地解释或比较分数

在解释测验分数之前，要有合理、明确、可被接受的评价标准。同一个测验分数，按照不同的评价标准，所得出的结论可能完全不同。对于不同测验的分数由于测验的内容、难度不一，所得的分数就不能直接比较，因为它们没有统一的量表。当两次测验分数可以用同一个标准或等价的量表等值化时，才能够相互比较。例如，对同一学生集体实施两次化学测验，所得到的分数都可以转换成百分等级分数或标准分数进行比较。

（二）要考虑到测验误差

任何测验，其信度和效度一般都可能不足，都要受到测验误差的影响，测验结果并非是完全可靠的。因此，在解释测验分数时，不能脱离学生的实际及测验的具体环境条件，应考虑到测验误差的存在。

测验误差与测验的信度有关。信度高则误差小，反之则误差大。所以，不要把测验分数看成是一个确定不变的值。由于误差的存在，测验的实际获得分数总是表示一个区间。因而在解释测验分数时，最好是用学生的实际得分加、减一个测量标准误差来表示学生的真实成绩，即

$$X_v = X_r \pm \sigma_{meas} \tag{10-4}$$

式中，X_v 为学生的真实分数；X_r 为学生的实得分数；σ_{meas} 为测量标准误差。

测量标准误差与测验的信度有关，即

$$\sigma_{meas} = s\sqrt{1 - r_{XX}} \tag{10-5}$$

式中，s 为测验分数的标准差；r_{XX} 为测验的信度。

为此，在比较两个学生的测验分数时，不能仅仅看分数的绝对差异，还要看它们的真实分数区间。只有两个分数区间完全不重合时，才能确信这两个分数之间真正存在差异。

（三）不要一次考试定终身

任何一个测验都不能同时测出多方面的能力。一个测验的测量范围越广，项目之间的同质性就越差，测验结果的效度也就会越低；反之，测验项目的内在一致性越好，测验结果的效度也就越高。这就是说，越是好的测验，其测量目标就越集中。学生在不同方面的能力，只能通过不同的测验才能测得。因此，不能凭借一次测验就评定学生各个方面的能力，而要综合那些能够反映学生能力的各方面材料来全面地对学生做出评价。

第二节　学生集体测验分数的评价

在实际化学教学中，常需要教师对自己所任教的教学班的学习成绩做出评价。这种评价

经常采用横向比较和纵向比较两种方式。横向比较如与本校的平行班级或外校的同年级学生进行比较;纵向比较如与前一个教学过程的测验成绩比较。横向比较是为了发现本班在同类学生总体中的相对位置,而纵向比较是为了发现本班学生的变化。

一、根据分数分布估计测验成绩

在已知参加测验的全体学生(总体)分数分布接近正态的前提下,可以根据被评学生集体的分数分布状态估计该集体的测验成绩。当学生集体的分数分布呈现图 8－3 所示的几种典型形态时,可对学生集体的学习成绩做以下估计:

(1) 正态分布。说明样本的学习成绩正常。心理学研究表明,人的智力水平符合正态分布;常规班级教学中,学生的学习成绩一般也呈正态分布,即大部分学生处于中等水平,优秀学生和学习困难的学生比例都比较小。

(2) 正偏态分布。说明样本中成绩较差的学生偏多,成绩优秀的学生偏少。

(3) 负偏态分布。说明样本中成绩较差的学生较少,成绩优秀的学生较多。这是一种较为理想的成绩分布。

(4) 双峰形分布。说明样本中存在两极分化现象,即一部分学生成绩优秀而另一部分学生学习困难。这是最不利于组织班级教学的一种分布形态,一般需要采取某种管理措施如重新编班来改变这种不利局面。

(5) 平坡形分布。说明样本中好、中、差的学生比例接近,学生间的差异也偏大。

(6) 陡峭形分布。说明样本的测验成绩比较集中,差异较小或比较整齐。

二、根据平均分和标准差估计测验成绩

平均分是教学实际中应用最为普遍的一种统计量数,它是代表性最好的集中量数。平均分可以反映出学生集体测验成绩的平均水平。可以比较被评学生集体和参加测验的学生总体之间的平均分差异,学生集体的平均分越高,说明该集体的测验成绩越好。在根据学生集体分数的分布形态估计成绩时,并不知道该集体在总体中的位置,有了平均分数据之后,由于平均分总是位于分布曲线的中部,据此就可以判断被评学生集体在总体中的大致位置了,对学生集体成绩的估计也更加细致、全面。

在教学中,有时需要根据几个学生集体的平均分计算其总平均分。不能只是简单地取几个平均分的平均值,而要依据式(10－6)计算

$$\overline{X}_{\mathrm{t}} = \frac{n_1\overline{X}_1 + n_2\overline{X}_2 + \cdots + n_k\overline{X}_k}{n_1 + n_2 + \cdots + n_k} \tag{10-6}$$

式中,$\overline{X}_{\mathrm{t}}$ 为总平均分;$n_1, n_2, \cdots, n_k$ 为各学生集体所含学生数;$\overline{X}_1, \overline{X}_2, \cdots, \overline{X}_k$ 为各学生集体的平均分;k 为被统计的学生集体的个数。

标准差是代表性最好的差异量数。标准差为估计分数的离散情况提供了数量化指标。标准差越大,说明分数间的差异越大,分数分布越不均匀;相反,标准差越小,说明分数分布越集中,大部分分数集中在平均分左右。因此,标准差越小,平均分对学生集体成绩的代表性越好;反之,标准差越大,平均分的代表性越差。可见,在用平均分描述学生集体成绩时,需要同时用标准差来说明平均分的代表性大小。

在教学中,有时需要根据几个学生集体的标准差计算其总标准差。同样不能只是简单地取几个标准差的平均值,而要依据式(10－7)计算:

$$s_t = \frac{\sum_{i=1}^{k} n_i s_i^2 + \sum_{i=1}^{k} n_i (\overline{X}_i - \overline{X}_t)^2}{\sum_{i=1}^{k} n_i} \qquad (10-7)$$

式中，s_t 为总标准差；n_i 为学生集体的人数；s_i 为学生集体的标准差；$\overline{X}_i$ 为学生集体的平均分；$\overline{X}_t$ 为总平均分；k 为被统计的学生集体的个数。

在用平均分和标准差估计学生集体的成绩时，一般都同意平均分越高，成绩越好。但是当标准差大小不同时，哪种情况学生集体的成绩更好呢？这就要看评价者所依据的教学质量标准是什么了。例如，有人认为，标准差大，说明学生之间差异较大，可能会有成绩优秀的学生存在，有利于培养尖子，但也有人认为这样不利于面向全体学生组织教学，总有部分差生存在。标准差小，学生比较整齐，有利于班级教学，但也可能缺乏突出优秀的学生等。根据不同的评价标准，就会得出不同的结论。这里要涉及教育观念等较深层次的问题，不拟在此展开讨论。

三、不同学生集体的测验分数比较

利用学生的分数分布、平均分、标准差估计学生的学习成绩，仍是比较粗略的。例如，两个班的考试平均分相差 3 分，能否断定其中一个班肯定好于另一个班呢？对这类问题的回答，就需要进行统计学上的差异检验了。下面通过举例介绍教学中常用的一种平均分差异的检验方法。

（一）Z 检验

如果学生总体是正态分布或接近正态分布，样本容量较大（$N \geqslant 30$）时，可用 Z 检验方法检验两个样本的平均数差异的显著性。

检验的具体步骤如下：

（1）计算 Z 值。Z 值的计算公式为

$$Z = \frac{\overline{X}_1 - \overline{X}_2}{\sqrt{\frac{s_1^2}{n_1} + \frac{s_2^2}{n_2}}} \qquad (10-8)$$

式中，$\overline{X}_1$、$\overline{X}_2$ 分别为样本 1、样本 2 的平均分；s_1、s_2 分别为样本 1、样本 2 的标准差；n_1、n_2 分别为样本 1、样本 2 的容量。

（2）确定显著性水平。若 $\alpha = 0.05$，则 $Z_{0.05} = 1.96$；若 $\alpha = 0.01$，则 $Z_{0.01} = 2.58$。$Z_{0.01}$ 和 $Z_{0.05}$ 都为定值。

（3）比较 Z 和 Z_α，做出判断。如果 $Z \geqslant Z_\alpha$，可以在 α 所确定的水平上断定，样本 1 和样本 2 的平均分存在显著差异；如果 $Z < Z_\alpha$，则说明样本 1 和样本 2 的平均分无显著差异，或者说，这种差异是由抽样误差造成的。

例 10－1　A、B 两学校的高中一年级各 100 名学生参加了由区教育局组织的化学统一考试。A 校的平均分为 78 分，标准差为 9 分；B 校的平均分为 76 分，标准差为 8 分。两校学生的化学成绩有无显著差异？

解析　（1）计算 Z 值。

$$Z = \frac{78 - 76}{\sqrt{\frac{9^2}{100} + \frac{8^2}{100}}} = \frac{2}{1.204} = 1.66$$

(2) 确定显著性水平。$\alpha=0.05, Z_{0.05}=1.96$。

(3) 做出判断。$Z=1.66<Z_{0.05}=1.96$,A、B两校高中一年级学生的化学成绩并无显著差异。

(二) T 检验

如果样本容量较小($N<30$),可用 T 检验方法检验两个样本的平均数差异的显著性。

检验的具体步骤如下:

(1) 计算 T 值。为了简化计算,可用式(10-9)计算 T 值的近似值:

$$T=\frac{\overline{X}_1-\overline{X}_2}{\sqrt{\frac{s_1^2}{n_1}+\frac{s_2^2}{n_2}}} \tag{10-9}$$

(2) 确定显著性水平。T 值要随自由度 df 值而变。根据 α 和自由度 df 值,查 T 值表,确定 $T_{(\mathrm{df})\alpha}$ 值。$\mathrm{df}=n_1+n_2-2$。

(3) 比较 T 和 T_α,做出判断。如果 $T\geqslant T_\alpha$,可以在 α 所确定的水平上断定,样本1和样本2的平均分存在显著差异;如果 $T<T_\alpha$,则说明样本1和样本2的平均分无显著差异,或者说这种差异是由抽样误差造成的。

练习与思考题

1. 什么是常模参照、目标参照?
2. 百分等级分数的特点有哪些?
3. 标准分数的含义及其功用是什么?
4. 怎样估计测验成绩?

参考文献

陈耀亭,刘知新,薛人虎,等.1992.中学化学教材教法.2版.北京:北京师范大学出版社.

戴忠恒.1990.教育统计、测量与评价.北京:中国科学技术出版社.

李小融,魏龙渝.1988.教学评价.成都:四川教育出版社.

刘知新.1996.化学教育测量和评价.南宁:广西教育出版社.

第十一章　化学课堂教学评价与教师评价

要提高课堂教学质量，就必须对教学提出一定的质量要求，而对教学是否达到一定的质量要求，不能仅仅只看学生的学业成绩，还必须看教学的设计是否科学、严谨，课堂教学过程是否科学、合理，是否符合教学规律，教学的结果是否达到了预期的目标。因此，必须按照素质教育价值观，对教师的课堂教学进行判断，也就是说，要进行课堂教学评价。

第一节　课堂教学评价概述

课堂教学评价是指评价主体按照一定的价值标准，对课堂教学诸因素及发展变化进行的一种价值判断；是以教学目标为依据，对课堂教学设计、施教、教学效果给予价值性的判断，以提供反馈信息，使教师进一步明确教学目标，了解自己的教学策略和方法。例如，教学过程、教学方法、教学媒体、学习评价等是不是合理有效，是不是有利于目标的实现，从而改进自己的课堂教学，努力优化自己的教学过程，以求顺利达成教学目标。

一、课堂教学的要素分析

要想对课堂教学进行评价，必须首先对组成课堂教学的要素有一个清楚的认识。影响课堂教学的因素是非常复杂、非常广泛的，但众多的因素中毕竟有一些影响教学活动的基本因素。

(1) 三要素说。这是一种历史最为悠久的观点，认为教师、学生和教学内容是课堂教学的三个基本要素。

(2) 四要素说。这是在三要素基础上提出的，认为教学过程是由教师、学生、教材和教学手段组成，其中，教师是教学活动的组织者、引导者和控制者，学生是教师工作的对象，教材是衡量教学质量的客观标准，教学手段则是连接教师、学生和教材的媒体。

(3) 多要素说。例如，李秉德的“七要素说”：教学目的、教学内容、教学方法、教学环境、教学反馈、教师、学生。吴也显：构成性要素——教师、学生、课程和教学物质条件；过程性要素——教学目标、教学内容、教学方法、教学组织形式和教学结果。

二、课堂教学评价标准的确立

(一) 确定课堂教学评价标准的原则

1. 主导性原则

主导性原则是指在教育过程中，教师对学生的评价要以激励为主。让学生在不同程度上看到自己在参与学习后取得的进步和成绩，享受成功的快乐，从而更激发学生的学习兴趣和探究精神。例如，课堂上教师少批评、多赞扬的行为；放大学生个体的“单元”优势，提高其自信心的行为；培养学生群体的学会欣赏、赞扬他人的行为等。

2. 自主性原则

现代心理学研究证明:内部动机比外部刺激更具持久作用。社会的发展更要求人具有较高的自我评价、自我调解、自我提升等能力。自我评价作为一种自我发展的内在动力机制,应在教育教学中被高度重视。例如,实效性地创设小组交流的时空,使学生有取长补短、学习他人、认识自我的机会,这便是一种良好的自我评价能力的培养与默化。

又如,在教学实践中进行的作业自评、互评、教师评等具体操作,都有效地提高了学生的自我评价意识和能力。

3. 差异性原则

学生的发展,由于受其遗传及生存环境的多因素影响,个体之间显现着多元的不均衡性;就自身而言,也存在着发展的方向问题。这需要因材施教、因性施教,绝不可一刀切,要充分尊重学生的个体发展的要求。

4. 多元性原则

课堂评价的多元性原则主要是指两方面:一是参与评价者的多元性。教师对学生的评价,且形成各学科评价思想的和谐、统一、互补、持续;自我评价、生生互评,乃延伸于管理者与家长、社会的评价等,从而构成评价的立体化。二是评价角度的多元性。针对学生个性和班级群体的评价,不仅限于知识、能力,而且关注学生的学习习惯、学习品质等多方面。

例如,针对比较聪明而学习存在一定困难的学生,教学过程就多侧重于他们的学习习惯方面的评价,并加强年级教导制的教研管理,强调各科教师沟通,重在研究学生个体与群体的发展、影响。不求其全,但求走实每一步,让教师的群体合力良好地作用于学生的最近发展区内。

5. 艺术性原则

教育是一门艺术,评价应是这门艺术性中更绚烂的花朵。关于评价的艺术性,师者首先要对每一个学生拥有爱心,其次要有先进的教育思想,再是要善于发现美——学生“微不足道”的优处,并能以自然、真诚、恰当、温馨的语言予以赞美,从而点亮学生希望之火把。

(二) 课堂教学评价标准的具体内容

新课堂教学评价标准可以从以下几方面考虑。

1. 教学目标

课堂教学目标能否实现在判断课堂教学质量高、低上具有非常重要的作用。因此,教学目标的确定很重要。现代课堂教学目标应体现以人的发展为根本宗旨。

(1) 应将学生作为认识、发展的主体,注重学生情感、态度、价值观的养成。

(2) 注重学生创新精神和实践能力、积极的自我体验和主动自我调控能力、与人交往和合作能力的培养。

(3) 注重学生对基础知识和基本技能的掌握。

(4) 现代课堂教学目标应具体、明确,有层次性和可操作性,并能反映不同学科的不同特色。

前三条是目标的具体内容，最后一条则是目标本身的表述。

2. 教学条件的准备和学习环境的创设

教学条件的准备和学习环境的创设是课堂教学质量的重要保证。

(1) 教师应正确理解和创造性地使用教材，即用教材教，要避免传统教教材的方法。教学内容的选择应具有时代性、基础性和综合性，体现科学性与人文性。

(2) 学习环境的创设应能激发学生进一步学习的兴趣，启发学生思考，鼓励学生创新。

(3) 应能恰当地运用现代教育技术，合理利用教学资源进行课堂教学。

3. 教学过程

现代课堂教学应该是以学生为主体的课堂教学，通过学生的主动学习来促进学生的发展。因此，课堂教学策略与方法应体现这一特点。

(1) 教师能引导学生主动积极参与课堂教学。教师应为每个学生提供主动参与的时间和空间，为学生提供自我表现的机会，从而拓展其发展的空间。学生应全程参与、全面参与、全员参与，并且能采用多种方式参与课堂教学。

(2) 教师能通过师生和生生互动，促进相互间的充分交往和情感交流，鼓励学生采取合作学习的方式，培养学生学会“倾听、交流、协作、分享”的合作意识和交往技能。教师应创设多样、丰富的交往形式，有意识地为学生提供一个自由、平等、民主、和谐的课堂教学氛围和情境。

(3) 教师应创设有利于学生探究的问题、活动情境，从而培养学生的创新精神和实践能力。教师在课堂教学活动中，通过设计问题的新颖性、提出问题的语言和教学语言的启发性，鼓励学生积极发表自己的见解，质疑问难，抓住学生思考问题的关键以及启发学生创造性思维等方面来培养学生的创新精神，促使学生形成自己的独特的创造力。

不同学科有其不同的特点和方式，但不管什么学科都可以通过活动探究的方式，在联系自然和社会实际及学生实际的基础上，引导学生从自己身边的事情做起，参与课堂教学、生活和社会实践，从而培养学生的实践能力。

(4) 学生在课堂教学中具有良好的情绪状态，能享受体验成功的愉悦。

(5) 课堂教学过程应尊重学生发展存在的差异，让每个学生在原有基础上，在不同起点上获得最优发展。在课堂教学中，教师不应“填平不齐”，而应该承认每个学生发展的独特性，不追求每个学生各方面的平均发展，而是让每个学生都能形成自己的特色和鲜明个性。

4. 教学效果

课堂教学评价的一个极为重要的依据就是教学效果的检查。

教学效果可以从三方面来体现。

(1) 能达到预期的教学目标，能够激发学生的学习兴趣，促进学生知识结构的形成和基本能力的发展。

(2) 通过知情交融的活动方式，促使学生自主性、主动性的发挥和社会性的形成。

(3) 让学生获得成功的心理体验，感受生活的乐趣，体验创造和成功的喜悦。需要说明的是，上述课堂教学评价标准只是从几个大的维度着手，不涉及具体条目；只是从宏观层面，从课堂教学的共性出发，主要对各学科课堂教学评价起导向作用，不能直接用做各学科的课堂教学评价工具。

另外,我们认为课堂教学评价标准不应面面俱到,并不是上述维度都必须体现在每一堂课中,课堂教学评价还应该考虑面向不同层次的问题。表 11-1 列出海南省教师资格认定课堂教学评价标准供参考。

表 11-1　海南省教师资格认定课堂教学评价标准

序号	评价标准			指标达到度			
	指标	百分数	指标要求	完全达到(A)	大部分达到(B)	基本达到(C)	部分达到(D)
1	教学目的内容	28	教学目标准确具体,符合大纲要求和学生实际	10～9	8～7	6	4
			教学内容正确;容量适当;讲授准确恰当	10～9	8～7	6	4
			结合学科特点,渗透思想品德教育和行为训练	8	7	6～5	4
2	教学过程方法	30	整体设计合理,突出重点,抓住关键,突破难点	8	7	6～5	4
			教学环节紧凑,节奏适度;反馈及时,应变能力强	7	6	5～4	3
			教学形式、方法、手段的选择和使用符合教学内容需要、学科特点和学生实际	7	6	5～4	3
			启发思维,指导学法,重视操作,培养能力	8	7	6～5	4
3	教师基本素养	18	讲普通话,语言流畅、准确、精练	6	5	4	3
			教态亲切自然,师生平等和谐	6	5	4	3
			演示操作熟练、规范;板书、图示设计合理;字迹工整、规范	6	5	4	3
4	教学即时效果	18	按时完成教学任务;双基落实,能力得到培养	10～9	8～7	6	4
			学生注意力集中,思维活跃,反应面广	8	7	6～5	4
5	教学特色	6	在课堂教学方面具有创造性,特长、特点鲜明,或能使用多媒体教学	6	4	2	1

注:1) 评价等级划分:90 分以上为"优秀";80～89 分为"良好";70～79 为"合格";70 分(不含 70 分)以下为"不合格"。

2) 评委进行评价时,可根据课堂教学状况与评价指标要素,指标达到度逐项对照衡量后,在评分栏内打分,而后再计算各项计分之和,"评价总分"是指 1～5 项分数之和。

3) 评委在评课过程中要做好听课记录,课后客观、公正、准确地评分并做简明中肯的评价意见,签署姓名及专业职务和日期。

第二节　中学化学课堂教学评价实施

一、中学化学课堂教学评价指标的确定

中学化学课堂教学评价指标的确定应遵循的主要原则如下:

(1) 导向性原则。该评价指标要突出本学科的特点,重视实验,联系实际。更新教学观念,推动教学改革,提高教学质量。根据不同时期教学的主要问题,适当调整评价项目和权重分配,更好地发挥评价的调控功能,体现对课堂教学的导向作用。

(2) 科学性原则。化学课堂教学评价指标应建立在现代教学理论的基础上,全面反映化学教学任务和教学原则,符合化学学科特点和教育规律,符合教育学和心理学的基本原则,具有较强的科学性。实施教学评价应力求做到科学、公平、合理。

(3) 整体性原则。课堂教学是整个教学过程的中心环节。影响课堂教学质量的因素是多

方面的。因此，应从整体上加以考虑，进行科学的权重分配，综合权衡，全面评价。

（4）可行性原则。课堂教学评价指标既要符合教学目标的要求，又要符合当前教学的实际。条文明确具体，评价全面、公正，方法简易可行，能被教师理解和接受，使评价指标起到自我调控和自觉改进教学的作用。

评价化学课堂教学，应采取定性与定量相结合的方法，应将传统的经验性评课方法与“综合评课法”相结合。

二、化学课堂教学质量评价量表的编制

在设计课堂教学评价量表时，可以依据课堂教学的各个环节，把课堂教学分为教学准备、教学内容、教学方法、教学素养和教学效果，然后对每个部分分出细目。具体做法如下：

（1）依据评价目标，确定影响课堂教学整体质量的因素。

（2）设计调查问卷，确定一级指标权重和二级指标权重。

（3）计算各个指标的权数。

（4）依据上述程序，完成化学课堂教学评价量表（表 11－2）。

表 11－2　化学课堂教学评价量表

指标体系			
一级	权重	二级	权重
教学思想	15	教学育人，渗透德育	5
		面向全体，注意差异	5
		知能转化，主体参与	5
教学内容	30	结合学情，新旧连接适宜	8
		科学建构，突出重点难点	7
		知识变换科学准确，无错误	8
		知识传递深广适宜	7
教学方法	30	主体积极参与，注意学法指导	8
		科学建构教学情景，启发思维	8
		能用多种方法教学，反馈及时	7
		教学有特色，体现现代教学要求	7
教师素养	15	教态自然，仪表端庄有朝气	3
		语言简练生动、逻辑而有情感	4
		媒体设计合理、整体配合好	4
		化学技能使用规范熟练	4
教学效果	10	学生思维活跃、课堂气氛和谐	3
		课堂答问、练习、实验操作正确率高	3
		学生注意力集中、纪律良好	2
		按时完成课时教学任务	2
评语			

三、高中化学新课程课堂教学评价指标体系探讨

虽然我国化学教育界关于化学课堂教学评价还没有形成一个公认的指标体系，但这方面的研究和探索很活跃。化学教育界的广大科研工作者和教师多年来一直为此进行了大量卓有成效的工作。

(一) 我国化学课堂教学评价指标体系研究简介

1. 第一种:以课堂结构构成要素为依据设计评价指标

(1) 教学目标:①符合课程标准的规定;②明确,具体;③切合学生实际,难易适度。

(2) 教学内容:①突出难点;②重点概括准确;③能找准关键;④内容准备充足,讲授正确;⑤强调知识的适用条件和范围,注意联系实际;⑥突出知识的联系与分类,融会贯通。

(3) 教学方法:①贯彻启发式,注意培养能力;②合理安排教学过程,教学环节严密有序,时间分配合理;③注意教学的协调,能调动学生的积极性,课堂气氛活跃;④因材施教,因情施教;⑤逻辑性强,举例恰当,能激发学生的兴趣;⑥及时反馈,及时调节;⑦勇于创新。

(4) 实验演示:①示范操作熟练,准确规范;②实验现象明显;③实验装置恰当,整齐美观,便于观察和演示;④实验操作和观察协调统一,能使学生正确感知实验;⑤注意训练基本实验技能,要求明确和严格。

(5) 教态:①教学语言简明,条理清楚,表达流畅,有节奏感;②板书简要工整,脉络清楚;③引导学生观察思考,循循善诱;④教态亲切且和蔼,举止文明且自然,衣着整洁,仪态端庄。

(6) 教学效果:①全体同学基本能正确回答问题,完成作业;②能达到预定目的,测试结果符合要求;③能在预定教学时间内完成教学任务;④能使学生保持或提高学习兴趣,有进一步学习的积极性。

2. 第二种:以课堂实际效果为依据设计评价指标

(1) 思想性:①德智结合,教书育人;②面向全班各知识层次学生;③进行教学坚持以教师为主导,以学生为主体。

(2) 目的性:①突出教材重点;②突破教材难点;③抓住教材特点;④瞄准教学主要目标——智力开发。

(3) 科学性:①能正确表达教学内容和使用化学术语;②能进行规范的化学演示实验操作;③无理论上错误和陈腐的学术观点;④有适当的课堂密度,并能适当运用化学原则;⑤能及时引导学生纠正错误。

(4) 艺术性:①评议生动,善于激疑,保持兴趣,引人入胜;②板书工整,板书内容简明扼要;③教态亲切自然,衣着整洁,仪表端庄。

(5) 教学效果:①学生能掌握该课内容,能及时、独立、正确地完成课堂练习或化学实验;②学生能及时、独立、正确地完成课外作业或化学实验报告。

3. 第三种:以课堂教学结构要素及效果为依据设计评价指标

(1) 教学目标:①明确;②适宜。

(2) 教学内容:①能全面完成教学任务,突出重点,突破难点,体现特点,无陈腐的学术观点;②课堂结构编制合理,课堂密度适当,教学环节紧凑;③依据教学内容,能注意打好基础,培养能力;④教学中重智育和思想教育的统一。

(3) 教学方法:①能运用适当的教学方法,体现启发式原则;②能激发学生的学习兴趣,使学生主动地学习;③能恰当地运用教学手段;④能调动学生兴趣,高潮和教学重点相结合。

(4) 教学素质:①讲解内容无科学性错误,教学语言准确、精练、明白和生动;②演示实验操作规范和熟练,字迹工整;③衣着整洁,体态语言(如手势)的应用恰当。

（5）教学效果反馈：能使学生通过实验操作课堂练习和作业、回答问题与测验情况反馈教学效果。

4. 第四种：从教师的教和学生的学两方面设计评价指标

教师的教：

（1）教学目标好：①符合课程标准和教材的要求，结合学生实际；②体现加强“双基”、培养能力的特色；③内容具体，重点突出，抓住关键，层次分明；④寓思想教育于知识教育中。

（2）组织教材好：①能以课程标准为指南，以课本为依据，以教学目标为准绳；②组织教材逻辑严密，重点突出，有助于学生理解、掌握与运用知识和规律，有助于加强“双基”和培养能力；③精选的例题、习题及有关资料数量适当，具有典型性、代表性、新颖性、灵活性等特点。

（3）教学结构好：①能用各种形式合理安排活动；②科学分配时间，充分发挥 45min 的作用；③能由浅入深、循序渐进地发展学生的认识思维和创造能力。

（4）教学方法好：①教法合乎学生年龄和心理特征，能用综合启发式教学；②尽可能用现代化的教具和电教手段进行直观、形象的教学；③能充分调动学生的主动性和积极性，把学生的听、说、读、写、看、思、动都组织到教学中；④能通过座谈、抽测、提问、作业、练习等多种渠道、多种方式取得反馈信息；⑤能加强课堂训练（观察、思维、运用等能力训练）；⑥师生双边活动协调。

（5）教学艺术好：①语言表达好，即评议生动、清晰、鲜明、精练、准确、形象、风趣和富有启发性；②板书艺术好，即板书清楚、准确、工整、精练和布局合理，图表插图得当；③教态自然；④实验技艺好。

学生的学：

（1）学习情趣好。

（2）技能技巧好。

（3）思维活动好。

（二）经常采用的评价指标的设计方案

1. 设计课堂教学评议表

这种表一般供评课人或专门的评委使用，多是将教学目标、教学内容、教学方法、教学基本功、演示实验等因素作为评价的一级指标，再赋予评价内容（二级指标）及选项或评分等级，但多数未考虑到学生的学习效果（成绩等），即使有教学效果指标，也难以实施测量。

2. 设计教师教学工作质量评审量表

这种表通常先由本人自评，再由教研组互评，最后领导评审。其一级指标一般分为备课、上课、作业批改、教学辅导、考试考核等项，并赋以具体内容和评分等级，这种指标体系涉及面广，但行为化，可测性差。

3. “行为标准”与“效果标准”相结合评价

行为标准的评价指标项目与“1”类似；效果标准建立的理由是，考查学生的学习效果，主要是考试成绩，它可以简单地评价教师教学的质量。其项目指标多为：①考试成绩的及格率；

②考试成绩的优秀率;③平均成绩的提高率。这里要注意的是,学生的学习和发展是一个复杂的过程,切不可仅凭学生考试成绩来评价教师的授课质量。有的学校仅按学生考试成绩作为奖惩教师的依据,是不完全符合教育规律的。

中学化学课堂教学评价的内容,各校情况各异,可分别对待,这里分别介绍三份评价表(表11-3～表11-5)。

表 11-3　中学化学课堂教学评价表

评议内容		评分记载				听课记录
		优	良	中	差	
教学目标(10)	全面性	5	4	3	2	
	准确性	5	4	3	2	
教学内容(41)	科学性	5	4	−5	−10	
	思想性	5	4	3	2	
	逻辑性	6	5	4	3	
	重点、难点	10	8	6	4	
	熟练程度	5	4	3	2	
	直观演示	10	8	6	4	
教学方法(24)	启发性	10	8	6	4	
	创造性	6	5	4	3	
	能力培养	8	6	5	3	
教师素质(15)	语言修养	5	4	3	2	
	板书情况	5	4	3	2	
	教态仪表	5	4	3	2	
教学效果(10)	课堂气氛	5	4	3	2	
	巩固消化	5	4	3	2	
总分						

听课时间:____________评议人:______

注:评分时,在相应的分数上打"√",未演示或未使用直观教具,相应栏不打分,此时为 90 分,实际上相当于为 100 分。

表 11-4　中学化学学生实验课堂教学评价表

评议指标	评议内容	评分记载				听课记录
		完全达到(优)	大部分达到(良)	基本达到(中)	部分达到(较差)	
教学目标与内容	教学目标明确	4	3	2	1	
	教学要求具体适度,切合学生实际	6	5	4	3	
	安全、保护环境、爱护公物等	8	6	4	2	
教学过程与方法	整体设计合理,抓住关键	8	7	6	5	
	加强巡回,及时指导	12	10	8	6	
	教学方法与手段选择合理,并适时讲评	8	6	4	−2	

续表

评议指标	评议内容	评分记载				听课记录
		完全达到（优）	大部分达到（良）	基本达到（中）	部分达到（较差）	
教学基本素养	实验准备充分，秩序良好，具有应变能力	14	11	8	6	
	教态亲切，自然，作风民主	4	3	2	1	
	表达科学，准确，讲普通话，板书清楚，演示规范	4	3	2	1	
教学即时效果	实验成功，现象清楚	12	10	8	6	
	学生实验操作规范，基本技能和实验能力得到了培养	10	8	6	4	
	态度认真，实事求是，思维活跃	10	8	6	4	
总分						

注：1）评价时在评分记载栏里打“√”。
2）总分是各项之和。
3）必要时，可以另给评议。

如果是现代教学手段应用较多的课堂教学，其评价可以参照表 11－5 进行。

表 11－5 中学化学课堂媒体教学评议表

学校：________ 班级：______ 学科：______ 课题：________

开课时间：________ 执教者：________ 评课者：________

序号	评价指标		标准达到度（等级）				评价期望标准
	指标项目	项目部分	完全达到（优）	大部分达到（良）	基本达到（中）	部分达到（较差）	
1	教学目标与内容	教学目标					教学目标明确、具体、可行和可测
2		教学内容					正确，符合课程标准要求，切合学生实际
3		思想教育					结合学科特点，渗透了思想教育
4	教学媒体	选择和设计					正确，符合媒体选择原则，设计合理
5		多媒体组合					优化组合，符合媒体组合原则
6		演播					适时，适宜，节奏恰当，讲演结合
7		教学环境					座位、采光、声响等适宜
8		操作和效果					正确，熟练，规范，视听效果好
9	教学过程与方法	选择和运用					选择正确，设计合理，运用有序，符合学生心理特点和认知规律
10		师生作用					教师“主导”作用和学生“主体”作用得到了充分发挥
11		反馈调控					反馈正确和及时，教学调控好

续表

序号	评价指标		标准达到度(等级)				评价期望标准
	指标项目	项目部分	完全达到(优)	大部分达到(良)	基本达到(中)	部分达到(较差)	
12	教学基本素养	教学机智					观察力敏锐,随机应变
13		形象					教态亲切,自然大方
14		组织能力					组织教学、学生实施、讨论等有方,课堂纪律好
15		语言表达能力					口齿清楚,表达正确和生动,富于启发和感情,讲普通话
16		演示					演示操作熟练、规范和正确,效果好
17		板书					板书设计合适,版面清楚,字迹清晰、工整和规范
18	教学即时效果	学生反应					学生注意力集中,学习积极主动,反应面广
19		目标达成					达到了教学目标,智力得到了发展,能力得到了培养
20		时间标准					按时完成教学任务或提高教学效率
教学特长与特色						加分(1～5分)	
评语						调整分(±5分)	

如果是学生实验课(包括随堂实验),还应该从实验目标、实验内容的选择、实验前师生的准备工作、课堂的组织、学生的积极性、实验效果、实验能力、科学方法的培养、课堂纪律和实验安全等方面分析评价。

(三) 化学课堂教学分类评价探讨

我国化学教育工作者对化学课堂教学评价指标体系的研究取得了很大的成就,但目前采用的评价指标大多数是教学目标、教学内容、教学手段、教学结构、教学状态、教学效果等各学科通用的一般评价指标体系,缺乏化学学科的特色,也没有根据不同评课目的、不同教学内容去分类设计评课指标体系。因此,重点不突出,灵活性不强,评价者在标准的把握和理解上也是因人而异,降低了对学校化学教学改革的指导价值。

实际上,课堂教学评价的内容很多,测评的重点往往是随目的变化而变化的,课堂教学质量的实际测评并不都是全面而系统地进行的,更多地往往是根据某些方面的目的而进行的专门测评,因此,也应分类建立化学教师课堂教学评价指标体系。

下面是我们对相关文献所做的探讨,供大家参考。

综合文献所述,化学课堂教学评价应按实事求是的原则,从化学教师的教学经验和业务水平出发,对不同教龄教师的课堂教学有不同层次要求;不同课型、不同内容的课有不同的评价侧重点,不能用同一个标准评判所有的课。只有这样才能做到客观、公正、合理地评价,使教师明确努力方向。

1. 不同目的的化学课分类评价

1）合格课评价

合格课又称“过关课”，是对刚参加工作、缺乏教学经验的新教师的上课要求，对其评价应侧重于对课堂教学基本功的要求，具体指标见表 11－6。

表 11－6　化学合格课质量评价量表

一级指标	二级指标	赋值	评价等级				分值
			好（1）	较好（0.8）	一般（0.6）	差（0.4）	
处理教材的基本功	教学目标的明确性	5					
	教学内容的科学性	5					
	教学重点的突出性	5					
	教学观点的解决性	6					
组织教学的基本功	教学活动的计划性	5					
	时间分配的合理性	6					
	教学的机智性	5					
	课堂气氛的活跃性	5					
运用教学手段的基本功	教具使用的合理性	6					
	教学媒体使用的恰当性	5					
实验教学的基本功	实验操作的规范性	6					
	实验现象的明显性	5					
	演示和讲授的默契性	5					
	问题提出的启发性	5					
语言表达的基本功	口头语言的规范性	6					
	书面语言的适度性	5					
	体态语言的适度性	5					
教学效果	学生问答问题的正确性	5					
	教学设计的完成性	5					
总分 简要评语							

注：本表的赋值未经调查确定，仅是笔者的理论推断设想，实际使用时还要对具体项目依据现代化教学要求和客观实际赋值，并不再单独考虑权重；统计时对“好”、“较好”、“一般”、“差”分别乘以一定系数，即好×1、较好×0.8、一般×0.6 和差×0.4，总分在 90 分以上为优秀，在 80～90 分为良好，在 70～80 分为合格，在 70 分以下为不合格。下同。

2）优质课评价

这是对已掌握教学常规和基本功、有一定工作经验的教师的上课要求，是化学教学工作中经常开展的一项活动（如公开课），是教师教学水平的体现，其要求是：①教学目标明确；②教学内容科学；③教育方法得当；④教学能力素质强；⑤教学效果优良，特别应侧重于对课堂教学水平、教学效果的要求，详见表 11－7。

表 11-7　化学优质课质量评价量表

一级指标	二级指标	赋值	评价等级				分值
			好(1)	较好(0.8)	一般(0.6)	差(0.4)	
教学目标	知识目标:知识的深广度,以及要求表达到的层次	5					
	能力目标:能力及创新精神的培养	3					
	德育目标:世界观、爱国主义及品德教育	3					
	情感目标:科学态度、方法及价值观念的教育	3					
教学内容	科学性:知识正确,符合大纲和教材要求	8					
	有序性:知识连贯,层次清楚,逻辑性强	6					
	合理性:知识量合理,重点突出,难点分散	6					
	实践性:知识密切联系生产、生活、科学实验等	6					
	教育性:适时、适度地进行思想教育	4					
	教法选择:灵活选择适宜的教学方法	4					
	教学设计:设计合理,讲练结合,发挥教师主导作用	6					
教学方法	学生主体作用:激发起兴趣,使其积极参与课堂活动,并面向全体学生	6					
	课堂实验:设计合理,操作规范,启发思维,培养能力	8					
	教具使用:合理使用直观教具及现代化教学手段	6					
教学素质	教态:教态自然,仪表端庄,精神饱满,富于感染力	3					
	语言:表达准确,生动流畅,条理清楚,富于启发性	4					
	板书:调理清楚,布局合理,文字规范,书写工整	3					
	应变力:驾驭教学,关注学生反馈,调控节奏,善于处理突发事件	6					
教学效果	目标达成:完成任务,师生情感融洽,学生活泼,参与教学	6					
	检测反馈:在回答、练习、实验等活动中理解和掌握知识的正确率等	4					
教学特色	教学特色和教学风格的形成	10					
总分 简要评语							

3）典范课评价

典范课也称“观摩课”、“示范课”。这是对教学经验丰富、业务水平较高、已形成特色风格的优秀教师的要求,故对其评价应在优质课的基础上,侧重于对教学思想、教学方法的创新以及教学特色等方面的追求,详见表 11-8。

表 11-8 化学典范课质量评价量表

一级指标	二级指标	赋值	评价等级				分值
			好 (1)	较好 (0.8)	一般 (0.6)	差 (0.4)	
教学思想创新	面向全体学生的体现	8					
	思想教育内容挖掘的深度	8					
	发展性教学思想的体现	10					
学生主体作用	学生学习动机的激发效果	6					
	学习方法指导的实效	6					
	师生互动、生生互动的情况	6					
教学能力创新	教学的科学性	6					
	教学的艺术性	8					
	实验操作的规范性	5					
	现代媒体运用的娴熟性	5					
教学方法创新	“三点”教学的准确性	6					
	教学灵感、教学机智的表现	6					
	先进教学理论和方法的探索应用	10					
教学特色	教学特色和教学风格的形成	10					
总分 简要评语							

4）检查课评价

检查课是教学管理人员经常性地对教师的化学课质量检查的一种形式，如校长、教导主任、教研组长跟班听课。检查评价时不应像评优课等课那样有较全面的评价指标体系，但应侧重于检查化学教师教学过程的规范性，详见表 11-9。

表 11-9 化学检查课教学评价量表

一级指标	二级指标	赋值	评价等级				分值
			好 (1)	较好 (0.8)	一般 (0.6)	差 (0.4)	
教学内容	教学目标合理，内容选择适当	5					
	讲授正确，思路清晰	8					
	传授知识和培养能力相结合	7					
	结合教学内容开展思想教育	5					
教学方法	突出重点，突破重点，抓住关键点	10					
	善于启发，勇于创新	5					
	时间分配合理，环节连贯紧凑	5					
	合理使用直观教具和现代化教学手段	10					

续表

一级指标	二级指标	赋值	评价等级				分值
			好 (1)	较好 (0.8)	一般 (0.6)	差 (0.4)	
演示实验	装置美观,操作正确	6					
	时间控制适当,现象明显	5					
	指导观察方法,适时解说	4					
教学素质	语言简洁、流畅、逻辑性强	7					
	板书简要、工整、清晰和美观	6					
	仪态大方、轻松自然和富有感染力	3					
	因材施教,照顾全面,善于处理意外情况	4					
教学效果	课堂气氛活跃	5					
	学生在回答、练习、实验活动中掌握知识的正确率高	5					
总分 简要评语							

2. 不同课型化学课分类评价

化学课常见的主要课堂教学类型有五种:新授课、实验课、复习课、练习题和讲评课。结合不同的课型进行评价,更能突出教学评价的功能和作用。

1) 新授课评价

化学新授课可根据知识类别分:基本概念课、基本理论课、元素化合物知识课和有机化学知识课。各类课的评价见表 11－10～表 11－13。

表 11－10　基本概念课教学评价量表

一级指标	二级指标	赋值	评价等级				分值
			好 (1)	较好 (0.8)	一般 (0.6)	差 (0.4)	
概念讲授的准确性	概念叙述的准确性	7					
	关键词解释的清楚性	8					
	概念外延的明确性	7					
概念实质的突出性	概念内涵的明确性	8					
	细枝末节的注意性	6					
	变式练习的针对性	7					
易混概念的区分性	不同概念的对比性	5					
	概念之间的联系性	5					
概念形式的直观性	典型实验的利用性	5					
	实验现象的显著性	5					
	教学思维的逻辑性	5					
概念形成的发展性	旧概念引申的准确性	5					
	概念网络系统编织的严密性	6					
	发展后概念的注意性	5					
能力培养的有效性	观察能力培养的明显性	5					
	逻辑思维能力培养的系统性	6					
	运用知识能力培养的有效性	5					
总分 简要评语							

表 11－11　基本理论课教学评价量表

一级指标	二级指标	赋值	评价等级				分值
			好(1)	较好(0.8)	一般(0.6)	差(0.4)	
教学中的形象性	教具、模型、实验的直观性						
	语言叙述的形象性						
	化难为易的巧妙性						
	实际联系的相似性						
逻辑论证的严密性	由浅入深的推理性						
	逻辑方法应用的恰当性						
	学生思维能力的培养性						
深广度掌握的适当性	容量和难易的适度性						
	教材深广度掌握的准确性						
辩证观点与学法培养的普遍性	思想教育的贴切性						
	思维训练的灵活性						
	学法指导的启发性						
理论联系实际的重视性	解决问题的应用性						
	实际比喻的准确性						
	结合实际体现学科的特色性						
总分 简要评语							

表 11－12　元素化合物知识课评价量表

一级指标	二级指标	赋值	评价等级				分值
			好(1)	较好(0.8)	一般(0.6)	差(0.4)	
基础理论的指导	基础理论的充分准备	10					
	理论指导自然、严密	9					
	物质结构的深刻分析	10					
	化学性质的重点突出	10					
实验与直观手段的运用	实验现象明显、直观	9					
	综合和分析讲授配合默契	9					
	实验问题提出的启发性	8					
典型元素化合物的讲解	典型元素与化合物讲解的透彻性	10					
	联系的揭示法	8					
学法指导	注重科学研究方法的教学	8					
	重视研究性学习的指导	9					
总分 简要评语							

表 11 - 13　有机化学知识课评价量表

一级指标	二级指标	赋值	评价等级				分值
			好 (1)	较好 (0.8)	一般 (0.6)	差 (0.4)	
注重基础理论指导	理论指导的准确性	10					
	基础理论的重视性	8					
	结构分析的科学性	10					
学习方法指导的重视	新旧知识的深化性、系统性	9					
	引导掌握规律的重视性	8					
	官能团概念教学的突出性	10					
教学方法的灵活运用	对比方式教学的运用性	7					
	选用教法的恰当性、灵活性	7					
演示实验直观	实验准备的充分性	8					
	实验现象的明显性、直观性	7					
	实验方法的创新性	8					
	操作的规范性、敏捷性	8					
总分 简要评语							

2）实验课评价

化学实验课包括两种形式:一类是随堂实验课,包括教师的演示实验或边讲边实验课;另一类是指导学生分组实验课,详见表 11 - 14 和表 11 - 15。

表 11 - 14　演示实验课评价量表

一级指标	二级指标	赋值	评价等级				分值
			好 (1)	较好 (0.8)	一般 (0.6)	差 (0.4)	
准确,鲜明,整洁,美观	现象清晰、直观	7					
	装置正确、整齐	7					
	讲台布置合理、匀称	7					
	操作熟练、利落	9					
装置醒目重点突出	装置能使全体同学看清	7					
	装置鲜明	7					
	仪器大小适当,可见度好	6					
	主要观察部分安排显著	7					
操作规范	操作正确,合乎规范	8					
速度适中	教师操作和实验速度适中	7					
巧妙安排	实验内容安排机智、灵活	7					
具有创新	实验装置、操作具有创新	7					
语言精练	实验问题提出适时、适当	7					
问题激疑	语言精练,符合科学	7					
总分 简要评语							

表 11－15　指导学生分组实验课评价量表

一级指标	二级指标	赋值	评价等级				分值
			好(1)	较好(0.8)	一般(0.6)	差(0.4)	
教学目标	目标明确	10					
	目标恰当,切实可行	9					
	三大类目标整体统一	10					
实验准备	仪器、药品准备充分	10					
	实验成功和关键之处掌握准确	12					
	学生预习充分	10					
实验指导	实验指导精练、准确	9					
	巡回指导,重点与普通适当	10					
实验总结	重视实验结果的检查与点评	10					
	注意学生实验报告填写的指导	10					
总分 简要评语							

3）复习课评价

复习课评价应注重复习方式的多样化、复习计划的针对化、复习内容的网络化以及学习方法的科学化,详见表 11－16。

表 11－16　复习课评价量表

一级指标	二级指标	赋值	评价等级				分值
			好(1)	较好(0.8)	一般(0.6)	差(0.4)	
复习方式的多样化	选用方法灵活、恰当	10					
	注重知识的系统化	10					
	方法有创新体现	8					
复习内容的拓宽化	拓宽的知识适度	8					
	拓宽的知识全面	8					
复习计划的针对化	针对教材内容的特点	8					
	针对学生认识状况	8					
内容结构的网络化	注重横向联系	10					
	重视知识网络的清晰、稳定	10					
学法指导的科学化	精选典型问题,重视发散思维训练	10					
	注重学习方法、复习方法的指导	10					
总分 简要评语							

4）习题课评价

习题课评价是师生富有创造性的劳动,对其授课质量的评价应突出教师处理精选典型习题、精讲与精练关系的水平,详见表 11－17。

表 11－17　习题课评价量表

一级指标	二级指标	赋值	评价等级				分值
			好(1)	较好(0.8)	一般(0.6)	差(0.4)	
讲练结合	讲解语言准确,具有启发性	8					
	精讲透彻、深刻	10					
	精练典型、综合	10					
	精练与精讲安排恰当	10					
精心选题	题目具有典型性	8					
	题目具有特殊性	8					
	题目具有启迪性	8					
培养能力	设障解疑的重视	8					
	注意知识的迁移	10					
	重视思维能力培养	10					
	注重解题能力的训练	10					
总分 简要评语							

5）讲评课评价

化学讲评课是在练习或考试之后,教师对有关内容进行分析和讲评的一种课型,也是一种特殊的复习课。这种课型是知识的再整理、再综合、再运用的过程,是师生共同探讨解题方法、分析解题思路、提高解题能力的有效途径。对讲评课的评价见表 11－18。

表 11－18　讲评课评价量表

一级指标	二级指标	赋值	评价等级				分值
			好(1)	较好(0.8)	一般(0.6)	差(0.4)	
有详有略	重点的突出	9					
	难点的突出	10					
	关键点的强调	9					
	针对实际,注重精讲	8					
选择典型	选题的典型性	8					
	讲解的联想性	8					
	思路的清晰性	8					
	思维能力训练的有效性	8					
启发思考	学生积极性的调动程度	8					
	讲、评、练的适度性	8					
注重对比	注重多种解法的比较	8					
	重视学生解题技巧的培养	8					
总分 简要评语							

第三节　教师评价概述

一、教师评价的概念

教师评价也称“教师考评”。在英国，通常把对人事的评价称为“考评”(appraisal)，而在北美洲等地则不做这种区分，一般笼统地称为“评价”(evaluation)。教师评价是对教师工作现实的或潜在的价值做出判断的活动，其目的是促进教师的专业发展或提高教学效能。

英国学者怀斯(Wise)等对教师评价给出了“行政性评价”与“专业性评价”两种概念。

1. 行政性概念的教师评价

(1) 学区以管理人员为基础去设计和操作一套教师评价的过程。

(2) 这种评价假定存在一组与学科内容无关的教学技能，因此，它把评价建立在这种普遍化的与学科内容无关的教学行为准则基础上。

(3) 它承认一组确定的学习成果，即任何学科的教学，在认知方面，其结果无非是增加学生知识的积累、技能与能力的提高。

(4) 与上述假定相联系，它不做区分地对待各科教师。

行政性的评价是高度标准化的，它是程序导向并通过检查表加以组织的。它以监控与日常活动相一致这一观念进行设计。

2. 专业性概念的教师评价

(1) 学区让教师参与教师评价方案(包括程序和过程)的开发运行。

(2) 这种评价是在委托人导向的专业实践标准基础上进行的。

(3) 它承认多重教学策略与学习成果。

(4) 它依据不同的教学任务、教师发展的阶段和课程目标区别地对待教师。

专业性评价是以诊断实践为导向的，是分析性的，它以评定教学策略和决策的适当性来加以设计。

事实上，怀斯给出的教师评价是，这两个界定与传统的总结性评价和形成性评价的概念相一致。教师评价通常设计用来解决以下两个方面的问题。

(1) 总结性的评价。这一评价通常用于做出有关教师聘任、提升和增薪这类人事决策。在这一意义上，它用于教学效能的核定，其特点是以管理人员为主导。

(2) 形成性的评价。这一评价的主要目的是促使教师的职业发展。在这一意义上，评价提供教师优缺点、长短处的信息，使学校能采取适当的措施帮助他们发展，这一评价的特点是以教师的专业发展为导向。

二、教师评价的种类

目前教师评价主要有以下三种类型。

(一) 成果评价

教师的教学成果就是学生的学习进展与行为变化。成果评价就是从他所教的学生的学习进展与行为变化来对教师带动价值做出判断。成果评价是判明教师工作有无价值以及价值大小的最有权威的评价。目前它是学校用以决定教师职务晋升和工资待遇的一种主要评价方法。

然而,教学成果的综合性与教师工作考核要求的个体性的矛盾,以及教学成果的迟效性与教学反馈信息要求的及时性的矛盾,使教师成果评价的运用在实践中受到了较大限制。

教学成果的综合性与教师工作考核要求的个体性的矛盾,指的是学生所掌握的知识、技能、能力以及表现的思想态度等品质是不易分解的;学生的学习结果与学生在进入一门课程学习之前的知识、技能和能力的准备有着密切的关系,与学生的兴趣、爱好和勤奋程度等个性特征也有着重要的联系。因此,不对学生的起始水平进行分析,仅凭最后的结果对教师的工作做出评价是不恰当的。

此外,从实践来看,尤其是学生高层次的认知技能、能力的提高,往往是学校所有教学环节、教育活动综合的结果,人们很难对某种技能、能力进行分解,也很难辨认出某种技能、能力是哪门课的教学结果。

甚至学生的学习进展和行为变化与他们所处的社会环境也有着密切的联系。在实践中,人们发现了思想教育的奇怪等式:5+2=0,即学校一周5天进行的思想教育,到周末学生一回家就被社会上的不正之风刮得“一干二净”。在这种情况下,如果人们仅根据结果评价学校的思想教育,显然是有失公正的。

另外,从教师评价的要求来看,需要对教师个体的劳动进行检验,需要在学生身上找出某一教师特定的劳动成果来。这一要求显然同教学成果综合性与不易分解性的特点有着一定的冲突。

教学成果的迟效性与教学反馈信息要求的及时性的矛盾,指的是一方面教师教学的效果总是滞后于教学活动的;但在另一方面,从改进教学的要求来看,当教学存在问题时,人们总希望评价者及时地发现教学过程的问题,使教师能及时地改进教学。这种教学成果滞后的特点使教师评价的形成性功能受到很大的限制,因而,引起人们对教师评价的不满。

(二) 教学行为评价

教学成果是教师教学行为的客观化。因此,人们又把教师评价转向对教师教学行为的评价上,试图在建立优秀教师的教学行为模式的基础上,根据教师理想的教学行为来评价教师的工作。

教师教学行为的评价直接针对教师的教学工作,因此在帮助教师改进教学、提高教学质量方面具有比成果评价更大的实用性,于是这种评价方式在实践中受到人们的重视。

然而,实践表明,找出教师理想的教学行为是一个十分困难的课题。面对千变万化的教学情景以及人们对教学规律与学生身心发展规律认识的局限,要找到一套适用于各种情况的理想教学行为是有很大困难的。

(三) 素质评价

教师评价的另一条途径是对教师的素质进行评价。教师专业要求教师具有一定的心理素质、能力、思想素质以及较高的知识水平。教师的素质评价在教师聘任过程中得到广泛的运用。

但是素质评价要远比成果评价和行为评价困难,并且从实践来看,较高的素质只是指出了人具有取得较大成果的可能性,要在实践中把这一可能性转化为现实性,还有赖于被评人主观的努力和客观的条件。这些都是人们在广泛地运用素质评价时要解决的问题。

这里需要强调的是：在实践中，这三种评价具有互补性和互检性。

三、教师评价的模式

教师评价模式是教师评价实施的标尺，是教师评价细化的标准，是达到教师评价目的的途径，也是贯彻教师评价原则的手段，所以要力求形成发展性评价的制度。

（一）教师自我评价

无论是领导评价，还是同行评价或是学生、家长评价，它们对教师的行为是否产生作用，最后都要经过教师自我评价、内化，才能起到促进教师素质提高的作用。

所以学校必须做好教师自我评价教育，树立正确的自我评价观念，只有通过诚信的自我评价，才能从根本上认识自己的优势和不足。在自我评价中，教师必须充分阐述自己的观点、看法和工作依据，详细分析工作成效与设想、意图之间的矛盾，对自己的努力状况加以分析，进而增加评估信息的广泛性、真实性、效用性，从而提高评价质量。同时学校注重教师的自评结果，切实有效地帮助教师分析问题、改进工作、提高水平。

（二）学生评价教师

学生评价教师要注重科学性和针对性。真正教育的主体是学生，教师服务的对象是学生。对学习过程中情感体验最深的是学生，对教学过程中课堂了解最全的是学生。学校必须重视和发挥学生在教师评价中的作用。

所以在学生评价过程中，问卷调查表的设计要力求科学性，加强针对性。要贴近学生不同的年龄层次和心理特点，避免歧义，避免过简，使学生难以甄别选项。同时，学生参与要有一定的面，能广泛反映出集体意愿，避免一两个学生说了算。

（三）定性定量评价

1. 定性评价

定性评价即无量化形式，无测量表格，通过观察、座谈、听课等途径，通过学生反映、教学实绩、师德表现等方面进行定性评价。

2. 定量评价

定量评价即教师工作全面量化，形成评价系统。通过对教师整体工作的分析、分类、分层，按一定权重分配制成量表，形成系统，定期检查进行评价。

3. 定性定量结合评价

定性定量结合评价即教师教育活动以定性为主，教学活动以定量为主，两者分别给予不同权重，且紧密结合，最后归纳确定为几个等级。

四、教师评价的原则

教师评价的原则是控制、协调评价过程的保证，是提高、完善评价信度的保障，是评价的理论依据，也是评价的指导思想。

(一) 方向性原则

方向性原则指教师评价一定要有利于学校教育目标的实现,有利于教师整体素质的提高,有利于学生人格发展的健全。所以,在评价中,必须对每个教师的思想品德、工作态度、业务水平、劳动实绩等做出正确的价值判断,充分发挥评价的导向作用。

(二) 客观性原则

客观性原则指教师评价一定要从实际出发,实事求是,客观科学地进行评价。教师所从事的是以脑力劳动为主的,既劳心又劳力的特殊的复杂劳动。这种劳动的复杂性体现为劳动对象的复杂性和劳动成果的复杂性。并且教师的劳动又富有创造性和周期性。这些特点即是教师工作的主要实际,教师评价必须从这些实际情况出发,实事求是,力求客观。

(三) 全面性原则

全面性原则指教师评价的标准一定要全面,切忌单一;教师评价过程一定要全面,不可片面。教师工作是一个多层次、多因素、多变量的动态系统,是一个由多层次、多因素、多变量构成的有机整体,教师评价应力求真实准确地反映教师工作全貌。当然,在全面性原则之下,可将评价要素分出主次,分出重点与非重点,不能因求全面而将各项指标数量简单叠加。

(四) 主体性原则

主体性原则指被评价者在评价中的地位和作用。长期以来人们已形成了一种定向的习惯思维:评价,就是上级对下级的评价;教师评价,就是领导对教师的评价;学生评价,就是教师对学生的评价。如此则无视了被评价者的客观存在。在对教师的评价中,教师既是评价的客体,又是评价的主体。只有充分尊重教师在评价中的主体地位,才能充分调动教师的自觉性和积极性,才能使评价过程成为教师自我认识、自我分析、自我完善和自我教育的过程。

(五) 可行性原则

可行性原则指教师评价的标准、指标可行,教师评价的方法、手段可行。在目前的教育系统,还没有一个统一可行的最好的教师评价系统,教师评价是一个由不完善到逐渐完善、从不科学到逐渐科学的过程。所以,教师评价一定要结合本校的实际,一定要取得教师的认同,这样的评价才是可行的评价。

(六) 结合性的原则

结合性的原则指教师评价定性与定量相结合的原则。教师劳动特点注定了教师评价定性与定量必须结合。当教学活动质量和效益具有清晰性时,可用定量评价,而当教育活动质量和效益具有模糊性时,无法用定量分析进行准确评价,只能取定性评价。所以教师工作的复杂性决定了教师评价必须遵从定性与定量相结合的原则。

五、发展性教师评价

发展性教师评价以促进教师的专业发展为最终目的。它是一种双向的教师评价过程,建立在双方互相信任的基础上,和谐的气氛贯穿评价过程的始终。20 世纪 80 年代末以来,以英国为首的一些发达国家开始摒弃奖惩性教师评价，推行发展性教师评价，受到了广大教师的欢迎。

发展性教师评价是一种形成性评价，它不以奖惩为目的，而是在没有奖惩的条件下促进教师的专业发展，从而实现学校的发展目标。王斌华教授认为，发展性教师评价的主要特征是：①学校领导注重教师的未来发展；②强调教师评价的真实性和准确性；③注重教师的个人价值、伦理价值和专业价值；④实施同事之间的教师评价；⑤由评价者和教师配对，促进教师的未来发展；⑥发挥全体教师的积极性；⑦提高全体教师的参与意识和积极性；⑧扩大交流渠道；⑨制定评价者和教师认可的评价计划，由评价双方共同承担实现发展目标的职责；⑩注重长期的目标。

发展性教师评价是促进教师发展需要与学校发展需要统一和融合的有效策略。学校的总体发展需要与教师个体发展需要的统一和默契，是教育改革与发展成败的关键因素之一。从这个意义上看，学校如何通过有效的举措，将教师的个人需要与学校的需要巧妙地融为一体，是教育管理与教师评价的根本任务，这也正是发展性教师评价的意义所在。作为学校核心要素之一的教师，其个人需要是多种多样的，有生理的需要、安全的需要、爱的需要、尊重的需要，更有自我实现的需要，其中尊重的需要和自我实现的需要这两种高级的需要，需要持久的动力。教师关于尊重方面的需要主要表现为自尊心、自信心，对能力、知识、成就和名誉地位的追求，渴望得到组织和同行的承认和尊重；而自我实现的需要则表现为喜欢做其适宜做的工作，发挥其最大的潜力，充分展现个人的思想、情感、兴趣、愿望、意志、能力，实现自己的理想，并不断地自我创新和发展。

教育实践证明，如果学校的需要与教师的需要融合统一，使教师获得尊重的需要和自我实现的需要，那么教师在工作中必然表现为：自动、思想集中于高质量高效益完成任务、团结协作、能同他人打成一片、对小事超然处之、不斤斤计较、不死板、自治、具有非恶意的幽默感、勤于思考问题、具有创新意识和能力、无偏见、不盲从、人际关系密切和谐等。这些表现也正是教师应该具备的核心素质，对不具备这些素质的教师，要全面实施素质教育是不可能的。

因此，发展性教师评价认为，作为学校要素的教师，都会有某种独特的需要。对进入学校工作的教师来说，所面临的困难是：一方面要在他人建立的学校内做出贡献；另一方面又要千方百计满足自己的个人需要。而学校所面临的困难是：如何通过有效的措施，驾驭教师个体的独特才干，融合教师个体的需要与学校总体的需要。发展性教师评价就是要谋求克服教师个体需要与学校总体需要之间分歧的有效策略，以实现教师和学校的发展目标。

发展性教师评价摒弃奖惩性教师评价通过招聘、选拔、岗位安排、上岗转正、转岗、监控、纪律处分、辞退等手段强制性地将教师的个人需要纳入学校需要轨道的做法，主张研究两者之间的分歧，通过协商等途径找到双方满意的、促进共同发展的解决方法，使教师心情舒畅、真心实意、富有成效地为实现学校目标而奋斗。发展性教师评价扬弃奖惩性教师评价基于“经纪人”理论，而采用金钱和奖励刺激教师工作积极性的做法，最大限度地满足其受尊重和自我发展的需要，从社会、心理方面来鼓励教师的工作热情和积极性。教师的工作“士气”(态度)是提高教育教学质量的关键，发展性教师评价主张通过满足教师社会、心理方面的欲望而提高其工作“士气”，达到大面积全面提高教育质量的目的。发展性教师评价主张民主与法制的统一，最大限度地满足教师渴望获得必要信息的需要。发展性教师评价在实现了个体目标与学校目标统一的前提下，促进了“官”与“民”的融合，减少了学校的内耗，有利于实现教师利益和学校利益最大化的融合。发展性教师评价通过教师与学校利益融合，在缩小教师心态和学校氛围之间差距的过程中,促进了教师心态与学校氛围的相互适应,形成健康的学校氛围并逐步实现高度的融合。发展性教师评价,评价教师的现实表现的根本目的不是为了鉴定和“奖惩”,而是为了更好地促进教师未来的发展,最终实现促进教师现实表现和未来发展的融合等。总之,发展性教师评价认为,要实现学校的总体需要和目标,不仅要依靠组织的力量,而且更为主要的是要依靠教师的努力和积极性,尤其要依靠全体教师的主动性、合作精神和凝聚力。

练习与思考题

1. 促进学生发展的课堂教学评价的理论基础是什么?
2. 确定课堂教学评价标准的原则?
3. 在确定中学化学课堂教学评价指标时,应遵循的主要原则是什么?
4. 所在的学校还有什么课堂教学评价指标体系?大家可以相互讨论交流。
5. 在当前新课程改革的旗帜下,作为一名化学教师,认为教师评价应怎样改革?建立怎样的化学教师评价体系,才能对化学教师的教学活动进行科学的评价?请谈谈自己的看法。

参考文献

陈玉琨 . 1999. 教师评价学 . 北京:人民教育出版社 .
刘新平,刘存侠 . 2003. 教育统计与测量导论 . 北京:科学出版社 .
刘尧 . 2001. 发展性教师评价的理论与模式 . 教育理论与实践,(12):28-32.
刘玉娟,张维新 . 2002. 发展性教师评价初探 . 中国教育学刊,(10):55-56.
刘知新 . 1996. 化学教育测量与评价 . 南宁:广西教育出版社 .
刘知新,王祖浩 . 1996. 化学教学系统论 . 南宁:广西教育出版社 .
沈玉顺 . 2002. 现代教育评价 . 上海:华东师范大学出版社 .
王孝玲 . 1999. 教育评价的理论与艺术 . 上海:上海教育出版社 .
相佃国,李振玉 . 2002. 创新性化学课堂教学评价的研究与实践 . 化学教育,(9):21-23.
肖远军 . 2003. 论新课程观下教师评价的基本特征 . 浙江教育学院学报,(7):68-72.
赵明仁,王嘉毅 . 2001. 促进学生发展的课堂教学评价 . 教育理论与实践,(10):41-44.